NEW QUALITY PRODUCTIVE FORCES

新质生产力

马克思主义生产力理论的中国创新与实践

王羽 编著

黄河出版传媒集团
宁夏人民出版社

图书在版编目（CIP）数据

新质生产力 ：马克思主义生产力理论的中国创新与实践 / 王羽编著. -- 银川 ：宁夏人民出版社，2024. 8. -- ISBN 978-7-227-08016-9

Ⅰ. F120.2

中国国家版本馆 CIP 数据核字第 2024CX3358 号

新质生产力：
马克思主义生产力理论的中国创新与实践　　王羽　编著

责任编辑　闫金萍　杨海军
责任校对　赵　亮
封面设计　王非凡
责任印制　侯　俊

黄河出版传媒集团
宁夏人民出版社　出版发行

出 版 人　薛文斌
地　　址　宁夏银川市北京东路 139 号出版大厦（750001）
网　　址　http://www.yrpubm.com
网上书店　http://www.hh-book.com
电子信箱　nxrmcbs@126.com
邮购电话　0951-5052104　5052106
经　　销　全国新华书店
印刷装订　宁夏凤鸣彩印广告有限公司印刷
印刷委托书号　（宁）0030114

开本　787 mm × 1092 mm　1/16
印张　24.5
字数　342 千字
版次　2024 年 8 月第 1 版
印次　2024 年 8 月第 1 次印刷
书号　ISBN 978-7-227-08016-9
定价　68.00 元

前　言

生产力是人类社会发展的最终决定力量，也是衡量一个社会发展程度的主要标准。社会发展史就是一个不断由先进生产力取代落后生产力的动态发展历史。生产力的不断发展，创造了日益丰富的物质生活资料，为现代化发展积累奠定了一定的经济基础和物质力量。因此，从经济基础和上层建筑的能动关系来看，不断解放和发展生产力，推动生产力实现现代化是人类现代化普遍遵循的基本规律。

从自然经济转向商品经济、从农业文明转向工业文明，继而到数字文明，深刻反映了生产力的现代化是推动人类现代文明发展、实现现代化的源头活水。没有生产力的高度发展，现代化就失去了持之以恒的内动力和硬支撑。生产力发展水平直接关系生产方式、生产关系的发展，是评价现代化发展程度的客观尺度，也深刻影响着政治现代化、社会现代化、文化现代化的进程。中国式现代化坚持以生产力的解放和发展推动经济社会高质量发展，推动物质生产和精神生产相互促进，创造了超越资本主义现代化的人类文明新形态。

在改革开放和社会主义现代化建设新时期，我们党始终围绕解放和发展生产力这一社会主义的根本任务，突破思想观念、体制机制束缚，打破阶层固化、利益固化的藩篱，极大地促进生产力的解放和发展，推动经济发展、国家治理、文化建设、社会结构等各方面向现代化转型。当前全球科技创新进入密集活跃期，新一代信息、生物、能源、材料等领域颠覆性技术不断涌现，呈现出融合交叉、多点突破态势，而新一轮科技革命和产业变革又赋予生产力更多的时代特征、科技含量和创新内涵，使之呈现出与传统生产力不同的面貌。提高科技创新能力，赋能驱动新时代生产力的变革飞跃，促进生产力提质增效；不断调整生产关系，增强社会生产力发展的生机与活力，是生产力的现代化推进中国式现代化的重要路径。

新时代以来，党中央作出一系列重大决策部署，推动高质量发展成为全党全社会的共识和自觉行动，成为经济社会发展的主旋律。近年来，我国科技创新成果丰硕，创新驱动发展成效日益显现；城乡区域发展协调性、平衡性明显增强；改革开放全面深化，发展动力活力竞相迸发；绿色低碳转型成效显著，发展方式转变步伐加快，高质量发展取得明显成效。同时，制约高质量发展的因素还大量存在。我国经济发展的结构有待优化升级，粗放型经济增长方式尚未根本改变，高端制造业仍然存在一些短板，关键核心技术领域面临“卡脖子”难题；加之世界体系和国际格局正在发生深刻调整，经济社会发展的外部风险和不确定性增加，更需要不断解放和发展生产力，加快推动生产力实现质的提升，推进中国式现代化行稳致远。

为摆脱传统经济增长方式、生产力发展路径制约，打造具有高科技、高效能、高质量特征，符合新发展理念的先进生产力质态，2023 年 9 月，习近平总书记在黑龙江省考察调研期间原创性地提出“新质生产力”，并指出，要整合科技创新资源，引领发展战略性新兴产业和未来产业，加快形成新质生产力。2023 年 12 月，中央经济工作会议提出，要以科技创新推动产业创新，特别是以颠覆性技术和前沿技术催生新产业、新模式、新动能，发展新质生产力。2024 年 1 月 31 日，中共中央政治局就扎实推进高质量发展进行第十一次集体学习，习近平总书记在主持学习时发表了重要讲话，强调高质量发展需要新的生产力理论来指导，而新质生产力已经在实践中形成并展示出对高质量发展的强劲推动力、支撑力，需要从理论上进行总结、概括，用以指导新的发展实践。2024 年 7 月 18 日，党的二十届三中全会审议通过的《中共中央关于进一步全面深化改革、推进中国式现代化的决定》，再次明确了高质量发展是全面建设社会主义现代化国家的首要任务，提出必须以新发展理念引领改革，立足新发展阶段，深化供给侧结构性改革，完善推动高质量发展激励约束机制，塑造发展新动能、新优势，健全因地制宜发展新质生产力体制机制，并就相关产业优化升级、技术创新、资源配置等提出要求。加快形成新质生产力是党的二十大以来习近平总书记提出的重要命题，这既是发展命题，也是改革命题。

新质生产力作为新时代生产力发展新阶段的理论和概念，它的提出体现了中国共产党在领导中国社会主义现代化建设过程中，对马克思主义生产力理论的深刻理解、创造性转化和创新性发展。它不仅在理论维度上丰富和拓展了马克思主义的生产力观，同时也展示了马克思主义基本原理同中国具体实践的紧密结合，是马克思主义经济理论的中国化。因此，新质生产力作为先进生产力的具体体现，不仅是中国共产党对马克思主义生产力理论的继承与发展，更是新时期马克思主义生产力理论的中国创新和实践。它既显示了中国特色社会主义理论在生产力发展问题上的理论自信，也代表了中国在全球政治经济格局中寻求转型升级、实现高质量发展的理论探索和实践努力，凝聚了中国共产党领导推动经济社会发展的深邃理论洞见和丰富实践经验。

本书系统地描述了生产力理论的发展和演变、中国共产党推进生产力发展的实践，围绕新质生产力的产生背景、词语意涵、概念定义、形成逻辑等进行了论述，创造性地提出了理论公式，分析了新质生产力的时代内涵、关键特征、战略意义、现实作用，提出了新质劳动者队伍、新质生产工具、新质生产关系、全要素生产率提升等新质生产力的主要结构要素，提出了新质生产力的形成条件、形成思路、形成机制、形成路径、形成环境、人才保障等机制。围绕新质生产力与中国式现代化、新发展理念、新发展格局、高质量发展、现代化经济体系建设、区域协调发展、创新驱动发展等改革创新，与科技攻关、资源配置、成果转化、创新创业、产业孵化、科技金融等创新体系构建，与新型工业化、传统产业转型升级、战略性新兴产业发展、未来产业布局等现代化产业体系构建，与创新链、产业链、资金链、人才链等“四链”深化融合以及高端化、数字化、智能化、绿色化等“四化”深度发展，与企业成长、转型升级、综合竞争力提升等进行了详细分析，并结合高新园区、人工智能、金融行业、交通运输行业、医药产业、低空经济、汽车产业及车路云一体化等实践进行了剖析，为加快发展新质生产力，更好服务构建新发展格局、推动高质量发展、实现中国式现代化提供参考和借鉴。

历史唯物主义强调，生产力是人类改造自然、征服自然的能力，是推动人类文明不断向前发展的决定力量和动力源泉。回顾整个人类社会历史进程，其实就是社会生产力从低级到高级、从落后到先进的不断发展的过程。科技是第一生产力、人才是第一资源、创新是第一动力，从历史上的三次科技革命来看，经济增长、生产力跃升的背后，就是因为实现了某项技术的重大创新。当前，世界百年未有之大变局加速演进，科技与产业日益成为大国竞争和博弈的焦点。新一轮科技革命和产业变革与我国加快转变经济发展方式形成历史性交汇，面向前沿领域及早布局，提前谋划变革性技术，夯实未来发展的技术基础，形成并发展新质生产力，实现传统生产力向新质生产力的过渡转化，是抢占发展制高点、培育竞争新优势、蓄积发展新动能的先手棋。完整、准确、全面贯彻新发展理念，必须做好创新这篇大文章，加快建设现代化经济体系，加快构建新发展格局，统筹推进深层次改革和高水平开放，统筹高质量发展和高水平安全等战略，整体提升国家科技水平和产业能级，为中国式现代化构筑强大新质生产力，不断推进我国经济社会高质量发展，不断开创强国建设、民族复兴伟业新局面，稳健有力地向自主创新、科技自强的中国式现代化目标迈进。

目　录

第一章　新质生产力的内涵

第一节　生产力概述

一、生产力内涵

生产力是人类改造自然、利用自然、保护自然以及与自然和谐相处的能力，是人类在此基础上进行社会生产的能力。按照恩格斯的观点，从本源看，生产力是具有劳动能力的人和生产资料相结合而形成的改造自然的能力。古猿通过劳动转化为人产生劳动生产力，是生产力形成的标志和开始。所以，生产力就是人实际进行生产活动的能力，也是劳动产出的能力，是具体劳动的生产力。生产力的表现是生产中的主体行为以及这些行为结果的存在，即劳动产物。按主体性质的不同，生产力可分为自然生产力和社会生产力。

在科学研究中，生产力研究是分两部分进行的。一是工艺学对生产的物质内容的研究，即把握物质世界的物质运动以及人本身的生理运动及其实践模式。这就是以生产力实践科学为依托的各门自然学科。二是生产力理论科学，即对生产力运动方式和运动构造进行研究。这方面的工作内容是多学科交叉渗透的结果，如涉及地理学、文化学、考古学等，因而不仅是自然科学，还涵盖了社会科学的一些基础领域。

从狭义上看，生产力指的是再生生产力，即人类创造新财富的能力。

从横向来看，生产力分为个人生产力、企业生产力、社会生产力；从纵向来看，生产力分为短期生产力和长期生产力；从层次来看，生产力分为物质生产力和精神生产力。

生产力发展水平的高低是由生产力要素构成的系统与其所处的政治、经济、社会、文化、生态等环境体系相互聚合匹配的结果。

（一）生产力推动的物质资料生产活动是人类社会生存和发展的基础

由劳动者、劳动资料、劳动对象构成，由生产力推动的物质资料生产活动是人类社会生存和发展的基础。马克思主义认为，人类的物质资料生产活动建立在生产力形成和发展的基础上，生产力的形成和发展必须具备三个基本要素，即劳动者、劳动资料和劳动对象。劳动者的劳动是生产力的主体因素。马克思指出："劳动首先是人和自然之间的过程，是人以自身的活动来中介、调整和控制人和自然之间的物质变换的过程。"劳动资料是劳动者在劳动过程中用来改造劳动对象的物质资料。在生产过程中，劳动资料起到延长劳动者的"自然的肢体"的作用，使劳动者可以把劳动资料当作发挥力量的手段。劳动资料是反映生产力发展水平和社会关系性质的重要标志，正如马克思所说："各种经济时代的区别，不在于生产什么，而在于怎样生产，用什么劳动资料生产。劳动资料不仅是人类劳动力发展的测量器，而且是劳动借以进行的社会关系的指示器。"劳动对象是劳动者借助劳动工具进行加工和改造以形成满足劳动者需要的生活资料的物质资料，主要表现为未加工过的原料和经过初级加工的材料。生产力的三个基本要素有机结合在一起形成劳动过程，这一过程"是制造使用价值的有目的的活动，是为了人类的需要而对自然物的占有，是人和自然之间的物质变换的一般条件，是人类生活的永恒的自然条件"。劳动者、劳动资料、劳动对象的有机结合形成了生产力，由生产力推动的人类物质资料生产活动构成了人类社会生存与发展的基础。

（二）生产力是人类社会发展的根本动力

生产力是人类社会发展的根本动力，生产力的普遍发展推动人类社会从各民族的历史走向世界历史。历史唯物主义将人类社会发展的根本动因归结于生产力，强调人类生产和创造物质财富的生产力是推动人类社会进步和发展的根本动力，人类离开了物质财富生产活动连一天都存在不下去。生产力是社会发展中最活跃、最革命的因素，它总是处在不断发展和变动的过程中，生产力的发展和变化推动社会发展和进步。生产力的巨大增长和快速发展带来物质和生活资料的不断丰富，使人类摆脱贫穷和愚昧。生产力的普遍发展可以消除世界各国各地区各民族之间经济和文化上的隔阂，从而推动人类社会从各民族的历史走向世界历史。

（三）科学技术与生产力各要素相结合推动生产力不断提高

科学技术是第一生产力，科学技术与生产力各要素相结合推动劳动生产力不断提高。科学技术进步与生产力发展有着密切的联系。劳动生产率反映了在科技进步推动下劳动创造物质财富的效率，劳动者与先进科学技术相结合能大大提高劳动生产率。科学技术是人类在社会生产实践中形成和积累的知识与技能的总和，是人类对自然发展规律认识的结晶。随着科学技术日益渗透到劳动者、劳动资料和劳动对象中，劳动者的生产技术水平和劳动熟练程度不断提高，生产工具、工艺流程不断变革，劳动对象更加丰富多样，从而推动生产力发展水平不断提高。从这个意义上讲，科学技术决定着生产力的质的变化和量的增加，是第一生产力。

（四）生产力与生产关系辩证统一

生产力与生产关系是辩证统一的，生产关系必须适应生产力性质的规律是人类社会发展的基本规律。生产力总是与特定的生产关系结合在一起的。生产关系是指人们在物质资料生产过程中形成的社会关系，包括生产资料所有制形式、人们在生产中的地位和相互关系、产品分配的形式等，其中，生产资料所有制形式是最基本的、起决定性作用的。生产力的发展水平和发展状况决定生产关系的性质，生产力是生产关系形成的前提和基础。生产关系是适应生产力发展要求建立起来的，有什么样的生产力，就会有什么样的生产关系。马克思指出："社会关系和生产力密切相连。随着新生产力的获得，人们改变自己的生产方式，随着生产方式即谋生的方式的改变，人们也就会改变自己的一切社会关系。手推磨产生的是封建主的社会，蒸汽磨产生的是工业资本家的社会。”生产力决定生产关系，生产关系反作用于生产力。生产力是在一定的生产关系中运动和发展的。生产关系适应生产力发展要求，就会促进生产力的发展；生产关系不适应生产力发展要求，则会阻碍生产力的发展。生产力总是处于变化和发展之中的。当旧的生产关系不再适应新的生产力的发展时，就会引起生产关系的变革，旧的生产关系就会被新的生产关系代替。

二、生产力发展的原理

人类社会是在生产力和生产关系的基本矛盾运动中发展的，其中生产力决定生产关系，从而决定人类社会方方面面的发展，成为推动人类社会发展的决定性力量。而生产力自身总是处在由量变到质变的不断跃迁当中，生产力的每一次跃迁都推动着人类社会向前发展，但只有生产力的系统性跃迁才能支撑人类社会实现跨越式发展。

（一）生产力是人类社会发展的决定性力量

人类存在的第一活动就是为满足生存需要而进行的物质生产活动，这是其他一切活动开展的根本依托，共存于人类社会发展的所有阶段。人们通过物质生产活动获取物质资料的能力被称作生产力，它的变化牵动着社会的各个方面随之变化，这是推动人类社会发展的决定性力量。生产力作为创造财富的能力向来为经济学家所重视。色诺芬、托马斯·孟、威廉·配第、亚当·斯密等人关于如何增进社会财富的经济思想，实际上都已经涉及对生产力发展问题的讨论，但直至马克思和恩格斯才透过历史的迷雾和纷繁的表象发现，生产力是人类社会发展的根本动力。马克思和恩格斯指出：“人们所达到的生产力的总和决定着社会状况。”生产力首先决定着生产关系，而生产关系的总和构成经济基础，经济基础又决定着政治、法律、文化等社会的上层建筑。因此，生产力通过对生产关系发挥决定性作用，进而决定着生产方式、经济形态、社会制度等人类社会的各个领域。生产力一旦发生变化，就“必然引起他们的生产关系的变化”，从而引起经济基础和上层建筑的变化，使社会的方方面面都随之改变。而生产力不仅处于变化之中，处于永恒的跃迁运动之中。旧的生产力总是为发展了的更高一级的新的生产力所取代，使得原来起积极作用的生产关系因为生产力的新发展而转变为生产力的桎梏，进而为另一种适应新的生产力的生产关系所取代。此时，“随着经济基础的变更，庞大的上层建筑也或慢或快地发生变革”，并最终推动人类社会从一个形态迈进另一个形态。在生产力由量变到质变的发展中，由生产力所决定的生产关系也会反作用于生产力。与新的生产力成长不相适应的生产关系会对生产力跃迁起到阻碍作用，反之则起促进作用。因此，如果能够正确地发挥人的主观能动性，自主革除那些已经落后于发展了的生产力进而成为生产力发展束缚的生产关系，就能加速生产力的跃迁进程。这一思想的正确性在后来的社会主义建设实践中得到了充分验证，改革生产关系和与之相联系的上层建筑成为社会主义社会实现经济赶超和保持经济健康发展的一大法宝，邓小平同志将其定性为“改革也是解放生产力”。

能对生产力发展施以作用力的，除了人们在生产中结成的社会关系，还有人与自然的关系。以牺牲自然为代价来发展生产力，扭曲了人与自然的关系，积蓄着瓦解生产力的能量。恩格斯警告人们，以破坏自然来发展生产，最终“自然界都对我们进行报复”。事实证明，我们已经遭到了自然界的报复，自然灾害前所未有的频发，生态环境前所未有的脆弱，人与自然的关系前所未有的扭曲。以消耗自然来发展生产的方式难以为继，人类社会亟须找到新的发展路径。习近平总书记适时提出绿色发展理念，强调“保护生态环境就是保护生产力，改善生态环境就是发展生产力”。绿色发展理念开辟了人类现代化进程中可持续发展理论和实践的全新图景，提出要站在人与自然和谐共生的高度谋求生产力新的发展，努力探索绿水青山转化为金山银山的实现路径。

（二）生产力本身处于不断跃迁的运动之中

生产力是人类社会发展的决定性力量，而生产力本身处于不断跃迁的运动之中。马克思和恩格斯认为，运动是一切物质借以存在的形式，“运动，就它被理解为物质的存在方式、物质的固有属性这一最一般的意义来说，涵盖宇宙中发生的一切变化和过程”。物质的运动遵从“量转化为质和质转化为量的规律”，量变积累到一定程度就会引起质变，质变的完成又开启了新的量变，新的量变最终引发新的质变。生产力的运动亦是如此。生产力的量变无时无刻不在发生，这种微不可察却又从未间断的量的增加为生产力的质变积蓄着能量，当这种能量增大到足以动摇生产力质的根基的程度时，生产力就抵达质变的关节点。生产力越过这一关节点后，量变转化为质变。与此同时，新的量变又在新的生产力的规定下展开，最终引发生产力新一轮质变的到来，致使生产力呈现出不断跃迁发展的特点。这种不断的跃迁是生产力自身的运动，生产关系和人与自然的关系从外部作用于生产力，只能加速或者减缓生产力跃迁的进程，而从根本上支撑生产力不断跃迁的动力必须从生产力内部去找。

首先，劳动者作为生产力中具有能动性的要素，为了生存需要发展生产力。当生产力发展到可以维持其基本生计的水平以后，劳动者就会出现更高层次的物质需要，这推动着生产力的进一步发展。因而，劳动者作为生产力要素，从内部给了生产力不断跃迁的推力。其次，劳动对象包括天然存在的物质资料和经过劳动过滤的原料，它们是劳动者直接或间接从自然界获取的产物，当然离不开自然的作用力，所以生生不息的自然力也赋予生产力内在的驱动力。最后，三要素中的劳动资料一直处于不断改进的状态，每一次的重大改进都促使生产力实现规模化增进，这是生产力跃迁的标识器，而支撑劳动资料不断改进的动力来自生产力的另一大关键要素——科学。马克思曾明确指出，“生产力中也包括科学”。作为人类智慧的物化凝结，科学一经作用于生产，就赋予“资本具有一种不以它的一定量为转移的扩张能力”，推进劳动资料不断革新，促进生产效率不断提高。伴随着社会主义建设事业在中国的落地开花，科学对生产力发展的推动作用越来越明显。中国共产党人将科学与生产力的关系提到新的高度，明确“科学技术是第一生产力”，是生产力不断跃迁的第一动力。

（三）生产力的系统性跃迁推动人类社会实现跨越式发展

生产力的不断跃迁推动人类社会不断向前发展，但这种推动并不是均质化的，而是有差别的。唯物辩证法认为，事物质变的形式具有多样性，从矛盾对抗的程度来看，包括爆发式飞跃和非爆发式飞跃两种基本形式。生产力的跃迁也具有多样性，从人类社会发展的视角来看，包括一般性跃迁和系统性跃迁。生产力的一般性跃迁是指生产力发生了由低级到高级的质变，这种质变丰富了人类的物质生活和精神生活，带动了经济、社会、文化方方面面的发展。而生产力的系统性跃迁是指生产力发生了规模化、复杂化、体系化的颠覆性质变，这种质变从广度、深度、强度上都远超一般性跃迁的量级，是生产力要素、技术和产业系统的全面革新，引发社会决定性生产部门的转变，带来人类物质生活和精神生活的井喷式丰富，牵动整个人类社会实现跨越式发展。这里的人类社会的跨越式发展，并不是指人类社会从一种形态到另一种形态的演进，而是指人类社会经济、政治、文化等各个方面从低能级到高能级的全方位大幅度跃升。只有生产力的系统性跃迁所形成的推力才能达到牵动人类社会实现跨越式发展的水平。深入考察就会发现，生产力的一般性跃迁和系统性跃迁存在着密不可分的内在联系。一方面，生产力的一般性跃迁包含着生产力的系统性跃迁。任何一次生产力的跃迁都是以生产力质的变化为规定的，是生产力从一种质态到另一种质态的飞跃。从这个意义上讲，生产力的每一次跃迁都可以纳入一般性跃迁的范畴。因此，系统性跃迁也必然具有一般性跃迁最本质的特征，即生产力在质上的迭新。另一方面，生产力的系统性跃迁包含着生产力的一般性跃迁。生产力的系统性跃迁以生产力的一般性跃迁为基础，是生产力一般性跃迁聚合的产物。形象地讲，如果将生产力的一般性跃迁看作是一种点状的局部质变，那么当这些点状质变最终联结在一起的时候，就构成一种面状的整体质变，即生产力的系统性跃迁。这种相互包含的内在联系并不会消除生产力一般性跃迁和生产力系统性跃迁的差异，恰恰相反，正是这种联系造就了二者最本质的差别。生产力的一般性跃迁所形成的对人类社会发展的推力较小，并不足以支撑人类社会实现跨越式发展。而作为一般性跃迁聚合物的系统性跃迁，将一个又一个一般性跃迁的推力集聚起来，在积累的基础上实现重组升级，从而爆发出能量巨大的推力，驱动人类社会实现跨越式发展。

三、生产力的发展和演变

一部人类的历史就是生产力水平不断提升的历史。生产力理论是经济学的重要组成部分，随着生产力水平的不断提高和社会的不断发展，生产力理论经历了从传统生产力理论到现代化生产力理论以及新质生产力理论的发展演化过程。

（一）生产力概念的提出与早期发展

最早提出生产力概念的法国经济学家弗朗索瓦·魁奈认为，“农业是生产的自然源泉”，只有通过农业生产才能实现经济增长，具有生产性的劳动只有农业劳动。这里所说的生产力实际上指的是土地生产力。随后，英国经济学家亚当·斯密在《国富论》中提出劳动生产力的概念，认为分工可以提高劳动生产力，从而增加生产量。法国经济学家让·巴蒂斯特·萨伊在其著作《政治经济学概论》中提出“生产力的比例”理论，认为生产力的比例取决于生产要素的供给情况，而生产要素的供给情况又取决于市场供求关系。英国经济学家大卫·李嘉图在《政治经济学及赋税原理》中提出比较生产力的概念，认为不同国家生产力的差异取决于土地、劳动、资本等生产要素的供给情况以及它们的价格。德国经济学家弗里德里希·李斯特认为，生产力是一种客观存在，是由交换价值决定的，并强调一个国家的生产力水平是该国财富和福利的关键决定因素。他主张国家应该通过适当的政策来促进生产力的发展。马克思、恩格斯则是从生产力与生产关系的联系出发，把生产力作为生产关系的决定因素。总的来说，生产力概念经历了多个阶段的发展和演变，从最初的土地生产力到劳动生产力再到社会生产力，逐渐形成了较为完善的理论体系。

（二）马克思生产力理论的提出和发展

生产力理论是马克思主义政治经济学的核心理论。马克思的生产力理论经历了一个从物质生产力到社会生产力再到自然生产力的三级演进、不断发展变化的过程。马克思认为，生产力是指有劳动能力的人和生产资料相结合而形成的改造自然和征服自然的能力，是人类生存和发展的基础，是推动社会进步和历史前进的最活跃、最革命的决定性力量。生产力水平是衡量经济社会发展水平的根本标准。马克思、恩格斯在《德意志意识形态》中指出，生产力概念主要表现为一种“物质生产力”，即生产力的物质性方面。它与生产关系的矛盾运动构成了生产方式或生产形态，是人类历史发展的基础。随着对资本主义生产方式研究的深入，马克思开始认识到生产力的社会性方面。在《资本论》中马克思指出，生产力不仅包括物质生产力的物质性方面，还包括生产关系的方面，即“社会生产力”。资本主义生产方式下的生产力发展表现为一种“社会生产力”的发展，这种生产力的发展是通过资本家与工人之间的矛盾和斗争实现的。马克思认为，资本主义生产方式下的生产力发展具有一种自我规定的性质，这种性质表现为一种历史的必然性，即生产力的发展必然会突破原有的生产关系，产生新的生产关系，推动社会进步和发展。这种自我规定的性质是马克思对生产力概念的独特理解，也是马克思对历史唯物主义的重要贡献之一。马克思晚年开始关注生态问题，对“自然生产力”进行了初步探讨，认为自然生产力是不同于社会生产力的另一种形态的生产力，它与自然生态环境密切相关。在资本主义生产方式下，自然生产力受到了破坏和摧残，因而需要寻找一种新的生产方式来保护和利用自然生产力，实现人与自然的和谐共生。总之，马克思的生产力概念是一个不断发展的概念，从最初的“物质生产力”概念逐渐演变为包括物质性和社会性两方面的“社会生产力”概念，再到晚年开始探讨“自然生产力”的概念，这不仅体现了马克思主义思想的发展，也反映了人类对生产力概念理解的不断深化。

（三）生产力的时代性和关键要素演变

生产力反映的是生产过程中人和自然之间的关系，生产关系反映的是生产过程中人和人之间的关系，二者共同构成生产方式，决定了人类发展的不同历史阶段和制度形态，其中生产力起决定性作用。生产力水平取决于生产力系统中各构成要素特别是核心要素的功能。

生产力系统的构成要素主要包括劳动者、劳动资料和劳动对象。随着科学技术的发展，这些构成要素的特征和内容也在不断发展演变。其中，劳动工具是劳动资料中最重要的组成部分，是衡量生产力发展水平的客观依据。生产力水平受劳动者素质和技能、劳动对象、生产工具和生产要素、生产方法等因素影响。劳动者、劳动资料和劳动对象三要素是生产力的实体性要素，是生产力的“硬件”构成，也是一切时代的生产力所共有的基本要素。而科学技术、管理、文化则是生产力的无形要素，是生产力的“软件”构成。科学技术是起决定性作用的生产力要素，因而被称为“第一生产力”，但不同时代和发展阶段，科学技术在生产力中的重要性并不相同。

随着时代的变迁和科学技术的发展，人类在不同发展阶段所掌握的生产工具和生产方法，以及劳动者素质、技能和劳动对象都会不断演化。人类社会生产方式与文明形态会随着生产力的跃迁而不断进步。传统的生产力主要是基于较低科技发展水平的生产力，是与农业经济、工业经济相适应的生产力，是包含普通劳动者、劳动资料和劳动对象的生产力，土地、劳动、资本等是其核心生产要素。新质生产力则是基于较高科技发展水平的生产力，是与数字经济、智能经济相适应的生产力，是以科技创新为主导的现代化先进生产力。企业家精神和数据、算力等是新质生产力的新的核心生产要素。新质生产力体现的是包含人工智能和数字科技的现代化生产资料、生产工具和生产方法，以及高素质劳动者和新的劳动对象、生产组织方式，为社会发展注入源源不断的新动力。随着新质生产力的形成和发展，新质生产力理论也应运而生，成为生产力理论体系中新的重要组成部分。

四、中国共产党推进生产力发展的实践

新中国成立70多年来，在解放和发展生产力的实践中，中国共产党人不断深化对生产力范畴的认识，将马克思主义科学技术思想与中国革命、建设、改革的伟大实践结合起来，逐渐形成了中国特色的马克思主义生产力学说，极大地促进了我国经济社会发展，为新质生产力的提出夯实了理论基础，提供了实践支撑。历史是最好的教科书。回顾我党历届中央领导集体关于科技生产力的思想，回顾各个历史时期关于科技事业的政策，总结我们党利用科技创新发展社会生产力的基本经验，对当前各地发展战略性新兴产业和未来产业，加快形成新质生产力具有重要指导意义。

（一）第一阶段（1949—1977年）：生产力中科技作用的凸显

以毛泽东同志为核心的党的第一代中央领导集体在推动我国工业化建设中，内在地提出了利用科技建设社会主义的思想。新中国成立初期，国内一穷二白，国防、经济、民生各领域百废待兴。面对这样的局面，毛泽东同志在《关于农业合作化问题》中指出："中国只有在社会经济制度方面彻底地完成社会主义改造，又在技术方面，在一切能够使用机器操作的部门和地方，统统使用机器操作，才能使社会经济面貌全部改观。"这表明我们党已经充分认识到科技在经济建设上的重要性。1963年1月，周恩来同志在上海科学技术会议上指出，把我们祖国建设成为一个社会主义强国，关键在于实现科学技术的现代化。同年12月，毛泽东同志在听取聂荣臻关于十年科学技术规划问题的汇报时强调，"不搞科学技术，生产

力无法提高”。

在这些思想的指导下，我国组织规划全国科研工作，以解决国民经济发展计划中的现实问题。1956 年，在关于知识分子问题的会议上，我们党发出了“向科学进军”的号召，并开始着手制定《1956—1967 年科学技术发展远景规划》，即“十二年科技规划”。在总体思路上，把“以任务带学科”作为主要原则，以国民经济和国防建设的科技任务带动学科发展。为保证“十二年科技规划”的实施，我们党构建了具有“大科学”特征的国家科技体制，要“把各方面的力量统统组织起来，通力合作来完成国家任务”。我们党组建了中央专门委员会，负责协调动员国家各方面力量来完成重大科研任务，在“两弹一星”等工程上取得圆满成功。

这一时期，我国科技体制具有高度集中和充分计划的特征，科技政策呈现出鲜明的现实目标导向，这为当前我国在塑造新质生产力中发挥党和政府领导作用提供了思路。此时对科学技术的理解主要体现在实体形态上，强调其作为工具的应用性。

（二）第二阶段（1978—2011 年）：生产力内涵的丰富及实践推动

以邓小平同志为核心的党的第二代中央领导集体在改革开放的浪潮中不断将科学技术与中国特色社会主义伟大实践相结合，创造性地提出“科学技术是第一生产力”的论断，极大地丰富和发展了马克思主义生产力学说。早在 1975 年复出主持工作时，邓小平同志就以巨大的政治勇气提出：“科技人员是不是劳动者？科学技术叫生产力，科技人员就是劳动者！”在 1978 年的全国科学大会上，他再次强调“科学技术是生产力，这是马克思主义历来的观点”，并从生产力的基本要素劳动资料和劳动者入手，说明科技是作为知识形态通过与二者的深度融合成为生产力的。这表明我们党对科技的理解更加深入，看到知识形态的科学是潜在的生产力。他指出：“许多新的生产工具，新的工艺，首先在科学实验室里被创造出来。”他认为发展科技就是发展生产力，将科技提高到生产力这一唯物史观重要范畴的高度，提高了科研工作者的地位；他认为从事科研工作就是从事生产，指出科学技术队伍就是工人阶级的一部分。1988年，邓小平同志总结改革开放后十年来的社会主义建设经验，进一步指出："马克思说过，科学技术是生产力，事实证明这话讲得很对。依我看，科学技术是第一生产力。"这里的"第一"有着极为丰富的内涵，前瞻性地包含了新质生产力提出的内在逻辑：（1）科技作为生产力的组成要素，日渐在生产过程中发挥决定性作用；（2）科技与生产的结合日益紧密，科技转化为现实的生产力的速度大幅提高；（3）科技对生产活动具有引领作用，科研的突破能带动产业发展。

为落实邓小平同志关于科技是第一生产力的思想，与经济体制改革相适应，我国对科技体制进行了大刀阔斧的改革，以促进知识形态的科学技术从潜在的生产力转化为现实的生产力。1981年，国家科委党组向党中央上报《关于我国科学技术发展方针的汇报提纲》，其主要内容最终形成了"经济建设要依靠科学技术，科学技术要面向经济建设"的指导方针，这为我国科技体制改革指明了方向。1985年，中共中央发布《关于科学技术体制改革的决定》，对科技体制的运行机制、组织结构、人事制度等方面进行改革。具体而言，就是优化拨款制度，以国家拨款、项目申请、自主筹措等形式增加科研经费来源；畅通科研成果商品化渠道，开拓科技市场；调整组织架构，促进产研一体化发展；部署科研纵深配置，加强应用研究，重视基础研究等。从中不难看出，改革的中心任务就是要解决科技、经济"两张皮"的问题，推动科技、经济深度融合，以科技引领一批新兴产业的发展。国务院相继推出《关于进一步推进科技体制改革的若干规定》《关于深化科技体制改革若干问题的决定》等文件，更加突出科研、生产联合的方针。在科技体制改革的推动下，我国实施了一系列指令性计划，如"863计划"、"973计划"、星火计划、火炬计划等，形成了科技赋能传统产业、推动高技术产业化和加强基础性研究三个层次的纵深部署，从而实现科技向现实社会生产力的转化。

以江泽民同志为核心的党的第三代中央领导集体继承并发展了邓小平同志关于科技生产力的思想。2001年，在提出"三个代表"重要思想后，江泽民同志指出:“科学技术是第一生产力，而且是先进生产力的集中体现和主要标志。”他阐述了“科学技术是第一生产力”的具体表现形式，揭示了科学技术和先进生产力的内在联系。此外，江泽民同志特别重视教育与人才等资源对科技的支撑作用。在1995年全国科学技术大会上，他指出:“科教兴国，是指全面落实科学技术是第一生产力的思想，坚持教育为本，把科技和教育摆在经济社会发展的重要位置，增强国家的科技实力及向现实生产力转化的能力。”江泽民同志将邓小平同志的科技生产力思想推向了新世纪，进一步探析了科技与先进生产力之间的关联。

以胡锦涛同志为总书记的党中央坚定不移推进科技体制改革，推动科技与经济更加紧密地结合。面对加入世贸组织带来的全球性竞争压力，胡锦涛同志指出，要靠科技创新突破发展困境，把增强自主创新能力摆到全部科技工作的首位。2006年，国务院发布《国家中长期科学和技术发展规划纲要（2006—2020年）》，贯穿其中的核心思想就是“增强自主创新能力，建设创新型国家”。2010年，国务院颁布《关于加快培育和发展战略性新兴产业的决定》，拟定了节能环保、新一代信息技术、生物等七个产业为重点发展方向。此外，在大力实施科教兴国的基础上，我们党进一步提出了人才强国战略，强调人才是科技创新的关键。

这一时期，我们党实现了马克思主义科学技术思想和生产力学说的突破。从科技是第一生产力到科技是先进生产力的集中体现和主要标志，再到重视自主创新与人才资源，我们党将生产力理论层层推进，为新质生产力的出场做了大量的理论探索。实践上，我国科技体制愈发完善，科技水平突飞猛进，新兴产业日渐成熟，为新质生产力的出场提供了实践基础。

（三）第三阶段（2012年至今）：新质生产力的逐步形成和提出

党的十八大以来，以习近平同志为核心的党中央高度重视科技创新工作，深刻认识、遵循经济发展规律和科研规律，针对我国经济情况和科技事业面临的突出问题与挑战，提出了一系列关于科技创新的重要论述，这是习近平新时代中国特色社会主义思想的重要组成部分。在这一思想的指导下，我国着力加强创新创业创造，推动战略性新兴产业从培育壮大到引领发展的跃升。新质生产力呼之欲出。

党的十八大报告指出，“科技创新是提高社会生产力和综合国力的战略支撑，必须摆在国家发展全局的核心位置”，将科技创新在今后工作中的地位提到了新高度。在2014年的两院院士大会上，习近平总书记指出：“只有把核心技术掌握在自己手中，才能真正掌握竞争和发展的主动权”，“我们没有别的选择，非走自主创新道路不可”。习近平总书记从应对百年未有之大变局的角度揭示了科技创新的重要性和必要性。在2015年的全国两会上，习近平总书记首次提出“创新是引领发展的第一动力”，扩充了科技是第一生产力的内涵，其背后的逻辑在于几十年间世情国情的转变，更加突出了创新在当下对经济发展的推动力。党的十九届五中全会公报提出，要“把科技自立自强作为国家发展的战略支撑”。在2020年科学家座谈会上，习近平总书记将先前提出的“三个面向”扩充为“四个面向”，指出科技创新要“面向世界科技前沿、面向经济主战场、面向国家重大需求、面向人民生命健康”，指明了科技创新的价值导向。在2021年两院院士大会上，习近平总书记再提“科技自立自强”，并为其加上“高水平”前缀，说明了科技创新在中华民族伟大复兴战略全局中的支撑引领作用。2023年7月，习近平总书记在江苏考察时强调，“中国式现代化关键在科技现代化”，这是对“四个现代化关键是科学技术的现代化”的重大创新，强调科技创新在发展方方面面的关键作用。

十年来，我国科技事业飞速发展，我国成功迈入创新型国家行列，科技创新对经济发展的贡献日益显现。2022年，战略性新兴产业增加值占国内生产总值比重超过13%，国家级先进制造业集群达45家，集群产值超20万亿元。这些成就与出台的一系列科技政策密不可分。2015年发布的《中共中央　国务院关于深化体制机制改革加快实施创新驱动发展战略的若干意见》凸显了改革从科技体制扩大到经济体制的鲜明导向。发布于2016年的《国家创新驱动发展战略纲要》提出，要实现发展方式、发展要素、产业分工、创新能力、资源配置、创新群体的“六个转变”。2021年中央经济工作会议将科技政策作为七大政策之一提出，强调科技部门要对经济发展如培育新兴产业、创新创业等负责。具体到新产业，2016年印发的《“十三五”国家战略性新兴产业发展规划》梳理了新兴产业的分类标准，部署实施21项重大工程，超前布局未来产业。2023年8月发布的《新产业标准化领航工程实施方案（2023—2035年）》对“新兴产业”和“未来产业”标准化发展作出系统安排，对二者聚焦领域作出明确界定，使培育战略性新兴产业和未来产业工作受到前所未有的重视。

可以看出，以习近平同志为核心的党中央将科技创新的地位提升到新高度，科技创新与我国发展全局的结合越来越紧密，关于新产业的政策越来越细化。基于这些理论和实践基础的铺垫，新质生产力得以产生。

第二节　新质生产力的提出和生成逻辑

一、新质生产力的提出

马克思主义认为，生产力是全部社会生活的物质前提，是推动社会进步最活跃、最革命的因素，生产力标准是衡量社会发展水平的带有根本性的标准。坚定不移推动生产力发展并在此基础上不断提高人民生活水平，是我们党一切工作的根本出发点。

社会主义的根本任务是解放和发展社会生产力，社会主义相对于资本主义的优越性就体现在能够更快、更好地发展生产力。新中国成立后，毛泽东同志曾指出，“社会主义革命的目的是为了解放生产力”。改革开放后，邓小平同志明确提出，“社会主义的任务很多，但根本一条就是发展生产力”。新中国成立以来，我们党领导人民仅用几十年的时间就走完发达国家几百年走过的工业化历程，推动我国发展成为世界第二大经济体，创造了世所罕见的经济快速发展奇迹，极其重要的一点就是高度重视生产力标准，始终坚持解放和发展社会生产力，不断增强社会主义国家的综合国力。进入新时代，我国经济发展进入了新阶段。以习近平同志为核心的党中央把坚持高质量发展作为新时代的硬道理，一以贯之不断解放和发展社会生产力，作出一系列重大决策部署，推动我国经济迈上更高质量、更有效率、更加公平、更可持续、更为安全的发展之路。党的十八大以来，党中央全面贯彻新发展理念，不断深化对我国经济发展阶段性特征和规律的认识，更加强调发展的高质量。党的十九大报告宣告“我国经济已由高速增长阶段转向高质量发展阶段”，党的二十大报告强调“高质量发展是全面建设社会主义现代化国家的首要任务”。新时代以来，党中央作出一系列重大决策部署，推动高质量发展成为全党全社会的共识和自觉行动，高质量发展成为主旋律。近年来，我国科技创新成果丰硕，创新驱动发展成效日益显现；城乡区域发展协调性、平衡性明显增强；改革开放全面深化，发展动力活力竞相迸发；绿色低碳转型成效显著，发展方式转变步伐加快，高质量发展取得明显成效；生产力水平实现了巨大提升、突破性发展，形成了生产力发展的新的质态。针对这种新的情况，习近平总书记明确指出：“新质生产力已经在实践中形成并展示出对高质量发展的强劲推动力、支撑力。”

同时，制约高质量发展的因素还大量存在。从外部环境看，世界百年未有之大变局全方位、深层次加速演进。从内在条件看，我国经济发展进入新常态，传统发展动力不断减弱，粗放型增长方式难以为继，城乡区域发展和收入分配差距依然较大，掣肘经济社会高质量发展。许多产业仍处于全球价值链的中低端，存在“大而不强”“全而不优”的问题，一些关键核心技术受制于人，企业创新动力不足，创新体系整体效能不高，科研人才队伍大而不强，缺乏领军人才和高技能人才，激励创新的市场环境和社会氛围仍需进一步培育和优化，生产和生活体系向绿色低碳转型的压力都很大，等等。要解决这一系列问题，就要求我们必须牢记高质量发展是新时代的硬道理，完整、准确、全面贯彻新发展理念，把加快建设现代化经济体系、推进高水平科技自立自强、加快构建新发展格局、统筹推进深层次改革和高水平开放、统筹高质量发展和高水平安全等战略任务落实到位，完善推动高质量发展的考核评价体系，为推动高质量发展筑牢基础；就要以科技创新推动产业创新，形成新的产业、新的模式、新的动能，把关键核心技术牢牢掌握在自己手中，打造自主可控、安全可靠、竞争力强的现代化产业体系，构建绿色低碳循环发展经济体系，实现依靠创新驱动的内涵型增长。归根结底，就是要在生产力水平上实现更大突破、更大发展。这给我们的理论发展提出了新的课题，需要进一步深化对新质生产力的认识。

为摆脱传统经济增长方式、生产力发展路径，打造具有高科技、高效能、高质量特征，符合新发展理念的先进生产力质态，2023 年 9 月 7 日，习近平总书记在黑龙江省主持召开新时代推动东北全面振兴座谈会时指出："积极培育新能源、新材料、先进制造、电子信息等战略性新兴产业，积极培育未来产业，加快形成新质生产力，增强发展新动能。""新质生产力"这一重要概念首次提出。9 月 8 日，习近平总书记再次指出："整合科技创新资源，引领发展战略性新兴产业和未来产业，加快形成新质生产力。"这不仅为新时代东北地区推动高质量发展指明了方向，也为全国推动生产力跃迁明晰了发展方向。

2023 年 12 月，中央经济工作会议提出，要以科技创新推动产业创新，特别是以颠覆性技术和前沿技术催生新产业、新模式、新动能，发展新质生产力。2024 年 1 月 31 日，中共中央政治局就扎实推进高质量发展进行第十一次集体学习，习近平总书记在主持学习时发表了重要讲话并强调，高质量发展需要新的生产力理论来指导，而新质生产力已经在实践中形成并展示出对高质量发展的强劲推动力、支撑力，需要从理论上进行总结、概括，用以指导新的发展实践。他指出，新质生产力是创新起主导作用，摆脱传统经济增长方式、生产力发展路径，具有高科技、高效能、高质量特征，符合新发展理念的先进生产力质态。它由技术革命性突破、生产要素创新性配置、产业深度转型升级而催生，以劳动者、劳动资料、劳动对象及其优化组合的跃升为基本内涵，以全要素生产率的大幅提升为核心标志，特点是创新，关键在质优，本质是先进生产力。

2024 年 3 月 5 日，习近平总书记在参加十四届全国人大二次会议江苏代表团审议时强调，要牢牢把握高质量发展这个首要任务，因地制宜发展新质生产力。2024 年 3 月 20 日，习近平总书记在湖南省长沙市主持召开新时代推动中部地区崛起座谈会并发表重要讲话，指出要以科技创新引领产业创新，积极培育和发展新质生产力。要立足实体经济这个根基，做大做强先进制造业，积极推进新型工业化，改造提升传统产业，培育壮大新兴产业，超前布局建设未来产业，加快构建以先进制造业为支撑的现代化产业体系。要更加重视科技创新和产业创新的深度融合，加强重大科技攻关，增强产业创新发展的技术支撑能力。要强化企业创新主体地位，构建上下游紧密合作的创新联合体，促进产学研融通创新，加快科技成果向现实生产力转化。要深入实施制造业重大技术改造升级和大规模设备更新工程，推动制造业高端化、智能化、绿色化发展，让传统产业焕发新的生机活力。

2024 年 7 月 18 日，党的二十届三中全会审议通过的《中共中央关于进一步全面深化改革、推进中国式现代化的决定》提出，高质量发展是全面建设社会主义现代化国家的首要任务，必须以新发展理念引领改革，立足新发展阶段，深化供给侧结构性改革，完善推动高质量发展激励约束机制，塑造发展新动能新优势。健全因地制宜发展新质生产力体制机制，推动技术革命性突破、生产要素创新性配置、产业深度转型升级，推动劳动者、劳动资料、劳动对象优化组合和更新跃升，催生新产业、新模式、新动能，发展以高技术、高效能、高质量为特征的生产力。加强关键共性技术、前沿引领技术、现代工程技术、颠覆性技术创新，加强新领域新赛道制度供给，建立未来产业投入增长机制，完善推动新一代信息技术、人工智能、航空航天、新能源、新材料、高端装备、生物医药、量子科技等战略性产业发展政策和治理体系，引导新兴产业健康有序发展。以国家标准提升引领传统产业优化升级，支持企业用数智技术、绿色技术改造提升传统产业。强化环保、安全等制度约束，健全促进实体经济和数字经济深度融合制度，完善发展服务业体制机制，健全现代化基础设施建设体制机制，健全提升产业链供应链韧性和安全水平制度。健全相关规则和政策，加快形成同新质生产力更相适应的生产关系，促进各类先进生产要素向发展新质生产力集聚，大幅提升全要素生产率。

我们党关于发展新质生产力的一系列重要论述、一系列重大部署，深刻回答了“什么是新质生产力、为什么要发展新质生产力、怎样发展新质生产力”的重大理论和实践问题。习近平总书记强调，发展新质生产力是推动高质量发展的内在要求和重要着力点，新质生产力已经在实践中形成并展示出对高质量发展的强劲推动力、支撑力，需要我们从理论上进行总结、概括，用以指导新的发展实践。习近平总书记的一系列重要论述，深刻阐明了新质生产力的基本内涵、本质特征、核心标志、核心要素、形成规律以及实现路径等重要问题，是历史逻辑、理论逻辑和实践逻辑的统一，丰富发展了马克思主义生产力理论，深化了对生产力发展规律的认识，进一步丰富了习近平经济思想的内涵，指明了推动高质量发展的重要着力点，体现了对生产力发展规律和我国发展面临的突出问题的深刻把握，是对我国经济建设规律的深刻总结，具有重要的理论和现实意义，为开辟发展新领域新赛道、塑造发展新动能新优势、在新征程上推动高质量发展提供了科学指引。

二、新质生产力的主要含义

（一）新质生产力形成和发展过程中创新起主导作用

作为人类在改造自然、征服自然过程中形成的能力，生产力体现的是人与自然的关系。生产力的发展是由科技进步推动的，科学技术的每一次创新和突破都会带来劳动者、劳动资料、劳动对象的新变化和新发展。人类已经经历了机械化、电气化、自动化等三次科技和产业革命阶段，目前正进入以智能技术、数字技术、绿色技术的发明和广泛使用为特征的第四次科技和产业革命阶段，推动着人类生产力发生新的质变。与前三次科技和产业革命相比，第四次科技和产业革命最鲜明的特点是创新速度快、颠覆性强、覆盖面广、影响力大。随着第四次科技和产业革命的推进，一些重大科学问题的原创性突破加快步伐，一些重大颠覆性技术创新快速推动形成新产业新业态，诸如信息技术、生物技术、制造技术、新材料技术、新能源技术等一系列创新技术渗透到几乎所有领域，创造出如无人飞行器、智能机器人、无人驾驶汽车、机器人厨师、可穿戴设备、智能手机、智能家居等一系列新产业、新业态、新模式。大数据、云计算、移动互联网等新一代信息技术同机器人和智能制造技术相互融合步伐加快，科技创新链条更加灵巧，技术更新和成果转化更加快捷，产业更新换代不断加快，有力推动了新质生产力快速发展，凸显了创新成为引领发展第一动力的鲜明时代特征。

（二）新质生产力的形成和发展摆脱了传统经济增长方式和生产力发展路径

新质生产力是以创新为主导的集约式经济增长方式和以生产力发展路径为基础的生产力形态。传统的粗放式增长方式以劳动要素和其他生产要素的量的投入为特征，主要表现为通过不断增大要素投入规模实现扩大再生产，进而实现经济增长；而创新主导的集约式发展则是以要素质量和效益的不断提高为特征，主要表现为通过提高劳动生产率实现经济增长。随着我国进入高质量发展阶段，粗放式增长方式赖以存在的条件发生重大变化，比如人口红利优势减弱，劳动力成本不断提高，资本盈利水平趋于下降，投资动力减弱，资源约束趋于刚性，制约经济发展……这意味着粗放式增长模式难以为继。新质生产力是创新主导的新质态的生产力，是实现高质量发展的根本物质技术支撑。发展新质生产力要求加强技术创新、制度创新、管理创新，靠创新引领发展，坚持以质量和效益为中心的发展原则，加快实现增长方式由粗放式向集约式转变。只有摆脱传统的经济增长方式和生产力发展路径，建立创新主导的集约式增长方式，才能加快新质生产力发展，为实现高质量发展、推动全面建设社会主义现代化国家奠定坚实基础。

（三）新质生产力具有高科技、高效能、高质量特征

高科技是新质生产力的典型特征。高科技具有人才、知识、技术、资金、风险、信息、产业高度密集的特性，主要包括生物技术、航天技术、信息技术、新能源技术、新材料技术、海洋技术等。以高科技为特征的新质生产力对人类社会具有重要影响：一是极大推动了生产力的提高，例如自动化和智能化技术的应用，降低了劳动强度，减少了人力资源的浪费，有力提高了产品质量和产能；二是极大提高了医疗服务质量和水平，延长了人类寿命，提高了健康水平；三是极大增强了生活便利性，让人们可以实现互联网购物、在线支付，通过社交媒体等方式与世界各地的人交流互动。高效能是新质生产力的本质属性。借助信息技术、人工智能等高科技的强有力支撑，新质生产力推动国民经济各个行业、各个领域、各个重要环节实现智能化、数字化、绿色化转型和升级，优化资源配置，提高管理效率，降低生产成本，提升企业和产业乃至整个国民经济的竞争力。高质量是新质生产力的独有品质。新质生产力是生产力发展和科技进步的产物，提质增效是其本质要求。发展新质生产力，就要打破传统生产要素的质态，以“新”提“质”、以“质”催“新”，创造新产业、新模式、新动能、新优势，改进生产工艺，提升产品品质，减少能源消耗和环境污染，拉长产业链条，提高产品附加值，提升产业竞争力。新质生产力所具有的高质量特质与高质量发展具有内在统一性，推动高质量发展必须把发展新质生产力作为重要着力点。

（四）新质生产力是符合新发展理念的先进生产力

新质生产力与新发展理念是内在统一的，新质生产力的发展符合新发

展理念所揭示的经济运行规律的客观要求。新发展理念强调创新是引领发展的第一动力，抓创新就是抓发展，谋创新就是谋未来。发展新质生产力，就要顺应新一轮科技革命和产业变革的潮流，着力推动生产组织方式网络化智能化，不断提高技术创新力、品牌影响力、核心竞争力，以创新为动力，不断提高劳动效率、资本效率、土地效率、资源效率、环境效率，不断提升科技进步贡献率。新发展理念强调坚持发展的整体性、协调性。发展新质生产力，就要确保国民经济各个部门、各个地区整体协调发展，着力破解发展难题，补齐短板，建立完整的产业体系，实现产业链供应链自主可控、安全高效运行，推动实体经济内部供给体系与需求体系的平衡发展，用高质量供给满足高品质需求，确保实体经济与虚拟经济平衡发展，防止脱实向虚。新发展理念强调坚持人与自然和谐共生的绿色发展。"新质生产力本身就是绿色生产力。"发展新质生产力，就要树立和践行绿水青山就是金山银山的理念，像保护眼睛一样保护生态环境，推动形成绿色发展方式和生活方式。新发展理念强调坚持统筹国内国际两个市场两种资源。发展新质生产力，就要高度重视和扩大利用外资，注重吸收国际投资搭载的技术创新能力、先进管理经验以及高素质人才，通过扩大开放支持我国企业加强对外投资和贸易，推动装备、技术、标准、服务走出去，提升在全球价值链中的位置，在更大范围、更广领域和更高层次上开展人才智力引进工作，进一步扩大国际人才智力交流与合作。新发展理念强调以共享发展引领高质量发展。发展新质生产力，就要坚持人民主体地位，顺应人民群众对美好生活的向往，不断实现好、维护好、发展好最广大人民根本利益，做到发展为了人民、发展依靠人民、发展成果由人民共享，通过深化改革、创新驱动，提高经济发展质量和效益，生产出更多更好的物质精神产品，不断满足人民日益增长的美好生活需要，推动实现全体人民共同富裕。

（五）新质生产力体现了劳动者、劳动资料、劳动对象及其优化组合的跃升

根据马克思主义生产力理论，科学技术通过渗透到生产力的构成要素

之中，引起它们变化，从而促进社会生产力发展。在社会生产力的发展中，科学技术推动社会生产的作用日益增强。习近平总书记关于发展新质生产力的重要论述，继承了马克思主义生产力理论的分析框架，同时又赋予其新的内涵，进行了创新和发展。从劳动者看，人是生产力中最活跃的因素，没有创新型人才、战略型人才以及掌握现代技术的新型劳动者，加快形成和发展新质生产力就是一句空话。从劳动资料看，由颠覆性技术带来的生产工具变革往往是新科技革命的主要标志。在新一轮科技革命和产业变革中，大数据、云计算、区块链、人工智能、量子技术等更高科技含量的新型工具不断涌现，为新质生产力提供了动力源泉。从劳动对象看，数字资源、虚拟空间、生物基因、微观粒子等都成为人类劳动的对象，大大拓展了生产新边界，创造了生产新空间。当前，新一轮科技革命和产业变革呈现源头创新、跨界融合、多点突破的新趋势，对生产资源的配置模式、创新要素的流通机制、技术研发的组织构架、创新主体的管理方式都提出新的要求，发展新质生产力需要劳动者、劳动资料、劳动对象在新技术赋能和催化下，实现优化组合和更高效率的配置，进而为大幅提高全要素生产率提供必要条件。随着智能技术和数字技术的发明及其在生产过程中的广泛使用，劳动者、劳动资料、劳动对象等生产力三大要素的智能化和数字化转型不断深化，劳动者的科学技术知识越来越丰富，使用及控制智能和数字技术的能力越来越强。由于智能技术、数字技术的快速发展，劳动资料的智能化、数字化水平不断提高，使用效率大幅提升。适应劳动者和劳动资料智能化与数字化转型的快速推进，劳动对象的数据化程度也不断深化。通过创新不断推动智能技术、数字技术、绿色技术进步，将智能技术、数字技术、绿色技术融入劳动者、劳动资料和劳动对象之中，促进三者优化组合和跃升，就会加快新质生产力发展，扎实推进高质量发展。

（六）技术革命性突破、生产要素创新性配置、产业深度转型升级催生新质生产力

新质生产力的形成是一个系统工程，是技术革命性突破、生产要素创

新性配置、产业深度转型升级有机统一协同发力的产物。技术革命性突破是新质生产力赖以存在和发展的前提与基础。技术革命性突破是指在技术发展的过程中出现的重大颠覆性的技术进步。颠覆性技术是前沿性、引领性技术，能创造新产品、催生新业态、打造新模式。生产要素创新性配置是新质生产力发展的动力。生产要素是指进行财富生产所需要的各种社会资源，主要包括土地、劳动力、资本、技术、数据等要素。生产要素的配置是指在社会再生产过程中对各种生产要素进行优化组合，以提高经济效益和实现经济健康稳定发展。在技术实现革命性突破的基础上进行生产要素配置，必须坚持创新引领，以生产要素的创新性配置助推新质生产力发展。为此，要以人才创新为基础，着力培养具备高素质、高技能的人才队伍，健全人才引进制度和政策，做好创新型、高端型人才储备，建立和健全发挥人才聪明才智、调动人才创新积极性的激励制度；以技术创新为引领，创新发展技术手段和工具，促进传统低端产业向高端转型，以技术创新突破产业链“阻点”；建立和完善金融体系，加强资本市场建设，强化金融监管，规范资本行为，提高金融服务实体经济能力；以数据创新为枢纽，打破各要素间衔接壁垒，疏通产业链“断点”，切实释放“数字红利”。产业深度转型升级是新质生产力的实现条件。产业转型升级亦即产业高级化，强调产业结构要向更有利于经济社会发展的方向转变。产业转型升级是技术产业化和产业技术化的辩证统一。产业深度转型升级是指随着智能技术、数字技术的发明和广泛使用，智能技术、数字技术等创新性技术的产业化进程与传统产业的智能化、数字化转型相辅相成、相互促进，形成现代化产业体系，为新质生产力的形成和发展奠定深厚的产业基础。总之，颠覆性技术的突破和大规模应用，将带来生产要素的创新性配置、产业的深度转型升级，推动劳动者、劳动资料、劳动对象及其优化组合的跃升，从而加快新质生产力发展。

（七）新质生产力的形成和发展将提高劳动生产率和全要素生产率

劳动生产率是指劳动的生产效能，它同一定量劳动所生产的物质财富量成正比，同一定量物质财富所包含的价值量成反比，是反映和衡量微观经济组织效率的重要指标。全要素生产率也称多要素生产率，是衡量经济单元总投入与总产量的生产率指标。全要素生产率增长率，是衡量纯技术进步在生产中的作用指标，通常叫作技术进步率。从微观经济组织看，劳动者通过掌握智能技术和数字技术大大提升劳动复杂程度，并将智能技术和数字技术赋能生产工艺和劳动工具，从而极大提高劳动工具的效率。与智能技术和数字技术赋能生产过程相适应，以 5G 技术、大数据、物联网、互联网为内容的新型基础设施建设为数字经济发展奠定了坚实基础，智能、数字、绿色技术使太阳能、风能等自然力得到深度开发和利用。这些新质生产力的形成有力推动了微观经济效益的提升，为高质量发展注入强劲动力。从宏观经济运行看，智能技术、数字技术、绿色技术的广泛使用，催生出一系列具有高科技、高效能、高质量特征的新产业、新业态、新模式、新能源、新方法。这些以科技进步为主导的新质生产力为经济增长提供了强大动力，凸显了科技进步对经济增长的贡献越来越大，并推动全要素生产率大幅提升。劳动生产率和全要素生产率从微观和宏观角度反映新质生产力发展的效能。加快科技创新步伐，建立现代化产业体系，以智能技术、数字技术、绿色技术赋能发展方式转变、经济结构优化、发展动能培育，为新质生产力发展提供强大动力，必将大大提高劳动生产率和全要素生产率。

三、新质生产力的生成逻辑

从词源学上看，新质生产力的主体是“生产力”，“新质”则是生产力的修饰语。所谓新质，就是在质态、本质上，这一生产力与“旧”的传统生产力有所区别，在驱动方式上不同。而定性是生产力，就是说这一生产力要应用到现实的生产中去，产生实际的经济效益。这一内涵凸显了它具有以科技创新作为内生动力和以推动经济发展作为根本目的的两大特点。

在简要厘清这些基本概念的基础上，要领悟新质生产力的深刻内涵，还需结合其提出的背景环境、马克思和恩格斯对生产力概念的经典表述以及生产要素的多样性等方面进行把握。

（一）从新时代的背景环境把握新质生产力的生成逻辑

新质生产力是习近平总书记在东北考察时明确提出的，在考察期间他强调要积极培育战略性新兴产业和未来产业，说明新质生产力的概念不是偶然提出的，而是经过充分酝酿的，与产业结构升级有着密切联系。

新质生产力是在立足新一轮科技革命和产业变革的时代背景下提出的。纵观人类社会发展进程，历史上每一次科技革命都引领了新一轮产业变革，极大地改变了人们的生产生活方式，提高了人们的生活水平，深刻地改变了国际力量格局。当今世界正处于百年未有之大变局，科技在这一变局中扮演着推动者的角色。随着新一轮科技革命和产业变革深入发展，全球产业结构和布局深度调整，世界政治经济格局发生深刻转变。大数据、人工智能、5G 通信、量子科技、生物技术等领域取得颠覆性技术突破，正在酝酿诞生一批未来产业；材料科学、环境科学、生命科学、能源科学等多学科交叉融合发展，推动多领域技术融合创新；新兴科技不断赋能传统产业，机械工程、服装设计、汽车制造等行业焕发新的生机，实现了新旧动能转换。新科技催生新产业，新产业塑造经济发展新动能，这是新质生产力在当今时代背景下的具体表现。

新质生产力是结合东北地区的现实产业布局和战略地位提出的。新中国成立以来，东北地区作为“共和国长子”，产业结构一直都是以重工业和传统制造工业为主，是我国重要的重工业基地，在国防安全、能源供给、机械制造等方面为我国社会主义建设作出了巨大贡献。然而，伴随着改革开放的浪潮，新兴产业在我国迅速发展，东北地区传统重工业单一的生产结构和单纯依靠国有企业的管理体制未能得到及时改善，加之石油、矿产等资源日渐枯竭，东北地区逐渐被其他地区拉开差距，经济转型、产业升级成为东北地区的迫切任务。新质生产力的出现引起了传统产业的深刻变革。传统产业是以传统能源为动力，以传统的生产方式为载体的，新质生产力则为传统工业更换了动力引擎和应用载体，从而实现产业形态上的升级，这正是适合东北地区的经济转型模式。正如习近平总书记指出的，东北地区要积极培育新能源、新材料、先进制造、电子信息等战略性新兴产业，这是结合东北地区产业已有优势和现实困境提出的，对推动东北地区高质量发展具有重要指导意义。

新质生产力是在擘画我国高质量发展未来蓝图过程中提出的。改革开放以来，我国取得了举世瞩目的经济发展成就，国内生产总值跃升至世界第二，初步解决了"有没有"的问题。中国特色社会主义进入新时代，以习近平同志为核心的党中央提出我国经济发展进入新常态，从高速度增长模式转向高质量发展模式，要着力解决"好不好"的问题。进入新时代十多年来，我国推动建设现代化产业体系，如安徽将新能源汽车产业提升为首位产业，江苏围绕生产母机、生物医药等项目进行技术攻关，武汉光电子信息产业带动湖北制造业迈上新台阶，等等，这些战略性新兴产业为推动高质量发展提供了强劲的动能。同时，我们也要清醒地看到存在的不足：发展不平衡不充分问题仍然突出，传统制造业升级转型任务繁重，基础研究投入占比不高，科研成果转化率偏低，部分关键核心技术仍受制于人，等等。

（二）从马克思主义经济学来看新质生产力的理论支撑

新质生产力，本质上仍是一种生产力。生产力是马克思主义哲学与政治经济学的重要范畴，马克思和恩格斯早期的生产力思想受亚当·斯密、李嘉图的"劳动生产力"和李斯特的生产力理论影响，使用他们定义的生产力概念。撰写《德意志意识形态》时，马克思和恩格斯已经向历史唯物主义者转变，对生产力概念作了哲学上的阐释。撰写《哲学的贫困》时，马克思对生产力概念作了明确表述，构建起体系化的生产力理论。此后，马克思转向政治经济学研究，在《1857—1858 年经济学手稿》《资本论》等著作中对生产力概念进行了政治经济学上的补充。新质生产力不仅是站在历史唯物主义高度提出的，而且在马克思主义政治经济学逻辑中有其理论渊源。

从历史唯物主义视角来看新质生产力的理论逻辑。与古典政治经济学家不同，马克思和恩格斯将生产力这一经济学范畴放在了唯物史观的视域中进行研究，从而赋予它鲜明的哲学色彩。在《德意志意识形态》中，以“现实的人”为基本前提，马克思和恩格斯指出了生产力对人类社会历史具有的决定性意义：“人们为了能够‘创造历史’，必须能够生活。但是为了生活，首先就需要吃喝住穿以及其他一些东西。因此第一个历史活动就是生产满足这些需要的资料，即生产物质生活本身。”这指明了生产力是为了满足人们实际需求的物质生产力量，它不仅是人类历史的物质基础，而且是人类社会存在和发展的根本动力。在此基础上，马克思在《哲学的贫困》中廓清了生产力与生产关系、社会关系之间相互制约的关系，指出“随着新生产力的获得，人们改变自己的生产方式，随着生产方式即谋生的方式的改变，人们也就会改变自己的一切社会关系”。此外，在揭示生产力概念时，马克思指出，生产力的基本要素不仅包括生产工具，还包括劳动者。“在一切生产工具中，最强大的一种生产力是革命阶级本身。”这进一步拓宽了生产力的内涵，将人的本质力量提高到生产力的高度。从马克思和恩格斯对生产力的论述中，我们至少可以总结出三点新质生产力诞生的逻辑基础：一是新质生产力作为塑造经济新动能的强大物质力量，是为了满足人民群众的实际需求而提出的；二是新质生产力的形成必然伴随并要求生产关系的重塑，新兴产业和未来产业的生产模式正是超越传统生产关系的体现；三是新质生产力的组成要素复杂，新质生产力要求整合科技创新资源，其中包含科技、人才、数据、信息、管理等多个要素。

从马克思主义政治经济学角度来看新质生产力的实践逻辑。马克思转向政治经济学研究后，对科技与资本相结合产生巨大生产力推动资本主义发展的历程作了详细阐释，为新质生产力的形成提供了支撑。首先，马克思对科技应用于资本主义生产的历史过程作了说明。18 世纪 70 年代，以蒸汽机为代表的第一次科技革命推动西欧国家完成了产业革命，为资本主义生产方式奠定了物质基础。马克思指出："固定资本的发展表明，一般社会知识，已经在多么大的程度上变成了直接的生产力。"换言之，科技作为知识形态的存在物，也可以成为"对象化的知识力量"，推动经济社会发展。其次，马克思揭示了科技作为生产力的组成要素具体产生效益的方式。一方面，科技作为劳动资料直接参与到生产过程中，如制造工艺或效率的提高，"它们是人的手创造出来的人脑的器官"。另一方面，科技不直接参与生产，而是在产业融合、资源聚集等方面发挥作用，"不变资本便宜化的其他方式建立在发明的基础上……是由把这些不变资本作为产品生产出来的那些生产领域中的劳动生产率的发展所造成的便宜化"。再次，通过对科技在资本主义生产中异化的阐述，马克思指出科技在生产中的应用带有社会制度的印记。一是人与自然关系的异化。资本的逐利性使科技"在一定时期内快速提高土地肥力的任何进步，同时也是破坏土地肥力持久源泉的进步"。二是劳动者的异化。机器大工业使工人"不再是生产过程的主要作用者，而是站在生产过程的旁边"，丧失了主体性地位。三是科技自身的异化。"在机器上实现了的科学……只表现为劳动的剥削手段"，不再朝着社会需要的方向进步。从以上论述中同样可以总结出至少三点有关新质生产力的实践逻辑：一是科技与生产过程结合能形成现实的生产力，构成新质生产力的底层逻辑；二是科技与生产结合的方式多样，要求着眼生产全过程整合好科技创新资源；三是中国特色社会主义制度规范新质生产力的发展方向，要深化体制改革，促进新质生产力的形成。

（三）从生产要素的多样性把握新质生产力的核心内涵

马克思内在地提出了生产力组成要素的多样性。在细致考察资本主义生产后，马克思提出了多种不同的生产力，包括物质生产力、精神生产力、社会生产力、科学生产力、自然生产力等。这些表述内在地扩充了生产力概念的范畴，构建起多维度的生产力体系。进一步，马克思说明了这种多维度生产力概念的由来。如对于自然生产力，马克思指出："应用机器，不仅仅是使与单独个人的劳动不同的社会劳动的生产力发挥作用，而且把单纯的自然力——如水、风、蒸汽、电等——变成社会劳动的力量。”生产力是结构复杂的系统，其基本要素包括劳动者、劳动资料和劳动对象，但马克思也指出了自然、管理、科技等在生产中发挥的作用，这被学者总结为生产力的两种生产要素理论：一种是实体性要素，包括劳动者、劳动资料和劳动对象；另一种是渗透性要素，包括科学技术、劳动组织和生产管理等，是一种非实体性要素。

中国特色社会主义进入新时代以来，我们党进一步发展了马克思主义生产要素理论。在新一轮科技革命和产业革命的背景下，以习近平同志为核心的党中央不断深化对人类文明发展规律和生产力发展规律的认识，牢牢把握当下生产力组成要素中的活跃成分，将一切积极因素与国家发展全局结合起来，提出了一系列关于生产要素的重要论述，为我们深刻理解新质生产力的内涵提供了思路。2014 年在参加十二届全国人大二次会议贵州代表团审议时，习近平指出，“绿水青山就是金山银山”，“保护生态环境就是保护生产力，改善生态环境就是发展生产力”。“生态生产力”概念的提出，深化了马克思主义的自然生产力概念。2022 年在中央政治局第三十八次集体学习时，习近平总书记指出，“资本是社会主义市场经济的重要生产要素”，“资本是带动各类生产要素集聚配置的重要纽带”，强调资本这一特殊生产要素在生产中发挥了独特作用。2018 年在全国网络安全与信息化工作会议上，习近平总书记强调“要加快推动数字产业化，发挥互联网作为新基础设施的作用，发挥数据、信息、知识作为新生产要素的作用”，提出了三种全新的生产要素。在这样的时代背景下，结合我国生产力的现实布局，党的十九大报告提出要“提高全要素生产率，着力加快建设实体经济、科技创新、现代金融、人力资源协同发展的产业体系”。党的二十大报告提出“加快建设现代化经济体系，着力提高全要素生产率”，阐明了当下生产力组成要素的丰富多样。

新质生产力的理论逻辑根植于生产力要素的多样性。新质生产力强调的是质态的新，而质态取决于在生产力中发挥关键作用的各生产要素。新质生产力不同于马克思提出的精神生产力、自然生产力、科学生产力等概念，它强调的并不是某种单一的生产要素，而是要突出其中新生产要素对旧生产要素的超越。因何而新？科技创新是关键。但新质生产力不仅仅指代科技生产力，它还有更丰富的内涵。科技生产力强调的是，相较于其他要素，科技这一要素在生产过程中起更主要推动作用。新质生产力强调的是以科技为引领，全面推动各生产要素的创新，最终实现产业升级和生产力的跃迁。如上文所说，科技已经不再作为一种具体的生产要素而发挥作用，而是作为一种渗透性要素深刻融入其中每一个具体环节。在战略性新兴产业和未来产业的生产过程中，从实体性要素——高素质劳动者、高效生产设备、优质加工材料，到其他渗透性要素——组织、管理、知识等，再到新型生产要素——数据、信息等，都离不开科技创新的支撑。加快形成新质生产力，就是要组织好企业、高校、科研院所等单位，以科技创新为引领，将生产过程中的一切要素组织起来，实现产业全链条全方位全覆盖的跃迁。

第三节　新质生产力的理论公式

组成生产力系统的要素包括劳动者、劳动资料、劳动对象，学术界概括为生产力的三要素，这是生产力的实体性要素（硬件构成），即它们是一切时代的生产力所共有的基本要素。除此以外，还有科学技术、科学管理、劳动的热情和积极性，这被称为生产力的非实体性要素（软件构成）。再加上社会文化制度、体制环境，这些是生产力系统的结构，也是组成生产力系统的要素之间的关系。生产力系统结构的对称程度决定生产力的发展速度，生产力系统的结构如果对称，生产力发展速度就快；生产力系统的结构如果不对称，生产力发展速度就慢。所以，生产力的发展是主客体相互作用、资源再生的结果，是社会系统的整体功能，是增长向发展转化的中间环节。生产力发展水平的高低是由生产力要素构成的系统与其所处的政治、经济、社会、文化、生态等环境体系相互聚合匹配的结果。

一、生产力不断跃迁推动历史发展

马克思在《资本论》中指出，劳动资料是生产力跃迁的标识，也是人类社会阶段划分的标尺。人类社会诞生至今，以劳动资料的规模化改进为标识，生产力的一般性跃迁从未间断；而生产力的系统性跃迁虽只完成了两次，但每一次都推动着人类社会实现跨越式发展，在人类社会发展史上留下划时代的里程碑。生产力的第一次系统性跃迁是以磨制石器替代打制石器成为社会主要劳动资料为标识，推动人类社会由渔猎采集时代跨越到农耕时代。生产力的第二次系统性跃迁则以机械制器替代人力制器成为社会主要劳动资料为标识，推动人类社会由农耕时代跨越到工业时代。当下，作为社会主要劳动资料的功能机器正逐步被智能机器取代，生产力的第三次系统性跃迁正加速演进，将推动人类社会实现由工业时代到数字时代的跨越式发展。

（一）生产力第一次跃迁：人类社会从原始文明时代进入农耕文明时代

原始文明时代，人类的主要追求是生存，主要的生存方式是采摘、捕捉、狩猎。受限于知识和技术，人类对自然界充满不解和畏惧，主要表现为顺从，还谈不上对生产要素的开发和配置。公元前9000年左右，磨制石器替代打制石器成为社会主要劳动资料，标志着人类社会经历了生产力的第一次系统性跃迁。原始农业在地球上不同区域相继出现，逐步取代原始社会的渔猎采集经济，人类由围绕节气的迁徙生活逐步转向围绕土地的定居生活，农业成为“整个古代世界的决定性的生产部门”，人类社会开始步入农耕时代。

农耕文明时代，生产方式主要有农产品种植、畜牧、养殖、加工等，生活方式主要表现为“依山傍水聚族”，顺应大自然的规律。推动生产力提升的要素主要是土地、劳动力以及农业技术。由于农业文明时代的生产方式以开发利用土地为主，该阶段的核心资源是土地，关键生产要素是劳动力。

随着种植技术和灌溉技术的提高，剩余产品伴随着生产力的提高而出现，私有制取代原始公有制，奴隶制国家登上历史舞台。在奴隶社会，人们内部的分工随着阶层的分化走向具体，人们对农作物的熟悉程度和对时令的掌握程度更上一层，历法、陶器、纺织等发明陆续涌现，青铜器逐步取代石器成为主要劳动资料，社会生产力经历了一次一般性的跃迁。然而，随着农业生产效率的提高和土地总面积的扩展，越来越多自由农的出现使得使用奴隶的成本高于雇农，而且奴隶因为经济上的完全从属关系，导致其本身不具备生产的积极性。奴隶制已经不再适应新的生产力的需要。随着冶铁技术的出现和推广，青铜器很快被更为廉价、更为锋利、更耐磨损的铁器取而代之。铁器相对低廉的价格提高了农具的可获得性，而铁器锋利耐磨的特性赋予了农业精耕细作的可能性，生产力再一次完成一般性的跃迁，奴隶制为封建制所取代。在封建社会，地主阶级成为统治阶级，通过掌握农耕经济最重要的生产资料土地来剥削农民阶级，这决定了地主阶级具有扩张领土的必然倾向。正如马克思和恩格斯所描述的，“美洲的发现、绕过非洲的航行，给新兴的资产阶级开辟了新天地。东印度和中国的市场、美洲的殖民化、对殖民地的贸易、交换手段和一般商品的增加，使商业、航海业和工业空前高涨，因而使正在崩溃的封建社会内部的革命因素迅速发展”，生产力的又一次跃迁即将到来。

（二）生产力第二次跃迁：人类社会从农耕文明时代进入工业文明时代

新的生产力已经在封建社会体内孕育起来，一方面，随着对外贸易的发展，海外市场逐渐扩大，庞大的市场需求催生着新的生产力；另一方面，随着土地兼并和圈地运动的发展，越来越多的农民与生产资料相分离，为新的生产力准备了必需的生产要素。随着蒸汽机被应用于纺织部门，而后逐步扩张到各个生产部门，生产劳动资料的动能由人力转为机械力，机械制器取代了人力制器成为社会主要劳动资料，标志着生产力经历了第二次系统性跃迁，推动着人类社会由农耕时代步入工业文明时代。

工业文明时代的生产方式以开发利用能源资源为主，工业经济发展受土地面积约束较小，财富积累主要依靠劳动力和资本数量的增多来实现，推动生产力提升的要素主要是劳动力、资本以及工业技术。随着多次工业技术革命的推进，资本通过财富积累掌控能源资源以及科技等，对生产力发展发挥决定性作用。该阶段的核心资源是能源资源，关键生产要素是资本。

第二次跃迁以后，生产力由慢速发展阶段转向快速发展阶段，生产力的增幅大大提升。“18 世纪初至 80 年代，世界工业生产指数提高了近 2.3 倍，而 1802—1870 年提高了 5.1 倍多。”伴随着生产力的爆发式增长，劳资冲突也日趋频繁。资本家出于资本对剩余价值的永续追求而不断提高工人的劳动强度，尽力延长工作日时间，压低劳动力的价格，但工人身体所能承受的负荷是不可能越过生命界限的，因而对必要劳动时间的缩短要求生产技术的进一步改进。同时，局部生产过剩危机开始出现，意味着资本家间的竞争日益激烈。为了使自己的商品能够实现“惊险的跳跃”，更出于资本本身对超额剩余价值的追求，资本家以技术进步提高个别劳动生产率的诉求日益强烈，科学和技术对生产力的促进作用得到前所未有的重视。自 19 世纪 30 年代起，电磁理论和热力学等自然科学理论研究取得重大突破，到 70 年代后实际可用的发电机和内燃机相继问世，大规模生产成为可能。新一轮生产力的一般性跃迁加速演进，推动着资本主义社会从自由竞争阶段走向垄断阶段，全球资本越来越集中到少数发达国家手中。他们凭借资本垄断了生产资料和科学技术，并凭借着这种垄断不断巩固自己在全球竞争中的优势地位，在世界产业体系分工中长期占据高端产业，成为攫取全球经济发展的食利者、塑造世界经济格局的主导者。

（三）生产力第三次跃迁：人类社会从工业文明时代进入数字文明时代

1946年世界上第一台通用电子计算机在美国宾夕法尼亚大学诞生，现代计算机从理论设想变为现实具象，在电气化蓬勃发展的生产力体内埋下了裂变的种子。之后，科研领域的电子技术向世界通用的计算技术和通信技术发展，电子计算机向个人计算机演变。随着20世纪80年代初期互联网和个人手机的问世，生产和生活的相关信息以数字化的方式被收集、储存、加工和分析，个体以全新的数字形式被紧密地联系在一起，世界经济和世界交往的模式开始变革，社会生产信息化初露头角，数字化开始起步。到20世纪90年代，美国创造了连续118个月的经济快速增长奇迹，呈现出高经济增长率、低失业率、低通货膨胀率并存的“一高两低”高质量增长特征，彰显着新的生产力变革已经开始成为推动人类社会发展的重要力量。这一次生产力的革新虽然影响了生产和生活的方方面面，但并没有激发出新的生产力的全部动能，也没能引发新一轮的产业变革，更多是数字信息技术在传统产业的应用，而不是数字信息技术对整个产业系统的重塑，表明生产力的跃迁尚未达到系统性跃迁的标准，人类社会由工业时代迈进数字信息时代的步伐尚需加快。进入21世纪以来，新一轮科技革命和产业变革正在孕育兴起，人工智能、互联网、大数据、云计算、区块链等数字信息技术加速迭代，生物技术、新能源技术、新材料技术同数字信息技术交叉融合，一种颠覆式系统性的生产力变革方兴未艾，智能机器替代功能机器成为社会主要劳动资料的趋势日渐明显，有望接续上一轮变革实现生产力第三次系统性跃迁。

进入数字文明时代，生产方式以开发利用数据为主，因而其核心资源是数据资源。数字文明发展受土地、劳动力、资本数量的影响较小，受数据数量和质量的影响较大。特别是数据不同于传统生产要素，它具有多维属性特征，应用的场景越丰富，其价值就越能得到充分释放，因此数据也是关键生产要素。数据具备了数字文明时代核心资源和关键生产要素的双重身份。

这场正在发生的生产力跃迁运动，速度之快前所未有、变数之多前所未有，“抓住了就是机遇，抓不住就是挑战”。世界主要国家纷纷加大科技创新要素投入，加紧数字信息技术研发，加快新兴产业培育，力图扩大既有优势，抢占未来竞争的战略制高点。对发展中国家来说，这次跃迁很有可能成为打破日益固化的世界分工、产业和利益格局的绝佳契机，更应团结力量，奋楫中流，并驱争先。

二、生产力的理论公式变化

根据马克思在《资本论》中的观点，生产力是劳动者以具体劳动作用于生产资料来创造使用价值的物质力量。其中，劳动者、劳动资料和劳动对象作为生产力的三大要素，分别从内部赋予生产力一个推力，驱动其不断发展。经济创新首先表现为对生产要素的新组合，或者引入新的生产函数。生产要素的新组合是经济创新的第一层含义。在这层含义上所诞生的新成果，包括新产品、新服务、新技术、新工艺、新工序等。此时生产力处于 1.0 阶段。该阶段的生产力公式表示为：

生产力 = 劳动力 + 劳动工具 + 劳动对象

马克思曾明确指出，“生产力中也包括科学”。作为人类智慧的物化凝结，科学一经作用于生产，就赋予“资本具有一种不以它的一定量为转移的扩张能力”，推进劳动资料不断革新，促进生产效率不断提高。科学技术能够应用于生产过程、渗透在生产力诸要素之中而转化为实际生产能力。科学技术上的发明创造，会引起劳动资料、劳动对象和劳动者素质的深刻变革和巨大进步；科学应用于生产的组织管理，能够大幅度提高管理效率；科学技术为劳动者所掌握，可以极大地提高劳动生产率。现代科学技术发展日新月异，应用于生产过程的周期日趋缩短，对生产发展的作用越来越大，日益成为生产发展的决定性因素。从这个意义上说，科学技术是先进生产力的集中体现和重要标志。中国共产党人将科学与生产力的关系提到新的高度，明确“科学技术是第一生产力”。此时生产力发展至 2.0 阶段，该阶段的生产力公式表示为：

$$\text{生产力} = \text{科学技术} \times (\text{劳动力} + \text{劳动工具} + \text{劳动对象})$$

习近平总书记在中央政治局就扎实推进高质量发展进行第十一次集体学习时全面阐述了新质生产力的定义。他指出：新质生产力是创新起主导作用，摆脱传统经济增长方式、生产力发展路径，具有高科技、高效能、高质量特征，符合新发展理念的先进生产力质态。它是由技术革命性突破、生产要素创新性配置、产业深度转型升级而催生，以劳动者、劳动资料、劳动对象及其优化组合的跃升为基本内涵，以全要素生产率大幅提升为核心标志，特点是创新，关键在质优，本质是先进生产力。这一重要论述，深刻指明了新质生产力的特征、基本内涵、核心标志、特点、关键、本质等基本理论问题，为准确把握新质生产力的科学内涵提供了根本遵循。

新质生产力作为生产力发展的新阶段（生产力 3.0 阶段）被提出，体现了中国共产党在领导中国特色社会主义现代化建设过程中，对马克思主义生产力理论的深刻理解、创造性转化和创新性发展，不仅在理论维度上丰富和拓展了马克思主义生产力观，同时也展示了马克思主义理论同中国实践紧密结合的生动实证，即马克思主义经济理论的中国化。该阶段的生产力公式表示为：

$$\text{新质生产力} = (\text{科学技术}^{\text{革命性突破}} + \text{生产要素}^{\text{创新性配置}} + \text{产业}^{\text{深度转型升级}}) \times (\text{劳动力} + \text{劳动工具} + \text{劳动对象})^{\text{优化组合}}$$

因此，新质生产力不仅仅是中国共产党对马克思主义生产力理论的继承与发展，更是新一阶段马克思主义生产力理论的中国创新和实践，其涉及经济、政治和社会诸多层面，体现了对马克思主义基本原理的深刻把握和应用，以及在这些原理基础上的创新性拓展。它既显示了中国特色社会主义理论在生产力发展问题上的理论自信，也代表了中国在全球政治经济格局中寻求转型升级、实现高质量发展的理论探索和实践努力。

第四节 新质生产力的内涵和特征

从经济学角度看，新质生产力代表一种生产力的跃迁。它是科技创新在其中发挥主导作用的生产力，具有高效能、高效率、高质量等特点。区别于依靠大量资源投入、高度消耗资源能源的生产力发展方式，它是摆脱传统增长路径、符合高质量发展要求的生产力，是数字时代更显创新性、更具融合性、更体现新内涵的生产力。

一、新质生产力的内涵

（一）新质生产力的基本内涵

新质生产力代表先进生产力的演进方向，是由技术革命性突破、生产要素创新性配置、产业深度转型升级催生的先进生产力质态。新质生产力以劳动者、劳动资料、劳动对象及其优化组合的跃升为基本内涵，具有强大发展动能，能够引领创造新的社会生产时代。

新质生产力以更高素质的劳动者为第一要素。人是生产力中最活跃、最具决定意义的因素，新质生产力对劳动者的知识和技能提出了更高要求。发展新质生产力需要能够创造新质生产力的战略人才。他们引领世界科技前沿，创新创造新型生产工具，包括在颠覆性科学认识和技术创造方面作出重大突破的顶尖科技人才，在基础研究和关键核心技术领域作出突出贡献的一流科技领军人才和青年科技人才。发展新质生产力也需要能够熟练掌握新质生产资料的应用型人才，他们具备多维知识结构、熟练掌握新型生产工具，包括以卓越工程师为代表的工程技术人才和以大国工匠为代表的技术工人。

新质生产力以更高技术含量的劳动资料为核心工具。先进的生产工具，如人工智能、机器学习、大数据分析和云计算等，为提高生产效率和产品质量提供了可能。这些先进的生产工具通过提高生产过程的智能化、自动化和数字化水平，显著提高了生产效率，优化生产流程、减少成本和提高精确度，实现资源的合理利用和生产过程效率的提升，实现经济效益最大化。尤其是互联网、智能软件等非实体形态的生产工具的广泛应用，极大地丰富和拓展了生产工具的表现形态，推动生产力跃上新台阶，为形成新质生产力提供了物质条件。

新质生产力以更广范围的劳动对象为物质基础。劳动对象是生产活动的基础和前提。得益于科技创新的广度延伸、深度拓展、精度提高和速度加快，劳动对象的种类和形态大大拓展。一方面，人类从自然界获取物质和能量的手段更加先进，利用和改造自然的范围扩展至深空、深海、深地等；另一方面，人类通过劳动不断创造新的物质资料，并转化为劳动对象，大幅提高了生产率。比如，数据作为新型生产要素成为重要劳动对象，既直接创造社会价值，又通过与其他生产要素的结合、融合，进一步放大价值、创造效应。

劳动者、劳动资料、劳动对象和科学技术、管理等，都是生产力形成过程中不可或缺的要素。只有生产力诸要素实现高效协同，才能迸发出更强大的生产力。在一系列新技术的驱动下，新质生产力引领带动生产主体、生产工具、生产对象和生产方式变革调整，推动劳动力、资本、土地、知识、技术、管理、数据等要素便捷化流动、网络化共享、系统化整合、协作化开发和高效化利用，能够有效降低交易成本，大幅提升资源配置效率和全要素生产率。

（二）新质生产力的时代内涵

新质生产力是新时代党领导下先进生产力的具体表现形式。新质生产力不是传统生产力的局部优化与简单迭代，而是由技术革命性突破、生产要素创新性配置、产业深度转型升级而催生的先进生产力，必将带来发展方式、生产方式的变革，推动我国社会生产力实现新的跃升。党的二十大报告指出，“必须坚持科技是第一生产力、人才是第一资源、创新是第一动力，深入实施科教兴国战略、人才强国战略、创新驱动发展战略，开辟发展新领域新赛道，不断塑造发展新动能新优势”，这深刻体现出党对科技推动生产力发展的规律性认识。科技创新推动生产力发展，孕育先进生产力。新时代以来，科技创新的广度、深度和融合度，使生产力发展水平与先进程度不断提高，逐步形成涉及领域新、科技含量高、交叉属性强、符合高质量发展要求的新质生产力，实现了生产力的跃迁和质变。

新质生产力是新时代我国经济社会高质量发展的内在要求。与中国经济从高速增长阶段转入高质量发展阶段相伴随的，是我国社会主要矛盾已经转化为人民日益增长的美好生活需要和不平衡不充分的发展之间的矛盾。高质量发展是新时代的硬道理，发展新质生产力是推动高质量发展的内在要求和重要着力点。与高速增长相比，高质量发展的要素条件、组合方式、配置机制、发展模式等均发生了根本性改变，这就要求要大力推动动力变革、效率变革、质量变革，提升全要素生产率，实现中国经济从粗放式的要素驱动发展模式向集约式的创新驱动发展模式转变，为新质生产力的形成和发展创造条件。

新质生产力是引领全球创新性可持续发展的关键驱动要素。科技创新催生出的先进生产力，深刻影响着全球的经济结构和经济发展。当今世界，新一轮科技革命与产业变革正在深入推进，数字经济与实体经济深度融合，各国围绕产业、技术，特别是关键核心技术的竞争日趋激烈。我们要以科技创新驱动产业创新，加快推进新型工业化，持续推动产业结构优化升级，大力推动创新链、产业链、资金链、人才链“四链”融合，大力推动数字技术与实体经济深度融合，全面推动工业绿色发展，赋能支柱产业迭代升级，培育壮大新兴产业，前瞻布局未来产业，打造具有核心竞争力的优势产业集群，加快构建具有智能化、绿色化、融合化等特征，符合完整性、先进性、安全性要求的高质量现代化产业体系，形成和发展新质生产力，为全球生产力创新性可持续发展贡献中国方案。

（三）新质生产力的科学内涵

新质生产力是创新起主导作用的先进生产力质态。新质生产力的特点是创新。把握新质生产力，关键在于深刻认识创新在提高生产力中的关键性作用。回顾历史，从18世纪第一次工业革命的机械化，到19世纪第二次工业革命的电气化，再到20世纪第三次工业革命的信息化，一次次颠覆性的科技革新，带来社会生产力的大解放和人们生活水平的大跃升，从根本上改变了人类历史的发展轨迹。一些国家抓住科技革命和产业变革的难得机遇，综合国力迅速增强，甚至一跃成为世界强国。当前，新一轮科技革命和产业变革蓄势待发，一些重大颠覆性技术创新正在创造新产业新业态。信息技术、生物技术、制造技术、新材料技术、新能源技术广泛渗透到各领域，带动了以绿色、智能、泛在为特征的群体性重大技术变革。我们迎来了世界新一轮科技革命和产业变革同我国转变经济发展方式的历史性交汇期，面临着千载难逢的历史机遇，新质生产力应运而生并在实践中不断发展壮大。新质生产力代表着科技革命和产业变革的新方向、新趋势，代表着先进生产力的发展方向。加快形成新质生产力，就是要在生产力发展中取得领先地位，在新领域新赛道上占据发展先机，在激烈的国际竞争中赢得发展主动权。

新质生产力是生产力发展和科技进步的时代产物。马克思指出，“生产力，即生产能力及其要素的发展”，“劳动生产力是随着科学和技术的不断进步而不断发展的”。新质生产力是生产力发展和科技进步的产物，是人类改造自然能力的革命性提升。这种提升是整体性的、根本性的，作为其构成要素的劳动者、劳动资料、劳动对象必然也有新的内涵。就劳动者而言，劳动者是生产力中最活跃的因素，与新质生产力匹配的不再是以简单重复劳动为主的普通劳动者，而是需要能够创造新质生产力的战略人才和能够熟练掌握新质生产资料的应用型人才。就劳动资料而言，作为“人类劳动力发展的测量器”，随着原创性技术、颠覆性技术的发展和广泛应用，越来越多的新型生产工具将产生，旧的落后的生产工具会逐渐被新的先进的生产工具代替，这也是体现生产力发展的主要标志。就劳动对象而言，劳动资料的改进和广泛运用，必然会带来劳动对象范围的扩大，不仅包括传统的自然界物质，而且包括数据等不受空间和时间限制的非物质形态。

新质生产力以生产要素及其结合方式的创新发展为主要表现形式。生产的各种要素只有结合在一起，才能形成现实的生产力。新质生产力不仅体现为各种要素的创新发展，还体现为生产要素结合方式的创新发展。随着新质生产力中劳动者、劳动资料、劳动对象的发展变化，三者的优化组合也将会发生革命性变化，带来新产业、新业态、新模式，形成驱动经济发展的新动能新优势。生产力决定生产关系，生产关系反作用于生产力。新质生产力的形成，必然引起生产关系的革命性变化，需要形成新的生产关系与之相适应，对其加以保护、解放和发展。不断改革和完善生产关系，形成新的管理模式、新的体制机制，是促进新质生产力不断发展的重要保障。

二、新质生产力的关键特征

历史唯物主义强调，生产力是人类改造自然、征服自然的能力，是推动人类文明不断向前发展的决定力量和动力源泉。回顾整个人类社会历史进程，其实就是社会生产力从低级到高级、从落后到先进的不断发展的过程。传统生产力条件下的经济增长，主要依靠大量的资源投入，依靠高度消耗的资源能源。所谓传统生产力是以第一次和第二次科技革命与产业变革为基础，以机械化、电气化、化石能源、黑色化（或者说灰色化，即资源消耗多、环境污染比较严重）、不可持续为主要特征。区别于传统生产力，新质生产力涉及领域新、技术含量高、知识密度大，是传统生产力在信息化、智能化生产条件下因科技持续突破、创新与产业不断升级发展所衍生的新形式和新质态。

新质生产力是当今时代先进生产力的具体体现形式，是科技创新交叉融合突破所产生的根本性成果，其“新”主要体现在新技术、新模式、新产业、新业态、新领域、新赛道、新动能、新优势，其“质”主要体现为高效能、高效率、高质量，关键主要是面向新兴领域，面向未来产业，着力高质量发展。新质生产力既是生产力现代化的具体体现，又是新的高水平的现代化生产力，即新类型、新结构、高技术水平、高质量、高效率、可持续的生产力，也就是以前没有的新的生产力的种类和结构。相对传统生产力而言，新质生产力的技术水平更高、质量更好、效率更高、更可持续。具体而言，主要包括人工智能、高端算力和算法、高端芯片的设计生产技术和设备、高端机器人的生产和运用、5G 和 6G 移动通信技术与设备、量子通信技术和设备、现代航空航天技术和设备、深海探测开发技术和设备、高端发动机和盾构机等各类机械设备及操作控制系统、高端太阳能风能水能地热能海洋能生物质能等可再生能源技术和设备、核能和氢能等清洁能源、特高压输电技术和设备、现代生命医药技术和设备等，以及能够创新、开发、运用、改进和优化各种高新技术与发展高新产业、改造优化传统产业的高素质劳动力。新质生产力以第三次、第四次科技革命和产业变革为基础，以信息化、网络化、数字化、智能化、自动化、绿色化、高效化为关键提升点。

（一）新质生产力的基本特征

新质生产力是面向新兴领域的先进生产力。新兴领域主要指随着新一轮科技革命和产业变革，在新一代高新技术群的孕育催化下，不断拓展、衍生并独立形成的领域，是由认知域、物理域、信息域、产业域、资本域等综合构成的统一整体。每个新兴领域的形成、发展和演变，都建立在特定的历史条件和生产力发展水平上。曾经的新兴领域可能成为当前的传统领域，而现在的新兴领域也将成为未来的传统领域。新兴领域大多孕育脱胎于传统领域，其发展演变过程反映了不同时代最先进生产力的发展要求。在当前的发展阶段和科技创新背景下，着力培育好新一代信息技术、生物技术、新能源、新材料、高端装备制造、新能源汽车、绿色环保，以及航空航天、海洋装备等战略性新兴产业，即体现了新质生产力的发展要求。

新质生产力是面向未来发展的先进生产力。科技是第一生产力，是先进生产力的集中体现和主要标志。人类历史上每一次重大科技进步都改进了劳动工具，提高了劳动者素质，带来劳动生产率的极大提高、产业结构快速优化升级，给经济社会发展提供了强大驱动力。而新质生产力作为当前先进生产力的具体表现形式，要以未来科技推动未来产业的诞生和成长，这既有赖于类脑智能、量子信息、基因技术、未来网络、深海空天开发、氢能与储能等未来产业的培育，也需在主导产业和支柱产业持续迭代优化升级的过程中不断更新和壮大。从人工智能、工业互联网到大数据，纵观近年来全球经济增长的新产业引擎，无一不是由新技术带来的新产业，进而形成新的生产力。

新质生产力是着力高质量发展的先进生产力。新质生产力的形成和发展依靠科技创新，而创新驱动发展是实现高质量发展的前提和保障。以创新驱动发展为主要特征的高质量发展，是推进中国式现代化的必由之路。没有创新驱动高质量发展，就没有中国式现代化道路的成功实践。党的二十大报告强调，要坚持创新在我国现代化建设全局中的核心地位，加快实施创新驱动发展战略，坚持面向世界科技前沿、面向经济主战场、面向国家重大需求、面向人民生命健康，加快实现高水平科技自立自强。我们要以国家战略需求为导向，积聚力量进行原创性引领性科技攻关，坚决打赢关键核心技术攻坚战。当然，高质量发展还包括协调发展、绿色发展、开放发展和共享发展等内容，但这些都需要通过创新驱动发展来实现和引领，需要通过新质生产力来推动和支撑。

（二）新质生产力的主要特征

新质生产力以创新为第一动力，是高科技的生产力。科技创新深刻重塑生产力的基本要素，催生新产业新业态，推动生产力向更高级、更先进的质态演进。新质生产力是科技创新在其中发挥主导作用的生产力，要以重大科技创新为引领，推动创新链、产业链、资金链、人才链深度融合，加快科技创新成果向现实生产力转化。近年来，我国科技创新能力稳步提高，在载人航天、量子信息、核电技术、大飞机制造等领域取得一系列重大成果，进入创新型国家行列，具备了加快发展新质生产力的基础条件。

新质生产力以产业为主要载体，是高效能的生产力。产业是生产力变革的具体表现形式，主导产业和支柱产业持续迭代升级是生产力跃迁的重要支撑。作为引领产业升级和未来发展的新支柱、新赛道，战略性新兴产业和未来产业的效能更高，具有创新活跃、技术密集、价值高端、前景广阔等特点，为新质生产力的发展壮大提供了巨大空间。近年来，我国战略性新兴产业蓬勃发展，2022 年其增加值占国内生产总值的比重超过 13%，新能源汽车、锂电池、光伏产业等重点领域加快发展，在数字经济等新兴领域形成一定领先优势。我国前瞻谋划未来产业发展，促进技术创新，全面革新研发模式、生产方式、业务模式、组织结构等，发展新质生产力的产业基础不断夯实。

新质生产力以供需为关键目的，是高质量的生产力。供需有效匹配是社会大生产良性循环的重要标志。社会供给能力和需求实现程度受生产力发展状况制约，只有依托高水平的生产力才能实现高水平的供需动态平衡。当前，我国大部分领域“有没有”的问题已基本解决，而“好不好”的问题正日益凸显，客观上要求形成需求牵引供给、供给创造需求的新平衡。一方面，新需求对供给升级提出了更高要求，牵引和激发新供给，撬动生产力跃升；另一方面，基于新质生产力形成的新供给，能够提供更多高品质、高性能、高可靠性、高安全性、高环保性的产品和服务，更好满足和创造有效需求。加快发展新质生产力，符合高质量发展的要求，有助于实现国民经济良性循环，更好发挥我国超大规模市场优势，增强经济增长和社会发展的持续性。

（三）新质生产力的本质特征

生产力是人类在劳动生产实践中利用和改造自然，使其满足自身需要的客观物质力量。生产力具有客观现实性和社会历史性，也是划分社会发展阶段的重要标识。马克思指出："各种经济时代的区别，不在于生产什么，而在于怎样生产，用什么劳动资料生产。"新质生产力是一种新型生产力，主要指以科学技术创新为先导，具备高质量、高效能，扎根前沿领域、代表先进发展水平的生产力，是社会生产力发展的一次质的跃迁。新质生产力蕴含新技术、新动能、新产业等要素指向，是经济社会发展的革命性力量。当前正处于新一轮科技革命活跃期，新质生产力以科技创新为驱动，利用大数据、云计算、人工智能等数字信息技术，结合生物、材料、能源等领域取得的创新成果，衍生出新产业、新业态，并以其为引导逐步推动产业升级，实现经济发展的动力变革和效率变革，从而提升经济发展的质量和核心竞争力，使我国迈向要素投入少、配置效率高、资源消耗低、环境压力小的高质量发展新路。

新质生产力具有技术革命性创新的特征。新质生产力形成的关键在于以创新促进生产力的质变，其能够超越传统的技术框架，变革经济的增长模式，生成高质量的发展动力，将会带来科学技术体系、产业组织模式、经济发展形态等的全方位变革。近些年来，新一轮科学技术革命成果不断涌现，如新型复合材料的研发投产、新能源的开发利用、数字化智能控制系统的调试普及、移动通信的万物互联等，这些划时代的革命成果极大地促进了社会生产力发生颠覆性创新。

新质生产力具有产业融合性创新的特征。新质生产力本身包含的一些新生产要素具有融合性。例如，数据作为信息时代新产生的生产要素，其本身可以与传统生产要素相融合，提升劳动者的工作效率和资本利用率等，提高产业的投入产出比。新质生产力还可以促进产业融合。数字信息技术的应用将会直接带来数字产业化，同时数字信息技术与传统行业相结合将会带来产业数字化。数字信息技术的逐步成熟及广泛应用，将会推动各行业交叉重组，产生一些新的产业形态。这种产业融合所产生的经济增长效应，有力地提高了经济现代化建设的水平。

新质生产力具有要素创新性配置的特征。我国传统经济发展模式注重产业规模和社会生产力数量的扩张，主要依靠资源和资本等要素投入来驱动。新质生产力旨在提高生产力质量，主要由科学技术创新来驱动，体现在生产要素自身的质态变化、生产要素融合协作能力增强、产出成果质量提升等多维度。一方面，新质生产力融合了许多先进科技创新成果，是技术密集型生产力，能够改造原有的生产要素并对其进行科学化配置，极大地提高了劳动生产率，对经济发展具有强劲的赋能作用。另一方面，新质生产力运用数据、新能源、新材料、人工智能等新生产要素，代替传统的化石能源、自然资源等生产要素，促进社会生产绿色化、低碳化，为经济的现代化赋予可持续动能。

（四）新质生产力的时代特征

新质生产力具有强大的势能。新质生产力是一种跃迁，通过跃迁带动一个国家或地区经济社会发展，具有重大引领作用。通过升级支柱产业、发展新兴产业、培育未来产业，形成具有强大引领力的支柱产业集群、新兴产业集群和未来产业集群。以支柱产业形成“量变”优势，以新兴产业形成“质变”优势，以未来产业形成“突变”优势，形成强大势能，对经济社会发展产生战略带动作用。

新质生产力具有强大的动能。产业不是静态的、停滞的、固定不变的，而是动态的、发展变化的。今天的支柱产业是昨天的战略性新兴产业，是前天的未来产业；今天的新兴产业是昨天的未来产业，明天的支柱产业；今天的未来产业是明天的新兴产业，是后天的支柱产业。19 世纪和 20 世纪，钢铁、石油等产业成为不少国家的新兴产业，甚至成为综合国力的重要标志。21 世纪，新能源、新材料、智能制造、电子信息等成为衡量一个国家综合国力的重要标志。以新质生产力推动产业发展，其强大的动能将推动经济社会迸发出强大动力，实现高速高质量发展。

新质生产力具有立体化的竞争优势。新兴产业可以在国际市场（空间）的竞争中展现强大竞争力，而未来产业是在未来发展（时间）的竞争中形成强大冲击力，在空间和时间竞争中迸发的新质生产力具有立体化的竞争优势。新兴产业在很大程度上决定着一个国家或地区的综合国力特别是核心竞争力，国与国之间的竞争一定意义上就是新兴产业的竞争，就是未来产业发展速度和规模的竞争，也就是新质生产力的竞争。未来产业虽然处于孕育孵化阶段，但它代表产业发展的方向，具有高成长性、战略性、先导性和巨大的潜力。

第五节　新质生产力的价值意义

一、新质生产力的战略意义

（一）新质生产力有助于促进我国科技水平实现质的飞跃，是提升我国国际竞争力的历史需要

当今世界百年未有之大变局加速演进，科技创新成为大国竞争的主要着力点。全球产业链加速重构，呈现出大国竞争政治化、逆全球化、全球经济治理体系碎片化等新特点。世界各国特别是大国之间的竞争，归根到底是科学技术的竞争。以美国为首的西方发达国家遏制我国经济可持续发展的举措各式各样，几乎费尽心机，特别是近几年在中高端技术领域对我国进行全面封锁，在全球发展最为活跃的数字化、智能化、绿色化技术领域围堵我国，企图让我们在经济上徘徊不前，滑入中低收入陷阱。

加快形成新质生产力，本质上就是加快大数据、云计算、人工智能等新技术的理论研究和技术应用，促进新技术与新生产要素的有机融合。发展新质生产力的过程，就是提升我国科学技术核心竞争力的过程，就是充分抓住新一轮科技革命的窗口期，及早布局和攻关新兴科学技术，在行业技术标准制定等方面掌握话语权，打赢关键核心技术攻坚战。尤其是在数

字化、智能化、绿色化等活跃领域，要尽快实现高水平科技自立自强，这对实现中华民族伟大复兴具有历史性推动作用。新质生产力的形成将为我国以科技自立赢得发展主动权、以技术升级创造发展新动能的战略选择提供坚实保障，为我国“变道超车”“换道领跑”提供更多可能，为迅速提高我国国际竞争力、影响力和综合实力提供更大助力。

中国要想在国际舞台上发挥更大作用，担起更大的国际责任，推动构建人类命运共同体，推进共建“一带一路”高质量发展，就需要有新的生产力来支撑，让中国在国际合作竞争中有更大的能力。从世界大国发展和崛起的经验看，新技术的产生和产业化变革确实是非常重要的，所以我们要注意新技术和产业的融合，以此推动国家经济的进步。从另外一个角度讲，现在地缘政治和国际形势发生了巨大变化，我们要把发展的安全和主动权掌握在自己手里，努力实现高水平科技自立自强。

（二）新质生产力有助于增强我国发展新动能新优势，是推进中国式现代化的时代需要

推进中国式现代化是党的二十大确定的新时代我国经济社会可持续发展的战略任务。新质生产力是推进中国式现代化建设的基础和动力。加快形成新质生产力，意味着将前沿科学技术用于传统生产设备的智能化、数字化升级，用于传统生产工艺流程的改进和提升，实现物质生产的现代化，加快建设制造强国；意味着新能源汽车、智慧车联网、无人驾驶技术的大规模普及，实现交通运输的现代化，加快建设交通强国；意味着智慧物流、数据云存储、无线网络接入等的全覆盖，实现网络基础设施的现代化，加快建设网络强国；意味着以新能源、新材料的广泛应用来降低能耗、节约资源、减轻环境污染，实现生态文明建设的现代化；意味着以先进生产技术和数智化设备把劳动者从机械重复的劳作中解放出来，便利人民生活，实现人的现代化；意味着利用人工智能、虚拟现实等先进技术改进教学模式，以及建设数字化、智能化的学习环境，实现教育现代化，加快建设教育强国；意味着用先进技术提高武器装备的智能化、信息化水平，加强安全防御能力，提升军事人员的技能水平和战备素质，开创国防和军队现代化新局面；意味着大力推进数字政务、智慧城市建设，保障社会安全，提升社会治理水平，实现社会文明的现代化。为了顺利推进中国式现代化基层实践，全国各地必须根据当地经济社会发展的具体特征，因地制宜，通过持续的创新驱动发展，形成更多科技含量高的新技术、新产品、新业态，稳定提升经济发展质量，扩大新质生产力发展规模，为全社会生产力稳定较快发展不断注入强大新动能，塑造我国发展新优势，推进中国式现代化建设。

（三）新质生产力有助于推动我国产业转型升级，是全面建成社会主义现代化强国的产业所需

党的二十大阐明了新时代新征程上中国共产党人的使命任务，进一步明确了全面建成社会主义现代化强国的目标。要建成经济强国，就必须有强大的生产力，那么就必须发展先进的生产力，也就是新质生产力。从世界经验看，世界强国之所以能处在领先地位，很大程度上是因为他们在技术变迁、产业进步方面走在前、走得快、走得远，或者说在发展战略性新兴产业和未来产业方面走得快、走得远。因此，我们只有在生产力出现重大突破的情况下，才能支撑起超大规模经济体更可持续发展，这是时代对我们加快发展新质生产力的呼唤。

加快形成新质生产力是我国推进产业转型升级的重要动力。新质生产力不仅能够推动传统产业向智能化、绿色化转型，还能催生新兴产业形态，加快战略性新兴产业和未来产业的发展。一方面，通过引入智能制造、数字孪生、万物互联等先进理念和关键技术，促进工业化、数字化、智能化深度融合，传统产业得以不断开创新业态、新模式，提升产业效率，塑造新的竞争优势；另一方面，新质生产力涉及高新技术、先进制造和数字化服务等领域，这些领域颠覆性技术不断涌现，呈现多点开花的局面，有助于我国开辟新领域和新赛道，重塑产业发展新动能、新优势。发展新质生产力的过程，就是推进传统产业与新兴产业协调发展的过程，也是加快实

体经济与虚拟经济交叉融合的过程，将为全面构建现代化产业体系奠定坚实基础。因此，加快形成新质生产力将有助于促进我国产业转型升级，实现传统产业、新兴产业与未来产业的协调融合和繁荣发展，全面构建现代化产业体系。

（四）新质生产力有助于提升我国资源配置效率，是实现高质量发展和经济强国目标的主要支撑力量

在人类社会发展过程中，经济发展方式转变始终是经济增长的主要推动力。经济发展方式转变的核心作用是化解经济发展与资源供给之间的矛盾，根本推动力是科技创新解放生产力进而提高资源利用率。我国成为世界第二大经济体后，科技创新对经济发展方式转变的引领力快速增强，总体经济发展方式快速转变，形成了投入产出率上升、单位 GDP 能耗不断降低、全要素劳动生产率提高、生态环境主要指标值向好的格局。然而必须看到，与发达经济体相比，我国单位产出能耗依然偏高，经济发展的资源环境约束位于国际前列，科技发展存在诸多短板弱项甚至还有“卡脖子”问题，产业发展仍然以中低端占比较大，中高端产品与产业在全球的份额仍然不足。随着中国经济发展进入新常态，出现了很多重大的趋势性变化，过去传统的以低成本生产要素为基础的比较优势正在逐步消减，迫切需要我们实现要素配置、增长动力、产业结构和发展方式的深刻转型。要解决好增长速度换挡、结构调整阵痛、改革攻坚克难叠加的这些问题，就需要新的推动力量和引擎。这个新引擎就是通过发展新质生产力使我国的经济发展方式逐步向创新驱动型资源高效利用的绿色发展方式转变。

为了从经济大国迈向经济强国，我们必须坚定不移实施科教兴国战略，培育数量充足、在全球有重要影响力的专业技术人才队伍，全面提升科技创新能力。特别是在敏感技术领域，要尽快实现高水平自立自强，全面加快新质生产力发展步伐。新质生产力的提出，表明我国要想摆脱对传统增长路径的依赖，就必须依靠科技创新驱动产业变革、经济发展，走出一条绿色、协调、可持续的发展道路。这是我国实现经济高质量发展的必由之路。发展新质生产力意味着科技驱动经济变革，实现经济发展模式的转型升级。这种变革不仅是技术上的改进，更是推动整个社会经济结构和运行方式的革新，是从传统的资源密集型经济模式向智能化、知识密集型、高附加值的经济模式转变。发展新质生产力意味着资源高效利用，也就是通过科技创新，开发数字化、智能化、生态友好型技术，引领新的生产方式，在积极培育战略性新兴产业和未来产业的过程中，将更多资源配置到高效率产业中，相应配置到夕阳产业和低效率产业的资源将更快地退出市场，从而提升行业间的资源配置效率。发展新质生产力意味着可持续发展，也就是通过推广使用新材料、新能源，使我国一些高能耗、高污染的产业得以转型，降低单位产值能源消耗量，减少废气、废水和固体污染物的排放。通过引入绿色环保技术、循环生产流程等，加速我国经济发展方式转型，朝着更加创新、绿色、可持续的方向迈进，使经济增长不再以牺牲环境为代价，而是更多地依赖于技术进步和资源的有效利用，进而实现我国经济高质量发展。

（五）新质生产力有助于提升老百姓的高质量消费生活，是满足人民日益增长的美好生活需要的时代呼唤

党的十九大以来，我们党对我国社会主要矛盾作出新的判断，这就是我国社会主要矛盾已经转化为人民日益增长的美好生活需要和不平衡不充分的发展之间的矛盾。要解决好这个矛盾，让人民生活美好、心情愉快，就需要进一步解放和发展生产力，发展新的生产力。如今科技变革的速度在不断加快，信息化、网络化、智能化加快发展，极大地改变了人类社会的生产方式、生活方式和交往方式，在某种意义上减少了对资源的浪费，为消费者提供了个性化、多元化、差异化甚至定制化的服务。在生产方面，机器替代人力保障了生产安全，这也是实现人民美好生活的一个重要支撑。

生产力的发展始终以满足人的需要为价值旨归，对生产力的理解不能离开人的需要来谈，否则生产力就会变为空洞虚无之物。现阶段，我国完成了全面建成小康社会的历史任务，人民对美好生活的向往更加强烈，期盼有更好的教育、更稳定的工作、更满意的收入、更可靠的社会保障、更高水平的医疗卫生服务、更舒适的居住条件、更优美的环境、更丰富的精神文化生活。加快形成新质生产力的内在要求是实现经济高质量发展，实现人与自然和谐共生的绿色发展，也为人民对美好生活的需要提供了丰裕的物质条件。新时代新征程，面对人民日益增长的美好生活需要，加快形成和发展新质生产力，使现代科技进步的最新成果进入经济社会发展领域，促进经济高质量发展，可以直接服务于人民大众的现实生活，让大众消费品质量更加可靠、中高端消费品占比更大、全社会的现代服务能力更强，不断促进人的全面发展和全体人民共同富裕，更好满足全国人民对美好生活的向往，提高老百姓的获得感、幸福感和安全感。

二、新质生产力的时代意义

（一）发展新质生产力是赶上时代发展步伐的重大战略抉择

历史唯物主义告诉我们，生产力的发展是社会发展的根本动因，生产力发展的每一次飞跃都代表一个新时代的到来。马克思指出："历史不外是各个世代的依次交替。每一代都利用以前各代遗留下来的材料、资金和生产力；由于这个缘故，每一代一方面在完全改变了的环境下继续从事所继承的活动，另一方面又通过完全改变了的活动来变更旧的环境。"自科技进步成为推动产业变迁和经济发展的主要动因起，每一次科技创新所带来的生产力的巨大进步都开启了一个新的时代。18 世纪 60 年代，随着蒸汽机的发明和以蒸汽机作为动力的机器装置在物质生产过程中被广泛采用，人类的劳动生产力得到空前提高，极大增强了人类物质财富的生产能力。随着 19 世纪 60 年代电的发明和广泛采用，电力取代蒸汽成为主要的动力形态，催生出一系列新兴产业，如造船、石化、钢铁等，生产力的新飞跃有力地推动人类进入电气化时代。随着 20 世纪计算机和自动化技术的发明与广泛采用，制造业的自动化水平大大提高。自动化简化了工作流程，减少了任务完成时间，提高了运营速度，使企业能够在更短时间内取得更大成果。自动化的形成彻底改变了制造业的生产流程，既提高了制造业的生产效率，又保持了高水平质量标准，推动人类进入自动化时代。进入 21 世纪，科技和产业进步的步伐进一步加快，以人工智能、机器人、物联网、5G 技术为代表的数字化和智能技术得以发明和被广泛使用。此轮科技革命和产业变革同历次工业革命一样，也是在动力系统上发生新的变化。在本轮工业革命中，算力成为最具革命性意义的创新成果。算力革命助推社会生产方式发生深刻变革，以算力为核心的基础设施成为人工智能、大数据、物联网等运行的强大支撑，推动数字经济快速发展，使人类进入数字时代。数字时代是智能化、数字化新质生产力占主体地位的时代，发展新质生产力成为把握新时代的必由之路。

（二）发展新质生产力是实施创新驱动发展战略的根本抓手

新质生产力的创新驱动性决定了创新是科技和产业竞争的核心。在激烈的科技和产业竞争中谁能取胜，归根结底取决于谁具有强大的创新能力，谁能占据新质生产力发展的制高点。美国的“美国将主导未来产业”、德国的“未来研究与创新战略”、英国的“科学技术框架”、欧盟的“加强面向未来欧盟产业战略价值链报告”等战略规划，都将人工智能、量子信息科学、先进通信网络、先进制造、生物技术等未来技术作为重点发展领域，在人力、物力、财力方面加大支持力度。我国发展进入新历史方位，实施创新驱动发展战略已经成为我国发展的根本动力和必由之路。实施创新驱动发展战略，最根本的是要抓住新一轮科技革命和产业变革的机遇，增强自主创新能力，加快发展新质生产力，厚植创新动能。为此，要充分发挥我国社会主义制度集中力量办大事的优势，建立完善关键核心技术攻关的新型举国体制，为增强自主创新能力提供强有力的体制机制保障。面向未来，要深入推进知识创新和技术创新，增强原始创新、集成创新和引进消化吸收再创新能力，不断取得基础性、战略性、原创性的重大成果，积极抢占科技竞争和未来发展制高点，力争在重要科技领域成为领跑者，在新兴前沿交叉领域成为开拓者，为发展新质生产力奠定坚实基础，不断增强我国科技和产业的国际竞争力。党的十八大以来，以习近平同志为核心的党中央准确把握创新实践的内在规律，从人才、技术和产业等关键构成要素出发，着力加强科技创新的长远布局和整体规划，大力实施科教兴国战略、人才强国战略、创新驱动发展战略，有序推动实现科技创新的量变积累，为加快建设创新型国家、实现国家整体创新能力的质变奠定了坚实基础。

（三）发展新质生产力是实现高质量发展的内在要求和重要着力点

习近平总书记强调："要牢牢把握高质量发展这个首要任务，因地制宜发展新质生产力。"在全面建设社会主义现代化国家新征程中，要实现经济实力、科技实力、综合国力大幅跃升，就必须推动高质量发展，这是新时代的硬道理。推动高质量发展，从根本上讲，要靠发展新质生产力来实现。传统发展方式是与传统生产力基础上低质量生产要素的重复性投入联系在一起的。传统生产力是锁定在低技术水平条件上的生产力。传统生产力的发展靠低质量的再生产实现，表现为技术不变条件下生产要素在量上的重复性投入。这种投入能够实现生产规模的扩大，却不能实现质量和效益的提升，长期发展下去必然面临要素供给瓶颈和需求萎缩限制，导致再生产难以为继。随着我国发展进入新时代，人民对生活品质的要求从"有没有"转向"好不好"。为了满足人民对美好生活的需要，从以传统生产力为支撑的发展方式向以新质生产力为支撑的发展方式转变势在必行。也就是说，要推动传统生产力向新质生产力转变，实现以技术水平低下的生产要素投入为支撑的发展方式向以科技创新形成的高质量生产要素投入为支撑的发展方式转变，推动经济高质量发展，以优质的生产力创造出满足中国式现代化目标需求，以及人民对更高水平美好生活追求的新供给。可见，高质量发展本质上是新质生产力推动的发展。只有大力推动技术创新、制度创新和管理创新，以创新培育新质生产力，才能实现经济高质量发展。

（四）发展新质生产力是维护国家安全的有力武器

新中国成立后，依靠自力更生、艰苦奋斗，我们逐步建立起产业门类齐全、配套能力强大、生产规模庞大的制造业体系，现已成为世界第二大经济体。我国的快速发展为世界发展作出了重要贡献，得到广泛认可，却遭到西方反华势力的敌视和打压。个别国家妖魔化我国发展成就，竭力宣扬“中国威胁论”，大肆鼓吹“去风险化”，蓄意推动“脱钩断链”，企图将我国排挤出全球产业链、供应链体系。这严重破坏了国际经贸关系秩序，损害了全球产业链、供应链安全，对我国国家安全构成严重威胁，是赤裸裸的单边主义、保护主义、霸权主义行径。为此，我们要大力加强国际合作，推动形成维护全球产业链、供应链安全及消除非经济因素干扰的国际共识和准则，力争通过国际合作阻止破坏全球产业链、供应链的恶劣行为。同时，要大力发展新质生产力，着力打造自主可控、安全可靠的高技术支撑的产业链、供应链，锻造一批撒手锏技术，持续增强高铁、电力装备、通信设备、电动汽车、清洁能源等领域的全产业链优势，提升国际产业链对我国的依存度，形成对西方危害我国国家安全行为的强有力反制和威慑能力，切实维护国家主权安全和发展利益。

三、新质生产力的经济学意义

作为具有开拓性和原创性的新概念，新质生产力反映了发展中国家在中高收入阶段经济发展重心转移之后的新要求、新方向和新理念。以时代为观照，以中国为观照，从我国新质生产力发展中总结出有规律性的新实践，提炼出有学理性的新理论，能够为其他发展中国家的经济发展贡献中国经验，并为发展经济学的理论创新贡献中国智慧。

（一）新质生产力为经济学的理论创新开辟了新道路

自摆脱殖民统治、赢得政治独立以来，发展中国家一直面临双重经济发展任务。一方面，因为处于落后状态，发展中国家必须以比发达国家更快的速度实现增长和发展，以缩小与发达国家的差距；另一方面，尽管处于落后状态，发展中国家必须与实力强大且占据优势地位的发达国家同台竞争，在开放经济中发展自己。前者是低于时代发展水平的后发追赶，后者是与时代同行的前沿发展。对任何一个发展中国家而言，这两类性质不同的发展任务是交织在一起的，区别只在于不同的发展中国家由于所处发展阶段不同，其发展重点或任务构成有所差异。双重发展任务及其结构变化，以及由此产生的复杂的发展问题，是发展中国家经济区别于发达国家的一个重要特征。

低于时代发展水平的经济追赶，可以通过发挥后发优势来实现，属于常规化的努力；而与时代同行的前沿发展则面临发达国家的强力遏制，需要吸收时代进步的力量发展新质生产力，需要超常规的努力。长期以来，发展经济学一直聚焦于后发追赶问题，忽略了发展中国家与发达国家同时代的前沿发展竞争。习近平总书记关于新质生产力的重要论述不仅为新发展阶段的高质量发展实践提供了科学指引，也为发展经济学的理论创新开辟了道路。新质生产力具有一般性的发展经济学意义，发展经济学必须重视发展中国家在前沿竞争中的发展问题，深入研究新质生产力。

（二）新质生产力为经济发展的转型升级提供了新方案

生产力具有鲜明的时代特征。在发展过程中涌现出来的新要素、新技术、新产业和新业态，形成了各自时代利用自然、改造自然、创造财富的能力。一个经济体能否把握时代发展产生的新技术等发展要素，并转化为新质生产力，与该经济体所处的发展阶段以及它在世界经济发展序列中的位置密切相关。人类近现代史上曾出现过几次工业革命，大多数后发国家都与之失之交臂，错失了利用工业革命发展生产力的机会。其重要原因不仅在于几次工业革命都发轫于先发国家，还因为后发国家处于低收入阶段，处于世界经济发展序列的低端，其发展经济的重心在于后发追赶，而不是与先发国家展开同时代前沿发展竞争。只有当经济体达到一定发展水平之后，随着原有比较优势和后发优势的减弱以及发展阶段的变化，经济发展的重心才开始从后发追赶逐渐向前沿发展竞争转移，新质生产力对发展中国家经济发展的重要性才真正凸显出来。

发展新质生产力是发展中国家经济发展重心转移的必然要求，它内生于经济发展过程。在低收入阶段，发展中国家与发达国家分别处在全球产业链的中低端和高端，各自发挥比较优势，在国际经济关系中具有很强的互补性。因此，以资源换资本，以市场换技术，是发展中国家从低收入阶段实现经济起飞的重要发展战略。进入中等收入阶段之后，发展中国家的比较优势发生变化，资本不再像发展初期那样稀缺，劳动力也不再丰裕，技术进步的方式不再主要依靠模仿，而是越来越需要依靠自主创新。在此过程中，发展中国家可能在原先并不具备比较优势的部门大幅提高生产率，产业升级使得它在全球产业链中的位置逐步攀升，于是，发展中国家与发达国家的经济互补性开始减弱，而竞争性逐渐增强。处于中高收入阶段的发展中国家要在前有遏制堵截、后有围追的情况下实现发展，迫切需要时代前沿技术造就的新质生产力。

我国历史性地解决了绝对贫困问题，全面建成小康社会，从低收入国家迈向中高收入国家行列，实现了由穷变富的发展，开启了全面建设社会主义现代化国家新征程。在由富变强的阶段，我国经济社会的主要矛盾、内在发展问题和外部发展环境都发生着深刻变化，相应地，发展重心也开始朝前沿发展方向转移。一方面，后发追赶的任务尚未完成，与实力强大且占据优势的发达国家展开前沿发展竞争任重道远。站在新的发展方位上，中国比历史上任何时期都更需要发展新质生产力。另一方面，中国新发展阶段的实践也非常幸运地置于新一轮科技革命和产业变革之中，时代给了中国发展新质生产力的机遇。正如2023年中央经济工作会议所强调的，我们要以科技创新推动产业创新，特别是以颠覆性技术和前沿技术催生新产业、新模式、新动能，发展新质生产力。对处于中高收入阶段、谋求由富变强的中国而言，新质生产力的发展功能将是巨大的。加快技术进步速度，推动经济转型升级，提升全要素生产率，促进生产力发展跃迁，从而在与发达国家的前沿竞争中赢得发展的主动权。

（三）新质生产力为经济学的持续发展提出了新课题

时代是思想之母，实践是理论之源。发展中国家在中高收入阶段转移经济发展重心、发展新质生产力，这给发展经济学提出了新课题。

新质生产力要以自主创新创造竞争优势。在传统发展中，后发优势是落后者学习先行者而形成的优势。一旦进入前沿竞争状态，就没有先行者可以学习或模仿，没有先行足迹可资借鉴，试错成为一种常态，走弯路是必不可少的探索过程。因此，与发达国家在发展前沿展开竞争，唯有依靠自主创新形成新质生产力。而且，新质生产力所需要的自主创新并非一般的技术创新，更多的是前沿性、原创性、颠覆性且对经济增长具有重大推动作用的科技创新。传统发展经济学虽然重视技术进步，但更强调通过技术转移、技术模仿、技术外溢，从先发国家那里获取技术进步的力量，极少涉及发展中国家在前沿发展竞争中的自主创新问题。

新质生产力要创造新的比较优势，引领发展。在传统发展中，比较优势是经济体之间因资源要素分布差异而形成的生产与交易优势。在低收入阶段，发展中国家选择劳动密集型、资源密集型产业，以资源换资本、以市场换技术，采取的就是比较优势战略。但比较优势是动态变化的，发展新质生产力就是在时代发展的技术前沿向没有比较优势的高科技产业进军。“没有条件，创造条件也要上”，在原本不具备比较优势的领域发现并确立新的比较优势，在战略性新兴产业和未来产业上有所突破。传统发展经济学虽然重视比较优势，但对比较优势的动态转换，特别是在时代发展前沿确立新的比较优势，学界还缺乏深入研究。

新质生产力是在直接与发达国家竞争中的实现发展。在传统发展中，发展中国家依赖各自比较优势和后发优势实现发展。在这个过程中，发展中国家与发达国家存在经济互补性，而发展中国家之间也存在竞争性。当发展中国家经济实现了一定程度的发展之后，其经济发展的重点开始前移，不可避免地要与实力强大的发达国家在某些领域展开前沿竞争。发达国家为了巩固自己在前沿发展中的优势地位，除了利用正常的市场竞争手段，还会采取“脱钩”“断链”“停止科学交流”等措施遏制发展中国家的发展。传统发展经济学比较重视国际经济活动中发达国家与发展中国家互利共赢的合作，基本不讨论发达国家利用发展优势遏制发展中国家经济发展的问题。

新质生产力促使要素从结构变迁转为纵向升级。在传统发展中，结构变迁主要是通过资源要素从传统经济部门向现代经济部门横向流动而实现，表现为产业结构更加工业化和服务化。在前沿发展中，新质生产力以科技创新为引擎，将更多资源要素配置到战略性新兴产业和未来产业中，催生出新农业、新制造业、新服务业，因而经济变迁主要通过产业内部企业之间或不同技术产能之间的优胜劣汰来实现，表现为产业的纵向升级。新质生产力在产业间和产业内部因发展差异而形成的纵向结构升级，将是发展经济学研究的一个新的重要课题。

新质生产力改变劳动就业结构，影响收入分配结构。新质生产力以先进技术和数智化设备将一些低技能劳动者从机械性劳作中解放出来，并吸收更多高技能、高知识和高创新能力的劳动者，从而改变劳动就业结构和收入结构。发展是为了人民，就业是最基本的民生。新质生产力驱动的前沿发展应该是人民共同参与、共享成果的发展。在新质生产力发展过程中，如何建立完善就业机制和利益分配机制，让发展中国家的前沿发展与共享发展并行不悖，这是发展经济学必须研究的重要课题。

第二章　新质生产力的结构要素

新时代背景下，劳动者、生产资料及与其对应的生产关系都在发生深刻变化。培育壮大新质生产力是一项长期任务和系统工程。我们要坚持系统观念，坚持以实体经济为根基，以科技创新为核心，以产业升级为方向，着力推动劳动者、劳动资料、劳动对象及其优化组合的跃升和质变。

第一节　新质劳动者队伍

科学技术依靠高素质的人才去掌握去发展。科学技术只有从知识形态转化为生产工具，劳动资料才能成为现实的物质生产力，这一转化过程要通过提高劳动者素质来实现。社会生产力的发展，归根到底有赖于人的发展，因为人是社会的主体，是生产活动的承担者。人才是第一资源，创新驱动实质是人才驱动。

劳动者是生产力的能动要素，也是最重要的要素，劳动者的劳动素质和劳动技能直接决定了生产力的发展。科学技术是第一生产力，不仅体现为高新科技开发、融入劳动资料和劳动对象等方面，更体现在提升劳动者的劳动素质和劳动技能等方面。不同时代对劳动者的要求各不一样。比如，在数字经济时代，数据是新的生产要素，是基础性资源和战略性资源，也是重要的生产力。当数据成为劳动对象、算法成为劳动工具时，劳动者就必须具备一定的数字素养，掌握一定的数字技能。能够操作、控制、维护数字技术和设备，是数字经济时代劳动者的标配。

持续提升劳动者素质是形成新质生产力的最本质要求。劳动者是全部生产力构成要素中最重要的决定性因素，没有劳动者，科学技术不会出现，先进的生产工具也一无是处。高素质劳动者与高水平生产力是相匹配的，没有高素质的劳动者一定不会出现高水平的生产力。教育和人才是提升劳动者素质、推动科技创新、促进生产力跃迁的重要支撑。按照发展新质生产力的要求，推动教育、科技、人才有效贯通、融合发展，畅通教育、科技、人才的良性循环，打造与新质生产力发展相匹配的新型劳动者队伍，完善人才培养、引进、使用、合理流动的工作机制，激发劳动者的创造力和能动性，十分必要。

一、加快培育创造新质生产力的科技型人才和创新型人才

习近平总书记在2021年召开的中央人才工作会议上强调："当前，我国进入了全面建设社会主义现代化国家、向第二个百年奋斗目标进军的新征程，我们比历史上任何时期都更加接近实现中华民族伟大复兴的宏伟目标，也比历史上任何时期都更加渴求人才。"新征程上，我国实现高水平科技自立自强，归根结底要靠高水平创新型人才。要根据经济社会发展新趋势，优化高等学校学科设置和人才培养模式，为发展新质生产力、推动高质量发展培养急需人才。要瞄准世界科技和产业发展前沿，主动适应国家和区域经济社会发展、知识创新、科技进步、产业升级需要，做好学科专业优化、调整、升级、换代和新建工作。同时，用好学科交叉融合的催化剂，建立高水平学科交叉平台，组建交叉学科群和强有力的科研攻关团队，加强学科之间的协同创新，培养造就一大批具有国际水平的战略科技人才、科技领军人才、青年科技人才和高水平创新团队。加大基础学科人才培养力度，持之以恒加强基础研究，加大财政投入力度，构建全方位基础学科

教育体系，推进基础学科高层次人才培养模式改革，培养能够驱动科技创新、创造新质生产力的科技型人才和创新型人才。

二、培育熟练掌握新质生产资料的应用型人才和高技能人才

围绕新质生产资料的应用，探索形成中国特色、世界水平的工程师培养体系，推进职普融通、产教融合、科教融汇，探索实行高校和企业联合培养高素质复合型工科人才的有效机制。针对未来产业和战略性新兴产业发展趋势，探索多元化的人才培养模式，源源不断培养造就一大批与现代科技和社会生产力发展相适应、符合新质生产力发展要求的高素质人才队伍。针对新质生产力对应的新产业、新业态，培养一批能够熟练应用新质生产资料的应用型人才。伴随新质生产力的发展，新产业和新业态不断迭代升级，战略性新兴产业、未来产业、高技术服务业等蓬勃发展。产业结构的变迁需要人才结构与之匹配，应建立学科专业动态调整机制，推进部分普通本科高校向应用型转变，培养能够熟练掌握新质生产资料的应用型人才。深化校企联合，支持订单培养和定制培训，聚焦重点产业、企业和岗位需求，打造高技能人才队伍。支持公共实训基地建设，推动产教融合走深走实。健全技术技能人才评价体系，完善职业技能等级制度，建立合理的薪酬待遇制度，体现技能型人才的劳动价值。

三、加快培育勇于创新、敢于冒险的优秀创新型新质企业家

改革开放以来，一大批优秀企业家在市场竞争中迅速成长，他们带领企业不断壮大，为积累社会财富、创造就业岗位、促进经济社会发展、增强综合国力作出了重要贡献。发展新质生产力，需加强优秀企业家培育，加强企业家队伍建设。将培养企业家队伍与实施国家重大战略同步谋划、同步推进，鼓励支持更多具有创新创业能力的人才脱颖而出，在实践中培

养一批具有全球战略眼光、市场开拓精神、管理创新能力和社会责任感的优秀企业家。要营造依法保护企业家合法权益的法治环境、促进企业家公平竞争诚信经营的市场环境、尊重和激励企业家干事创业的社会氛围，弘扬企业家爱国敬业、遵纪守法、艰苦奋斗的精神，弘扬企业家创新发展、专注品质、追求卓越的精神。支持企业家创新发展，持续推进产品创新、技术创新、商业模式创新、管理创新、制度创新，将创新创业作为终身追求，增强创新自信。强化企业家“以质取胜”的战略意识，加强企业质量管理，把产品和服务做精做细，树立具有一流质量标准和品牌价值的样板企业。支持企业家追求卓越，弘扬敢闯敢试、敢为天下先、敢于承担风险的精神，支持企业家敏锐捕捉市场机遇，不断开拓进取、拼搏奋进，在市场竞争中勇立潮头、脱颖而出，培育发展壮大更多具有国际影响力的领军企业。

四、健全要素参与收入分配机制

营造鼓励创新、宽容失败的良好氛围，激发劳动、知识、技术、管理、资本和数据等生产要素活力，更好体现知识、技术、人才的市场价值。实施更加积极、更加开放、更加有效的人才政策，探索建立与国际接轨的全球人才招聘制度，加大国家科技计划对外开放力度，鼓励在华外资企业、外籍科学技术人员等承担和参与科技计划项目，为全球各类人才搭建干事创业的平台。推动人才生态环境现代化，打通人才的培养、引进、使用、评价、激励、流动诸环节，促进人才区域合理布局，扩大人才对外开放。要促进人才链与创新链、产业链、资金链深度融合，优化人才工作环境、生活环境和制度环境。持续深化人才发展体制机制改革，建立以创新价值、能力、贡献为导向的人才评价体系，形成并实施有利于科技人才潜心研究和创新的评价体系。要健全人才激励机制，加强在基础研究领域的投入，构建充分体现知识、技术等创新要素价值的收益分配机制。

第二节 新质劳动资料

一、生产工具的进步代表着生产力水平的提高与人类社会的进步

劳动资料是划分经济时代的标志。马克思说:“各种经济时代的区别,不在于生产什么,而在于怎样生产,用什么劳动资料生产。”劳动资料的内容很丰富,包括直接作用于劳动对象的生产工具,用以发动生产工具的动力系统和能源系统、运输和辅助系统,以及为实现各种劳动资料的最佳结合所必需的信息传递系统,等等。其中,最重要的是生产工具。旧的落后的生产工具会逐渐被新的先进的生产工具代替,生产工具的进步代表着生产力水平的提高与人类社会的进步。三次工业革命就表现为生产工具的突飞猛进。

二、生产工具的科技属性强弱是辨别新质生产力和传统生产力的显著标志

新一代信息技术、先进制造技术、新材料技术等的融合应用,孕育出一大批更智能、更高效、更低碳、更安全的新型生产工具,进一步解放了劳动者,削弱了自然条件对生产活动的限制,极大地拓展了生产空间,为形成新质生产力提供了物质条件。掌握好和运用好新型生产工具是发展新质生产力的重要环节,特别是工业互联网、工业软件等非实体形态生产工具的广泛应用,极大地丰富了生产工具的表现形态,促进制造流程走向智能化、制造模式从规模生产转向规模定制,推动生产力跃上新台阶。

三、推动劳动资料迭代升级，创造和应用具有更高技术含量的劳动资料

深入实施创新驱动发展战略，以科技创新推动劳动资料迭代升级。充分发挥国家作为重大科技创新组织者的作用，整合科技创新资源，集聚各方力量进行原创性、引领性科技攻关，创造更多具有高技术含量的劳动资料，支撑新质生产力发展。加强创新要素集成和科技成果转化，构建龙头企业牵头、高校院所支撑、各创新主体相互协同的创新联合体，发挥企业作为研发应用新型生产工具主力军的作用。加强人工智能、大数据、物联网、工业互联网等数字技术的融合应用，大力推广应用数字化、网络化、智能化生产工具，加快建设数字化车间和智能制造示范工厂，为新型生产工具发挥作用提供更大舞台。

第三节 新质劳动对象

一、劳动对象是现实物质生产的必要前提

劳动对象是指人们通过自身劳动进行加工，使其成为能够满足社会需要的那部分物质资料，是被劳动直接加工改造的对象。劳动对象作为人类活动对象化发展的产物，直接体现了时代的生产力发展水平。不同的生产力水平有不同的劳动对象，同时，劳动对象的“质”与“量”也制约着生产力的发展水平。随着高新科学技术的发展，人类劳动对象发生了极大变化。网络化、智能化、数字化的劳动工具使劳动者的获取能力、计算能力、处理能力大大增强，同时也扩大了劳动对象的范围，使其不再局限于有形物质对象，信息、数据、知识等都成为新的劳动对象。

二、形成新质生产力需要对劳动对象进行拓展与延伸

人类社会早期，自然界是劳动对象的天然仓库。随着人们制造生产工具水平的提高，人类对自然界的认识、利用和改造实践在深度和广度上日益拓展，更多自然物以及自然物的更多功能被开发挖掘，为人类生产生活服务。在工业革命的驱动下，人类不断开辟新的生产领域和生产途径，更多的人工合成物、高性能材料、非常规能源等被引入生产部门，劳动对象的物质范围持续扩大。在数字时代，劳动对象完成了从自然物质到信息数据的演变。大数据、区块链、人工智能等数字型劳动对象具备可加工、易储存、智能化、协同性等特征，能够快捷高效地被劳动者掌握使用，起到了优化、提高劳动对象加工过程、效率和质量的作用。劳动对象的迭代升级推动现实生产力的提升。

三、科技创新有效拓展劳动对象种类和形态

随着科技创新的广度延伸、深度拓展、精度提高和速度加快，劳动对象的种类、形态、范围和领域大大拓展。一方面，人类从自然界获取物质和能量的手段更加先进。伴随我国载人航天、探月探火、深地深海探测等重大科技工程的深入推进，深空、深海、深地等未知领域得以探索发现，变革性技术、前沿技术、颠覆性技术的问世和应用，新物质、新能源、新材料的涌现，都在更大范围内拓展了劳动对象的内涵和外延，进而引发生产领域的巨大变革。另一方面，人类通过劳动不断创造新的物质资料，并转化为劳动对象，大幅提高了生产率。数据等新型劳动对象在各行各业中广泛渗透，“浩瀚的数据海洋就如同工业社会的石油资源”，当数据被有效收集、整理、分析、挖掘和处理后，数据作为新型生产要素成为重要劳动对象，既直接创造社会价值，又通过与其他生产要素的结合、融合，进一

步放大价值、创造效应，释放出巨大的生产力效能。

第四节　新质生产要素组合效率

适应新质生产力发展要求，推动产业组织和产业形态变革调整，要不断提升生产要素组合效率，提高全要素生产率。在各种要素一定的情况下，生产活动能够取得什么样的结果与管理活动有密切关系，生产力的状况直接取决于管理水平的高低。管理是生产力中最为抽象的要素，是一种无形的黏合剂，将各种生产力构成要素联系起来。人是生产力的本质，人类诞生之时就具有社会性，通过生产关系联结起来构成人的集体组织。只要有集体组织存在，就需要管理活动，只有通过管理才能使所有个体达成一致，实现单个个体无法实现的目标。

一、提升生产要素配置效率

创新生产要素配置方式，推动劳动、资本、土地、知识、技术、管理等要素在市场机制作用下便捷化流动、网络化共享、系统化整合、协作化开发和高效化利用，大幅提升资源配置效率和全要素生产率，推动各类先进优质生产要素向发展新质生产力顺畅流动。依托生产要素的自由流动、协同共享和高效利用，推动生产组织方式向平台化、网络化和生态化转型，打造广泛参与、资源共享、精准匹配、紧密协作的产业生态圈，加速全产业链、供应链的价值协同和价值共创。要提升对生产力各要素的高效利用质效，打破阻碍要素自由流动的体制机制，提升资源配置效率，让市场要素流向效率更高、效益更好的环节。破除地方保护和区域壁垒，推动区域经济一体化发展，服务构建全国统一大市场。优化创新资源要素布局，发挥发达地区的科技创新潜力及辐射带动作用。

二、打造高效互联的基础设施

统筹传统和新型基础设施发展，打造集约高效、经济适用、智能绿色、安全可靠的现代化基础设施体系。推动专业化供应商、服务供应商、金融机构、相关产业厂商及其他机构等集群发展，提高基础设施利用效率。提升区域运输服务水平，促进运输结构调整新发展。提升国际运输能力建设，拓展国际航空运输网络，开拓加密近远洋航线，强化中欧班列品牌线路集聚效应。实施多式联运高效发展工程，引导多式联运枢纽区布局。统筹能源供应安全保障和能源绿色低碳转型，坚持能源基础设施一体化布局。持续推进网络基础设施部署建设，加快5G网络规划建设和通信网络应用升级，深入推进IPv6规模部署和应用，加快发展卫星互联网。

三、着力优化金融供给服务

金融是发展新质生产力的血脉，需完善促进新质生产力发展的金融体系。发挥资本市场在激励创新创业、推动产业升级和优化公司治理等方面的积极作用，健全完善多层次资本市场，提供覆盖企业全生命周期的金融服务。壮大风险投资市场，促进一批革命性、颠覆性技术领域初创企业发展壮大。发挥各级各类银行在支持企业科技创新和产业转型升级中的作用，鼓励银行机构在确保安全可控的前提下积极开发创新信贷产品。加大科技专项贷款和产业发展专项贷款支持力度，提升银行在重大科技攻关项目和产业转型升级项目中的参与度。完善担保体系建设，加大政策性融资担保基金对企业科技创新贷款的担保支持，为科技创新贷款担保营造良好市场环境。

四、加快发展数据要素市场

数据作为数字时代的新型生产要素，打破了传统生产要素的质态，是形成新质生产力的优质生产要素。生产要素的高效率配置是实现生产力跃迁、形成新质生产力的必要条件。通过对数据要素的挖掘、分析和利用，可以降低信息交互偏差和要素交易成本，推动创新要素流向高生产效率、高边际产出的企业和行业，打通“数据壁垒”和联通“信息孤岛”，从而实现要素高效配置。因此，完善数据要素市场，加强数据开放共享，打破数据要素壁垒，激发数据要素的创造和流通，将使数据在流通中产生更大价值。尤其是在高度数字化、智能化的信息环境中，实现以数据为纽带的人才、技术、资本、管理等创新要素的价值链联动，将使创新资源实现最优配置。

五、补齐产业发展的短板弱项

抓住制约高质量发展的关键核心技术开展科研攻关，推动短板产业补链、优势产业延链、传统产业升链、新兴产业建链，增强产业发展的接续性和竞争力。尊重科研规律，完善科研资源配置方式，促进科技成果转移转化。健全关键核心技术攻关新型举国体制，科学统筹，集中力量，协同攻关。推动产学研深度融合发展，不断提升企业创新能力，实现从创新链到产业链的一体化布局。发挥政府在关键核心技术攻关中的组织作用，坚持企业主体、政府主推、高校主动、人才主力、市场主导。加强产业链、供应链开放合作，坚持全球视野、开放思维，对标国际高标准经贸规则，支持企业深度参与全球产业分工合作，促进内外产业深度融合，推动产业高水平开放。

第五节　新质生产关系

改革的过程就是生产关系不断调整适应的过程。从历史经验看，中国创造的世所罕见的经济快速发展奇迹是通过改革开放调整生产关系，进而解放和发展生产力的结果。我国创造性地将社会主义制度和市场经济体制有机结合，充分发挥有为政府和有效市场两方面优势，让劳动、知识、技术、管理等各类生产要素在城乡间、区域间、企业间充分流动，提升了资源配置效率，实现了生产力质的提升。生产关系必须与生产力发展要求相适应，发展新质生产力也需要构建与其相适应的体制机制。通过全面深化改革形成新型生产关系，创新生产要素配置方式，提升生产要素配置效率，让各类优质要素向新质生产力顺畅流动，这是释放新质生产力澎湃动能的有效手段。

2024 年 1 月 31 日，习近平总书记在中央政治局第十一次集体学习时指出：“生产关系必须与生产力发展要求相适应。发展新质生产力，必须进一步全面深化改革，形成与之相适应的新型生产关系。”这深刻揭示了新质生产力发展的内在逻辑，指明了全面深化改革的重要使命。发挥新质生产力对高质量发展的强劲推动力和支撑力，要充分把握发展新质生产力与构建新型生产关系的辩证统一性，认识到进一步全面深化改革是新发展阶段构建新型生产关系以适应新质生产力发展的内在要求和主要抓手。

一、新质生产力与新型生产关系的辩证统一性

马克思主义政治经济学认为，生产力发展到一定阶段便与其现存的生产关系发生矛盾。当现有生产关系制约生产力发展时，生产关系的变革就成为必然，而这种变革又反过来促进生产力的发展，二者的辩证统一推动了社会进步。

新质生产力具有新的要素构成与生产力发展路径，对现有生产关系形成了挑战。一方面，新质生产力的要素构成发生转变。高技能劳动者有效供给不足与低技能劳动者大量存在的结构性矛盾寻求劳动者培养模式的变化，劳动资料的数字化对现有生产过程的组织管理模式以及产业布局提出挑战，劳动对象与劳动成果的虚拟化形式也要求流通、交换和分配环节及相应的机制设计作出变革。另一方面，生产力发展路径发生转变。以数字技术为依托，创新构成新的动力来源，数量型增长转向质量型增长，构建起高科技、高效能和高质量的先进生产力质态。在此背景下，原有增长路径下的制度安排适用性减弱，市场呼唤全面深化改革构建起新型生产关系。

新型生产关系既包括对现有生产关系中不适应先进生产力发展要求的部分进行变革，也包括构建先进生产关系反作用于未来生产力的发展。对此，既要针对当前科技创新存在的制度障碍进行破除，服务于科技创新发展需要，又要提前布局量子信息和类脑智能等未来产业，发挥生产关系对生产力的反作用力，促进新质生产力发展。

二、以全面深化改革为抓手构建新型生产关系

习近平总书记强调，新质生产力由技术革命性突破、生产要素创新性配置、产业深度转型升级而催生。在当前国际环境下，全面深化改革应着力于经济与科技体制、高标准市场体系、新型工业化体系和高水平对外开放四个方面进行制度创新，构建新型生产关系，促进新质生产力发挥其澎湃动能。

（一）以经济与科技体制改革为基础推动科学技术革命性突破

创新生产要素配置方式，不以增加要素投入为前提，重点是将现有各类要素在不同部门之间进行重新配置，将生产要素从低效率生产主体配置到高效率生产主体，提升全要素的生产率。进一步深化土地、能源、金融等要素改革，推动各类先进优质生产要素向发展新质生产力顺畅流动。经

济体制是科技体制的重要基础，能从宏观层面影响企业参与科技创新，实现技术革命性突破。从政府与市场关系角度来说，加强创新激励与成果保护是技术革命性突破的保障，需以有效市场畅通要素流动，优化资源配置，以有为政府实施专利保护，构建良好创新环境；从金融财税角度来说，既要以数字技术为依托，构建具有强适应性、高竞争性、广普惠性的现代金融体系，以适应新质生产力发展的资金要求，又要优化国家预算安排，加大对先进产业和前沿领域专项资金的支持，以更大的税收优惠和减免激励建设创新发展环境；从收入分配角度来说，完善要素贡献参与分配机制，激发各主体创新活力。深化科技体制改革，加快健全新型举国体制，要不断破除制约科技创新活力的深层次体制机制障碍，提升国家创新体系整体效能。统筹健全科技政策体系。针对国家战略科技力量、战略博弈必争领域，强化精准政策支持，推动有为政府和有效市场更好结合，让各类先进优质生产要素向发展新质生产力顺畅流动并高效配置。深化重点领域和关键环节体制机制改革，优化资源配置效率，加强创新政策与经济政策、社会政策的统筹协调。完善科研管理体制机制，强化自主创新能力，形成鼓励创新的激励机制，建立健全以发展新质生产力为核心的科研评价体系，加快科技成果向新质生产力转化速度。健全科技创新治理机制，完善新技术研发应用的法律制度，优化激励创新的公平竞争市场环境，为新质生产力发展提供良好土壤。优化科技创新环境，营造鼓励大胆创新、勇于创新、包容创新的良好社会氛围，加大对自由探索型和任务导向型科技项目的支持，建立健全以创新价值、能力、贡献为导向的科技人才评价体系。在科技创新层面，政府通过设立国家实验室、创新平台以及面向前沿领域布局国家重大科技项目等方式，引领科技创新方向，集中资源促进技术革命性突破。在成果转化层面，以专利保护和激励机制建设为重点，完善创新成果转化机制，构建政产学研协同创新机制，对接创新与市场需求，以原创性创新和颠覆式创新成果为导向，实现技术革命性突破，促进新质生产力的发展。

（二）建立高标准市场体系，充分发挥市场在资源配置中的决定性作用

充分发挥我国社会主义市场经济制度优势、全球最完整产业体系供给优势和超大规模市场需求优势，通过改革开放着力打通束缚新质生产力发展的堵点、卡点，让各类先进优质生产要素向发展新质生产力顺畅流动和高效配置。坚持有效市场和有为政府更好结合，营造市场化、法治化、国际化一流营商环境，促进产业发展与科技创新、现代金融、人力资源高效协同，突出管战略、管规划、管政策、管标准，加强行业指导，加强企业服务，健全产业治理体系，促进新质生产力诸要素实现高效协同匹配。健全技术创新市场导向是生产要素创新性配置的动力来源，创新行业和部门的市场反馈和可持续前景，使得资本、劳动和数据等生产要素不断进入创新领域。要素由市场评价其贡献，按贡献决定报酬的机制是生产要素创新性配置的内在激励。构建公平竞争的市场体系和成果导向的评价体系，推动创新资源向市场主体汇集，形成以企业为主的政产学研多主体融合创新体系，有效提升创新要素配置效率。要素市场化改革是生产要素创新性配置的关键路径。其一，优化资本市场运行与监管，提升资本市场自由度，丰富金融产品品类，构建更全信息、更多维度、更广覆盖的信用体系，拓宽企业融资渠道，以资金要素创新配置激发万众创新。其二，完善数据要素的价格机制、竞争机制和交易规则，推动数据要素共享与流通，以数据要素创新配置发挥生产倍增作用。其三，深化收入分配体制改革，健全要素参与收入分配机制，激发劳动、知识、技术、管理、资本和数据等生产要素活力，体现知识、技术、人才的市场价值，给予劳动力更高的自主权和更流畅的上升渠道。以“揭榜挂帅”和“赛马”等形式发布创新任务，提高劳动者创新积极性，以劳动要素的创新配置形成新质生产力发展的人才依托。

（三）推进产业转型升级，以新型工业化体系建设为重点，实现新质生产力持续发展

以新型工业化体系建设为重点，促进产业深度转型升级。新型工业化

体系建设能有效推动产业高端化、数字化、智能化和绿色化，是推动产业深度转型升级以实现新质生产力发展的关键。基础设施建设是保障。新质生产力下的产业发展以新要素、新能源和新材料为基础，大量数据要素的流通使用、高效低能耗的新能源体系建设，以及高附加值、高技术和高性能新材料的探索，为产业转型升级保驾护航。数实结合是途径。数字技术既可以直接变革生产过程，推动生产智能化与服务高效化，提升社会效率，又可以间接优化企业决策，实现产业链的强效互联，构建一体化产业链生态体系，以“智改数转网联”多维改造推动产业智能化。战略性新兴产业和未来产业是重点。战略性新兴产业和未来产业涵盖当前和未来生产与市场竞争的关键领域，是高技术密度、低资源消耗和强引领带动的先进产业。要推动产业向价值链高端转移，不断增强产业国际竞争力。绿色发展是底色。以高效低碳、环保节能和循环经济为重要基调，实现产业转型升级是推动产业绿色化、实现新质生产力持续发展的重要抓手。

（四）扩大对外开放水平，以高水平对外开放为基点营造国际创新环境优势

开放与合作促进创新源泉充分涌流。高水平对外开放有利于推动国际创新合作，使我国科研人员能够充分交流并学习国外先进经验，融入全球创新网络。处于时代创新前沿才能洞悉未来发展趋势，开放与合作是我国先进产业布局与科研创新发展的重大助力。高水平对外开放也是将国内市场扩展到国际市场的重要手段，能有效利用国际资本、劳动、技术和数据等生产要素，提高国内资源配置效率。同时加强对标国际先进规则和商品市场法律体系，打造自由贸易区和合作平台，构建开放包容、协调一致、互利互惠的国际市场，营造良好国际创新环境，激发科研创新活力，推动新质生产力发展。坚持自主创新与开放创新协同共进，在开放环境下大力推进自主创新，用好全球创新资源，加快建设具有全球竞争力的开放创新生态。扩大高水平对外开放，为发展新质生产力营造良好国际环境。建立多元化的国际合作网络，积极参与全球多边和双边合作机制，拓展技术交流和合作的广度、深度，形成具有全球竞争力的开放创新生态。与国际先进企业、研发机构建立长期、稳定、深入的合作关系，吸收先进技术和管理经验，推动技术创新和转移。持续优化营商环境，吸引外资企业来华投资。加强知识产权保护，为技术创新提供有力保障。同时，鼓励国内企业积极走出去，拓展海外市场，实现技术交流和合作的跨越式发展。加大对国际化人才培养和引进的投入，提高人才综合素质和跨文化交流能力，加大海外高层次人才引进力度，为推动我国科技创新注入活力。

第六节 全要素生产率

一、全要素生产率是技术进步对经济发展作用的综合反映

全要素生产率，是指在各种生产要素的投入水平既定的条件下所达到的额外生产效率。比如，一个企业也好，一个国家也好，如果资本、劳动力和其他生产要素投入的增长率都是 5%，如果生产率没有进步，正常情况下产出或 GDP 增长也应该是 5%。如果显示的产出或 GDP 增长大于 5%，譬如说是 8%，那么这多出来的三个百分点在统计学意义上就表现为一个“残差”，在经济学意义上就是全要素生产率对产出或经济增长的贡献。

全要素生产率也称多要素生产率，是衡量经济单元总投入与总产量的生产率指标。全要素生产率增长率，是衡量纯技术进步在生产中的作用指标。所谓纯技术进步，包括知识、教育、技术培训、规模经济、组织管理等方面的改善，但还不能具体化为或不能归因于有形的效率更高的资本设备、技巧更高的劳动力、肥效更大的土地等生产要素的增加投入量，所以又称为非具体化的技术进步。因此，全要素生产率增长率是指全部生产要素（包括资本、劳动、土地，但通常分析时都略去土地不计）的投入量都

不变时，而生产量仍能增加的部分。全要素生产率增长率并非所有要素的生产率，“全”的意思是经济增长中不能归因于有关的有形生产要素的增长的那部分，因而全要素生产率的增长率只能用来衡量除去所有有形生产要素以外的纯技术进步的生产率的增长。

提高全要素生产率通常有两种途径：一是通过技术进步实现生产效率的提高；二是通过生产要素的重新组合实现配置效率的提高，主要表现为在生产要素投入之外，通过技术进步、体制优化、组织管理改善等无形要素推动经济增长。从微观层面上讲，企业采用了新技术、新工艺，开拓了新市场，开发了新产品，改善了管理，体制改革激发了人的积极性，都可以提高全要素生产率。从宏观层面上讲，通过资源重新配置，比如劳动力从生产率较低的农业部门转向生产率较高的非农部门，就可以提高全要素生产率。

党的十八届五中全会通过的《中共中央关于制定国民经济和社会发展第十三个五年规划的建议》，把“创新发展”与“协调发展”、“绿色发展”、“开放发展”、“共享发展”一道，作为必须坚持的新的发展理念，以此引领“十三五”时期的发展行动。从我国经济发展新常态的特殊要求出发，从经济发展面临的不平衡、不协调和不可持续问题着眼，立足于实现经济增长动力转换，完成全面建成小康社会决胜阶段任务，坚持创新发展的一个重要抓手和衡量标准，就是努力提高全要素生产率及其对经济增长的贡献率。

二、技术进步和要素组织是提高全要素生产率的基本方式

从经济学角度来讲，全要素生产率一般的含义为资源（包括人力、物力、财力）开发利用的效率。从经济增长的角度来说，生产率与资本、劳动等要素投入都贡献于经济的增长。从效率角度考察，生产率等同于一定时间内国民经济总产出与各种资源要素总投入的比值。从本质上讲，它反

映的则是某个国家（地区）为了摆脱贫困落后，发展经济，在一定时期里表现出来的能力和努力程度，是技术进步对经济发展作用的综合反映。全要素生产率是用来衡量生产效率的指标，它有三个来源：一是效率的改善，二是技术进步，三是规模效应。在计算上它是除去劳动、资本、土地等要素投入之后的“余值”。由于“余值”还包括没有识别带来增长的因素和概念上的差异，以及度量上的误差，它只能相对衡量效益改善技术进步的程度。20世纪50年代，诺贝尔经济学奖获得者罗伯特·M.索洛（Robert Merton Solow）提出了具有规模报酬不变特性的总量生产函数和增长方程，形成了通常所说的全要素生产率，并把它归结为是由技术进步而产生的。

全要素生产率是宏观经济学的重要概念，也是分析经济增长源泉的重要工具，尤其是可作为政府制定长期可持续增长政策的重要依据。首先，估算全要素生产率有助于进行经济增长源泉分析，即分析各种因素（投入要素增长、技术进步和能力实现等）对经济增长的贡献，识别经济是投入型增长还是效率型增长，确定经济增长的可持续性。其次，估算全要素生产率是制定和评价长期可持续增长政策的基础。具体来说，通过全要素生产率增长对经济增长贡献与要素投入贡献的比较，就可以确定经济政策是应以增加总需求为主还是应以调整经济结构、促进技术进步为主。

全要素生产率是相对单要素生产率而言的。顾名思义，单要素生产率指产出与单一要素投入之比，全要素生产率指产出与综合要素投入之比。根据中国人民银行在2021年发表的一篇文章数据，1978—2020年全要素生产率对我国经济增长的贡献达到36.6%，低于资本要素的贡献44.1%，但高于劳动要素的贡献。从趋势来看，全要素生产率在2002—2007年间对经济增长的拉动作用最大，贡献率达到45.1%，此后逐步下降，2008—2012年为33.1%，2013—2020年为25%。提高全要素生产率可以从两个角度出发，一是通过技术进步实现生产效率的提高，二是通过生产要素的重新组合实现资源配置效率的提高。前者依赖于科技创新，后者依赖于制度改革带来的红利释放。具体而言，既需要支持科技创新的发展，如 2023 年中央经济工作会议指出，要加强应用基础研究和前沿研究，强化企业科技创新主体地位，鼓励发展创业投资、股权投资；也需要深化改革开放，如加快建设全国统一大市场，健全要素参与收入分配机制，扩大高水平对外开放等。

三、新质生产力以全要素生产率提升为核心标志

全要素生产率的表现，既可以解释可持续经济增长与经济停滞的反差，也被证明是许多国家陷入中等收入陷阱的主要原因。以创新为主导的新质生产力发展得怎样，最终要以能否提高全要素生产率及其对经济增长的贡献为衡量标准。全要素生产率反映了资源配置的状况、生产手段的技术水平、生产对象的变化、生产的组织管理水平、劳动者对生产经营活动的积极性，以及经济制度与各种社会因素对生产活动的影响程度，其主要依托于技术进步和生产要素重新组合两种途径实现，这与新质生产力的内涵要义基本一致。新质生产力强调由技术革命性突破、生产要素创新性配置和产业深度转型升级驱动，其结果直接表现为全要素生产率的提升。加快形成和发展新质生产力，可助推全要素生产率的提升。

从国家层面来看，发达国家的经验表明，随着工业化进程不断推进，经济不断发展，要素投入量对经济增长的贡献份额会不断降低，而要素生产率的作用则越加重要。美国 1889—1957 年将近 70 年的经济发展历程表明，要素投入量和要素生产率对经济的贡献份额发生了根本性逆转。在 1929 年之前，美国国内私人要素投入量的增长对经济增长的贡献份额超过了 60%，而在 1929—1957 年的 20 多年里，要素生产率的份额则占到了 72% 以上。这并不是美国特有的现象，几乎西方发达国家的历史进程都极为类似。英国要素生产率对经济增长的贡献份额从 1820—1870 年的 7% 提高到 1913—1950 年的 68%，尽管此后有所下降，但仍超过了 50%。日本

1870—1913年这一指标还是负值，1950—1973年则达到了54%。

从产业或企业层面来看，有关全要素生产率的研究较少。从现有公开材料看，美国航空制造业保持着世界最大规模，在产业链各环节保持着高度专业化的分工，同时高度面向社会放开。在保持关键核心领域适度竞争的前提下，美国充分运用市场化手段优化资源配置，引导相关企业深耕高价值领域，聚力核心竞争力提升，保证了较高的产业效率，强化了技术领先优势。以洛马公司2021年数据为例，其资产总额为508.73亿美元，实现营业收入670.44亿美元、净利润63.15亿美元，其资产不到中国航空工业集团的三分之一，营业收入大体相当，而利润规模则超过2倍。欧洲航空制造业采取跨主权国家的区域协作模式，除法国保持着较为完整独立的研发制造能力外，德国、西班牙等国家更多是在制造、复材等具备一定优势的领域发展相关产业。如空客公司、MTU公司利润率保持在8%上下，远高于社会平均回报率。

"新质"是表明生产力水平由量的大幅提升而引起的质变。新质生产力是新质劳动者、劳动资料、劳动对象及新质生产要素的组合，是高水平的现代化生产力，是实现高质量发展和中国式现代化的重要物质技术基础。新质生产力并没有一个标准的定义，不同发展阶段都有相对应的传统生产力和新质生产力，每一次科技革命和产业变革都会形成适应当时发展阶段要求的新质生产力。我们现在所提出的新质生产力，是适应中国式现代化和数智化时代发展要求、具有更高科技发展水平的现代化生产力，是以人工智能和机器人为新生产工具，以数据等为新生产要素，以高素质人才、企业家、科学家为主要劳动者，以新材料、新能源为主要劳动资料和劳动对象，以战略性新兴产业和未来产业为新载体，以培育发展新动能为目标的新型生产力。"新质"就是新的质态、新的形态、新的形式。新质生产力是更高质量的、更高效率的、更现代化的生产力，其落脚点在于生产力水平的高度发展。传统生产力理论注重生产要素中劳动力、土地和资本的作用，但在当前全球科技与信息化浪潮中，依赖传统生产力和常规资源要素投入的发展已经不可持续，传统生产力很难为我国高质量发展提供新的动能。正是在这种背景下，党的十九届四中全会明确提出，健全劳动、资本、土地、知识、技术、管理、数据等生产要素由市场评价贡献、按贡献决定报酬的机制，这是对生产要素范围进行的与时俱进的拓展。

新质生产力是对传统生产力的超越。在我国实现经济高质量发展和中国式现代化进程中，新质生产力显示出更为明显的实践性、全面性、发展性等。研究新质生产力就是研究生产力的构成要素在量的方面的大幅增长，更为关键的是在质的方面有效稳步提升，这是在生产实践中摆在人们眼前的实际问题。从全面性来看，新质生产力超越了以往只为突出强调某一种生产力构成要素的作用与意义而提出来的生产力形式，例如知识生产力、生态生产力、信息生产力等生产力形式。新质生产力将各种生产力形式涵盖进来，概括得更加全面、更加深刻，因而更加科学。从发展性来看，新质生产力是相对传统生产力而言的。简单工具的使用相对于原始人的双手是一种新质生产力，铜制、铁制生产工具的使用相对于简单工具是一种新质生产力，大型机器装备的使用相对于铜制、铁制生产工具是一种新质生产力……可见，生产力是不断发展进步的，构成生产力要素的质是不断提升的，这也决定了新质生产力是一个具有动态性质的概念，要用辩证唯物主义发展的观点和态度去看待。

新质生产力是在传统生产力发展到一定水平，由于生产力构成要素的质的提升而呈现出的更为先进的生产力形态。新质生产力之“新”，就在于它是对传统生产力的整体性升级与跃迁。劳动者、劳动资料、劳动对象是生产力的基本要素，科学技术、管理等也是生产力不可或缺的要素，加快形成新质生产力意味着这五方面都要发生新变化，有着新提升。

第三章　新质生产力的形成机制和发展路径

第一节　新质生产力的形成条件

一、我国发展新质生产力的基础和优势

新一轮科技革命和产业变革正在与世界百年未有之大变局形成历史性交汇，其主要特点是重大颠覆性技术不断涌现，科技成果转化速度加快，产业组织形式和产业链条更具垄断性。“谁在创新上先行一步，谁就能拥有引领发展的主动权。”世界各主要国家纷纷出台创新战略，加大投入，加强人才、专利、标准等战略性创新资源的争夺。我国推动科技事业快速发展，取得举世瞩目的成就，根本就在于我们拥有独特的优势和宝贵的经验，能够充分发挥社会主义制度优越性，充分调动人才的积极性、主动性、创造性，集中力量办大事，抓重大、抓尖端、抓基本。我国已进入高质量发展阶段，加快发展新质生产力更具坚实的基础和良好的社会环境。

（一）中国特色社会主义制度优势为发展新质生产力提供可靠保障

我国社会主义制度能够集中力量办大事，这是我们成就事业的重要法宝。正是依靠这一优势，我们一次次实现了从无到有、从小到大、从弱到强的突破，用几十年时间走完了西方发达国家几百年走过的工业化道路。当前，科技创新越来越需要多学科交叉融合和高效协同攻关，亟须有效整合科技资源，发挥国家战略科技力量的引领作用。近年来，党中央不断加

强对科技工作的集中统一领导，健全新型举国体制，有力发挥有效市场和有为政府的作用，充分调动各方面积极性，显著提升了国家创新体系整体效能。

（二）不断提升的科技能力为发展新质生产力注入强大动能

经过多年发展，我国科技创新条件不断改善。2023 年全社会研究与试验发展（R&D）经费投入超过 3.3 万亿元，研发投入强度提升到 2.64%，超过经济与合作发展组织（OECD）国家平均水平。重大科学基础设施加快布局，国家大科学装置在建和运行 57 个，纳入新序列管理的国家工程研究中心 207 个、国家企业技术中心 1798 家、国家级科技企业孵化器 1606 家、国家备案众创空间 2376 家。科技创新在众多领域取得重大突破，“嫦娥”探月、“天问”探火等深空探测项目成功实施，量子信息、干细胞、脑科学等前沿方向取得重大原创成果，太阳能光伏、新能源汽车、数字经济等领域实现换道超车，5G 网络运用全球领先。

（三）产业体系配套完整的供给优势为发展新质生产力提供重要载体

产业是新质生产力发展的重要载体。党的十八大以来，我国大力推进战略性新兴产业发展，前瞻布局类脑智能、量子信息等未来产业新赛道，新一代电子信息、新能源、新材料等一批技术含量高、成长性强的新产业持续壮大。2023 年，我国战略性新兴产业占国内生产总值比重从 2012 年的 5% 提高到 13% 以上。同时，我国工业特别是制造业体系完整，既为孕育前沿技术和颠覆性技术提供了良好条件，也为新兴产业、未来产业发展提供了配套支撑。比如，围绕锂离子蓄电池，从上游的原材料到中游的电解液、隔膜、电芯，再到下游的新能源汽车、消费电子和储能电站应用，上中下游集群共生、联动发展，规模经济效应充分彰显。也正是凭借完整的制造业体系优势，我国新能源汽车在国际市场上才更具竞争力。

（四）海量数据的资源优势为发展新质生产力提供要素支撑

数据作为新型生产要素，是形成新质生产力的重要资源，对传统生产方式变革具有重大影响。我国人口数量众多，人们每日的生产生活消费活动都会产生大量数据，消费电子、电子商务、移动支付等领域的市场规模位居全球第一，且仍处于快速增长阶段，直接催生社交媒体、移动出行、数字医疗等产业爆发式增长。我国制造业规模世界第一，机器设备台（套）数存量世界第一，工业机器人保有量占世界的三分之一，有力支撑了工业互联网的快速兴起。2023 年我国数据生产总量超 32ZB。这些场景形成的海量数据资源，为发展新质生产力提供了丰富的原料供给。

（五）超大规模的市场优势为发展新质生产力拓展需求空间

我国有 14 亿多人口，中等收入群体超过 4 亿人，经营主体超过 1.8 亿户，2023 年社会消费品零售总额超过 47 万亿元，是全球第二大商品消费市场、第一大网络零售市场。近年来，以新能源汽车、锂电池、光伏产品为代表的“新三样”产品在技术创新、生产制造、市场销售上形成良性互动，庞大的国内市场成为“新三样”技术迭代、产品升级、走向国际的关键支撑。2023 年“新三样”产品出口值合计超过万亿元。同时，中国巨量的市场需求持续吸引全球新技术新产品，成为外商投资的强大引力场。比如，特斯拉上海超级工厂正是依托庞大的中国市场，快速形成规模经济效应，有效降低成本，加速技术迭代，成为其全球最大的智能工厂。

（六）大量高素质劳动者和企业家的人才优势为发展新质生产力提供了人才支撑

人才是第一资源。一支规模宏大、素质优良、结构不断优化、作用日益突出的人才队伍，是发展新质生产力最活跃、最具主动性的因素。2022 年我国研发人员全时当量提高到 635 万人年，规模连续多年稳居世界首位。入选世界高被引科学家数量从 2014 年的 111 人次增至 2022 年的 1169 人次，排名世界第二。人才资源总量达到 2.2 亿人，高技能人才超过 6000 万人，每年理工科毕业生超过发达国家理工科毕业生总和。2023 年世界 500 强中国企业上榜数量位居全球首位，拥有一支具有国际眼光和创新思维的企业家人才队伍。这些丰富的人力资源为发展新质生产力提供了坚实的人才支撑。

二、新质生产力的形成条件和要求

生产力的新质态决定了其形成条件与传统生产力相比有较大差异，对此不仅需要形成正确认识，更需要明确承载发展动能的主导力量和实现目标的内外环境。因此，当前必须依托人才发展引领科技创新，并在国民经济循环中实现价值创造，从而推动生产力的跃迁和螺旋式上升。

（一）正确认识生产力的新质态

人类生产活动的复杂性决定了生产力的形成具有多元素作用的复杂机制。随着人类改造自然活动的边界拓展，生产力进步呈现出量变与质变的循环往复。第一次工业革命以蒸汽机的广泛使用为标志，带动了纺织业、交通运输业的全面进步。第二次工业革命则囊括了石油、化学、电力、内燃机等行业更多维度的发展，推动人类进入发达的电气时代。第三次工业革命触发了人类向原子能、生物工程、信息科技和宇宙空间的探索，人类生产活动所及变得更为广阔与细微。第四次工业革命的进展程度虽然众说纷纭，在生产工具中的革命性方向也有争议，但毫无疑问正将前人未知未见的元素纳入生产力构成之中。工业革命之前的劳动者很难发现科学技术对具体劳动的意义，资源丰裕状态下的人们也无法意识到生态环境同样应该作为生产力的一部分而受到珍视。并且，随着社会发展阶段的递进，不仅生产力要素的范围有所拓展，要素更容易表现为独立性的影响因素或载体，而且不同要素之间的管理、组合难度大幅增加。

在马克思所处的时代，科学早已发展为生产过程中的独立因素，不仅为劳动者所驾驭、以劳动资料为载体，更反过来影响劳动者的技能、劳动资料的丰度及劳动对象的处理难度。进入 21 世纪，生产者所使用的实体性要素与虚拟性要素的范围日益广阔，生产力的发展不仅需要更为齐全的新质生产资料，更依赖于各生产资料相互之间的有效结合、优化组合。生产力的发展呈现出新的质态，更加需要依托具有新型科学技术和创新能力的人才队伍的建设，更加需要依托具备发展新动能和价值创造新优势的发展格局的构建。前者丰富了生产力的要素构成，而后者增加了要素间的结合效率。

对中国而言，高质量发展的实现是一个以质变发生替代过去量变积累的巨大跨越，社会主要矛盾的转化证明了当前难以在传统生产力中获得经济增长潜力和产业调整动力。而在世界百年未有之大变局加速演进，新一轮科技革命和产业变革深入发展的形势下，我国亟须充分发掘生产力要素中的活跃成分，以生产力的质变实现高质量发展。因此，新质生产力形成的关键在于科学技术的创新与应用，其主导者为优秀的管理人才与科技人才，并依托于战略性新兴产业的发展和壮大。同时，需要以突破性技术厚植发展优势，建立具有国际比较优势的支柱性产业体系，在新发展格局中实现高水平的价值创造，做到不断开辟发展新领域新赛道，不断塑造发展新动能新优势，从而实现全要素生产率的有效提升。

（二）创造人才发展的有利环境

党的二十大报告指出，教育、科技、人才是全面建设社会主义现代化国家的基础性、战略性支撑。必须坚持科技是第一生产力、人才是第一资源、创新是第一动力。劳动者始终是生产力发展中的关键要素，掌握着科技发展的主动权，推动着技术创新应用于实践。在传统社会中，低水平的生产力汇集可以由劳动人口数量的增长而实现；在初级阶段的工业化社会中，劳动密集型、资源密集型产业的发展也可以短期内提升初级产品的生产能力。但是在以高质量发展实现现代化的进程中，先进生产力的发展必须依赖高素质劳动者的培育和成长，依赖于丰富的人才储备和人力资源的优化配置。历史经验表明，人才培养是技术创新和产业升级的基础，如没有好的人才培养机制，即便出现有利的技术扩散、产业转移和大规模的需求市场，都难以培育出有效的新生产力。对中国而言，新人口红利的形成需要将人口规模优势转化为人才厚度优势，如此才能符合“以人口高质量发展支撑中国式现代化”的发展要求。在新领域新赛道上必须配置足够的高素质人才。

作为生产力中唯一的创造性因素，生产资料和科技知识及管理方式的创造者，人的能动性的激发需要构建有利的社会环境。一方面，教育体系的建设直接关乎人力资本的积累，中国所建成的世界上最大的教育体系有效地支撑了现代化的需要，但是在关键性和颠覆性技术的创造中仍落后于发达国家，部分产业为人所制或存在“卡脖子”风险。为此，教育事业的发展需要起到充分的人才资源创造功能，要将人口规模巨大的特征转变为人才储备丰富的优势，有效地驾驭新质生产力形成过程中新增或发展的新要素。另一方面，人才的发展依赖于高质量就业的实现，更取决于产业升级所应达到的层次。教育体系所培养的人才往往需要在社会分工中进一步发展，通过人与人、人与机器之间的高效协同才能推进生产经营方式的改进。为此，需要加强产业发展与人才队伍的匹配程度，使人才培养与生产力进步形成循环性的发展模式。

需要认识到的是，当前激发生产力变革的人才发展环境与过去相比有较大不同。现代科技和产业升级所需要的人才梯队不是凭借偶然性天才的出现而建立的，而是各学科、各领域依靠拔尖人才带领而形成的各类人才的协同模式。这就要求既要依靠基础教育完成人才数量储备，又要拓展高等教育深度和产业发展高度而完成科研、管理人才遴选及梯队建设工作。此外，当前平台经济的发展改变了旧有的协作模式，在个体、企业、政府之间搭建了新的沟通渠道，使具体劳动开始摆脱时间、空间的束缚。对平台的有效使用有利于打破人才的时空不平衡，寻找更顺畅的合作模式和发展机制。总体而言，发展环境的改善依赖于生产力的进步，同时又孕育出推动生产力发展的新质人才。深入实施人才强国战略，关键在于依靠人才会聚实现科技高水平自立自强，发挥基础研究、核心技术在生产力进步中的关键性作用。

（三）畅通国民经济循环

新质生产力创造的价值需要在经济循环中体现出来，尤其是在市场经济中，高水平的生产力要求以高效的流通和高额的利润加以体现。新质生产力中的劳动必然是更为精密的复杂劳动，同时在价值规律的作用下实现优质劳动力与生产要素向高效率部门转移。在畅通的国民经济循环中，依靠劳动产品的价格就可以部分地实现生产力的自然发展，故而可以通过高新产业的盈利状况寻找新质生产力的发展方向，实现在国内外市场中完成生产要素革新的目的。因此，构建新发展格局目标的提出，不仅是充分发挥国内超大规模市场优势并主动应对世界市场价值链重塑的要求，更是建立促进生产效率提升的激励机制并实现优质生产要素汇聚从而推动高质量发展的可行路径。党的二十大报告明确提出，要把实施扩大内需战略同深化供给侧结构性改革有机结合起来，增强国内大循环内生动力和可靠性，提升国际循环质量和水平，加快建设现代化经济体系，着力提高全要素生产率，其突出了在畅通国民经济循环中，以效率实现生产赋能的机制建设。

构建新发展格局的重要作用之一，在于推动现代化经济体系这一有机整体建设，为生产力要素的高效流通、汇集、结合创造条件，并发挥其在价值生产中的引领作用。依托畅通的国民经济循环，我国可以发挥超大规模市场和人口规模巨大优势，培育并集中优质生产力要素，继而在国际循环中建立产业优势并获得定价主导权，在国内大循环中通过价值转移带动全产业链的共同发展，并以可观的企业利润、劳动工资、研发投入为进一步加快新质生产力的发展创造条件。因此，畅通国民经济循环并实现国内国际双循环相互促进是新质生产力形成的重要条件，充分利用两个市场、两种资源才能真正体现新质生产力形成后的价值创造优势。

第二节 新质生产力的发展原则

与一般意义上的人类社会发展不同，高质量发展是以新发展理念为指导的，要求发展具有创新是第一动力、协调成为内生特点、绿色成为普遍形态、开放成为必由之路、共享成为根本目的五方面特性。习近平总书记将新质生产力概括为创新起主导作用，摆脱传统经济增长方式和生产力发展路径，具有高科技、高效能、高质量特征，符合新发展理念的先进生产力质态。这意味着新质生产力是创新驱动主导的更高发展水平的生产力，是符合创新发展、协调发展、绿色发展、开放发展和共享发展理念要求，推动高质量发展的生产力。

一、发展新质生产力要求创新是第一动力并发挥主导作用

创新是引领发展的第一动力。生产力是生产能力及其要素的发展，新质生产力是创新能力及其构成要素的发展。这意味着创新在新质生产力中起主导作用，是其关键特征。新质生产力是在继承和发展马克思主义政治经济学生产力发展理论基础上，对有关技术进步促进经济增长、人类社会发展等方面理论认识的深化。

创新是有目的的、创造性的、复杂性的高级实践活动，对应物质生产实践、社会关系实践与科学实验等人类实践活动，具体包括科学创新、技术创新、制度创新等。创新是一种渗透性的生产要素，可以提高劳动者的能力、促进资本积累，以及改进劳动资料特别是生产工具，可以将科学知识转化为生产力，引发生产工具变革从而推动生产关系变革，可以把巨大的自然力和自然科学并入生产过程，使生产过程科学化，进而对提高生产力、促进经济发展产生巨大的推动作用。

从经济增长的视角看，创新一般是指把一种新的生产要素和生产条件的新组合引入生产体系的活动，包括新产品、新技术、新需求、新供给、新组织等。创新是全要素生产率提升的根源，通过创新，可以摆脱单纯依赖要素数量增加的粗放型传统经济增长方式，推动质量变革、效率变革、动力变革，实现经济增长方式从数量扩张向质量提升的转变。

当今世界正处于新一轮科技革命和产业变革的深度演化当中，全球科技创新空前密集活跃。以人工智能、量子信息、移动通信、物联网、区块链为代表的新一代信息技术，以合成生物学、基因编辑、脑科学、再生医学等为代表的生命科学技术，以清洁高效可持续为目标的新能源技术，融合机器人、数字化、新材料的先进制造技术，正在加速推进制造业向智能化、服务化、绿色化转型发展，进而推动人类生产生活方式的全面变革。原创性、颠覆性科技创新成果竞相涌现，带来生产力要素结构中实体性要素与非实体性要素结合广度、深度、频度的深入拓展，推动生产力加速迭代跃升，体现出与传统生产力发展不同的质态。新质生产力的提出，把握了当今世界这一影响深远的变革趋势，深刻揭示了未来人类社会发展的动力。

以数字化、信息化、智能化、绿色化和融合化为基本特征的新科技正在推进传统的劳动者、劳动资料和劳动对象及其组合方式发生质的变革，成为构成新质生产力的新型生产要素。新型生产要素及其新组合催生了大量的新产业、新模式，这些如雨后春笋般勃发的未来产业、战略性新兴产业以及传统产业的深度转型，整体推进了产业体系从传统走向现代，推动现代化产业体系形成。建设现代化产业体系，也正是以科技创新为驱动培育新质生产力要素，促进未来产业、新兴产业和传统产业转型的过程。因此，以科技创新引领现代化产业体系建设，是新质生产力发展的基本路径。

二、发展新质生产力要求生产要素优化组合、结构协调平衡

新发展理念中的协调发展理念是具有普遍意义的关于发展问题的方法论。从哲学方法论上看，协调发展理念遵循了事物是普遍联系的唯物辩证法，认为经济社会发展是一个各发展要素相互联系、相互作用的整体性运动，必须从内在联系观点上去把握整个发展过程。坚持协调发展理念，就是要学会“弹钢琴”，增强发展的整体性协调性平衡性，实现发展要素优化

组合、发展结构平衡协调。

新质生产力是以劳动者、劳动资料和劳动对象及其优化组合的跃升为基本内涵的，其发挥作用的过程就是具备相应的知识、技能和素质的新型劳动者通过新型劳动工具作用于新型劳动对象的过程。新质生产力的发展，不仅要通过创新驱动促进新型劳动者、新型劳动对象、新型劳动工具等新型要素从量变到质变，更要实现新型生产要素合理匹配、优化组合的跃升，从而形成更高效率、更高水平的生产函数，推进全要素生产率持续、快速提升。以协调发展理念为指导，发展新质生产力要从普遍联系的视角处理好劳动者、劳动资料和劳动对象的关系，形成各生产要素相互促进、相互适应的发展战略和政策体系。要充分发挥新型劳动者作为新质生产力的活跃主体作用，发扬科学家、企业家精神和工匠精神，大力培育新型劳动者；要充分认识把握数据等新型劳动对象的属性，适应数智化时代的人与人、人与自然之间的新挑战和新要求；要高度重视人工智能、机器人、物联网、云计算等新型劳动工具所具有的革命性力量，同时也要认识到新型劳动工具效能的有效发挥，这依赖于新型劳动者的创造性劳动、新型劳动对象的丰富场景、新型基础设施的强有力支撑。

发展新质生产力，要求其产业结构承载和区域结构布局要注重平衡协调。从新质生产力产业载体上看，加快建设现代化产业体系，要注意把握产业体系的完备性、先进性和安全性，在加快培育壮大新兴产业、布局建设未来产业的同时，重视将科技创新成果应用到具体传统产业和产业链上，着力改造提升传统产业，科学布局科技创新、产业创新，促进数字经济和实体经济深度融合，打造具有国际竞争力的数字产业集群。从新质生产力的区域布局上看，要围绕区域协调发展战略、区域重大战略、主体功能区战略、新型城镇化战略等，优化生产力布局，促进区域协调发展，形成优势互补、高质量发展的区域经济布局和国土空间体系。要因地制宜发展新质生产力，根据本地资源禀赋、产业基础、科研条件等，有选择地推动新产业、新模式、新动能发展，用新技术改造提升传统产业，积极促进产业高端化、智能化、绿色化。

三、发展新质生产力要求绿色低碳发展、人与自然和谐共生

新发展理念中的绿色发展理念，从理论上回答了人类社会发展中人与自然的关系问题，深化了中国式现代化建设中关于人与自然和谐共生的规律性认识。一般意义上的生产力是指人类改造自然、利用自然的能力，新质生产力本身就是绿色生产力，是以人与自然和谐共生为基本理念的生产发展能力，要求人类社会生产活动必须尊重自然、顺应自然、保护自然，在遵循自然发展规律的前提下寻求人类自身发展。习近平总书记提出了绿水青山就是金山银山、保护环境就是保护生产力、改善环境就是发展生产力等重要论断，这是新质生产力理论的重要内涵。

新质生产力本身就是绿色生产力的重要论述，对人类社会的现代化理论和面临的发展与环境相容性问题进行了科学反思，蕴含着重大理论价值。一方面，这是对马克思主义生产力理论的传承和创新，将生态环境纳入生产力范畴，开辟了马克思主义生态观和马克思主义政治经济学的新境界。另一方面，将生态环境等要素纳入生产函数，拓展了绿水青山与金山银山的双向转化路径。将生态系统作为经济社会系统的重要组成部分，也是对千百年来人与自然关系规律性认识的科学总结和关于人与自然关系思想认识的理性升华。

发展新质生产力，要求树立大局观、长远观、整体观，牢固树立和践行绿水青山就是金山银山的理念，坚定不移走生态优先、绿色发展之路，高度重视“自然资本”增值，加快发展方式绿色转型。要加快绿色科技创新和先进绿色技术推广应用，做强绿色制造业，发展绿色服务业，壮大绿色能源产业，推动产业生态化和生态产业化，打造高效生态绿色产业集群，形成和完善绿色低碳供应链，在全社会大力倡导绿色健康生活方式，推进经济社会全面绿色低碳转型，为可持续发展提供强大动力。

四、发展新质生产力要求全球范围开放融合、互联互通

新发展理念中的开放发展理念，进一步深化了对经济全球化规律的认识，丰富发展了马克思主义政治经济学关于世界经济的理论内涵。马克思、恩格斯关于世界贸易、世界市场、世界历史的重要论述，揭示了经济全球化的本质、逻辑和过程，构成了开放发展理念的理论基础。从马克思生产力理论出发，经济全球化和开放也是生产力发展、社会化大生产的必然要求。在经济全球化过程中，由于比较优势的发挥和产品市场边界的扩大，引发生产规模扩大，分工进一步细化，专业化水平进一步提高，生产要素进一步集中，生产成本进一步降低，产品质量进一步提高，从而促进了生产效率和总产出的大幅提升。特别是由于生产要素的全球化流动，人员、知识和思想的全球交流，有力推动了技术创新和技术扩散，从而极大地促进了生产力的发展。

在新一轮科技革命和产业变革的背景下，现代信息技术催生万物互联社会加速到来，社会化大生产和生产力发展的全球化特征愈发鲜明。随着陆、海、空、数字等软硬件基础设施互联互通，生产力发展的边界和场域不断拓展融合。当今世界科技创新需要在开放场域的交流、碰撞、合作、互促中得到发展，同时，围绕人工智能等全球性技术难题和技术治理，开放合作也是人类应对共同挑战、实现繁荣发展的法宝。这都要求发展新质生产力，必须坚持开放发展理念，在开放中不断拓宽生产力要素系统边界，支撑生产力结构系统升级，并驱动生产力功能系统的整体协调与全面发展，从而实现在经济全球化进程中不断培育和壮大新质生产力。

中国坚定不移推动贸易和投资自由化、便利化，实施更大范围、更宽领域、更深层次对外开放，建设更高水平开放型新体制，积极参与全球治理体系，推进各国携手打造人类命运共同体，推进构建广泛的利益共同体。这是经济全球化潮流的发展方向，更是发展新质生产力的基本要求。

五、发展新质生产力要求实现以人为本、共享包容

新发展理念中的共享发展理念，从理论上回答了社会主义经济发展的根本目的，要求做到促进社会公平正义，让发展成果更多更公平惠及全体人民，实现发展为了人民、发展依靠人民、发展成果由人民共享。共享发展理念的实质就是坚持以人民为中心的发展思想，体现了人民是推动发展的根本力量的唯物史观，体现了逐步实现共同富裕的社会主义根本原则和中国式现代化的中国特色。

邓小平同志于 1992 年初在南方谈话中指出："社会主义的本质，是解放生产力，发展生产力，消灭剥削，消除两极分化，最终达到共同富裕。"这深刻揭示了生产力发展与共享发展的关系。生产力发展水平构成共享发展的物质基础。一个社会要实现共享发展，前提是要有高水平的生产力。实现全体人民共同富裕则需要更高水平的生产力。未来共产主义社会一定是建立在生产力高度发达基础上的，但是，这并不是说只有达到共产主义社会的生产力水平才能实现共享。生产力发展是一个动态过程，共享发展也是一个动态过程。坚持共享发展理念，不仅包括在共享覆盖面上实现人人享有、各得其所的"全民共享"，还包括在共享途径上实现发扬民主、人人参与的"共建共享"，以及在共享发展过程中实现由低级向高级、从不均衡到均衡的"渐进共享"。因此，生产力发展过程是可以和共享发展过程相容的。

以共享发展理念为指导发展新质生产力，要求坚持其终极目标是人的自由而全面发展和人类社会的共同进步，践行人人参与、人人建设、人人享有的生产力发展观。作为生产力的最新形态，发展新质生产力就是要将更好满足人民日益增长的美好生活需要作为发展的根本目的，全面体现以人为本导向，追求人的价值实现与全体人民共同富裕。尤其是在人工智能、数字化的趋势下，要探索数字经济背景下创新发展、协调发展与共享

发展内在统一的新质生产力发展模式。一方面要努力实现新质生产力关键技术领域创新取得新的重大突破，另一方面要积极预防和消除城乡之间、社会不同群体之间的数字基础设施鸿沟，推动数字技术在不同行业、不同地区、不同群体中最大程度地扩散应用，通过政策性教育培训推动劳动者技能更好地适应数字技术进步，使数字经济红利最大程度惠及社会大众。

第三节　新质生产力的发展路径

在新时代背景下，劳动者、生产资料及其对应的生产关系都在发生深刻变化，培育壮大新质生产力是一项长期任务和系统工程。在时代发展的关键时期，我们要以新的生产力理论指导高质量发展，全面深化体制机制改革，加快形成和发展新质生产力；通过完整、准确、全面贯彻新发展理念，以创新驱动带动整体发展，以创新力量勇攀科技高峰，不断实现高水平科技自立自强；以科技创新驱动产业创新，建立高质量的现代化产业体系；不断深化“四链”“四化”深度融合，不断提升企业综合竞争力，优化、完善新质生产力发展的机制体制及环境等，加快形成新质生产力。

一、以习近平新时代中国特色社会主义思想为指导，加快形成新的生产力理论指导高质量发展

发展新质生产力，要以习近平新时代中国特色社会主义思想为指导。在发展新质生产力的过程中，坚持党对一切工作的领导，以人民为中心，全面深化改革，围绕中国特色社会主义事业经济建设、政治建设、文化建设、社会建设、生态文明建设“五位一体”总体布局，全面建设社会主义现代化国家、全面深化改革、全面依法治国、全面从严治党。坚持和完善

社会主义基本经济制度，使市场在资源配置中起决定性作用。更好发挥政府作用，把握新发展阶段，贯彻创新、协调、绿色、开放、共享的新发展理念，加快构建以国内大循环为主体、国内国际双循环相互促进的新发展格局，推动高质量发展，统筹发展和安全。发展新质生产力，就是要发挥科技是第一生产力的核心作用。创新驱动是国家命运所系，国家力量的核心支撑就是科技创新能力。创新强则国运昌，创新弱则国运殆。我国近代落后挨打的重要原因就是与历次科技革命失之交臂，导致科技弱、国力弱。实现中华民族伟大复兴中国梦，必须真正用好科学技术这个最高意义上的革命力量和有力杠杆。发展新质生产力，就是要发挥人才是第一资源的保障作用，社会生产力的发展，归根到底有赖于人的发展。推动教育、科技、人才有效贯通和融合发展，完善人才培养、引进、使用和合理流动的工作机制，打造与新质生产力发展相匹配的新型劳动者队伍，十分必要。发展新质生产力，就是要发挥创新是第一动力的引领作用。科技创新与制度创新、管理创新、商业模式创新、业态创新和文化创新相结合，推动发展方式向依靠持续的知识积累、技术进步和劳动力素质提升转变，促进经济向形态更高级、分工更精细、结构更合理的阶段演进。从我国新质生产力发展中总结出有规律性的新实践，提炼出有学理性的新理论，加快形成新质生产力理论，不仅能指导我国高质量发展，也能够为其他国家的发展贡献中国智慧。

二、全面贯彻新发展理念，以创新驱动系统性、整体性带动发展

新质生产力的显著特点是创新，它既包括技术和业态模式层面的创新，也包括管理和制度层面的创新。传统发展方式的不可持续决定了我国必须转换发展理念和发展方式，以实现经济社会协调、可持续和绿色低碳发展。发展新质生产力，目的是实现经济社会的高质量发展，而要实现这一目的就必须践行创新、协调、绿色、开放、共享的新发展理念。创新是引领发

展的第一动力，抓创新就是抓发展，谋创新就是谋未来。只有把创新发展置于新发展理念的基础与核心之上，以创新为核心、为动力、为先导，才能真正实现协调、绿色、开放、共享发展，才能实现新旧动能转换，逐步缩小城乡差距，更好地实现区域均衡发展，才能实现系统性的、整体性的、贯穿于全局的创新发展，才能更好地形成并发展新质生产力，更好服务构建新发展格局、推动高质量发展、实现中国式现代化。

三、实现高水平科技自立自强，为发展新质生产力提供强大支撑

高水平科技自立自强是加快构建新发展格局的本质要求。纵观人类发展史，科技创新始终是一个国家、一个民族发展的不竭动力和生产力提升的关键因素。着力发展高质量经济，加快构建以国内大循环为主体、国内国际双循环相互促进的新发展格局，迫切需要创新做好“动力引擎”、当好“开路先锋”。新时代新征程，立足新发展阶段、贯彻新发展理念、构建新发展格局、推动高质量发展，比过去任何时候都更需要科学技术解决方案，都更需要增强创新这个第一动力。只有以创新力量勇攀科技高峰，不断实现高水平科技自立自强，才能以强大科技作支撑，以质量变革、效率变革、动力变革推动现代化经济体系建设，为构建新发展格局、形成新质生产力、推动高质量发展提供关键着力点、主要支撑体系和新的成长空间，实现创新驱动型增长，将践行新发展理念的高质量发展目标扎实落地。

四、高质量推动科技成果转化，为发展新质生产力提供持续供给

科技成果只有与国家需要、人民要求、市场需求相适应，转化为现实的生产力，才能实现创新驱动发展。高质量推动科技成果转化，打造科技、产业、金融等紧密结合的创新体系，构建以企业为主体、市场为导向、产学研用深度融合的技术创新体系，推进科技与经济深度融合，高质量促

进科技成果转化，从而为加快形成新质生产力提供持续供给。科技成果转化主要分为三个阶段。第一个阶段是“0—1”的原始创新。该阶段的成果是高层次专业人才在科研院所、高等院校的实验室、工程中心以及高科技企业集团的研发中心研究出来的，需要国家科研经费、社会科研经费、企业科研经费以及科研基金的投入。第二个阶段是“1—100”的科技成果转化。该阶段的主要工作是将基础原理转化为生产技术专利的创新，包括小试、中试，也包括科技成果转化为产品开发形成功能性样机，确立生产工艺等。第三个阶段是“100—100 万”的产业化。该阶段是将科技成果通过标准化、大规模生产实现产业化、市场化、社会化的过程。要做好科技成果转化，就要以提升成果转化效率为目标，以成果库建设、技术交易平台建设、概念验证中心建设、中试（平台）基地建设、转化示范基地建设为抓手，不断完善科技成果转移转化服务体系，构建“成果挖掘—技术验证—中试熟化—产业化示范”的完整链条。

图 3-1　科技成果转化三阶图

五、构建现代化产业体系，为发展新质生产力提供产业基础

产业是生产力的载体，科技成果只有产业化才能成为社会生产力。要以科技创新驱动产业创新，及时将科技创新成果应用到具体产业和产业链上，改造升级传统产业，培育壮大新兴产业，布局建设未来产业，完善现代化产业体系。加快改造升级传统产业，大力推进企业设备更新和技术改造，推动钢铁等重点行业加快兼并重组，提高产业集中度，提升传统产业在全球分工中的地位和竞争力。巩固优势产业领先地位，增强新能源汽车、光伏、移动通信、电力装备等领域全产业链优势，打造更多中国名片。培育壮大新兴产业，聚焦新一代信息技术、新能源、新材料等重点领域，加强技术攻关和成果转化，构建一批新的增长引擎。布局建设未来产业，丰富完善应用场景，培育产业生态，抢占未来竞争制高点。大力发展生产性服务业，推进先进制造业与现代服务业深度融合。围绕发展新质生产力布局产业链，推动短板产业补链、优势产业延链、传统产业升链、新兴产业建链，提升产业链、供应链韧性和安全水平，保证产业体系自主可控、安全可靠。围绕推进新型工业化和加快建设制造强国、质量强国、网络强国、数字中国等战略任务，科学布局科技创新、产业创新。大力发展数字经济，促进数字经济和实体经济深度融合，打造具有国际竞争力的数字产业集群。围绕建设农业强国目标，加大种业、农村等科技创新和创新成果应用，用创新科技推进现代农业发展，保障国家粮食安全。

六、推动“四链”深化融合，为发展新质生产力提供安全保障

创新链是从基础研究到产品商品化的全过程，包括科学发现、技术研发、成果转化、产品开发、市场推广等环节，是科技创新活动的主线。产业链是产品产业化过程中提供生产或服务的全过程，包括原材料供应、生

产制造、流通销售、终端消费等环节，是经济增长的主体。资金链是从基础研究到产业化、再到产品生产或服务全过程形成的资金链条，包括政府投入、社会资本、金融机构、市场融资等环节，是经济运行的血液。人才链是贯穿人才选拔、培养、评价、使用、保障各环节全过程的链式结构，包括教育培训、科研创新、技术应用、管理服务等环节，是经济发展的灵魂。“四链”融合实质上是一个由政府、企业、科研院所、金融机构及相关服务机构等构成的创新生态系统。在这个系统中，不同形态的知识、技术、资金、人才、政策等创新要素在各个环节有序集聚，形成互联互融的良性循环，从而解决关键核心技术“被卡脖子”、科技创新“孤岛现象”和破解科研与经济“两张皮”痼疾等问题，促进知识系统和经济系统生产与再生产，推动经济实现高质量发展。要围绕发展新质生产力布局产业链，提升产业链、供应链韧性和安全水平，保证产业体系自主可控、安全可靠，推动创新链、产业链、资金链、人才链“四链”融合，三次产业跨界融合，数字经济与实体经济加速融合。

七、推动“四化”深度发展，为发展新质生产力提供创新发展方式

加快发展方式创新，以满足人民日益增长的美好生活需要为立足点，瞄准产业升级和消费升级方向，加强质量品牌建设，推进高端化、数字化、智能化、绿色化“四化”深度发展，增强高端产品和服务供给能力，不断提升供给体系对国内需求的适配性。加强高端化发展，大力推进“高端新质生产力”。加快先进适用技术推广应用，推动供给和需求良性互动，增加高端产品供给，加快产品迭代升级，分级打造中国消费名品方阵。加快企业品牌、产业品牌、区域品牌建设，打造一批具有国际竞争力的“中国制造”高端品牌。加强数字化发展，大力推进“数字新质生产力”。促进数字经济和实体经济深度融合，利用数字新技术对传统产业进行全方位、全链条的改造，提高全要素生产率。加快推进数字产业化，深入实施

数字技术创新突破工程，推动数字经济主导产业和新兴产业集聚发展，培育数字产业集群。加强智能化发展，大力推进“智能新质生产力”。通过以人工智能为代表的智能化技术，加速传统产业的转型升级，构建数据驱动、人机协同、跨界融合、共创分享的智能经济新形态，带动文化创造和传播方式的创新等。加强绿色化发展，大力推进“绿色新质生产力”。绿色发展是高质量发展的底色，新质生产力本身就是绿色生产力。必须加快发展方式绿色转型，助力碳达峰碳中和。牢固树立和践行绿水青山就是金山银山的理念，坚定不移走生态优先、绿色发展之路。加快绿色科技创新和先进绿色技术推广应用，做强绿色制造业，发展绿色服务业，壮大绿色能源产业，发展绿色低碳产业和供应链，构建绿色低碳循环发展的经济体系。持续优化支持绿色低碳发展的经济政策工具箱，发挥绿色金融的牵引作用，打造高效生态绿色产业集群。同时，在全社会大力倡导绿色健康生活方式。

八、壮大创新主体，为发展新质生产力提供基础支撑

生产力跃迁主要力量在企业。作为社会经济活动的基本单元，企业直接面向市场、服务市场，是最活跃的创新力量。通过创新创业和企业孵化、成果转化和技术转移、产学研协同创新、产业结构调整和转型升级、生态构建和文化重塑等方式推动企业成长，既可以直接支撑生产力的跃迁，加快形成新质生产力，还可以引领地区的经济社会发展。加强优质企业梯度培育，激发推进新型工业化的微观主体活力和动力。深化国有企业改革，完善中国特色现代企业制度，提升国有企业核心竞争力，促进民营经济发展壮大，加快建设世界一流企业。培育更多专精特新中小企业，促进中小企业高质量发展。发挥大企业在技术、标准、资金、人才等方面的优势和中小企业在产业创新、强链稳链中的支撑作用，支持中小企业深度融入大企业供应链，构建大中小企业融通发展的良好生态。

建设世界一流大学和学科，增强原始创新能力和服务经济社会发展能力。强化学科体系建设，深度聚焦发展新质生产力新要求，在基础学科、新兴学科、交叉学科建设方面下功夫，不断完善优势与特色、传统与新兴、应用与基础、综合与交叉相促进的学科总体布局，助力现代化产业体系建设。建设世界一流科研院所，深化科研院所改革，推动科研机构创新发展，充分释放人才、技术、资金等要素活力，为新质生产力发展提供有力支撑。加大技术转移和成果转化队伍建设，化专业化成果转化和技术转移机构队伍建设，培育职业化成果转化和技术转移人才队伍，畅通成果转化和技术转移通道。

九、全面深化体制机制改革，建立与生产力发展要求相适应的生产关系

生产关系必须与生产力发展要求相适应。发展新质生产力，必须进一步全面深化改革，形成与之相适应的新型生产关系。新质生产力既需要政府超前规划引导、科学政策支持，也需要市场机制调节、企业等微观主体不断创新。新质生产力是政府“有形之手”和市场“无形之手”共同培育和驱动形成的。因此，要深化经济体制、科技体制等改革，着力打通束缚新质生产力发展的堵点卡点，建立高标准市场体系，创新生产要素配置方式，让各类先进优质生产要素向发展新质生产力顺畅流动。坚持有效市场和有为政府更好结合，突出管战略、管规划、管政策、管标准，加强行业指导，加强企业服务，健全产业治理体系。优化产业政策实施方式，维护产业链、供应链安全，增强产业竞争力。持续深化改革，完善政策法规和标准体系，营造市场化、法治化、国际化一流营商环境，促进产业发展与科技创新、现代金融、人力资源高效协同，扩大高水平对外开放，为发展新质生产力营造良好国际环境。充分发挥我国社会主义市场经济制度优势、全球最完整产业体系供给优势和超大规模市场需求优势，通过

改革开放，让各类先进优质生产要素高效配置，不断加快形成新质生产力，实现平衡性、包容性、可持续性的创新发展，进而实现经济社会的高质量发展。

第四节　新质生产力发展的方法论

习近平总书记在参加十四届全国人大二次会议江苏代表团审议时强调，要因地制宜发展新质生产力。“因地制宜”的要求，是习近平总书记对发展新质生产力的最新论述，指明了前进的方向和路径。“因地制宜”四个字，蕴含着习近平新时代中国特色社会主义思想的重要方法论，站在马克思主义科学世界观和方法论的高度，指明了加快发展新质生产力的科学思维和工作方法。发展新质生产力要使用科学的方式方法，只有做到善于把握事物本质、把握发展规律、把握工作关键、把握政策尺度，才能增强工作的科学性、预见性、主动性、创造性。各地区、各领域、各行业、各企业只有从实际出发，探索各具特色的发展模式，差异化发展新质生产力，才能各展所长、优势互补，赢得高质量发展的主动权。

一、以因地制宜的科学理念发展新质生产力

因地制宜，是基于对中国国情的深刻把握。所谓因地制宜，就是根据各地区实际情况发展新质生产力，其本质是强调实事求是，一切从实际出发。在马克思主义语境中，一切从实际出发，就是要把客观存在的事物作为观察和处理问题的根本出发点，这是马克思主义认识论的根本要求和具体体现。就发展新质生产力而言，因地制宜的方法论旨在呈现习近平总书记从当前我国经济发展形势和发展要求的实际情况出发，从明确“为何因

地制宜发展”到指导“如何因地制宜发展”的生动转变。

（一）因地制宜发展新质生产力要从实际出发

习近平总书记指出，发展新质生产力是推动高质量发展的内在要求和重要着力点。从当前发展形势的需求来看，国家高质量发展的首要任务要求各地区发展新质生产力必须做到因地制宜，要在充分激发各地区比较优势的过程中，有效促进各类要素合理流动和高效聚集，推动构建以创新为核心的高质量发展的动力系统。我国幅员辽阔、人口众多，各地资源禀赋和发展水平千差万别，发展的重点难点不尽相同，不能简单套用单一发展模式。这就要求各地区在发展新质生产力的过程中，必须做到因地制宜，对症下药。

（二）因地制宜发展新质生产力要抓主要矛盾

目前，全国新质生产力发展基础呈现显著的区域性差异特征。东部地区作为国家改革开放发展的试验田和排头兵，在培育和发展新质生产力中发挥着“领头雁”作用。同时，依托激发自身传统生产要素活力和培育壮大新型生产要素等举措，西部地区、中部地区和东北地区在发展新质生产力过程中也承担着生力军角色，不断缩小与先进生产力的差距，打造自身独特的地区优势。为此，结合各地区考察实况，习近平总书记先后指出：东北地区要积极培育新能源、新材料、先进制造、电子信息等战略性新兴产业，积极培育未来产业；天津作为全国先进制造研发基地，要发挥科教资源丰富等优势，在发展新质生产力上勇争先、善作为。这为进一步避免各地区在发展新质生产力过程中出现“一哄而上、泡沫化”“一种模式”等困境，转而根据实际情况有选择地推动新产业、新模式、新动能发展提供了重要遵循。

（三）因地制宜发展新质生产力要协调发展

在参加十四届全国人大二次会议江苏代表团审议时，习近平总书记强调，江苏要全面融入和服务长江经济带发展和长三角一体化发展战略，加强同其他区域发展战略和区域重大战略的对接，在更大范围内联动构建创新链、产业链、供应链，更好发挥经济大省对区域乃至全国发展的辐射带动作用。在主持召开新时代推动中部地区崛起座谈会上，习近平总书记再次明确，要加强与其他重大发展战略的衔接，更好融入和支撑新发展格局。这表明，坚持因地制宜发展新质生产力，最终目的是服务国家高质量发展全局。因此，必须在全过程中注重提高各地区合作水平，拓展发展空间，以点带面、整体协同，形成国家高质量发展的时代合力，为中国式现代化和中华民族伟大复兴提供强有力支撑。

二、以统筹发展的系统观念发展新质生产力

社会是一个有机体，生产力发展既受生产力诸要素及其变动的影响，也受一定生产关系和上层建筑的影响，这就需要诸要素、诸环节统筹协调。发展新质生产力是一个系统工程，涉及劳动者、劳动资料、劳动对象及其优化组合的跃升，也涉及全要素生产率大幅提升、科技创新和产业创新的一系列问题。从要素层面来看，不同于以往的科技生产力只强调科技要素在生产过程中的主要推动作用，新质生产力更强调以科技创新为引领，全面推动各生产要素创新，从而协同推进产业升级和生产力跃升。科技创新之于劳动者，能提升劳动者对自然规律的认识水平、对先进劳动技术和劳动工具的掌握程度，为生产力的突变奠定基础；科技创新之于劳动资料和劳动对象，扩展了它们的状态和功能，使科学技术与社会生产更加紧密地联系在一起。从产业层面来看，改造提升传统产业、培育壮大新兴产业、布局建设未来产业，是发展新质生产力、构建现代化产业体系的一体三面。实现三者和谐共生，是促进新质生产力发展、维护社会经济稳定的重要举措。必须以科技创新为引领，统筹推进传统产业升级、新兴产业壮大、未来产业培育，加强科技创新和产业创新的深度融合。从战略层面来看，要加强发展新质生产力的前瞻性思考、全局性谋划、战略性布局、整体性推进，深刻把握当前和长远、全局和局部的关系，形成

与新质生产力相适应的新型生产关系，在科技自强、数字经济、绿色转型等方面形成政策合力。

（一）发展新质生产力要统筹好整体布局和具体发展的关系

以建设全国统一大市场为契机，做好优化新质生产力布局的顶层设计，构建统筹转型的协调机制，避免资源浪费和重复建设。制定产业与区域发展战略规划，统筹协调各地重点发展领域。明确战略性新兴产业和未来产业发展方向，以及各地在国家整体发展中的定位，针对不同地区和不同行业进行分类指导，坚持全国一盘棋。各地区和各行业要在服从国家大战略和总方针的前提下，清晰把握自身在国家战略总体布局中的定位，根据地区和本行业的资源禀赋、产业基础、科研条件等，找准优势，科学理性地确定主攻方向和突破口，完善相关配套措施，加强与中央的衔接，积极参与区域合作，资源共享，优势互补，共同打造具有竞争力的现代产业集群。

（二）发展新质生产力要统筹好有效市场和有为政府间的关系

纵观世界各国经济发展史，市场机制是推动创新活动特别是原创性、颠覆性创新的重要驱动力，也是各类优质生产要素向先进生产力顺畅流动的必要保障。在理论上，市场可以通过各类价格的调节来达到资源配置的最优效果。然而在实践中，市场并不总是完全有效的，可能会出现各种形式的市场失灵。习近平总书记强调："在社会主义条件下发展市场经济，是我们党的一个伟大创举。我国经济发展获得巨大成功的一个关键因素，就是我们既发挥了市场经济的长处，又发挥了社会主义制度的优越性。"只有坚持市场和政府之间有效配合，让"看不见的手"和"看得见的手"协同发力，才能激励创新，提高生产要素配置效率，扎实推动新质生产力发展。统筹好有效市场与有为政府间的关系，可以为发展新质生产力注入源源不断的推动力。

（三）发展新质生产力要统筹好自立自强和对外开放的关系

一个国家的综合国力和核心竞争力有多强，归根到底要看科技水平有多高。进入新时代以来，虽然我国加快推进科技自立自强，取得了一系列重大科技创新成果，但科技基础较为薄弱、创新内生动能不强、关键技术被“卡脖子”的局面还没有得到根本扭转。实践反复证明，关键技术、核心技术必须依靠自力更生、自主创新。加快实现高水平科技自立自强，不断增强高质量发展的科技硬实力，才能在国际竞争中占据优势主动地位。科技自立自强并不意味着关起门来搞创新。要坚持扩大高水平对外开放，为发展新质生产力营造良好国际环境。扩大高水平对外开放能够加快高水平科技自立自强的步伐。从比较优势理论来看，开放可以促进资源的有效配置，从而提高整体经济运行效率。因此，在加快实现高水平科技自立自强的同时，还要加大力度吸引和利用外资，鼓励外商投资战略性新兴产业和未来产业；加强国际合作与交流，牵头组织国际大科学计划和大科学工程，深化政府间科技合作。

（四）发展新质生产力要统筹好传统产业和新兴产业的关系

习近平总书记指出，发展新质生产力不是忽视、放弃传统产业。在现阶段以及未来的一段时间内，传统产业依然是我国经济的压舱石、稳定器，关系到国计民生的方方面面，对于保持经济稳定增长、人民充分就业、社会长治久安具有重要意义。传统产业在长期发展过程中积累了大量的生产要素和资源，放弃传统产业可能导致这些资源的浪费和闲置。传统产业仍是不少地方的特色产业，各地因地制宜发展新质生产力也离不开传统产业。发展新质生产力关键是聚焦创新，让新兴产业与传统产业相互促进、相得益彰。通过科技赋能对传统产业进行升级改造，让新兴产业与传统产业良性互动，形成新质生产力发展的合力。通过政策适当向战略性新兴产业和未来产业倾斜，同时兼顾传统产业升级；将新技术和新工艺引入传统产业，提升其高端化、智能化、绿色化水平；促进新兴产业和传统产业融合发展，以传统产业支撑新兴产业发展壮大，以新兴产业带动传统产业升级改造，构建完整的现代产业生态系统，实现产业链的优化和整合，提升整体效益。

三、以“先立后破”的辩证逻辑发展新质生产力

“先立后破”是习近平总书记参加十四届全国人大二次会议江苏代表团审议时给出的答案。2023 年 12 月，中央经济工作会议明确强调了“要坚持稳中求进、以进促稳、先立后破”的国家经济工作总基调。“先立后破”已成为解决当代中国艰巨繁重改革发展稳定问题的重要方法论。就发展新质生产力而言，“先立后破”的先后次序排列旨在反映习近平总书记从当前我国经济发展形势和发展要求的实际情况出发，客观总结经验，科学指导实践的核心要义。发展新质生产力作为推动国家高质量发展的强劲推动力、支撑力，需要自觉把握“先立后破”的方法论要求，确保国家经济行稳致远。

（一）要科学认识发展新质生产力的“立破”辩证关系

在马克思主义基本理论中，事物发展经过肯定、否定和新的否定三个阶段，最终实现自我超越和自我完善的过程，也是“立”和“破”矛盾双方作为辩证统一、相互依存和相互转化的过程。无论二者最终以何种形态出现，其目的都是解决矛盾，核心是优化升级。“立”是发展的基础，“破”是变革的前提，二者相辅相成，唯有在“立”的基础上推进“破”，在“破”的推动下稳健“立”，才能稳扎稳打向前进。先立后破把“立”放在首位，强调“立字当头”，是发展新质生产力要遵循的基本方法。在发展新质生产力过程中，应在“立”和“破”上把握好先后顺序，兼顾当前与长远，先立后破。先立后破，就是预先创建新事物，而后改造旧事物。因此，要先把新质生产力发展起来，让先进生产力创造和释放更多增长力量，再使原本被落后产业所占用的人才、资金、土地等资源向先进生产力聚集。

（二）要“立字当头”、时不我待地发展新质生产力

以先“立”发展新质生产力，强调了先进生产力质态建立的紧迫性和重要性。当前，新一轮科技革命和产业变革浪潮正在以前所未有的态势席

卷全球，对世界经济结构和竞争格局产生重大影响。以人工智能和新能源为代表的新一轮科技革命和产业变革正在席卷全球，升级传统产业、壮大新兴产业、布局未来产业是我国在这一轮大变革中抢占先机的关键所在。面对世界百年未有之大变局，习近平总书记多次强调，中国必须“着眼长远、把握机遇、乘势而上”。从某种程度上讲，谁掌握了当前新一轮科技革命的先发优势，谁就赢得了国际竞争的制胜法宝，而发展新质生产力正是为中国赢得新一轮全球科技竞争战略主动的现实需要和重要支撑。

（三）要科学破除阻碍新质生产力发展的藩篱

在过去40多年的改革开放历程中，我国不断创造性地突破体制机制藩篱，调整完善生产关系，生产力得到极大解放和发展。培育和发展新质生产力，要继续运用这一宝贵经验，通过进一步深化改革开放，改变不适应新动能释放的体制机制，增强发展和创新的内生动力。“破”是变革的前提，但“破”并非盲目地破、冒进地破，要通过深层次改革和高水平开放，打通束缚新质生产力发展的堵点卡点，构建与新质生产力发展相适应的新型生产关系。实施供给侧结构性改革，减少无效、低端的供给，增加中高端的供给，提升供给体系对市场需求变化的响应速度和调整能力，进而提高整体生产效率，让各类先进优质生产要素向发展新质生产力顺畅流动、高效配置。进一步完善和优化体制机制，通过增强组织执行力、完善协作机制以及调整市场准入政策等方式，营造更加宽松的创新创造环境，释放和激发创新创造活力，有效激发市场活力，推动产业升级和经济高质量发展。

（四）要立破并举、循序渐进发展新质生产力

发展新质生产力应采取一种正确兼顾当前与长远、创新与传统关系的科学方法。习近平总书记强调：“不能把手里吃饭的家伙先扔了，结果新的吃饭家伙还没拿到手。”对我国这样一个人口众多、区域经济发展不平衡、尚处于工业化进程中的发展中大国而言，要用全面、发展、辩证的眼光看待传统产业，做到深思熟虑、谋定后动、循序渐进。既要大力推进新兴产业和未来产业的发展，也要推进传统产业升级。要全面、辩证、客观、科学地看待传统产业的地位作用。传统产业具有生产技术相对成熟、门类众多、体系完备等方面的优势条件，是很多地方现代化产业体系的基座，加快推动传统产业转型升级，不只能筑牢现代化产业体系的基础，更能孕育和支撑新兴产业和未来产业。因此，要坚持循序渐进、稳中求进总基调，下大气力推动纺织服装、食品、钢铁、建材、机械、化工、汽车等传统产业优化升级，依靠高科技、高效能、绿色化摆脱传统经济增长方式和生产力发展路径，在融合新技术、叠加新模式等过程中赋能我国传统产业提档升级，实现产业深度转型升级，稳固大国经济压舱石。

四、以分类指导的科学方式发展新质生产力

发展新质生产力涉及面广、时间跨度长，这既为各地加快培育和形成新质生产力提供了广阔空间，也要求各地根据基础条件有选择地推动新产业、新模式、新动能发展，培育适应当地的新质生产力，在产业布局上避免盲目扎堆、一哄而上。当前，发展新质生产力，各地各行业积极行动，但必须谨防脱离实际、盲目攀比、任性蛮干等不良倾向。新质生产力发展得好与不好，归根到底要看实效和结果。因此，立足实情，分类指导，有的放矢，才能让各类先进优质生产要素科学地向新质生产力顺畅流动，不断塑造发展新动能新优势，促进社会生产力实现新的跃升。

（一）发展新质生产力要坚持问题导向

分类指导的核心是强调发展新质生产力要坚持问题导向，注重提高精准度、增强实效性。坚持问题导向，是运用唯物辩证法的矛盾分析方法研究问题和解决问题的时代表达。这就要求我们必须坚持具体问题具体分析，善于认识和化解矛盾，尤其是要把优先解决主要矛盾作为打开局面的突破口，以此带动其他矛盾的解决。就发展新质生产力而言，“分类指导”的方法论旨在呈现习近平总书记从当前我国经济发展形势和发展要求的实

际情况出发，抓住科技创新这一核心要素，由此推动产业新阵地、人才新优势、政策新保障、国际新格局等各方面优化升级。在推动新质生产力发展过程中，要实现对政策和措施的精准理解与正确把握，进而确保新质生产力巨大效能的全面发挥，为中国经济高质量发展构建新的竞争力和创造力。

（二）发展新质生产力要具体问题具体分析

具体问题具体分析是马克思主义活的灵魂，也是解决问题的根本科学方法。在新一轮科技革命和产业变革深入发展的今天，以人工智能、大数据、云计算、物联网、数字孪生、区块链等为代表的数字技术，成为各种新模式迭代升级的核心驱动力。各地区、各领域、各行业、各企业只有从实际出发，探索符合自身发展的模式，结合实际差异化发展新质生产力，才能统筹协调、科学发展、各展所长、优势互补，实现高质量发展。不同地方的发展阶段不同，新质生产力发展也会呈现不同的特征。只有对各地区的情况作出具体的分析，才能分清各地区的性质和特点，才能找到解决矛盾的正确方法，才能制订出发展新质生产力的正确方案。因此，要根据各地区各行业的基础条件、创新资源、产业情况、人才情况、资本情况等确定发展模式，具体问题具体分析地推动新产业、新模式、新动能发展。

（三）发展新质生产力要鼓励多元发展模式

具体问题具体分析要求因地制宜发展新质生产力，也就必然造就多样化的发展模式。要支撑各地区各领域各行业各企业在不偏向、不走样的前提下通过多元发展模式发展新质生产力，并倡导不同模式在相互学习借鉴中取长补短、重点突破。在资源禀赋充裕、具备规模化开发条件的西部地区，应加快风能、光伏能等绿色能源的开发利用，培育壮大新能源产业集群，推动能源结构转型优化；在工业体系完备、重工业发达的东北地区，应强化其在机械制造、钢铁、军工、化工等方面的优势，以科技创新推动传统产业升级，打造新材料、航空航天、高端装备制造业等一批新增长动能；在科研、产业、人才等优质资源高效汇聚的东部地区以及不断崛起的中部地区，应将目光转向新一代信息技术、人工智能、新能源、新材料、生物医药、绿色低碳、智能制造等高精尖产业领域，在新一轮国际竞争中抢占未来发展制高点，构筑国家竞争新优势。新质生产力不局限于高科技、新科技、原创性科技、颠覆式技术、未来科技等，也包括传统产业的高端化、数字化、智能化、绿色化转型和升级。要以创新驱动为先导，紧抓科技创新这个核心要素，以因地制宜、结合实际、模式多元的方法和路径发展新质生产力。

第四章　新质生产力与中国式现代化

第一节　生产力现代化是中国式现代化的基础和前提

现代化本身表现为全球性进程，世界范围内的各个国家或地区都在朝着现代化转型过渡。现代化是一个长期的复杂过程。对于后发国家而言，现代化的挑战更大，因为要在更短的时间内完成转型和发展的任务。在过去的 300 年里，不同国家和地区的现代化路径积累了丰富经验和案例，呈现出极大的多样性、异质性和不平衡性，也形成了一些基本的规律。中国式现代化既有各国现代化的共同特征，也有基于自己国情的特色，遵循着现代化建设的内在规律，延续着现代化发展的技术路线。中国式现代化不是纯粹的西化模仿，也不是简单的工业化，而是以社会主义初级阶段为历史方位和总依据，学习借鉴现代化文明成果，是在百年探索中形成、发展和完善的道路模式，是中国共产党和中国人民探索的为解决人类面临的共同问题的中国智慧、中国方案，是中国对当今世界尤其是发展中国家走向现代化的独特创造和独特贡献。

党的二十大报告指出，没有坚实的物质技术基础，就不可能全面建成社会主义现代化强国。坚实的物质技术基础一定程度上取决于生产力的发展。生产力不仅是一个国家现代化水平和程度的集中体现，而且是影响现代化进程的重要因素。立足当前，只有深刻认识和把握生产力发展的要素变革，持续解放和发展生产力，才能在新征程上不断推进中国式现代化。

一、生产力发展是推进中国式现代化的根本内核

马克思现代化理论认为，现代化发展与现代社会的发展可以看作一个有机整体。人类历史要经历五种社会形态的更迭，形成从原始社会、奴隶社会、封建社会、资本主义社会到共产主义社会的演进路径。因此，现代化发展的最终趋势就是社会主义现代化，而生产力就是其中最基本的动力因素。在历史唯物主义框架下，马克思将生产力定义成一个由劳动力、劳动资料、劳动对象构成的客观物质系统，代表着人类在认识世界、改造世界的过程中所积累的生产能力，它的发展也能够反映出人类社会的演进规律。人类历史上的每一次技术革命都带来了生产力的巨大解放。第一次工业革命使得手工劳作转向机器大工业生产，第二次工业革命完成了从蒸汽时代到电气时代的过渡，第三次工业革命普及了信息技术，大的技术进步在引领生产力变革的同时，也推动了人类社会从低级向更高级的现代化演进。

马克思认为，生产力在社会经济变迁中具有决定性作用，“人们所达到的生产力的总和决定着社会状况，因而，始终必须把‘人类的历史’同工业和交换的历史联系起来研究和探讨”。历史唯物主义揭示出生产力的提升会推动社会经济发展演变的基本规律，经济现代化的内核动力源自生产力的发展，一定历史时期的科学技术水平决定着人们开发利用生产要素的方式，带来生产力的颠覆性变革，开启了全新的经济发展时代。

社会生产力体现着人和自然的物质变换过程，是划分经济现代化阶段的重要标识。马克思指出：“劳动作为以这种或那种形式占有自然物的有目的的活动，是人类生存的自然条件，是同一切社会形式无关的、人和自然之间的物质变换的条件。”可见，生产力推动人类改造物质资料、驾驭自然力，展现出劳动过程中人与自然的关系。纵览历次工业革命，人类借助煤炭、石油等自然能源不断将风力、水力、电力等自然力运用于生产过程，使得各类自然力转变为社会生产的组成部分。“自然力的征服，机器的采用……过去

哪一个世纪料想到在社会劳动里蕴藏有这样的生产力呢？”从社会生产力的发展演变过程来看，前两次科技革命分别以机械化和电气化为重要标识，而本轮科技革命则以信息化为显著特征。每一轮科技革命都创造了新技术，应用了新生产方式，从蒸汽机、电气设备到计算机，人类不断拓展生产组织样态，重塑社会经济结构，推动经济现代化向更高级形态转变。历史上每一次经济现代化的浪潮，都突出表现为生产力的大幅提升。当前信息时代数据上升为国家经济发展的核心竞争要素，以数字技术为代表的科技革命必然引发产业变革，推动生产力实现质的跃迁。

社会生产力不仅是一个国家经济现代化水平的重要体现，也是实现国家经济发展攀升的关键力量。马克思指出："蒸汽和新的工具机把工场手工业变成了现代的大工业，从而把资产阶级社会的整个基础革命化了。工场手工业时代的迟缓的发展进程转变成了生产中的真正的狂飙时期。”由此可见，社会生产力对经济现代化具有重要牵引作用，马克思将其看作历史发展的有力杠杆，是最具革命性的关键力量。生产力是一个历史范畴，人类社会发展演变的过程就是先进生产力不断取代落后生产力的过程，也就是生产能力及其要素的发展过程。因此，生产力会随着生产能力自身的调整提升、生产要素的时代变迁、人类需求的变化而不断发展。生产力发展到一定程度，便会与旧有的生产关系发生冲突，在多种社会因素的合力作用下，产生出一种与新型生产力发展相适应的生产关系，引发社会经济形态的整体变革。从原始手工劳作、简单工具的使用，到大工业机器生产、人工智能的应用，其间数据等无形要素在生产中的重要性日益凸显，逐渐走向集约化、绿色化的高质量发展道路，开辟了经济现代化的新航程。

二、生产力现代化是中国式现代化的重要支撑

（一）生产力现代化是中国式现代化的物质基础和前提条件

生产力是人类社会发展的最终决定力量，也是衡量一个社会发展程度

的主要标准。人类社会发展史是一个不断由先进生产力取代落后生产力的动态发展的历史。正是由于生产力的不断发展，创造了日益丰富的物质生活资料，为现代化发展奠定积累了一定的经济基础和物质力量。因此，从经济基础和上层建筑的能动关系来看，不断解放和发展生产力，推动生产力现代化是人类走向现代化普遍遵循的基本规律。中国式现代化离不开生产力的不断解放和发展，但又须摒弃西方现代化所奉行的以资本扩张为中心的生产力发展逻辑。

（二）生产力现代化是中国式现代化的内生动力和重要支撑

从自然经济转向商品经济、从农业文明转向工业文明，继而发展到数字文明，这一过程深刻反映了生产力现代化是推动人类现代文明、实现现代化的源头活水。没有生产力的高度发展，现代化就失去了持之以恒的内动力和硬支撑。生产力发展水平直接关系到生产方式、生产关系的发展，是评价现代化程度的客观标尺，也深刻影响着政治现代化、社会现代化和文化现代化的进程。中国式现代化坚持以生产力的解放和发展推动经济社会高质量发展，推动物质生产和精神生产相互促进，创造了超越资本主义现代化的人类文明新形态。

（三）生产力现代化是中国式现代化的基本要求和持久力量

实现生产力的现代化是中国式现代化得以形成、拓展的关键要素。在改革开放和社会主义现代化建设新时期，我们党始终围绕解放和发展生产力这一社会主义根本任务，突破思想观念、体制机制的束缚，打破阶层固化、利益固化的藩篱，极大促进生产力的解放和发展，在推动经济发展、国家治理、文化建设、社会结构调整等各方面，成功开辟和拓展了中国式现代化道路。进入新时期，我国经济发展的结构有待优化升级，粗放型经济增长方式尚未得到根本改变，高端制造业仍然存在一些短板，关键核心技术领域面临“卡脖子”难题。加之世界体系和国际格局正在发生深刻调整，经济社会发展的外部风险和不确定性增加，更需要不断解放和发展生产力，加快推动生产力实现质的提升，推进中国式现代化行稳致远。

第二节　新质生产力是生产力现代化的具体体现

中国式现代化和高质量发展不是空中楼阁，必须建立在坚实的物质技术基础之上，这个物质技术基础主要体现为新质生产力。中国式现代化包括科学技术现代化，而且工业、农业、服务业、国防等其他方面的现代化都必须以科学技术现代化为基础。不形成和发展新质生产力，不仅科学技术现代化无法实现，其他方面的现代化也不可能实现，现代化就会成为无源之水、无本之木。建设现代化经济体系特别是现代化产业体系，是经济现代化的战略目标。现代化产业体系是以高新技术产业为主导、现代农业为基础、现代制造业为主干、现代服务业为主体，用现代科学技术武装，能够实现可持续发展的产业体系。要实现经济社会高质量发展，进一步解决不平衡不充分的发展问题，需以创新驱动为引领，逐步摆脱传统的人力和资源、能源驱动型增长模式，实现由低成本优势向创新优势转变，创造新产业、培育新动能、形成新优势。

一、新质生产力是新科技革命背景下生产力的跃迁

马克思认为，生产力是由多种情况决定的，包括工人的平均熟练程度、科学发展的水平和它在工艺上应用的程度、生产过程的社会结合、生产资料的规模和效能，以及自然条件等。其中，工人的熟练程度主要与劳动者的个人能力挂钩，决定于劳动者接受培训的程度。而土地肥沃程度等自然条件则是客观存在的，很难依靠人力改变。二者对提高生产力的质量作用有限，相较而言，改进劳动的社会力才是提高生产力更有效的方式。

改进劳动的社会力在传统工业时代主要表现在资产阶级进行资本的原

始积累，并以此为基础开展工业革命，通过机器的应用扩大生产规模，实现生产方式的变革。在数字经济时代，要素生产力的地位下降，组合生产力的地位则进一步提升，科学与技术的结合在生产中经过产业化转化为生产力，使其发生根本性变革，进而提升生产力质量，孕育出新质生产力。

所谓新质生产力，就是以科技创新为主的生产力，它代表着新科技革命背景下生产力的跃迁，既保持着利用自然和改造自然的属性，又将创新驱动作为关键，实现“新”和“质”两个层面上的突破。其中，“新”是指新质生产力具有新技术、新经济、新业态的内涵，主要涉及劳动力、劳动资料和劳动对象三大实体性要素，以及科技、管理和教育三大渗透性要素，强调以科技创新推动产业创新，构建数字化平台，鼓励新兴产业发展。在“质”上的突破则是指，相较于传统的依赖于大量能源消耗和资源投入的生产方式，新质生产力更强调对资源的高效利用，通过技术创新来实现经济的高质量发展。这也是中国式现代化的客观需求。

二、新质生产力是生产力发展的时代选择

人们把生产力定义为人类征服自然和改造自然的能力，包括生产过程中不可缺少的劳动力和生产资料。随着人们对劳动力、生产资料、生产过程、人与自然关系认识的深化，对生产力内涵、外延和特征的认识逐步完善，发现生产力主要体现在两个方面。一是明确了劳动力即人的劳动能力中脑力劳动的重要作用，而脑力的大小和效率的高低又主要由劳动者学习和掌握的科学技术状况（数量、广度、深度）决定，而且包括劳动资料和劳动对象在内的生产资料的种类、性能、质量、效率也主要是由科学技术水平决定的。因此，邓小平同志在马克思所说“生产力里面也包括科学在内”的基础之上，进一步提出“科学技术是第一生产力”。二是人与自然不是征服与被征服的关系，而应是和谐共生的关系。人类既要改造、开发、利用自然，同时还要适应、保护、美化自然，因为只有这样，人类社

会才能更好地持续发展。认识的深化要求我们对生产力作出更为准确科学的界定：生产力应是人类进行社会生产的能力，主要包括科学技术、劳动力和生产资料。由于科学技术、劳动力、生产资料不是一成不变的，而是不断发展变化的，所以不同时代和发展阶段，生产力的状况或者说发展水平是不完全相同的。对应新时代的生产力发展产生了新质生产力，新质生产力是生产力现代化的时代选择。

三、新质生产力是生产力现代化的时代载体

从世界经济发展的历程来看，科技创新是人类财富增长的不竭源泉，是生产力发展的巨大动力。在经济发展的不同阶段，科学技术的创新都一直推动着经济的发展，引起生产力的深刻变化和人类社会的巨大进步。18世纪中叶开始的以蒸汽机广泛应用为标志的第一次技术革命，使人类迈向蒸汽机时代；19世纪四五十年代开始的以电力广泛应用为主要标志的第二次技术革命，使人类迈向电气化时代；在20世纪初期开始的以无线电技术及原子能使用为标志的第三次技术革命，使人类迈向电子时代。第二次世界大战之后，生产力水平高度发展，生产力的构成要素，无论是劳动力、劳动工具与方式，还是生产经营管理模式，都发生了质的变化，科学技术成为推动生产力水平发展的根本因素，生产力的要素、结构、性质、规模、方向都发生了革命性变化，科学技术成为生产力要素中最关键、最重要的因素。科技革命和生产力发展的历史表明，依靠科技创新促进生产力迅速发展是一条普遍规律。科学技术越来越成为生产力中最活跃的因素和最主要的推动力量，现代生产力的飞速发展首先得益于科学技术进步。

当前，全球科技创新进入密集活跃时期，新一代信息、生物、能源、材料等领域颠覆性技术不断涌现，呈现融合交叉、多点突破态势，而新一轮科技革命和产业变革又赋予生产力更多的时代特征、科技含量和创新内涵，使之呈现出与传统生产力不同的面貌。提高科技创新能力，赋能驱动

新时代生产力的变革飞跃，可促进生产力提质增效；不断调整生产关系，增强社会生产力发展的生机与活力，是生产力现代化推进中国式现代化的重要路径。新一轮科技革命和产业变革与我国加快转变经济发展方式形成历史性交汇，面向前沿领域及早布局，提前谋划变革性技术，夯实未来发展的技术基础，形成并发展新质生产力，实现传统生产力向新质生产力的过渡转化，是不容错过的重要战略机遇，是抢占发展制高点、培育竞争新优势、蓄积发展新动能的先手棋。总体而言，要发挥科技创新的赋能驱动作用，加快实施科教兴国战略、人才强国战略、创新驱动发展战略，强化重大科技创新平台建设，健全关键核心技术攻关的新型举国体制，促进科技成果高质量转化，加快形成新质生产力，不断塑造生产力发展的新动能、新活力、新优势，更好发挥科技作为第一生产力的作用，向自主创新、科技自强的中国式现代化目标迈进。

第三节　新质生产力是中国式现代化的动力基础

新质生产力以新科技革命和产业变革为基础，是新的高水平的现代化生产力，是推动中国式现代化的生产力基础。中国式现代化和高质量发展需要形成和发展新质生产力。

一、新质生产力以新的生产要素赋能中国式现代化

与现代化进程相对应，生产力基础要素会随着时代发展发生改变。在工业化时代，物质生产力占主导地位，生产力基础要素表现为劳动、资本和土地三种生产要素，其中资本和劳动力被视为生产力的核心要素。在数字经济时代，随着科技的不断发展和进步，以及经济、社会和文化的变革，

产生了包括数字劳动、数字技术在内的更复杂多元的新型生产要素。一方面，数字经济网络性和共享性的特点改变了原有的劳动模式，劳动的划分更多地关注创造性和非创造性之间的区别，并且在劳动的主体形式、劳动过程中的耗费、劳动价值决定量这几方面显示出与传统劳动截然不同的特征。新质生产力要求培育一批具备创新思维、跨学科知识和适应性强的人才，以适应数字经济时代变幻莫测的市场环境。另一方面，数字技术作为新的基础生产要素也深入影响着经济发展，其具有的网络化和信息化特点不仅可以在微观上缓解信息不对称的矛盾，减少交易过程中的搜索成本、复制成本、运输成本、跟踪成本和验证成本，还能够在宏观上协助政府宏观调控，优化资源配置。因此，新质生产力中新的基础生产要素能够充分渗透到数字经济背景下经济发展的各个方面，赋能中国式现代化建设。

二、新质生产力以新的生产模式赋能中国式现代化

新质生产力在改变了基础生产要素的同时，也带来了生产模式的变化。新质生产力作为当今时代特征下的先进生产力，在适应数字经济发展的新要求时，整合了信息、数据、知识和技术等数字化要素，将它们融入生产过程，成为新质生产力的核心特征。这种特质与传统生产力以资本、土地和劳动力为核心所具有的特征显著不同，使得数字化生产模式得以广泛应用于各行各业。在应用新质生产力的过程中，数字化和智能化的生产模式呈现出双重效应。一方面，通过产业数字化和数字产业化，实现了产业结构的优化升级，大幅提升生产效率，而智能化的生产方式不仅能够提高生产的效率和质量，还能推动建立现代化经济结构。另一方面，新质生产力能够促进以数字化和智能化为核心的新兴产业蓬勃发展。新质生产力不仅仅是简单地提高技术含量，更是鼓励人才培养、产业发展和技术创新三者之间的有机融合，构建一个人才链、产业链、技术链和机制链相互交织的生态系统。这种综合性的变革为中国式现代化提供了强有力的动力，为实

现高效、可持续、智能化的发展目标奠定了坚实基础。因此，新质生产力作为当代经济发展的引擎，不仅在技术和生产模式上带来革命性的变化，更为中国式现代化进程注入了活力。

三、新质生产力以新的发展动力赋能中国式现代化

马克思指出，资本家为追求剩余价值而进行创新，这在客观上促进了社会生产力的发展。区别于传统的大量依靠能源消耗的生产力，新质生产力最本质的特征就是它依靠创新驱动形成，并且体现着经济高质量发展的要求。约瑟夫·熊彼特在《经济发展理论》中强调，创新就是要"建立一种新的生产函数"，让生产要素重新组合，生产技术的革新和生产方法的变革在经济发展中起着至高无上的作用。新质生产力作为当前先进生产力的具体表现形式，正在推动着这样的变革。一方面，正如保罗·梅森在《新经济的逻辑》中所说，创新的驱动力是成本最小化、产出最大化，以及资源的利用。它确实带来日益增长的物质财富，也可以带来利润上升。创新可以通过先进技术的应用提高生产率，从而直接驱动物质财富的创造。另一方面，进入数字经济时代，以传统制造业为主的产业体系在历史舞台上的作用逐渐逊色于以高新技术产业为主体的知识经济体系和以新兴产业为主体的新经济体系。新质生产力将创新驱动作为关键动力，能够更好地统筹高新技术和智力资源，在中国式现代化的道路上实现有质量、有效益和可持续的发展。

四、新质生产力是推进中国式现代化的引擎和动力

新质生产力变革经济发展模式，开辟了经济现代化发展的新领域新赛道。中国式经济现代化要求转变发展方式，促进经济增长更具质量效益、更加公平可持续。生产力的发展程度决定了经济现代化能否实现，没有高

水平生产力所建设的物质基础，就难以实现经济现代化这一高水平目标。新质生产力借助于数字技术、生态技术以及人工智能等前沿科技，使用新能源、新材料等，推动我国高污染、高能耗企业转型，降低污染物的排放和能源消耗量，以技术进步和资源利用为标杆，淘汰夕阳产业，孵化未来产业。作为推进中国式经济现代化的强大引擎，新质生产力具有强大的经济增长带动效应，可以通过生产力数量和质量的双重提升，为经济发展提供兼顾效率和公平的发展动力。同时，新质生产力也内含绿色生态理念，能够在保护绿水青山的同时创造经济效益，实现社会的高质量可持续发展。

新质生产力吸收科技创新成果，塑造经济现代化的支撑要素。新质生产力的形成离不开科学技术对生产要素的革新。从生产力的组成要素来看，劳动者、劳动资料和劳动对象三者紧密结合，转化为现实的物质生产能力。具备一定的数字素养、运用相应的数字设备、解读大数据暗含的信息，是现阶段新质生产力劳动者的必备技能。传统的以机器为主的劳动资料在数字时代发生了颠覆性变化，电子通信设备、数据处理中心等数字信息基础设施，以及各类商业软件和应用，均是新时代重要的劳动资料，能够对传统劳动资料进行智能化升级，极大地促进生产效率的提升。随着科学技术在能源、材料、信息等各领域不断取得新突破，劳动对象的范围不断扩大、形态不断丰富，涌现出了数据、纳米材料、氢能源等新型劳动对象，催生出多种新模式、新业态。新质生产力聚焦全新的生产要素，应通过制度体系的优化来提升对应生产要素的融合协作水平，实现社会生产力质量变革，以新质生产力促进劳动生产效率、资源配置效率、产业组织效率和体制机制效率的同步提高，为中国式经济现代化培育发展新动能。

新质生产力催生战略性新兴产业和未来产业，构筑经济现代化的物质载体。新质生产力代表着当前先进生产力的发展方向，能够指引一定区域内产业的发展方向。通过发展战略性新兴产业和未来产业，新质生产力辐射带动相关行业，从而在该区域内形成产业集群，进而带动整个区域乃至国家经济发展水平的提升。战略性新兴产业和未来产业都以重大技术突破或重要社会需求为基础，具有技术含量高、创新状态活跃、应用前景广阔等特质，是对经济社会全局起到重大引领和前瞻布局带动作用的新兴产业。相比之下，未来产业的技术突破更为前沿、培育周期更长、产业成长的不确定性更大，布局未来产业也是为培育战略性新兴产业接续力量的必然选择。战略性新兴产业与未来产业作为一国经济发展的风向标，必须以新质生产力的形成推动二者统筹发展，这不仅是我国在激烈的国际竞争中取得优势地位的关键，更是以创新型国家建设助推中国式经济现代化的必然途径，将为中国式经济现代化的实现夯实物质基础。

第四节 新质生产力推进中国式现代化的战略路径

马克思在论述现代化理论的过程中，特别强调了各国各民族都应该有各自特有的现代化道路，应该呈现出多样性的状态。中国作为社会主义国家，有着区别于资本主义国家的历史和国情，因此在现代化的进程中需要坚持中国特色社会主义发展道路。党的二十大报告在提出“中国式现代化”的同时，也结合我国的特点和发展的实际情况，对科技、人才、社会、生态等方面的工作作出了重要安排，新质生产力推进中国式现代化也需要配合相关工作确定战略重点。

一、依托新质生产力，走共同富裕的中国式现代化道路

纵观人类社会的现代化历程，主要资本主义国家从地理大发现时期就通过殖民掠夺获得了第一桶金，工业革命之后更是长期牺牲底层劳动者的权益来完成资本积累，虽然实现了现代化，但同时也面临着严重的贫富差距。现代化带来的财富主要集中在固定的阶层，并没有在全社会实现公平

分配，也因此诱发了周期性的经济危机和社会动荡。考虑到我国是无产阶级专政、人口众多的社会主义国家，中国式现代化是人口规模巨大的现代化，资本主义国家繁华之下暗藏隐患的现代化道路显然并不适用，需要更多考虑到人民群众的重要作用。人民群众是社会物质财富的创造者、精神财富的创造者，也是社会变革的决定性力量，中国式现代化更应该为广大人民服务、依靠群众发展、发展成果由人民群众共享。因此，坚持以人为本的发展理念，努力实现共同富裕是新质生产力推进中国式现代化的第一个战略重点。

正如习近平总书记指出的，共同富裕是中国式现代化的本质特征，高水平的生产力是实现共同富裕的物质基础，只有创造出与巨大的人口规模相匹配的社会财富，才有可能实现更高效、更公平的发展，使得发展成果真正惠及全体人民。新质生产力在这一过程中发挥着重要作用。一方面，新质生产力作为传统生产力的一次飞跃，已经成为创造社会财富和优化资源配置的关键动力，在经济发展中不仅能够实现数量上的增长，创造出与人口规模相适应的巨大财富，为实现共同富裕奠定物质基础，还将智能化的数字技术渗透进生产和服务的各个领域，深刻地改变人们的生产、消费和生活方式，推动了以科技创新为核心的经济增长模式，促进了社会生产力的全面升级。与此同时，新质生产力的发展也深刻影响着资源配置和财富分配，它的优化效应更多地体现在对现有资源的更有效利用上，产出具有高附加值的产品与服务。这种发展趋势为社会公平和全面发展提供了更有力的支撑，为实现共同富裕和可持续发展打下了坚实的基础。另一方面，新质生产力对积累财富的重要作用还体现在国际合作上。新中国成立尤其是改革开放以来，我国在几十年间创造了经济迅速发展的奇迹，也因此面临众多来自国际的挑战。转变经济发展方式、依靠自身力量实现可持续增长成了当前我国经济发展的重要任务。在这样的背景下，以科技创新为驱动力的新质生产力能够有力推动供给侧结构性改革，培育参与到国际大循环中的新优势，为全面建设社会主义现代化国家、实现中华民族伟大复兴中国梦提供持续动力。

二、依托新质生产力，走可持续发展的中国式现代化道路

资本主义国家的现代化通常以剥削工人的剩余价值为基础。这种模式既牺牲了工人的劳动价值，也不计后果地消耗自然资源，导致了严重的环境污染，使人类与自然的关系演变成了敌对的状态。这种掠夺性的发展方式是短视的，因为自然界是人类生存和发展必不可少的物质前提。马克思曾指出，人类赖以生活的自然界不仅为人类提供了生活所需，还为人类生产提供了必要的条件。他认识到，随着生产率的提高，自然资源会逐渐减少。自然界不仅构成了人类社会的基本要素，还是生产力的核心组成部分。这意味着任何经济或社会发展模式都必须重新审视人类与自然的关系，以保护环境、合理利用资源为前提，不以牺牲自然为代价，建立一个真正可持续、健康发展的现代社会。在社会主义现代化建设中，走可持续发展之路至关重要。习近平总书记提出“绿水青山就是金山银山”，推动绿色发展，促进人与自然和谐共生，对于推动中国经济社会的可持续发展具有深远意义。中国式现代化是人与自然和谐共生的现代化，生态文明建设不仅是环境问题，更是涵盖经济、社会和文化等多个领域的问题。良好的生态环境不仅是提升人民生活水平的基础，也是维护国家长远利益的重要保障。这也要求依托新质生产力，推动经济和生态的协同发展。

新质生产力是高质量发展的代表，体现了人与自然和谐共生的发展理念。发展新质生产力不仅是推动经济转型和升级的需要，更是实现人与自然和谐共生的重要举措。它引入环境友好型生产方式，不仅在助力经济增长的同时保护和修复自然环境，还为未来的可持续发展奠定了基础。新质生产力在绿色发展方面发挥着关键作用。一方面，新质生产力借助先进技术帮助传统产业摆脱高耗能和高污染，改善生产方式和提高生产效率，为传统产业注入新的活力，实现绿色化和智能化生产，提升竞争力和可持续

性。另一方面，新质生产力还能够助力新兴产业的发展和创新，尤其是推动清洁能源的研发和应用，促使整个产业结构向更加绿色和智能的方向转变，有效平衡经济发展与环境保护之间的关系，促进经济的可持续发展。总的来说，新质生产力的飞跃将使经济发展更多地依赖技术创新和科学进步，实现经济社会的可持续发展，让经济增长和环境保护相得益彰。

三、依托新质生产力，走开放发展的中国式现代化道路

在全球现代化进程中，人类对资源的需求与资源的稀缺性之间的矛盾成为一个日益凸显的问题。资本主义国家在早期发展阶段，为了积累资本，采取了对外掠夺和对内剥削的手段。正如马克思所说："资本来到世间，从头到脚每个毛孔都滴着血和肮脏的东西。"当前国际形势变幻莫测，不同文明间交融碰撞，战争和疾病屡见不鲜，极端恐怖主义也时有发生。但是全球化的深入发展意味着没有任何一个国家能够孤立自处，在这种背景下，解决全球范围内的生态破坏和贫富差距等问题变得更加紧迫。中国积极应对这些挑战，通过共建"一带一路"等方式参与推进人类命运共同体构建，推动全球治理更加合理、公正、有序。中国式现代化更强调不走殖民掠夺、国强必霸的老路，而是选择走和平发展的道路，这在全球治理中彰显了中国式现代化的责任担当。中国式现代化强调开放发展，强调合作共赢，强调国与国之间的互联互通。它提出了构建人类命运共同体的愿景，不局限于经济增长，更强调环保、可持续性、国际合作等多因素的综合考量。这样的发展道路不仅对中国本身发展有益，也在为全球治理体系贡献中国智慧。这意味着中国需要探索一条与资本主义国家截然不同的现代化道路，转变经济发展方式，发掘以新质生产力为代表的现代化的新动力。新质生产力作为现代化进程中的重要推动力量，是走开放发展道路的坚实后盾。马克思曾指出，科技的进步与迭代是驱动经济发展的强大动力，有助于在一定程度上减少发展过程中对人力资源和物质资源的消耗，

使生产更加智能高效。这种发展模式还进一步体现了开放发展的理念，它是建立在科技创新的基础上，通过改进生产方式实现资源利用的最大化。这种转变让中国式现代化更加可持续，不会因为对资源的极端消耗而陷入危机，而是依托科技进步和创新实现资源利用的优化。这为中国式现代化提供了一种更为合理、更具前瞻性的发展路径，也为全球的可持续发展提供了借鉴和启示。

第五章　新质生产力与新发展理念

第一节　新质生产力与新发展阶段、新发展理念和新发展格局的关系

新发展阶段、新发展理念、新发展格局、新质生产力是习近平经济思想的重要内容，四者之间具有紧密的内在逻辑。把握新发展阶段是贯彻新发展理念、构建新发展格局的现实依据，贯彻新发展理念为把握新发展阶段、构建新发展格局提供了行动指南，构建新发展格局则是应对新发展阶段机遇和挑战、贯彻新发展理念的战略选择。党的二十大报告明确指出："必须完整、准确、全面贯彻新发展理念，坚持社会主义市场经济改革方向，坚持高水平对外开放，加快构建以国内大循环为主体、国内国际双循环相互促进的新发展格局。"从理论与实践中深入理解新发展阶段、新发展理念、新发展格局，推动中国经济稳中求进发展，对于实现中华民族伟大复兴的宏伟目标具有重大理论与现实意义。

一、新发展阶段、新发展理念、新发展格局和新质生产力提出的理论逻辑

马克思主义认为，人类社会在从低级阶段逐步走向高级阶段的过程中具有不同的时代特征。时代的发展呼唤新的发展理念。进入新时代，以

习近平同志为核心的党中央从马克思主义基本原理出发，作出把握新发展阶段、贯彻新发展理念、构建新发展格局的重大战略决策，具有深刻的理论逻辑。

发展是个不断进阶的过程。历史唯物主义认为，历史呈阶段性发展，每一阶段都在前一阶段的条件、基础上实现，新的社会形态都从旧社会的胎胞里孕育而生。中国共产党人在带领中国人民进行革命、建设和改革的过程中，坚持并发扬马克思主义社会发展阶段理论，并同中国具体实际相结合，在不同历史方位对我国所处的发展阶段作出多个重要判断，深刻意识到发展社会主义不仅是一个长期的历史过程，而且是需要划分为不同历史阶段的过程。毛泽东同志指出："社会主义这个阶段，又可能分为两个阶段，第一个阶段是不发达的社会主义，第二个阶段是比较发达的社会主义。后一阶段可能比前一阶段需要更长的时间。"改革开放以后，邓小平同志指出："社会主义本身是共产主义的初级阶段，而我们中国又处在社会主义的初级阶段，就是不发达的阶段。"习近平总书记在《把握新发展阶段，贯彻新发展理念，构建新发展格局》一文中指出："社会主义初级阶段不是一个静态、一成不变、停滞不前的阶段，也不是一个自发、被动、不用费多大气力自然而然就可以跨过的阶段，而是一个动态、积极有为、始终洋溢着蓬勃生机活力的过程，是一个阶梯式递进、不断发展进步、日益接近质的飞跃的量的积累和发展变化的过程。"在此基础上，党的十九届五中全会明确我国发展的历史方位，提出我国进入新发展阶段。新发展阶段是我国发展高度的客观标识，是对经济社会变化客观规律的总结，也是对发展实践的总结，是以习近平同志为核心的党中央在继续总结历史经验、研判历史方位、分析发展阶段后作出的重大判断，有着深刻的理论现实依据，为实现中华民族伟大复兴确立了新的历史起点。

理念是实践的先导。发展理念对发展实践具有指南意义。高质量发展是全面建设社会主义现代化国家的首要任务，新发展理念是适应高质量发展的理论创新。在新时代，要实现高质量发展，创新是核心动力；破解新时代我国社会主要矛盾，协调是关键举措；弘扬马克思主义自然观，绿色是基本理念；融入世界发展进程，开放是现实姿态；回归马克思主义最高旨趣，共享是根本要求。这是马克思主义发展理念的时代体现，是马克思主义关于社会意识反作用于社会存在的诠释。新发展阶段在我国社会主要矛盾发生重大变化的情况下，对我们今后的发展目标、发展方式与发展宗旨提出了新的更高要求，必须完整、准确、全面贯彻新发展理念。我们要以创新为第一驱动力，着力解决当前社会发展不平衡不充分的问题，协调区域、行业、城乡发展，统筹经济发展与生态环境，坚持高水平对外开放，让全体人民共享发展成果；要改变传统发展模式，让新发展理念贯穿实现高质量发展过程的始终，回应国内外严峻挑战。新发展理念在深刻的现实基础上产生，是我们党在对共产党执政规律、社会主义建设规律、人类社会发展规律进行科学把握基础上的理论总结，是我国发展思路、发展方向、发展着力点的理论体现。

发展格局是发展战略上的重大选择。发展格局是指发展模式、发展状态，是经济发展过程中结构转变的基本趋势。马克思尽管没有提出发展格局这一概念，但他从经济发展过程的整体结构、经济发展的动力要素、资源配置的具体方式等角度，强调生产、分配、流通、消费构成了经济发展的全过程，生产表现为起点，消费表现为终点，分配和流通表现为中间环节。新发展格局是我们党结合马克思主义基本原理，适应“两个大局”作出的理论规划与战略部署。当下，世界百年未有之大变局进入加速演变期，新一轮科技革命和产业变革前沿领域竞争加剧，经济全球化遭遇逆流，民粹主义、排外主义抬头，保护主义、单边主义、霸权主义对世界和平与发展构成威胁，国际格局发生深刻复杂调整；商品和服务跨区域流通不畅，各国内顾倾向上升，全球产业链供应链出现本地化、周边化和分散化趋势。当前及未来一个时期，受国际环境影响，国际大循环动能减弱，我国发展面临的不稳定性不确定性因素增加。在国内消费、产业体系与供应链优化升级，以及国外市场持续萎靡、全球化进程放缓等因素作用下，国内大循环与国际大循环此消彼长的发展态势愈发明显，客观上已经形成了新旧发展格局交替转变的整体态势。因此，必须以国内大循环为主体，进一步把发展立足点放在国内，完善国内大循环，协调生产、分配、流通、消费各个环节，更多依靠国内市场实现经济发展。这是以习近平同志为核心的党中央顺应我国经济发展规律，着眼于发挥我国具有全球最完整且规模最大的工业体系、强大的生产能力、完善的配套能力、超大规模内需市场、投资需求潜力巨大等发展优势，根据我国发展阶段、环境、条件变化作出的战略决策，是事关全局的系统性深层次变革。

新质生产力是顺应新时代经济发展要求的先进生产力，是当代生产力产生质变的重要表现形态，将向经济社会发展各方面各领域加速渗透，影响国家未来发展趋势。传统生产力根植于第一次和第二次工业革命成果，产业发展建立在化石能源以及机械化、电气化等基础上。新质生产力容纳了传统生产要素但又实现了对传统要素的突破，通过融合先进科学技术、吸纳高端劳动者和创造新型生产资料，构建出一种全新的生产方式，从而具有更高的质量和效益，形成更可持续的发展模式。新质生产力能够推动产业的现代化升级，是当代生产力发展形态的集中反映。在人类社会生产力发展进程中，科学技术始终是生产力变革的关键因素，只有坚持自力更生、自主创新的发展，将核心技术牢牢掌握在自己手中，才能真正把握现代化竞争和发展的战略主动权。我国正处于科研攻坚期，不仅要巩固已有的科技发展成果，还要抢占未来科技发展的战略高地，成为新兴领域的拓荒者和关键领域的领军者，加速推动新质生产力的形成与发展。发展新质生产力能够衍生出新产业组织和新经济形态，赋能现代化产业体系建设。例如，数字化技术可以对传统生产资料加以改造，改变其生产组织形态，形成新质生产力，这不仅有助于推动传统产业提质升级，走向高效能发展模式，还可以利用高新技术优势推动产业创新，加快形成战略性新兴产业和培育未来产业。互联网经济、区块链、人工智能、新材料、生物技术等均是孵化战略性新兴产业和未来产业的重要领域。新质生产力以科技创新为内核，促进生产力质的提高，通过集聚前沿科技资源，引领布局战略性新兴产业，培育未来产业，拓展产业新赛道，打造发展新动能，驱动产业体系结构性变革，以经济发展新模式引领高质量发展之路。

二、新发展阶段是贯彻新发展理念、构建新发展格局、发展新质生产力的历史方位

社会的发展进入什么样的阶段，不是单纯的主观判定，而是对一个时期经济社会发展客观形势、重大变化、阶段性特征的科学把握。新发展阶段是社会主义初级阶段中的一个阶段，同时是其中经过几十年积累、站到了新起点上的一个阶段。在新时代，中国发展正处于从世界大国走向世界强国的关键期，中国的发展理念、发展道路、发展模式的影响力和吸引力显著增强，中国日益发挥着世界和平建设者、全球发展贡献者、国际秩序维护者的重要作用，前所未有地走近世界舞台中央。进入新发展阶段，国内外环境的深刻变化既带来一系列新机遇，也带来一系列新挑战，是危机并存、危中有机、危可转机。我国正处在转变发展方式的关键阶段，面临增长速度换挡期、结构调整阵痛期、前期刺激政策消化期三期叠加的复杂局面，对我们实现高质量发展提出深刻要求。党的二十大报告指出："高质量发展是全面建设社会主义现代化国家的首要任务。发展是党执政兴国的第一要务。没有坚实的物质技术基础，就不可能全面建成社会主义现代化强国。"新发展阶段的矛盾问题着重体现在发展质量和效益上，我们必须坚持把新发展理念贯彻运用到全面建设社会主义现代化国家的始终，以创新为驱动，实现协调、绿色发展，推进高水平对外开放，做到全体人民共享，努力实现共同富裕。立足新发展阶段、贯彻新发展理念、构建新发展格局、加快形成新质生产力，是应对当前错综复杂的国际环境变化的战略举措，是适应我国经济发展阶段变化的主动选择，而非被迫之举和权宜之计。当前经济全球化遭遇逆流，全球经济面临的风险和不确定性更加突出。与

此同时，我国发展面临新的机遇与挑战，最重要的是固本培元、练好内功、主动作为，在追求高质量发展、人民消费结构提升的时期，强化国内经济大循环，坚持把发展经济的着力点放在实体经济上，依托我国超大规模市场优势，以国内大循环吸引全球要素资源，增强国内国际两个市场两种资源联动效应，提升贸易投资合作质量水平，更好联通国内国际市场，更好利用两个市场、两种资源，合理应对我们在新发展阶段面临的挑战。

三、新发展理念是把握新发展阶段、构建新发展格局、发展新质生产力的行动指南

贯彻新发展理念是新时代我国发展壮大的必由之路。新发展理念是一个系统的理论体系，回答了关于发展的目的、动力、方式、路径等一系列理论和实践问题，阐明了我们党关于发展的政治立场、价值导向、发展模式、发展道路等重大政治问题。新发展格局是适应我国新发展阶段要求的必然选择，是根据各种变化审时度势作出的重大战略决策。新质生产力是新科技革命背景下生产力的跃迁，是推动中国式现代化的生产力基础，是构建新发展格局的重要举措。把握新发展阶段，加快构建新发展格局，加快形成新质生产力，需要我们深刻理解新发展理念的内涵，推动完善建设国内大市场，坚持高水平对外开放。当今世界，经济社会发展越来越依赖于理论、制度、科技等领域的创新，我们要把创新摆在国家发展全局核心位置，加快实施创新驱动发展战略，加快实现高水平科技自立自强。落实创新的发展理念，要推动科技创新和制度创新两个轮子一起转，让市场和技术和谐共振，为世界市场带来新的发展动力，促进国际循环。协调发展注重解决发展不平衡的问题，是解决新发展阶段下我国社会主要矛盾的关键举措。落实协调的发展理念，促进区域协调发展，深入实施区域协调发展战略、区域重大战略、主体功能区战略、新型城镇化战略、乡村全面振兴战略，优化重大生产力布局，构建优势互补、高质量发展的区域经济布

局和国土空间体系，能够促进我国进一步完善国内大市场，实现以国内大市场为主体的发展格局。绿色发展强调解决人与自然和谐共生的问题，尊重自然、顺应自然、保护自然，是全面建设社会主义现代化国家的内在要求。必须牢固树立和践行绿水青山就是金山银山的理念，站在人与自然和谐共生的高度谋划发展，以绿色供给创造新的绿色需求，形成供需两侧的高水平动态平衡。开放发展重视解决发展内外联动问题，推进高水平对外开放，稳步扩大规则、规制、管理、标准等制度型开放，加快建设贸易强国，推动共建“一带一路”高质量发展，维护多元稳定的国际经济格局和经贸关系，顺应我国经济深度融入世界经济的趋势，积极参与全球经济治理体系改革，推动构建人类命运共同体。共享理念的实质就是坚持以人民为中心，要求逐步实现全体人民共同富裕，完善分配制度，坚持按劳分配为主体、多种分配方式并存，坚持多劳多得，鼓励勤劳致富，促进机会公平，增加低收入者收入，扩大中等收入群体，规范收入分配秩序，规范财富积累机制。在高质量发展中办好各项民生事业，补齐民生领域短板，统筹做好各方面民生工作，尽快解决我国社会在当前阶段发展不平衡不充分的问题。

四、新发展格局是应对新发展阶段、贯彻新发展理念、形成新质生产力的战略布局

党的二十大报告指出：“我们必须增强忧患意识，坚持底线思维，做到居安思危、未雨绸缪，准备经受风高浪急甚至惊涛骇浪的重大考验。”在这种情况下，构建以国内大循环为主体、国内国际双循环相互促进的新发展格局，是根据我国发展阶段、环境、条件变化，特别是基于我国比较优势变化，审时度势作出的重大决策，是新发展阶段要着力推动完成的重大历史任务，也是贯彻新发展理念的重大举措。中华民族伟大复兴战略全局和世界百年未有之大变局是党在新发展阶段谋划工作的基本出发点。要实现

中华民族伟大复兴，我们需要发展国内大市场，顺应经济发展规律，着眼于我国发展优势，构建完整内需体系，解决经济发展动力、效率与结构问题；更要协调区域发展水平、城乡发展水平与行业收入水平提升，实现共同富裕的发展；还要畅通经济循环运行，使得各种生产要素在生产、分配、流通、消费的各个环节实现有机衔接、循环流转。面对国际市场低迷、贸易保护主义上升、不确定性因素增多的世界百年未有之大变局，我们既要完善国内大市场，实现高水平自立自强，坚持底线思维，避免受制于人，充分利用我国巨大的市场资源优势应对外部冲击和外需下降的挑战，保证我国在极端情况下做到经济基本正常运行，确保国家安全和社会大局总体稳定，也要推进高水平对外开放，以强大的国内经济循环体系和稳固的基本盘为基础，增强我国在全球产业链、供应链、创新链中的影响力，形成对全球要素资源的强大吸引力、在激烈国际竞争中的强大竞争力、在全球资源配置中的强大推动力。

新发展格局是对新发展理念的贯彻落实，是对发展新质生产力的谋篇布局，能够使我们抓住新发展阶段下重要战略机遇期的五个新机遇：第一，继续完善和发展国内大市场，以国内大循环为主体的发展格局能够加快建立并完善我国内需体系，增强消费对经济发展的基础性作用和投资对优化供给结构的关键作用，推进供给侧结构性改革，实现高质量发展，构建高水平社会主义市场经济体制，抓住加快经济结构优化变革带来的新机遇；第二，加快科技自立自强，坚持自主创新，在关键核心技术创新上实现突破，壮大战略性新兴产业，避免受制于人，为我国经济发展增添新的优势动力，建设现代化产业体系，抓住提升科技创新能力带来的新机遇；第三，推进农业农村现代化，优化生态环境，全面推进乡村振兴，促进区域协调发展，把握加快绿色发展带来的新机遇；第四，通过国内国际双循环相互促进推动国内产业链升级，在推动建设开放型世界经济的同时，协调好开放和安全的关系，守住安全发展的底线，推进高水平对外开放，回应深化改革开放带来的新机遇；第五，积极推动构建人类命运共同体，坚持共商共建共享原则，以扩大对外开放，推进“一带一路”建设的实际行动推动经济全球化朝着开放、包容、普惠、平衡、共赢方向发展，抓住参与全球经济治理体系变革带来的新机遇。党的二十大报告深刻指出：“我们要坚持以推动高质量发展为主题，把实施扩大内需战略同深化供给侧结构性改革有机结合起来，增强国内大循环内生动力和可靠性，提升国际循环质量和水平，加快建设现代化经济体系，着力提高全要素生产率，着力提升产业链供应链韧性和安全水平，着力推进城乡融合和区域协调发展，推动经济实现质的有效提升和量的合理增长。”

第二节　新质生产力是应对新发展阶段、贯彻新发展理念、落实新发展格局的具体支撑

新发展理念是我们党进入新时代以来提出的最重要、最主要的发展理念之一，而新质生产力是当前生产力系统中最活跃、最关键的先进生产力。“符合新发展理念的先进生产力质态”这一新提法将新发展理念融入新质生产力概念的本质内核，是发展先进生产力新质态的基本遵循。因此，需要从理论、历史、现实等多个角度深入挖掘其背后蕴藏的逻辑，搞清楚为什么要发展新质生产力这一符合新发展理念的先进生产力质态。

一、新发展理念是新时代发展实践的指挥棒

习近平总书记强调：“理念是行动的先导，一定的发展实践都是由一定的发展理念来引领的。发展理念是否对头，从根本上决定着发展成效乃至成败。”马克思主义认识论强调理念对实践的指导作用，认为理念对实践有着能动的反作用。马克思指出：“理论一经掌握群众，也会变成物质力量。”

但理论变成改变世界的强大物质力量的前提是，理论必须是抓住事物本质、符合发展现实、反映客观规律的科学理论。科学的发展理念将指导实践顺利开展，为实践规划最优路线；而错误的、过时的、教条的发展理念则会给实践增添阻碍，让实践绕弯路、走偏路、行远路。

实践离不开理念，理念是实践的蓝本之所据；而理念更离不开实践，实践是理念的根源之所在。马克思主义发展观告诉我们，万事万物都是在运动中发展的，"发展是一个不断变化的进程，发展环境不会一成不变，发展条件不会一成不变，发展理念自然也不会一成不变"。进入新时代，我国发展环境和发展条件都发生了翻天覆地的变化。对内，我国的发展基础前所未有地充实，经济实力和综合国力迈上了新台阶，中国式现代化建设取得了新进展。与此同时，发展步入减速换挡期，周期性、结构性问题交错，长期性、短期性问题交织，局部性、整体性问题交杂，社会主要矛盾发生历史性转变，急需新的理念指导实践。对外，世界处于百年未有之大变局，国际形势波谲云诡，国际市场风险叠加，国际经济复苏缓慢，给我国经济发展带来了一系列风险和挑战。与此同时，新一轮科技革命和产业变革迅速发展，我国经济发展从"跟跑"逐步转向"领跑"，这就急需新的理念指引实践。而新发展理念正是我们党深刻分析国内外发展环境，深刻总结国内外发展经验教训，针对我国发展中的突出矛盾和问题提出的，是具有时代性、科学性和先导性的实践纲领。作为新时代管全局、管根本、管长远的重大理念，新发展理念是新时代一切发展实践的指挥棒，而新质生产力是高质量发展实践的着力点，自然要以新发展理念为根本行动指南，并在发展中一以贯之，全面落实。

二、新质生产力只有符合新发展理念才能突显其先进的本质

习近平总书记强调："新质生产力的本质是先进生产力。"所谓先进生产力，是区别于其他一切质态生产力的符合生产力演进方向、契合生产力

发展实际、牵引生产力整体跃迁的高级质态的生产力。新质生产力要突出其先进生产力的本质，就必须符合新时代先进生产力的内在要求，必须符合新发展理念的多维要求。

其一，先进生产力要以科技创新为载体。伴随着科技进步和产业变革，人类社会已迈进由数字技术引领生产力变革的新时代，科技创新对生产力的推动作用越来越明显，日益成为生产力跃迁的核心驱动，也已成为先进生产力的突出标志。这就要求新质生产力要具有先进性，必须符合创新发展理念的要求，成为以科技创新为核心承载的生产力。其二，先进生产力是一个相对概念，也就是说它自身的先进性要借由同其他一切质态的生产力相对比来体现。同理，其他一切质态的生产力相对于先进生产力而言，则属于落后生产力。在同一个时空下，生产力的质态有先进的也有落后的，常常呈现出先进生产力与落后生产力交错并存的状态。其中，先进生产力作为生产力发展的"排头兵"，作为符合生产力跃迁方向的"领头雁"，将牵动全部质态生产力向先进生产力靠齐，从而完成生产力的系统性飞跃。这就要求新质生产力要具有先进性，必须符合协调发展理念的要求，成为引领社会生产力系统性跃升的生产力。其三，先进生产力还强调要处理好生产力和自然的关系。先进生产力是在保护中发展、在发展中保护的生产力，这就要求新质生产力要具有先进性，必须符合绿色发展理念的要求，成为可持续发展的生产力。"人类社会的发展，就是先进生产力不断取代落后生产力的历史进程"，世界交往的普遍联系造就了先进生产力推动世界历史发展的天然属性。这就要求新质生产力要具有先进性，必须符合开放发展理念的要求，成为契合时代、统领世界发展的生产力。其四，生产力先进性最本质的表现就是对共同富裕的追求，实现共同富裕是先进生产力最终的价值诉求。这就要求新质生产力要具有先进性，必须符合共享发展理念的要求，成为体现社会主义本质要求的生产力。

（一）新质生产力是以协调为内在要求的先进生产力质态

我国发展不协调是一个长期存在的问题，当前不平衡的发展现状是传统生产力发展不协调的必然结果。我国的现代化建设是从一个落后的农业国开始的。面对百废待兴、基础薄弱、内忧外患的发展境况，要实现经济的后发赶超，就不得不采取有重点有偏向的发展战略。随着农村支撑城市、西部支撑东部等差异化战略的实施，我国创造了一个又一个经济增长的奇迹，随之产生的结构性矛盾和体制性矛盾，给传统生产力打上了不协调的烙印。随着现代化建设的深入进行，发展不协调问题日益凸显，这就需要新动能来打破僵局，以自身协调发展带动多维协调发展的新质生产力应运而生。不同于传统生产力，新质生产力坚持协调发展理念，强调生产力要素、技术和产业三大系统协同发展，铺就要素配置、技术研发和产业培育耦合优化的演进路线。同时，以自身的协调发展辐射带动多维协调，成为高质量发展的“平衡仪”。比如，新质生产力可以通过提供高质量供给来适配美好生活的需要，以供给侧结构优化适配消费结构的升级，促进市场的供求平衡；可以借助数字技术特有的渗透性，通过数字技术赋能产业系统，推动数字产业化和产业数字化，促进实体经济和数字经济的业态协调；还可以通过增强要素动能，运用大数据等智慧统计手段，实现要素在区域间的优化配置，夯实区域协调发展的物质基础。

（二）新质生产力是以绿色为鲜亮底色的先进生产力质态

绿色是生命的象征、大自然的底色，绿色发展的目的是实现经济社会发展和生态环境保护协调统一、人与自然和谐共生。经济发展和生态保护协调并进是人类社会发展的亘古难题，西方许多国家经济现代化都是走的以牺牲自然为代价的生产力发展之路。历史已经证明，“对于每一次这样的胜利，自然界都对我们进行报复”。当前，生态环境前所未有的脆弱，自然灾害前所未有的频繁，人与自然的关系前所未有的扭曲，以消耗自然来发展生产的方式已不再适用于当前经济发展，我们不应该也不可能再复制西方发达国家的老路，亟须找到新的发展路径。习近平总书记适时提出绿色发展理念，强调“保护生态环境就是保护生产力，改善生态环境就是发展生产力”，要站在人与自然和谐共生的高度合力打造绿色生产力。而

“新质生产力本身就是绿色生产力”，是真正将生态保护内化于心的先进生产力。不同于高能耗、高污染、高排放的传统生产力，新质生产力不再以生产力的量增为单一标准，而是追求高科技、高效能和高质量，强调运用绿色低碳技术将生态资源转化为生产要素，将生态优势转变为生产优势，不断扩大绿色低碳产业总体规模，建立健全运转高效的绿色低碳循环经济体系，最终实现经济效益和生态效益双重增进。

（三）新质生产力是以开放为双向驱动的先进生产力质态

马克思在《德意志意识形态》中指出，工业革命创造出世界市场，从而开创了世界历史，消除了各个民族的特殊性，“使每个文明国家以及这些国家中的每一个人的需要的满足都依赖于整个世界”。各国的生产都离不开世界市场的需求，各国的消费都离不开世界市场的供给，经济交互发展成为大势所趋。特别是进入数字时代以后，生产和生活的相关信息以数字化的方式被收集、储存、加工和分析，人与人之间、国与国之间的距离被极限拉近，各个经济主体以数字化的形式焊接在一起，开放发展成为不可逆转的历史进程。在数字时代成长起来的新质生产力，自然是追求高水平对外开放的生产力，是综合利用国内国外两个市场两种资源，不断实现内外联动的双向互促式发展的物质力量。开放维度下的新质生产力，以国内超大规模市场的优势力量为依托，以国际多元联通市场的优势力量为辅助，通过国内大循环吸引全球生产要素向内聚合，不断提高国内经济发展的质量和韧性，同时通过国内国际双循环为世界经济发展提供强劲动能，不断增强世界经济发展的活跃性和安全性，以国内高质量发展带动全球生产力的跃迁飞跃。

（四）新质生产力是以共享为价值旨归的先进生产力质态

毋庸置疑，在新质生产力的理论架构中，创新占有核心地位，是新质生产力最重要的特征，但共享在其中的重要程度完全不亚于创新，占据着新质生产力价值体系的中心地位。可以说，如果创新是新质生产力的“肌体”，那么共享就是融入新质生产力脊髓的“社会主义基因”，是注入新质生产力“肌体”的中国特色血脉，是对“符合新发展理念的先进生产力质态”的本质性体现。马克思和恩格斯指出，生产力是具有社会属性的。伴随着社会主义实践在中国的深入发展，中国共产党人将生产力的先进性同社会主义本质相联系，强调先进生产力必须是以人民为中心、促进共同富裕的生产力，这就从根本属性上决定了新质生产力必然要成为先进生产力质态，必须将共享贯穿其中。同时，共享在新发展理念中处于价值体系的中心，创新、协调、绿色、开放最终都是为了给共享发展奠定良好基础，满足人民群众对美好生活的向往，这就从逻辑结构上决定了新质生产力要符合新发展理念，并以共享发展作为价值旨归。当前，新质生产力坚持以共享模式打造共享平台，借力共享平台扩散推广共享技术和共享服务，不断创造和拓展着共享经济的整体规模，逐步彰显对共享发展的强劲支撑力，使发展成果更多更公平地惠及全体人民。

三、新质生产力是在新发展理念指导下发展起来的

习近平总书记指出：“党的十八大以来我们对经济社会发展提出了许多重大理论和理念，其中新发展理念是最重要、最主要的。”新发展理念是进入新时代以来，我们党提出的战略性、纲领性、引领性发展理念，集中体现了我国的发展思路、发展方向、发展着力点，回答了关于发展的目的、动力、方式、路径等一系列理论和实践问题。

党的十八大以来，在新发展理念的指导下，我国创新发展动能不断增强，创新型国家建设稳步推进。全年研究与试验发展（R&D）经费支出由2012年的10298.4亿元增加到2023年的33278亿元，全年发明专利申请授权数由2012年的21.7万件增加到2023年的92.1万件。协调发展步伐稳健，经济结构不断优化。城乡居民人均可支配收入之比由2012年的2.88∶1缩小至2023年的2.39∶1，三次产业结构比例由2012年的9.1∶45.4∶45.5调整为2023年的7.1∶38.3∶54.6。绿色发展态势向好，人与自然和谐共生

加快形成。2023年天然气、水电、核电、风电、太阳能发电等清洁能源消费量占能源消费总量比重较2012年提高11.9个百分点，2023年单位国内生产总值能耗较2012年降低29.3%。开放发展迈向更高层次，高水平开放新格局加快形成。2023年我国货物进出口总额较2012年增加173407.8亿元，货物进出口顺差较2012年增加43324.7亿元。共享发展持续加强，共同富裕扎实推进。2020年底，我国历史性解决了绝对贫困问题，全面建成小康社会，2013年至2020年全国农村贫困人口累计减少9899万人。人民生活水平不断提高，2023年全国居民人均可支配收入较2012年增加22708元。

新质生产力是在新发展理念指导下成长起来的生产力，兼具新发展理念的五大特征，即追求创新、协调、绿色、开放、共享五个方面共同发展。具体而言，新质生产力以创新性为第一特质，要求以科技创新为引擎协同推进理论、实践、制度、文化的全面创新，为创新发展锻造驱动力；以协调性为重要特质，要求全力破解发展不平衡的问题，为协调发展锻造驱动力；以绿色性为突出特质，要求加快发展方式的绿色转型，为绿色发展锻造驱动力；以开放性为关键特质，要求用好两个市场两种资源，为开放发展锻造驱动力；以共享性为根本特质，要求以数字经济推动共同富裕，为共享发展锻造驱动力。

第三节　加快发展新质生产力必须全面贯彻新发展理念

习近平总书记强调："新发展理念是一个系统的理论体系，回答了关于发展的目的、动力、方式、路径等一系列理论和实践问题，阐明了中国共产党关于发展的政治立场、价值导向、发展模式、发展道路等重大政治问题。""发展新质生产力是推动高质量发展的内在要求和重要着力点，必须继续做好创新这篇大文章，推动新质生产力加快发展。"在中国共产党的坚强领导下，经过全体人民长期奋斗，新质生产力已经在实践中逐步发展起来，但仍面临一系列影响生产力全面跃迁的难关。要逐个攻克这些难关，加快发展新质生产力，就必须完整、准确、全面贯彻新发展理念。

一、发展新质生产力，必须完整把握、准确理解、全面落实新发展理念

党的十八届五中全会明确了创新、协调、绿色、开放、共享的新发展理念。创新是引领发展的第一动力，协调是持续健康发展的内在要求，绿色是永续发展的必要条件和人民对美好生活追求的重要体现，开放是国家繁荣发展的必由之路，共享是中国特色社会主义的本质要求。坚持创新发展、协调发展、绿色发展、开放发展、共享发展是关系我国发展全局的一场深刻变革，要统一思想、协调行动、开拓前进。新发展理念是一个整体，无论哪个层面都要在贯彻落实中完整把握、准确理解、全面落实，把新发展理念贯彻到经济社会发展全过程和各领域。要抓住主要矛盾和矛盾的主要方面，切实解决影响构建新发展格局、实现高质量发展的突出问题，切实解决影响人民群众生产生活的突出问题。创新发展、协调发展、绿色发展、开放发展、共享发展，在工作中都要予以关注，使之协同发力，形成合力，不能畸轻畸重，不能以偏概全。

二、发展新质生产力，必须落实以人民为中心的发展思想

马克思在《1857—1858年经济学手稿》中说，在未来的社会主义制度中，社会生产力的发展将如此迅速，生产将以所有人的富裕为目的。毛泽东同志也说过："这个富，是共同的富，这个强，是共同的强，大家都有份。"邓小平同志说："共同致富，我们从改革一开始就讲，将来总有一天要成为中心课题。社会主义不是少数人富起来、大多数人穷，不是那个样子。社会

主义最大的优越性就是共同富裕，这是体现社会主义本质的一个东西。”共同富裕本身就是社会主义现代化的一个重要目标，不能等实现了现代化再来解决共同富裕问题，而是要始终把满足人民对美好生活的新期待作为发展的出发点和落脚点，在实现现代化过程中不断地、逐步地解决好这个问题。要主动解决地区差距、城乡差距、收入差距等问题，坚持在发展中保障和改善民生，统筹做好就业、收入分配、教育、社保、医疗、住房、养老、扶幼等各方面工作，更加注重向农村、基层、欠发达地区倾斜，向困难群众倾斜，促进社会公平正义，让发展成果更多更公平惠及全体人民。

三、发展新质生产力，必须继续深化改革开放

完整、准确、全面贯彻新发展理念，既要以新发展理念指导引领全面深化改革，又要通过深化改革为完整、准确、全面贯彻新发展理念提供体制机制保障。我国改革和发展的实践告诉我们，唯有全面深化改革，才能更好践行新发展理念，破解发展难题，增强发展活力，厚植发展优势。党的十八届三中全会以来，我国主要领域改革主体框架基本确立，前期重点是夯基垒台、立柱架梁，中期重点在全面推进、积厚成势，现在要把着力点放到围绕完整、准确、全面贯彻新发展理念，加强系统集成、精准施策上来。要在已有改革基础上，贯彻新发展理念、构建新发展格局，坚持问题导向，围绕增强创新能力、推动平衡发展、改善生态环境、提高开放水平、促进共享发展等重点领域和关键环节，继续把改革推向深入，更加精准地出台改革方案，更加全面地完善制度体系。

四、发展新质生产力，必须坚持系统观念

完整、准确、全面贯彻新发展理念，必须坚持系统观念。习近平总书记在党的十九届五中全会、中央经济工作会议等场合多次强调要坚持系统

观念问题。毛泽东同志说过:“不但要研究每一个大系统的物质运动形式的特殊的矛盾性及其所规定的本质，而且要研究每一个物质运动形式在其发展长途中的每一个过程的特殊的矛盾及其本质。”完整、准确、全面贯彻新发展理念，要统筹国内国际两个大局，统筹“五位一体”总体布局和“四个全面”战略布局，加强前瞻性思考、全局性谋划、战略性布局、整体性推进。比如，要统筹中华民族伟大复兴战略全局和世界百年未有之大变局，立足国内，放眼世界，深刻认识错综复杂的国际局势对我国的影响，既保持战略定力又善于积极应变，既集中精力办好自己的事，又积极参与全球治理，为国内发展创造良好环境。

五、发展新质生产力，必须从政治上看问题

马克思主义认为，经济是基础，政治是经济的集中反映。毛泽东同志说:“一切问题的关键在政治。”完整、准确、全面贯彻新发展理念，是经济社会发展的工作要求，也是十分重要的政治要求。改革发展稳定、内政外交国防、治党治国治军，样样是政治，样样离不开政治。党领导人民治国理政，最重要的就是要处理好各种复杂的政治关系，始终保持党和国家事业发展的正确政治方向。越是形势复杂、任务艰巨，越要坚持党的全面领导和党中央集中统一领导，越要把党中央关于贯彻新发展理念的要求落实到工作中去。只有站在讲政治的高度，才能对党中央的大政方针和决策部署领会更透彻，工作起来才能更有预见性和主动性。

第六章　新质生产力与高质量发展

第一节　高质量发展是全面建设社会主义现代化国家的首要任务

从高速度增长转向高质量发展，是我国经济发展的重大逻辑转换，是党中央基于对新时代我国经济发展内在规律性的科学认识作出的一个重大战略性判断。高质量发展作为全面建设社会主义现代化国家的首要任务被确定下来，是历史过程的反映，更是历史自觉的体现。“从当前的国民经济的事实出发”，是马克思开始政治经济学研究的基本出发点。从“多快好省”到“发展是硬道理”，到“发展是党执政兴国的第一要务”，到“高质量发展是全面建设社会主义现代化国家的首要任务”，是中国共产党团结带领人民推进经济建设的前进足迹，是推动经济发展实践探索和理论总结的历史脉络，体现的是我们党关于发展思想、战略的一脉相承和与时俱进。

一、高质量发展为全面建设社会主义现代化国家提供更为坚实的物质基础

在一个国家和地区推进现代化的进程中，经济建设可以创造更多物质财富，为现代化建设提供物质支撑，这是实现现代化不可或缺的关键基础。

改革开放以来，我们党牢牢把握发展这一执政兴国的第一要务，推动我国经济快速发展。经过全党全国人民的不懈努力，我们全面建成小康社会，实现第一个百年奋斗目标，迈上全面建设社会主义现代化国家、向实现第二个百年奋斗目标进军的新征程。但也要看到，我国仍然是一个发展中的大国，仍然处于社会主义初级阶段。只有经济总量规模继续扩大和发展质量效益进一步提高，我国各方面建设事业的物质条件才能不断得到夯实，全面建成社会主义现代化强国才能有更为坚实的物质基础。

二、高质量发展是顺应经济发展新常态的内在要求

党的十八大以来，党中央立足我国经济发展阶段、发展环境以及发展条件的变化，不断深化对我国经济增长规律、特点的认识和把握。尤其是结合国际环境深刻变化以及国内经济发展出现的新情况、新特点及“三期叠加”的复杂局面等，提出我国经济发展进入新常态的重大判断。经济新常态意味着我国经济增速发生趋势性变化，从原来追赶型的高速增长转向中高速增长。通过加快经济结构调整，推动经济增长动力转换，真正实现从高投入、高产出、高耗能和低效率的粗放型增长转向创新驱动的低耗能、低成本、高效率的集约型增长，实现我国经济高质量发展。

三、高质量发展是解决新时代我国社会主要矛盾的战略选择

进入新时代，我国社会主要矛盾发生深刻变化，人民日益增长的美好生活需要和不平衡不充分的发展之间的矛盾上升为社会主要矛盾。从满足人民群众的需要来看，人民群众日益增长的美好生活需要日益广泛，不仅对物质文化生活提出了更高要求，而且在民主、法治、公平、正义、安全、环境等方面的要求也日益增长。我国始终坚持以人民为中心的发展思想，发展必须依靠人民、发展必须为了人民、发展成果必须由全体人民共享，

这就要求必须加快供给体系、生产体系、投入产出体系、分配体系等改革，实现质量变革、效率变革、动力变革，以更高质量的供给体系和高效运行的国民经济体系，不断满足人民日益增长的美好生活需要。只有实现高质量发展，才能自觉主动解决地区差距、城乡差距、收入差距等问题，推动社会全面进步和人的全面发展。实现高质量发展，就是要优化生产函数，提高全要素生产率，不断塑造发展新动能新优势，确保中国式现代化持续顺利推进。

四、高质量发展是应对复杂外部环境挑战的现实需要

坚持高质量发展是中国经济应对复杂外部环境挑战和矛盾的主动选择、现实需要。当今世界，局部冲突动荡频发，全球粮食安全、能源安全、资源安全、产业链供应链安全等问题更加凸显，全球化趋势放缓，贸易保护主义、民粹主义等势力不断抬头，国际贸易、投资等要素流动性受阻，全球产业链、供应链深度重构，我国发展外部环境发生深刻变化，各种不确定性和矛盾挑战日益增多。面对这些冲击和挑战，我们必须顺应全球科技革命新趋势，加快推动科技自立自强，实现创新驱动发展，大力提高科技、人才等高端生产要素在高质量发展中的投入产出密度和强度，全面提升劳动生产率和技术进步效率，加快实现经济发展主要依靠全要素生产率的提升和贡献，以高质量发展为中国经济注入新动能。只有推动高质量发展，才能实现重要产业、基础设施、战略资源、重大科技等关键领域安全可控，才能防范和化解重大风险，守住安全底线，确保我国现代化事业不错失机遇，不会被打断进程。

第二节　新质生产力与高质量发展相互促进、相互支撑

新质生产力的兴起将重塑传统产业结构，推动经济发展迈向高质量。新质生产力与高质量发展在时代背景、底层逻辑和发展机遇等维度上具有高度同步性和强烈的互动耦合性。

一、新质生产力与高质量发展处于相同的历史阶段

首先，新质生产力的提出反映了传统生产力概念的局限性。传统的生产力概念主要关注数量和效率的提升，忽视了质量、创新和可持续发展等因素。然而，当今世界仅仅追求数量和效率已经不能满足人们对高品质产品和可持续发展的需求。新质生产力的提出正是对传统生产力概念的超越和拓展，强调了质量、创新和可持续发展的重要性。其次，新质生产力的出现与科技进步、产业变革密切相关。新兴技术的广泛应用使得企业能够更加灵活高效地进行生产和管理，进而提高产品质量和生产效率。新质生产力的提出正是把这些新兴技术与经济发展相结合，推动中国经济向高质量发展的方向转变。可以说，这一概念的提出，为推动中国经济朝着高质量发展的方向迈进提供了重要的理论指导和实践路径。

二、新质生产力与高质量发展具有相同的底层逻辑

一是二者都强调技术创新的重要性。新质生产力的形成离不开技术领域的创新，后者不仅提升了生产效率，还开辟了新的产业领域和商业模式。高质量发展也需要依靠技术创新来优化产业结构、提升经济效率，实现经济增长的可持续性。以科技创新为核心要素的新质生产力已然成为经济高质量发展的新兴动力引擎。二是二者都注重提高生产效率和产品质量。新

质生产力通过引入先进设备、自动化生产技术和智能制造等，提高了生产效率和产品质量，为企业创造了更高价值。高质量发展也追求提高整体经济的效率和质量，通过提升生产要素的配置效率、提高劳动生产率和优化供应链等方式，提高产品和服务的质量与竞争力。以效率变革为核心方式的新质生产力已然成为提升全要素生产率和经济效益的关键抓手。三是二者都强调可持续发展。新质生产力倡导绿色、低碳、循环经济，通过节能减排、资源回收利用等手段，推动可持续发展，进而实现经济、社会和环境的协同进步。高质量发展也强调生态文明建设和环境保护，注重生态环境的改善和资源的可持续利用，注重实现经济、社会和环境的协调发展。四是二者都需要政府引导和支持。新质生产力的培育需要政府提供创新政策支持、科技投入和市场监管等方面的支持。高质量发展需要政府制定合理的宏观经济政策，推动结构性改革和加强监管，为经济高质量发展提供良好的环境和制度保障。

三、新质生产力与高质量发展一体两面、辩证统一

一方面，新质生产力的出现为高质量发展提供了强大支撑。随着新技术应用的不断涌现，我们可以更好地利用现有资源，加快传统产业转型升级，推动新兴产业崛起，提高效率和生产力水平，从而推动经济高质量发展。另一方面，高质量发展也为新质生产力的培育和应用提供了广阔舞台。高质量发展追求经济增长的同时，注重提高经济结构的合理性、质量效益和可持续性。其所需要的创新、协调、绿色、开放、共享的新发展理念和路径，为新质生产力的培育提供了丰厚的土壤，使得新质生产力能够更好地融入经济社会发展的大潮，为经济发展提供源源不断的动力和支持。

第三节　发展新质生产力是高质量发展的内在要求和重要着力点

一、习近平总书记关于新质生产力的重要论述为高质量发展提供理论指导

习近平总书记指出："高质量发展需要新的生产力理论来指导，而新质生产力已经在实践中形成并展示出对高质量发展的强劲推动力、支撑力，需要我们从理论上进行总结、概括，用以指导新的发展实践。"这为赋能新质生产力、推动高质量发展提供了科学指引和根本遵循。新质生产力摆脱传统的经济增长方式和生产力发展路径，是符合新发展理念的先进生产力质态，也是数字时代更具融合性、更体现新内涵的生产力，符合高质量发展的内在要求，在"质"和"量"两个方面实现了对传统生产力的超越。

发展新质生产力是实现高质量发展的内在要求和基本着力点，充分彰显了加快形成和发展新质生产力对推进中国式现代化的重要地位，为解决当前发展阶段我国面临的人民日益增长的美好生活需要和不平衡不充分的发展之间的矛盾提供新思路，为进一步构建以先进制造业为支撑的现代产业体系、建立健全绿色低碳循环发展的经济体系、建立科技自立自强的技术创新体系等提供科学指引，为巩固经济社会发展成果、打造发展新引擎、增强发展新动能提供理论支撑，为构筑竞争新优势，赢得未来国际竞争的战略主动提供决定性向导。

二、新质生产力为高质量发展提供核心动力

新质生产力由技术革命性突破、生产要素创新性配置、产业深度转型升级而催生，以全要素生产率大幅提升为核心标志。科技创新在发展新

质生产力的过程中居于核心地位。一方面，原创性、颠覆性科技创新通过作用于劳动者、劳动资料和劳动对象等要素，促使生产力发生质的变化，主导了新质生产力的发展。另一方面，新质生产力坚持将科技进步引发的创新动能作为发展动力，告别了要素驱动、投资驱动等传统动力模式，以科技进步实现创新驱动，以创新驱动实现生产力的跃升，实现了高质量发展。

三、新质生产力为高质量发展提供未来产业支撑

新质生产力的核心是创新，载体是产业。离开作为载体的产业，创新就成为无源之水、无本之木，高质量发展也将成为空话。要以科技创新推动产业创新，大力推进现代化产业体系建设，推动传统产业高端化、智能化、绿色化转型，培育壮大战略性新兴产业，前瞻性谋划未来产业。以产业升级和新兴产业发展为着力点，不断塑造发展新动能新优势，促进社会生产力实现新的跃升。

四、新质生产力为高质量发展增添新动能

当前我国已由高速增长阶段转向高质量发展阶段，在供给质量、全要素生产效率方面大有可为。创新高质量供给要发挥好“科技是第一生产力”、“人才是第一资源”和“创新是第一动力”的支撑引领作用，以供给侧提质增效升级促进供需关系高水平匹配和经济高质量发展。新形势下，发展新质生产力能够驱动新理念、新技术、新成果的高水平、高效率转化，高质量发展要坚定不移向新质生产力要核心供给力，着力造就能够创造高质量供给所需的专业化、特色化、多样化拔尖创新人才，不断形成推动经济社会发展的新动能。

第四节 以新质生产力促进经济高质量发展的实现路径

从经济学角度看，经济发展的全过程涉及生产要素、生产组织形态、产业体系与技术创新等主要因素的变革。其中，生产要素是生产的基础，生产组织形态影响资源配置与生产效率，产业体系反映产业结构和生产过程中的协作关系，技术创新则是生产力的关键推动力，四者均对经济增长质量具有重要影响。而新质生产力作为当今推动社会进步最活跃的要素，其首先会提高生产要素质量，进而优化生产组织形态，还能促进产业体系转型升级并推动技术创新发展，在经济高质量发展中起着至关重要的作用。因此，分析新质生产力对经济高质量发展的作用机制，需要综合这四个维度，从“技术创新、产业升级、制度创新、要素提升”等维度促进经济高质量发展。

一、进一步提升自主创新能力，优化升级创新生态系统

当前，全球科技创新进入密集活跃期，以大数据、云计算、生成式人工智能、物联网等为核心的新一代信息通信技术加速迭代发展，以数字化、智能化、新材料和新能源为主要内容的新一轮科技革命和产业变革正深入推进，“数据+算法+算力”成为产业价值链新高地，正推动科技创新模式深刻变革。数据作为新型生产要素，算法作为新型劳动工具，算力作为技术创新的新型动力，可以显著减少技术创新过程中的成本损耗，提高科技创新效率。科技是第一生产力，是促进经济发展的根本动力，而新质生产力的形成和发展以科技创新为根本驱动力，通过科技创新的深刻变革，更显著地提升科技创新效率，赋能创新生态系统，从而更高效地促进经济高质量发展。

从科技创新具体实现过程看，在新质生产力的形成过程中和在新一代信息通信技术的作用下，数据要素、数字化劳动力、数字技术等改变了作为主要科技创新主体企业的规模、层级和边界，使企业间的联系方式发生变化，企业外部边界被打破，以企业为主体形成新的创新网络，这种新型创新网络有效突破了地理空间的限制，在更大空间范围（包括实体空间和虚拟空间）内配置创新资源，优化创新要素配置结构，显著提升科技创新要素的配置效率。

从赋能创新生态系统的实践结果看，新质生产力催生了多元创新主体，并推动技术模式变革向创新模式升级转变，使创新过程逐渐呈现包容性、开放性和共享性特征，同时技术创新方式也逐步向网络化、共享化、协同化和生态化方向发展，有助于促进虚拟和实体创新主体间的有效连接。在新型创新模式下，主体间的连接方式、协作内容均发生改变，产生外溢扩散的技术创新效应，进而孵化新型创新组织和群落。创新生态系统内部与外部环境均发生系统性和颠覆性改变，从要素、主体到组织和群落，再到创新生态系统，由点到面再到整体进入生态有机的创新模式阶段。数字化时代的创新活动已经跨越单纯依靠人力资本投入、线性技术创新的阶段，人与数字化的新联结、人与人工智能的新融合构造了新的创新活动，加速新质生产力对创新生态系统的赋能是能够促进经济高质量发展的一种更全面、更广泛、更便捷的有效路径。

以科技创新为引领，持续有效发挥新质生产力对经济高质量发展的促进作用，应重点采取以下措施。一是进一步完善国家创新体系。优化国家实验室、国家科研机构、高水平研究型大学、科技领军企业布局，加快推进国际科技创新中心和区域科技创新中心建设。改革和完善科技创新体制机制，加强知识产权保护，培育创新文化。二是强化企业科技创新主体地位。通过期权、技术入股、股权奖励、分红等激励形式，激发企业创新发展的内生动力。注重发挥科技型骨干企业的引领支撑作用，促进行业龙头企业与中小企业融通创新，实现创新链、产业链、资金链、人才链深度融合。三是构建企业主导的产学研深度融合创新体系。支持企业联合高校和科研院所，共建需求对接、优势互补、利益共享的科技成果转化平台，助力科技成果转移转化，提升科技成果产业化水平。四是进一步完善关键核心技术攻关的新型举国体制，围绕基础前沿领域和关键核心技术等重大科学问题进行持续性攻关，加快攻克一批原创性引领性技术。鼓励行业龙头企业加大基础研究和关键核心技术的研发力度。五是借助新一代信息通信技术，加快推动数字技术与创新生态系统深度融合，提高创新生态系统对经济高质量发展的促进效率。另外，围绕国际产业链关键环节与重要节点的关键共性技术进行合作研发，积极融入国际产业链和全球创新网络，借助全球创新资源，加快实现高水平科技自立自强。

二、加快建设现代化产业体系，推动产业结构和业态升级

现代化产业体系是新发展格局的基础。加快建设现代化产业体系，既是增强国内大循环内生动力和可靠性的重要举措，也是提升国际循环质量和水平的必然选择，对构建新发展格局具有关键作用。一方面，构建新发展格局最本质的特征是实现高水平科技自立自强。依靠高水平科技自立自强，打通产业链供应链的堵点卡点，有助于提升产业链供应链的韧性和安全水平，充分释放内需潜力，保持并增强产业体系完备和配套能力强的优势，夯实新发展格局的产业基础。另一方面，新发展格局不是封闭的国内循环，而是更加开放的国内国际双循环。坚持高水平“走出去”和高质量“引进来”有机统一，以更大范围、更宽领域、更深层次的对外开放，建设更具国际竞争力的现代化产业体系，有利于构建国内国际双循环相互促进的新发展格局。

现代化产业体系是现代化国家的物质技术基础。现代化产业体系主要包括以智能化、绿色化、融合化为主要特征的产业结构体系，大中小企业融通发展、产业链上下游协作配套和产业集群效应明显的产业组织体系，

创新性强、技术先进的产业技术体系。从战略全局来看，加快建设现代化产业体系是推动高质量发展的必然要求，在促进产业发展、拉动经济增长和提升国民经济体系整体效能方面发挥着重要作用。从具体实践来看，现代化产业体系致力于锻长板、补短板、强基础，打造系统完备、高效实用、智能绿色、安全可靠的现代化基础设施体系，引领发展战略性新兴产业和未来产业，这是现代化经济体系的核心内容之一，也是全面建设社会主义现代化国家的重要支撑。

现代化产业体系是在国际竞争中赢得战略主动的必然之举。从国内来看，随着新型工业化、信息化、城镇化、农业现代化深入推进，我国综合国力和人民生活水平不断提高，产业结构日趋合理，产业发展稳步推进。但是，产业链还存在大而不强、宽而不深、全而不精等问题，与实现高质量发展、全面建设社会主义现代化国家的目标要求尚有一定差距。从国际来看，当前世界百年未有之大变局加速演进，日益复杂的国际形势对我国产业链供应链安全稳定带来一定影响。与此同时，新一轮科技革命和产业变革蓬勃兴起，科技创新成为影响和改变全球产业竞争格局的关键变量，给产业发展带来新的机遇。加快建设以实体经济为支撑的现代化产业体系，既是从产业层面解决发展不平衡不充分问题的重要抓手，也关系到我们在未来发展和国际竞争中能否赢得战略主动。

现代化产业体系是现代化经济体系的重要组成部分。建设创新引领、协同发展的产业体系，打造自主可控、安全可靠、竞争力强的现代化产业体系，建设以实体经济为支撑，具有完整性、先进性、安全性的现代化产业体系，实现产业结构不断优化和产业业态不断升级，是加快构建新发展格局、着力推动高质量发展的必然选择。

一是大力发展先进制造业，着力提升制造业竞争力。发展智能制造，推进制造业数字化、网络化、智能化发展。培育发展先进制造业集群，加强对传统制造业改造提升。促进先进制造业与现代服务业深度融合，发展服务型制造等新模式，提升产业体系整体竞争力。二是进一步发展壮大战略性新兴产业，前瞻性布局发展未来产业。聚焦发展新一代信息技术、生物技术、新能源、新材料、高端装备、新能源汽车、绿色环保及航空航天、海洋装备等战略性新兴产业。强化科技创新，特别是关键核心技术的创新应用，推动战略性新兴产业集群化、融合化、生态化发展。把握新一轮科技革命与产业变革趋势，在类脑智能、量子信息、基因技术、未来网络、深海空天开发、氢能与储能等前沿科技和产业变革领域，谋划发展一批具有广阔发展前景的未来产业。三是加快推进先进制造业与现代服务业深度融合。有效发挥数字化、智能化等通用技术的赋能作用，促进两业深度融合，突出两业融合实施重点，分类、分步、分阶段推进两业深度融合，充分发挥政府、研究机构、高校、企业及金融机构等对两业融合的重要支撑和服务功能。四是提升产业链、供应链现代化水平。坚持自主可控、安全高效原则，统筹产业体系发展与产业链安全，着力锻造产业链、供应链长板，进一步补齐产业链、供应链短板。充分发挥我国产业规模优势、产业配套优势和部分领域先发优势，加紧打造新兴产业链、供应链，推动产业链、供应链多元化发展，形成具有更强创新力、更高附加值、更安全可靠的产业链、供应链。

三、不断完善创新体制机制，打通高质量发展的堵点

人类的科技进步和产业的迭代与制度创新密切相关，迄今发生的全球四次技术革命背后的重大推动力都是制度创新解放了生产力，引领生产力实现跨越式发展。制度创新与新质生产力发展相互促进。制度创新通过改变不适应生产力发展的旧制度，促进生产力发展；更为高效的新生产力在运行过程中，在更高效率和效益目标的驱使下也将促进制度不断自我革命，实现制度再创新，再度催动新的生产力发展。制度创新与新质生产力相互作用。从微观层面看，由于新质生产力与技术创新、产品创新、商业模式创新、管理创新，甚至企业文化创新密切联系，新质生产力必然与创新性

的制度体系相互支撑，共同发展。从宏观层面看，制度创新触发企业、社会组织及个人的创新积极性和主动创造性，在社会再生产过程中将有限的社会资源不断整合优化，打造新质生产力。

在当前国际竞争异常激烈的环境中，各国政府在推动生产力发展方面发挥着重要作用。一个国家如果希望通过源源不断的生产力引领全球的战略性新兴产业和未来产业发展，就必须不断进行制度创新，以先进生产方式改造传统生产力，在新的制度环境中通过组织方式、管理方式革新，重组社会资源，实现跨越式发展。近20年来，世界主要国家都非常注重以新技术、新组织、新管理、新机制促进本国竞争力提升，为突破性技术创新、战略性新兴产业和未来产业发展提供体制和政策环境。改革开放以来，党带领全国人民不断解放思想，坚持制度创新，确立了社会主义市场经济体制、政治体制、文化体制、社会体制等各个领域的新体制，充分发挥中国特色社会主义制度的优越性，为当代中国经济社会的全面进步提供了根本的制度保障。面对刚刚起步的全球第四次产业革命，我国要想改变长期追随发达国家先进产业技术的局面，并且在新产业革命浪潮中进入世界前沿方阵，就必须加快推进以制度创新引领科技创新和社会创新，加快形成和发展新质生产力，实现高质量发展。

目前，我国在体制机制等方面还存在一些堵点，对经济高质量发展形成制约。为此，应加快体制机制改革和创新，更有力地促进新质生产力的形成和发展，充分发挥新质生产力对高质量发展的作用。一是以制度创新加快经济转型升级步伐，解决我国经济发展结构性不平衡、发展不充分的问题，要求进一步深化经济体制机制改革，促进新质生产力发展。锚定完善中国特色社会主义制度、推进国家治理体系和治理能力现代化这个总目标，坚持目标导向和问题导向相结合，加强顶层设计，进一步通过制度创新破除影响和阻碍新质生产力产生和发展的深层次体制机制障碍，以新质生产力推动我国经济社会高质量发展。二是以体制创新不断实现组织创新、机制创新、管理创新、商业模式创新等综合创新，激发企业创新的内在积极性，充分发挥科技创新的主体作用，强化国家战略科技力量。同时，要不断优化资产结构，进一步整合科技创新资源，塑造独特的竞争优势，积极发展、培育战略性新兴产业和未来产业，持续增强价值创造能力，促进新型举国体制与市场化机制的有机融合，加快实现我国科技自立自强。三是进一步激发各类市场主体活力，培育更有活力、创造力和竞争力的市场主体。加快国有经济布局优化和结构调整，推动国有企业完善中国特色现代企业制度，健全管资本为主的国有资产监管体制，优化民营企业发展环境，促进民营企业高质量发展。四是加快形成高效规范、公平竞争的全国统一大市场，健全市场体系基础制度，坚持平等准入、公正监管、开放有序、诚信守法。全面完善产权制度，推进要素市场化配置改革，强化竞争政策基础地位。五是不断扩大高水平对外开放，以开放促制度创新和高质量发展。市场越大、信息流动越充足，创新发展基础越坚实。以开放促制度创新，就要更充分发挥市场在资源配置中的决定性作用，更好发挥政府作用，坚定不移实施对外开放的基本国策，实行更加积极主动的开放战略，坚定不移完善对外开放体制机制，主动对接国际高标准市场规则体系，营造市场化、法治化、国际化一流营商环境，推进高水平制度型开放。六是推进要素价格机制、技术创新收益分配机制等关键领域的改革，加快建立保护企业家、有利于充分发挥企业家作用、培育企业家精神的体制机制，最大限度地激发市场主体的活力与创造力，为加快新质生产力形成，更好促进经济高质量发展提供有效制度保障。

四、进一步提升生产要素质量，以新型生产组织形态优化资源配置

伴随生成式人工智能等数字技术的快速发展，传统生产要素与数智化生产要素融合升级，数智化技术叠加、延伸和放大了传统生产要素的功能，极大提升了生产要素质量。首先，生产要素属性得到延伸。新质生产力能够有效推动数字技术在生产过程中与资本、劳动力等生产要素深度融合，

使生产要素具备数字化、智能化特征，从而促进生产要素属性的延伸，推动生产要素向多元化、复杂化和高级化方向发展。其次，实现要素价值增值。生产要素被数字化赋能，在生产过程中具备可替代其他要素的数字化属性，从而使要素价值增加，要素之间的投入比例得到优化，进而促进生产结构的优化升级。再次，在传统自动化生产向"数智自动化"生产转型的过程中，新质生产力作为一种生产潜力，能够助推生产要素突破规模报酬递减规律的可能，使资本、劳动力、土地等传统生产要素摆脱时间和空间的限制，显著提高产出效率，促进高质量发展。

劳动要素与数字技术结合将给高质量发展带来影响。劳动力作为具备主观能动性的生产要素，通过与数字技术结合，将会叠加和提高传统劳动力的生产潜能，促进劳动生产率显著提升。同时，在数字技术快速迭代和强力催化下，劳动者科学文化素质、劳动技能和劳动质量在不断提高。与此同时，在部分行业、领域和岗位，受新一代信息通信技术广泛渗透性和显著创造性的影响，劳动力结构进一步趋向高级化。在数字经济条件下，生产形态逐渐向信息化和数智化转型，只有具备以信息技术为主体的多维知识结构，才能熟练掌握各种新质生产工具，构建信息化和数智化条件下的新质生产体系。可以说，在数字化时代，掌握新型生产工具的劳动力将成为引领新质生产力发展的主导者。数智化人力资本的形成和跃进，成为形成新质生产力最积极、最活跃的因素，可为经济高质量发展提供源源不断的动力。

在数字化时代，新质生产力的发展会促进数字技术实现颠覆性创新突破。在数字化平台产业组织模式下，数字技术可以在更大范围内打破时间和空间限制，有效连接需求端和供给端，激活市场主体多样化需求，快速增加社会生产有效供给，达到更高水平的供需精准对接和匹配，从而显著提高资源配置效率。现阶段，我国尚处于工业化发展的中后期，采取链式生产组织方式和标准化、规模化、集群化的生产模式，新质生产力带来数智化技术的创新和突破，可以有效实现生产组织的自动化、数字化、智能化和自生成式更新，从而催生新型生产组织形态和劳动方式。

基于新型供给需求关系和新质生产力的作用，原有的生产组织形态和劳动方式不断发生变革。具体说，生产组织形态从物理空间的机械化流程、流水线形式和集群化生产逐渐转向依托数字技术和数字空间的智能化、平台化、生态化和共享化生产组织形态，劳动方式由原来的集中式生产逐渐转向远程式、分散式生产。同时，产品生产也由统一化、同质化向定制化、多样化拓展，从而促进生产的线上线下有机结合，数字技术与实体经济深度融合。另外，在新质生产力的推动下，依托数字技术和数字平台，实现要素资源合理流动，可最大限度减少要素资源流动过程中的耗散和损失，实现供给端和需求端的有效对接，显著提高资源配置效率，促进经济高质量发展。

第七章　新质生产力与科技创新

第一节　新质生产力与创新驱动

一、新质生产力与创新驱动的关系

创新驱动就是创新成为引领发展的第一动力。科技创新与制度创新、管理创新、商业模式创新、业态创新和文化创新相结合，推动发展方式向依靠持续的知识积累、技术进步和劳动力素质提升转变，促进经济向形态更高级、分工更精细、结构更合理的阶段演进。创新驱动是世界大势所趋。全球新一轮科技革命、产业变革和军事变革加速演进，科学探索从微观到宏观，在各个尺度上向纵深拓展，以智能、绿色、泛在为特征的群体性技术革命引发国际产业分工重大调整，颠覆性技术不断涌现，正在重塑世界竞争格局，改变国家力量对比。创新驱动成为许多国家谋求竞争优势的核心战略。我国既面临赶超跨越的难得历史机遇，也面临差距拉大的严峻挑战。唯有勇立世界科技创新潮头，才能赢得发展主动权，为人类文明进步作出更大贡献。创新驱动是发展形势所迫。我国经济发展进入新常态，传统发展动力不断减弱，粗放型增长方式难以为继。必须依靠创新驱动打造发展新引擎，培育新的经济增长点，持续提升我国经济发展的质量和效益，开辟我国发展的新空间，实现经济保持中高速增长和产业迈向中高端水平双目标。

当前，我国创新驱动发展已具备发力加速的基础。经过多年努力，科技发展正在进入由量的增长向质的提升的跃升期，科研体系日益完备，人才队伍不断壮大，科学、技术、工程、产业的自主创新能力快速提升。经济转型升级、民生持续改善和国防现代化建设对创新提出了巨大需求。庞大的市场规模、完备的产业体系、多样化的消费需求与互联网时代创新效率的提升相结合，为创新提供了广阔空间。中国特色社会主义制度能够有效结合集中力量办大事和市场配置资源的优势，为实现创新驱动发展提供根本保障。同时也要看到，我国许多产业仍处于全球价值链的中低端，一些关键核心技术受制于人，发达国家在科学前沿和高技术领域仍然占据明显领先优势，我国支撑产业升级、引领未来发展的科学技术储备亟待加强，适应创新驱动的体制机制亟待建立健全。企业创新动力不足，创新体系整体效能不高，经济发展尚未真正转到依靠创新的轨道上来。科技人才队伍大而不强，领军人才和高技能人才缺乏，创新型企业家群体亟须发展壮大，激励创新的市场环境和社会氛围仍需进一步培育和优化。党的十八大提出实施创新驱动发展战略，强调科技创新是提高社会生产力和综合国力的战略支撑，必须摆在国家发展全局的核心位置。这是党中央在新发展阶段确立的立足全局、面向全球、聚焦关键、带动整体的国家重大发展战略，是以创新驱动发展新质生产力，走出一条从人才强、科技强到产业强、经济强、国家强的发展新路径。

二、以创新驱动系统性带动新质生产力发展

（一）贯彻创新思想，为新质生产力发展提供思想驱动

发展新质生产力要在解放思想中统一思想，要统一到习近平新时代中国特色社会主义思想上来，统一到以新发展理念引领经济社会高质量发展上来。以科技创新为核心带动全面创新，以体制机制改革激发创新活力，以高效率的创新体系支撑高水平的创新型国家建设，推动经济社会发展动

力根本转换，为实现中华民族伟大复兴中国梦提供强大动力。紧扣高质量发展。坚持问题导向，面向世界科技前沿、面向经济主战场、面向国家重大需求、面向人民生命健康，明确我国创新发展的主攻方向，在关键领域尽快实现突破，力争形成更多竞争优势。坚持深化改革。坚持科技体制改革和经济社会领域改革同步发力，强化科技与经济对接，遵循社会主义市场经济规律和科技创新规律，破除一切制约创新的思想障碍和制度藩篱，构建支撑创新驱动发展的良好环境。坚持强化激励。坚持创新驱动实质是人才驱动，落实以人为本，尊重创新创造的价值，激发各类人才的积极性和创造性，加快汇聚一支规模宏大、结构合理、素质优良的创新型人才队伍。坚持扩大开放。坚持以全球视野谋划和推动创新，最大限度用好全球创新资源，全面提升我国在全球创新格局中的位势，力争成为若干重要领域的引领者和重要规则制定的参与者。

（二）构建创新路径，为新质生产力发展提供创新路线

提升创新能力。形成面向未来发展、迎接科技革命、促进产业变革的创新布局，突破制约经济社会发展和国家安全的一系列重大瓶颈问题，扭转关键核心技术长期受制于人的被动局面。构建创新体系。科技与经济融合更加顺畅，创新主体充满活力，创新链条有机衔接，创新治理更加科学，创新效率大幅提高。打造一批世界一流的科研机构、研究型大学和创新型企业，涌现出一批重大原创性科学成果和国际顶尖水平的科学大师，成为全球高端人才创新创业的重要聚集地。打造创新经济。推动主要产业进入全球价值链中高端，不断创造新技术和新产品、新模式和新业态、新需求和新市场，实现更可持续的发展、更高质量的就业、更高水平的收入、更高品质的生活。依靠科技进步和全面创新提高劳动生产率、社会生产力，形成经济发展质量高、能源资源消耗低、产业核心竞争力强的局面。优化创新环境。激励创新的政策法规更加健全，进一步优化创新的制度环境、市场环境和文化环境，形成尊重知识、崇尚创新、保护产权、包容多元的全社会共同理念和价值导向。

（三）打造创新系统，为新质生产力发展提供系统支撑

以创新驱动发展新质生产力是一个系统性的变革，要按照科技创新和体制机制创新共同驱动、建设创新体系、推动主要领域创新转变进行布局，构建新质生产力发展动力系统。构建创新机制。以创新驱动发展新质生产力，就是科技创新和体制机制创新两个轮子相互协调、持续发力。抓创新首先要抓科技创新，补短板首先要补科技创新的短板。科学发现对技术进步有决定性的引领作用，技术进步可以有力推动发现科学规律。要明确支撑发展的方向和重点，加强科学探索和技术攻关，形成持续创新的系统能力。体制机制创新要调整一切不适应创新驱动发展的生产关系，统筹推进科技、经济和政府治理三方面体制机制改革，最大限度释放创新活力。建设创新体系。以创新驱动发展新质生产力，就要建设各类创新主体协同互动和创新要素顺畅流动、高效配置的生态系统，形成创新驱动发展的实践载体、制度安排和环境保障。明确企业、科研院所、高校、社会组织等各类创新主体的功能定位，构建开放高效的创新网络，建设军民融合的国防科技协同创新平台；改进创新治理，进一步明确政府和市场分工，构建统筹配置创新资源的机制；完善激励创新的政策体系、保护创新的法律制度，构建鼓励创新的社会环境，激发全社会创新活力。实现创新转变。以创新驱动发展新质生产力，就要将发展方式从以规模扩张为主导的粗放式增长向以质量效益为主导的可持续发展转变；发展要素从传统要素主导发展向创新要素主导发展转变；产业分工从价值链中低端向价值链中高端转变；创新能力从“跟踪、并行、领跑”并存，以“跟踪”为主向“并行”“领跑”为主转变；资源配置从以研发环节为主向产业链、创新链、资金链统筹配置转变；创新群体从以科技人员的小众为主向小众与大众创新创业互动转变。

三、以创新驱动新质生产力发展的主要路径

面对世界百年未有之大变局，以新一轮科技革命和产业变革为标志，人类社会正在经历从旧质态生产力走向新质态生产力的深刻变革。在这场变革中，要抢占制高点，将社会主义市场经济的体制优势、产业体系配套完整的供给优势、超大规模市场的需求优势、大量高素质劳动者和企业家的人才优势，加速转化为新质生产力的能量优势，但率先形成成熟的新质生产力依然任重道远。坚持以创新推动新质生产力加快发展，需要重点从以下几个方面发力。

（一）以科技创新为新质生产力提供动力

人类社会生产力发展历程表明，科技始终是推动社会进步的重要力量。科技创新能够带来新技术、新产品、新材料，开辟新市场，不仅推动社会变革，还催生新兴产业，成为各国综合国力竞争的关键。“创新是引领发展的第一动力。”科技是先进生产力的集中体现和主要标志，新质生产力是“科技是第一生产力”和“创新是第一动力”内在本质联系的逻辑整合。新质生产力是以科技创新为主导的生产力，没有科技创新就没有新质生产力。先进科技也是新质生产力生成的内在动力。

新质生产力的核心是创新，载体是产业。发展新质生产力归根到底是要构建符合时代需要、彰显中国特色、具有国际竞争力的现代化产业体系。新一轮科技革命和产业革命是新质生产力发展的驱动力，要紧紧抓住变革的历史机遇，紧密结合创新驱动发展，以科技创新为引领，推动产业创新，推动“科技是第一生产力、人才是第一资源、创新是第一动力”的集中融汇，推动创新链、人才链、资金链、供应链、价值链与产业链有机融通，推动数字经济和实体经济深度融合，以新理念、新要素、新技术、新机制带动传统产业转型升级，促进整体产业结构优化升级。具体而言，要以发展战略性新兴产业和未来产业为载体，加快形成新质生产力的主渠道、主阵地。一方面，发展战略性新兴产业需要契合重大前沿科技创新和重大社

会发展需求，强调对经济社会全局和长远发展的强大引领作用，重点打造新能源、新材料、先进制造、高端装备、电子信息、人工智能、绿色环保、生物制造、商业航天、低空经济等战略性新兴产业。另一方面，前瞻谋划具有高成长性、战略性和先导性的未来产业，为新质生产力构筑潜在竞争新优势。积极开辟元宇宙、量子信息、脑机接口、生命科学、人形机器人、未来网络、新型储能等未来产业新赛道。加快传统产业高端化、智能化、绿色化升级改造，构建具有智能化、绿色化、融合化特征和符合完整性、先进性、安全性要求的现代化产业体系，以产业升级和战略性新兴产业发展助推生产力跃升。

（二）以制度创新为新质生产力提供保障

生产力决定生产关系，生产关系反作用于生产力。制度创新属于生产关系范畴，是新质生产力的组织保障。新质生产力本质是先进生产力，其发展必然推动生产关系的重大调整。“制度稳则国家稳，制度强则国家强”，先进的制度代表先进社会生产力的发展方向，完善的制度环境能够激发创新活力，促进资源有效配置和技术快速推广，推动社会更加合规律地向前发展。制度创新包括政治、经济、社会等方面的体制变革，只有制度创新才能够保障新质生产力的生成，促进新质生产力加速发展，持续推动产业优化升级和经济高质量发展。新质生产力的形成和发展要求塑造适配新质生产力的生产关系，创新与之相匹配的制度体系，对其形成有力支撑。

在体制建设层面，要深化科技体制改革，健全完善新型举国体制，加快形成新质生产力。更好发挥有为政府的导向作用，完善新型举国体制，围绕新质生产力加强前瞻性思考、全局性谋划、战略性布局、整体性推进，找准发展新质生产力的关键，加快实现重大突破。充分发挥我国集中力量办大事的制度优势与超大规模市场优势，聚焦经济建设和事关国家发展与安全的重大科技问题，举全国之力、聚四方之才，扎实推进科技强国建设，打赢关键核心技术攻坚战，开辟创新驱动高质量发展新赛道，通过科技创新的重大突破催生新质生产力。

在体系布局层面，健全和完善科技创新体系，优化配置创新资源，提升国家创新体系整体效能。第一，加强科研平台建设，要以健全国家实验室体系为抓手，加快建设跨学科、大协作、高强度的协同创新基础平台，深化国家科研机构、高水平研究型大学、科技领军企业的科研合作，加强与国际一流卓越科学创新机构的合作。第二，强化国家战略科技力量，充分发挥企业作为技术创新主体的作用，促进产学研用深度融合，推动产业链上下游、大中小企业融通协同创新，形成利益共享、风险共担的合作机制。第三，将优质要素更多集聚到发展新质生产力的关键领域，深化新型要素市场化供给配置，加大基础研究财政投入，壮大新质生产力中适应时代发展要求的新型劳动者规模，加大基础性、前沿性技术研发攻坚力度，加大新型基础设施建设的投资力度。

在制度建设层面，制定和完善与新质生产力发展相适应的法律法规。一方面要加快建立并不断完善体制机制、法律法规，加强重点领域政策统筹，强化科技、产业、财税、金融、人才等政策协同联动，确保宏观目标和整体利益的实现。另一方面要通过深化改革加快破除与发展新质生产力不相适应的各种束缚，完善保障科技创新的法律法规体系，规范竞争行为与秩序，优化新技术准入、规制等制度，持续努力打造市场化、法治化、国际化一流营商环境，构建具有全球竞争力的开放创新生态，使保障新质生产力的各方面制度更加规范科学。

（三）以文化创新为新质生产力提供支持

文化创新包括思想观念、价值观念等方面的变革，文化创新的实质是“以先进技术传播先进文化”。新质生产力促进经济发展实现质的稳步提升和量的合理增长，在创造更多物质财富的基础上，人们的精神文化生活得以不断更新和丰富。凝结着全体人民共同价值追求的社会主义核心价值观是当代中国精神的集中体现，文化创新以充分发挥社会主义核心价值观作用为引领，创造更多的精神财富，转化人们的情感认同和行为习惯，为新质生产力提供支撑，为中国式现代化建设凝聚精神力量。文化是一种意识形态的力量，文化创新的意义在于形成创新的价值观念，从而发挥引导和支撑创新活动的作用。文明创新通过营造创新环境鼓励人们接受和驱动创新。

培育创新文化，弘扬科学家精神。培育创新文化，要牢固树立鼓励创新的教育理念。第一，创新文化的深层内核是推崇批判性思维，尊重自由探索和首创精神。学校教育要鼓励科学怀疑和求真务实，培养学生的科学旨趣和探究精神，着力课程思政建设，以入脑入心的爱国主义教育涵养优良学风，充分发挥社会主义核心价值观的引领作用，激发学生自立自强的精神和为国创新的情怀。第二，科学成就离不开精神支撑。涵养优良学风，应大力弘扬科学家精神。科学家是创新的科研主体，企业家是创新的市场主体，要尊重科学家、企业家的主体地位。营造良好的社会氛围，充分挖掘中华优秀传统文化的价值资源，重视科学普及和舆论引导，传播科学思想，倡导科学方法，讲好创新创业故事，推动全社会崇尚科学、热爱创新。

推动创新教育发展，造就德才兼备的创新人才。劳动者是生产力中最革命、最活跃、最具能动性和创造性的因素，人才资源是第一资源，文化创新离不开人才。第一，完善科技人才培养体系，主动顺应新质生产力发展内在要求，探索建立与新质生产力相适应的学科专业体系、人才培养体系，对青年科技创新人才进行系统性的理论培养和实践锻炼，壮大国家重点科技创新领域高层次人才队伍，造就发展新质生产力所需的专业化、特色化、多样化拔尖创新人才。第二，建立科技创新激励和荣誉机制，重点加大对承担前瞻性、战略性、基础性等重点研发任务的科技人才的激励力度，薪酬分配向科技人才倾斜。同时，加大对优秀科研人才和重大科研成果的宣传力度，大力弘扬劳模精神和工匠精神，使科研人才收获物质和精神的双重激励，充分调动和激发人的积极性、主动性、创造性。第三，实行更加积极、开放、有效的人才引进政策，充分发挥龙头企业、高等院校等的引才聚才平台功能，形成具有吸引力和国际竞争力的人才制度体系。

四、以创新驱动发展新质生产力的保障支撑

加快发展新质生产力，实施创新驱动发展战略，必须从体制改革、环境营造、资源投入、扩大开放等方面加大保障力度。

（一）改革以创新驱动发展新质生产力的治理体系

顺应创新主体多元、活动多样、路径多变的新趋势，推动政府管理创新，形成多元参与、协同高效的创新治理格局。建立高层次创新决策咨询机制，定期向国家有关机构报告国内外科技创新动态，提出重大政策建议。建立创新治理的社会参与机制，发挥各类行业协会、基金会、科技社团等在推动创新驱动发展中的作用。

（二）增加以创新驱动发展新质生产力的创新投入

切实加大对基础性、战略性和公益性研究的支持力度，完善稳定支持和竞争性支持相协调的机制。改革中央财政科技计划和资金管理，提高资金使用效益。完善激励企业研发的普惠性政策，引导企业成为技术创新投入主体。探索建立符合中国国情、适合科技创业企业发展的金融服务模式。鼓励银行业金融机构创新金融产品，拓展多层次资本市场支持创新的功能，积极发展天使投资，壮大创业投资规模，运用互联网金融支持创新。充分发挥科技成果转化、中小企业创新、新兴产业培育等方面基金的作用，引导带动社会资本投入创新。

（三）推进以创新驱动发展新质生产力的开放合作

抓住全球创新资源加速流动和我国经济地位上升的历史机遇，提高我国全球配置创新资源能力。支持企业面向全球布局创新网络，推动我国先进技术和装备走出去。鼓励外商投资战略性新兴产业、未来产业，实现引资、引智、引技相结合。深入参与全球科技创新治理，主动设置全球性创新议题，积极参与重大国际科技合作规则制定，共同应对粮食安全、能源安全、环境污染、气候变化以及公共卫生等全球性挑战。

（四）健全以创新驱动发展新质生产力的评价制度

根据不同创新活动的规律和特点，建立健全科学分类的创新评价制度体系。推进高校和科研院所分类评价机制建设，实施绩效评价，把技术转移和科研成果对经济社会的影响纳入评价指标，将评价结果作为财政科技经费支持的重要依据。完善人才评价制度，进一步改革完善职称评审制度，增加用人单位评价自主权。推行第三方评价，探索建立政府、社会组织、公众等多方参与的评价机制，拓展社会化、专业化、国际化评价渠道。

（五）培育以创新驱动发展新质生产力的良好环境

健全保护创新的法治环境，构建综合配套精细化的法治保障体系。培育开放公平的市场环境，推进要素价格形成机制的市场化改革，强化能源资源、生态环境等方面的刚性约束，提高科技和人才等创新要素在产品价格中的权重。营造崇尚创新的文化环境，建立鼓励创新、宽容失败的容错纠错机制，加强科学技术普及，提高全民科学素养，在全社会塑造科学理性精神。

第二节　新质生产力与科技创新体系

《国家中长期科学和技术发展规划纲要（2006—2020年）》对国家创新体系给出了明确的概念界定："以政府为主导、充分发挥市场配置资源的基础性作用、各类科技创新主体紧密联系和有效互动的社会系统。"从2014年习近平总书记在中国科学院第十七次院士大会、中国工程院第十二次院士大会上提出"加快建立健全国家创新体系"，到2021年修订的《中华人民共和国科学技术进步法》提出"国家完善高效、协同、开放的国家创新体系"，到2022年印发的《习近平经济思想学习纲要》提出"完善国家创新体系，加快建设创新型国家和世界科技强国"，再到党的二十大报告提出"完善科技创新体系"，我们党关于完善科技创新体系的重要论述不断发展完善，形成了科学全面的理论体系。其主要强调以自主创新能力建设推动实现高水平科技自立自强，走中国特色自主创新道路。这一理论体系从创新主体功能定位、建设路径、体制机制保障等方面，深刻回答了我国完善科技创新体系的重大理论与现实问题。科技创新体系完善的根本出发点在于，坚持创新在我国现代化建设全局中的核心地位，为加快实施创新驱动发展战略提供支撑；内在要求在于，以企业为主导加强产学研深度融合，实现各创新主体产学研用各环节协同创新与融合互动，实现知识创新、技术创新、产业创新有效对接。关于完善科技创新体系的重要论述是习近平经济思想的重要组成部分，是我国加强科技创新体系建设的根本遵循，为持续健全完善国家科技创新体系、提升科技创新体系整体效能指明了方向，对加快形成和发展新质生产力、建设世界科技强国具有战略性、全局性、前瞻性指导意义。

一、完善科技创新体系是加快发展新质生产力的重要支撑

新时代新征程，我国发展要统筹中华民族伟大复兴战略全局和世界百年未有之大变局，这对加快科技创新提出了更加迫切的要求。习近平总书记从“四个需要”论述新时代加快科技创新的重大战略意义，强调加快科技创新是推动高质量发展的需要，是实现人民高品质生活的需要，是构建新发展格局的需要，是顺利开启全面建设社会主义现代化国家新征程的需要；进一步明确了科技创新是新时代我国构建新发展格局、实现高质量发展的必由之路；同时强调要狠抓创新体系建设，将科技创新与科技创新体系建设提升到新的战略高度。

习近平总书记指出，要加快科技自立自强步伐，解决“卡脖子”问题，将关键核心技术自主可控作为创新主动权、发展主动权的根基。从完善科技创新体系的实践要求来看，构建新发展格局与推动高质量发展具有内在紧密关联。高质量发展阶段比以往任何时候都更加需要强大的科技创新力

量，都更加需要科学技术解决方案，都更加需要增强创新这个第一动力。实现高质量发展，要求提高抵御各种冲击的能力和韧性，有效防范化解各类重大风险，推动经济行稳致远。实现高水平科技自立自强是高质量发展的必由之路，而关键核心技术自主可控是突破产业发展瓶颈、实现产业链供应链安全的重要保障。同时，实现高水平科技自立自强是构建新发展格局的最本质特征。新发展格局以现代化产业体系为基础，要求各产业有序链接、高效畅通，提升供给体系的创新力和关联性，解决各类“卡脖子”问题，畅通国民经济循环。加快科技自立自强是畅通国内大循环、塑造我国在国际大循环中主动地位的关键，重点在于提升自主创新能力，尽快突破关键核心技术，这对完善科技创新体系提出了战略要求。

在科技自立自强的根本支撑下，只有促进科技创新体系与产业体系相互融合渗透、创新链与产业链深度对接，实现科技与经济深度融合，才能加快产业创新升级，将创新动力切实转化为现代化经济体系建设的支撑能力。习近平总书记认为科技创新体系与产业体系相互支撑，具有内在关联，强调依托我国超大规模市场和完备产业体系，促进新技术快速大规模应用和迭代升级，从而加速科技成果向现实生产力转化，提升产业链水平，维护产业链安全。在新一轮科技革命和产业变革条件下，创新源头转移到了科学研究领域，基础研究转化周期明显缩短，科学发现迅速转化为新技术，科技创新与产业应用几乎同步进行，基础研究只有进入科技创新体系并与新技术孵化相融合产生原创性、颠覆性技术，才能真正实现其价值。《中共中央关于制定国民经济和社会发展第十四个五年规划和二〇三五年远景目标的建议》将科技创新和突破产业瓶颈作为推动我国实现自主创新的战略部署，这就要求以科技创新体系的完善支撑产业体系升级，以产业体系升级带动科技创新体系完善和效能提升，使二者在融合互动中实现螺旋式上升，以科技创新催生新发展动能，推进高质量发展。科技创新引领下的高质量发展的根本特征是科技创新与经济发展深度融合。科技创新与经济发展的深度融合，促进了质量变革、效率变革、动力变革，也成为经济高质量发展实践的必要条件。完善融合各类创新要素和创新环节的科技创新体系，实现创新产业化和产业创新化同步推进，这是推进科技创新与经济发展深度融合的根本路径。

二、完善科技创新体系是推动科技成果向新质生产力转化的根本之道

科技创新体系为科技成果向新质生产力转化提供了实施主体、组织机制保障和创新政策支持。习近平总书记始终坚持问题导向和系统观念，锚定完善科技创新体系的实践要求，从促进科技和经济紧密结合的战略定位出发，将完善科技创新体系作为推动科技成果转化为现实生产力的关键。科研和生产联系不紧密，科技和经济始终是“两张皮”，科技创新效率就很难提高。习近平总书记认为问题的症结在于“科技创新链条上存在着诸多体制机制关卡，创新和转化各个环节衔接不够紧密”。科技创新体系是促进科技创新链条各环节、各主体有机融合的主要组织载体，推进原始创新、研究开发、成果孵化转化和产业发展紧密衔接并有效互动，是完善科技创新体系的本质要求。习近平总书记强调要通过完善科技创新体系来加强创新驱动组织力，围绕产业链部署创新链，围绕创新链完善资金链，以此提升科技创新体系整体效能。面对新一轮科技革命与产业变革的重大历史机遇，只有完善科技创新体系，以前沿性、基础性研究带动应用技术的群体突破，以应用技术突破促进战略性新兴产业发展，不断放大科学研究、技术研发、产业发展的正向循环效应，才能提升科技创新体系整体效能，真正释放科技创新动能，夯实全面建设社会主义现代化国家的科技创新动力。

针对科技创新转化链条上存在的体制机制关卡，习近平总书记坚持科技创新和制度创新“双轮驱动”，提出要深化科技体制改革，完善科技创新体系。这就要求坚持问题导向、需求牵引，聚焦推动实践载体、制度安排、政策保障、环境营造形成合力，为科技成果转化为现实生产力、提升

创新效率探索有效路径。同时，科技创新体系的内在治理逻辑还强调“以改革释放创新活力”，“让一切创新源泉充分涌流”。深化科技体制改革，完善科技创新体系，能够为打通体制机制关卡、实现创新和转化的有机衔接形成制度合力。一方面，从科技体制改革和经济社会领域改革两个方面同步发力，完善科技创新战略规划和资源配置体制机制，完善政绩考核体系和激励政策，深化产学研合作，加快解决制约科技成果转移、转化的关键问题。另一方面，从整体上看，完善科技创新体系，着力加强科技创新统筹协调，能够破除科技创新活动中存在的分散封闭、交叉重复等碎片化现象和“孤岛现象”，实现各方面有机互动、协同高效。深化科技体制改革，完善科技创新体系，致力于通过促进科技创新资源的统筹配置，推动科技创新活动各主体、各方面、各环节、各领域协调配合，深化创新主体、创新基础、创新资源、创新环境统筹安排，进而破除体制机制障碍，打通关卡，突破科技成果供给的堵点、卡点、脆弱点，加快实现科技成果转化和产业化。可以说，科技体制改革内含于科技创新体系完善当中，是促进制度优势转化为科技创新体系治理效能的关键一招。

三、完善科技创新体系支撑新质生产力发展的实践措施

党的二十大擘画了我国全面建设社会主义现代化国家的宏伟蓝图。全面建设社会主义现代化国家、全面推进中华民族伟大复兴的使命，使科技强国建设成为必然选择，而完善科技创新体系是科技强国建设的必然要求。新时代新征程，我们要以习近平总书记关于完善科技创新体系重要论述为遵循和行动指南，不断完善科技创新体系，提升国家科技创新体系整体效能，支撑新质生产力发展。

（一）进一步突出企业科技创新的主体地位和主导作用

提升企业科技创新能力，夯实企业科技创新主体地位，增强企业主导作用，形成完善科技创新体系的坚实根基。一方面，完善组织机制保障，

促进企业科技创新主体地位确立和能力提升。健全完善鼓励企业技术创新政策，支持企业加大科技创新投入，加强基础研究和技术研发。完善企业参与决策机制，支持企业参加国家科技创新规划、计划、政策和标准的研究制定，在以市场需求为导向的科技战略规划中，推动企业成为决策者、组织者、投资者。支持科技领军企业牵头承担国家重大科技专项，打造跨领域、大协作的创新基地，一体化配置重点领域项目和创新资源，协同开展产业关键共性技术攻关、科技成果转化及产业化。支持企业与高校、科研院所共同设立创新联合体，形成科技创新发展合力，共同开展研发创新与技术转移、成果应用与推广、标准研制等，推动企业承接转化重大创新项目和科技成果，形成重点创新产品。另一方面，培育科技领军企业的创新生态主导能力。推动科技领军企业主导创新创业，支持其建设高水平开放式创新平台，发展服务型众创空间，实现内部资源平台化组织和共享。面向创新型中小企业及科研院所、高校开放产业资源、应用场景和研发需求，为内部和外部创业者提供资金、技术和服务支撑，衍生新业务、新产品、新企业。完善创新型企业培育机制，实施世界级领军企业培育计划，精准服务重点创新型企业，助力核心技术能力突出、集成带动能力强的创新型领军企业做强做大。加强科技领军企业与上下游企业的协同创新，推动大中小企业融通发展，壮大高新技术企业集群。

（二）以科技服务水平提升引领科技创新市场导向机制建设

科技服务能够有效集聚和配置创新资源，为创新要素和科技成果供需对接提供平台。科技服务是科技创新体系市场化实现机制的重要组织形式。加强科技服务业技术创新、组织创新、模式创新，建设具有较强引领力辐射力的科技服务体系，是建立科技创新体系市场导向机制的关键。因此，要面向高质量发展和高水平科技自立自强的战略需求，聚焦融合贯通创新链、产业链，推动科技服务业集聚发展，打造完整的科技创新服务链，形成覆盖科技创新发展全链条、科技创新体系各方面的科技服务业体系。优化产业集聚区科技服务功能，强化综合性科学中心科技服务功能，优先布局和配置研发创新平台及技术转移转化、创业孵化、知识产权等科技服务机构，促进研究开发、技术转移、创业孵化、知识产权等各专业科技服务领域集聚化、网络化发展，提高服务能级。围绕国家战略科技力量和综合性国家科学中心，建设“原始创新—技术开发—成果转化—创业孵化—新兴产业”科技创新链条，完善科技创新服务支撑。建设科技成果转化服务体系，探索成熟的成果转移转化模式，促进重大科技基础设施与产业技术创新需求有效对接，培育科技创新与产业发展有机衔接、融合共生的创新生态。推动龙头科技服务企业实现网络化发展，建设专业科技服务网络，打造创新创业服务平台，以数字化、智能化升级带动完善科技金融链条，推动“科技—产业—金融”良性循环，促进科技企业“孵化器”、众创空间和产业基地等有机结合，带动创新型产业集群发展。

（三）着力提升产学研融合创新效能

加强产学研深度融合，要优化机制、提升能级、提高效率，进一步加强基础研究、应用研究、技术创新、科技成果转化与产业化，形成科学发现驱动原始创新、原始创新支撑技术研发、技术研发推动产业发展、产业发展支持科学发现的良性循环。一方面，围绕国家战略科技力量发展，促进产学研融合能级和效率提升。创新管理体制和运行机制，形成科技创新服务体系化支撑，促进国家重点实验室、重大科技基础设施和重大科技项目、重点领域产业技术创新有效对接，推动应用基础研究、关键共性技术研发和产业创新发展融合贯通。促进国家实验室高质量发展，将其切实打造成突破型、引领型、平台型一体化的战略科技力量。另一方面，聚焦产业创新战略需求，加强产学研协同创新与融合创新。开展具有重大引领作用的跨学科、跨领域、大协同的创新攻关，整合创新链、产业链、资金链、人才链，促进科技与经济深度融合、无缝对接，抢占引领未来产业发展的战略制高点。加强产学研协同创新载体建设，进一步支持新型研发机构探索协同创新模式，整合产业核心技术攻关、企业研发服务、成果孵化转化各环节，开展定制化产业技术创新，形成从基础研究、应用研究、技术创新到科技成果转化与产业化的一体化合作模式，真正实现以市场需求引领科技创新。

（四）加强技术突破的产业应用支持和生态培育

产业创新生态为技术创新和突破提供了产业应用场景和产业链支撑，是实现技术突破和科技创新成果落地的重要保障。在新一轮科技革命条件下，在持续实现技术迭代创新的同时，要加快实现关键场景落地，打造产业创新生态，为充分掌握未来产业发展自主权夯实基础。发挥政府引导、市场主导的作用，以场景创新汇聚科技领军企业、专精特新企业、科研院所、高校等创新主体，精准匹配创新应用和创新需求，有效解决科技成果转化的难点和堵点，以关键场景建设促进不同领域和主体融合创新，提高成果转化效率。完善“政策＋技术＋场景”的产业创新生态，促进科技创新、场景创新、产业发展融合互动。充分发挥产业生态链联盟的作用，推动产学研协同创新，持续推进底层技术、数据要素和应用场景形成完整闭环，加快实现关键场景落地。发挥用户企业的集成整合作用，形成企业需求与研发创新的有效协同，培育技术应用开发商与工具开发商的生态支持，在新兴产业领域形成自主可控的新技术、新需求、新架构。加强科技领军企业对产业链整体创新生态的引领作用，由其牵头制定行业技术标准，加快推进关键核心技术攻关与市场扩散，带动形成中小企业应用、孵化和延伸产业创新链条的集群创新机制与产业创新生态，使市场规模优势对新型举国体制的科技创新成果实现倍增效应。

（五）加强科技创新体制机制改革，完善科技创新治理

面向国家治理体系和治理能力现代化的战略部署，要求进一步完善科技创新体制机制，夯实各科技创新主体、科技创新环节、科技创新领域有机互动和协同共生的制度基础，切实解决好“由谁来创新”“动力在哪里”“成果如何用”等问题，实现科技创新主体充满活力、创新链条有机衔接、创新效率大幅提高。顺应科技创新主体多元、活动多样、路径多变的趋势，完善科技创新治理体系，在机制设计上保障多元主体协同创新，以制度平台构建带动主体协作，形成开放共享、协同高效的科技创新治理格

局，真正将科技前沿的“难点”和产业需求的“痛点”紧密结合起来。完善科技创新治理，以中关村国家自主创新示范区开展新一轮先行先试改革等为重要引擎，持续深化科技体制改革，完善科技成果市场化应用与产业化实现的制度保障。聚焦市场准入制度、市场监管体系、市场竞争政策，完善新兴产业培育的体制机制保障。放宽战略性新兴产业市场准入，健全基于“竞争—创新”框架的负面清单管理制度，完善包容审慎监管的体制机制，优化各类产业主体和科技创新主体公平参与竞争的市场环境。加强政策统筹，形成科技创新政策与产业政策、财税金融政策、需求政策等协同创新的效力和合力，协同推进科技体制改革与其他领域改革，促进各创新环节政策协调统一，形成综合有效的科技创新政策体系。

面对中华民族伟大复兴的战略全局和世界百年未有之大变局，在新一轮科技革命和产业变革的战略机遇下，科技创新体系为建设世界科技强国、实现高水平科技自立自强提供了战略支撑，日益成为我国实现高质量发展的内生动力保障。作为习近平总书记关于科技创新重要论述的主要组成部分，完善科技创新体系重要论述逻辑框架严密，理论内涵意蕴深厚，是我们党的重大理论创新，是马克思主义中国化时代化的重要理论成果。新时代新征程，我们要坚持习近平新时代中国特色社会主义思想，以习近平总书记关于完善科技创新体系的重要论述为指导，加强完善科技创新体系，推动科技创新、产业发展、政策支持形成良性循环；加强科技创新体系和现代化产业体系相互支撑，创新链、产业链、资金链、人才链深度融合，切实提高创新驱动发展的动力和活力，夯实全面建设社会主义现代化国家的科技根基。

第三节　新质生产力与科技自立自强

以习近平同志为核心的党中央把创新摆在我国现代化建设全局的核心

地位，把科技自立自强作为国家发展的战略支撑，提出要加快建设科技强国。2021年中央经济工作会议首次将科技政策作为七大政策之一，对推动科技政策扎实落地作出重要部署，充分凸显了科技创新在党和国家全局中的地位与作用。新征程上，我们要自觉把握我国进入新发展阶段、贯彻新发展理念、构建新发展格局、推动高质量发展的新要求，以科技政策扎实落地、科技自立自强的实际成效为统筹发展和安全提供更加坚实的科技支撑，以科技强国建设支撑引领社会主义现代化强国建设。

一、科技自立自强对推动新质生产力发展的重大意义

习近平总书记指出，构建新发展格局最本质的特征是实现高水平的自立自强，这就必须更加强调自主创新。当前，国际政治经济格局深刻变化，维护国家战略利益、推动高质量发展对科技创新的紧迫需求前所未有。加快科技自立自强是党和国家事业进入新发展阶段、开启全面建设社会主义现代化国家新征程的一项重大战略决策，充分体现了以习近平同志为核心的党中央高瞻远瞩、统揽全局的战略意图及对科技创新一以贯之的高度重视和战略谋划。

（一）科技自立自强是应对世界百年未有之大变局、发展新质生产力、推动党和国家事业行稳致远的必由之路

当前的国际环境复杂多变，世界百年未有之大变局愈加激荡，地缘政治紧张，单边主义、霸权主义抬头，大国竞争博弈在科技领域明显增强。世界各国都深刻认识到，科技的战略独立性与自主创新能力对国家发展和安全具有极端重要性，各国纷纷强化前沿技术领域自主科技创新能力建设，抢占大国竞争的科技制高点。历史和现实都告诉我们，在大变局中找准发展领域、发展重点、发展路径、发展方法，必须向科技创新要方法、要答案，这历来是重要而关键的选择，甚至是不二选择。只有把我国科技发展建立在自立自强的牢固根基之上，才能增强应对外部重大风险挑战的抗压

能力、应变能力、对冲能力和反制能力，以科技创新的主动赢得国家发展的主动，以自立自强的能力铸牢民族复兴的基石。

（二）科技自立自强是把握新一轮科技革命和产业变革重大机遇、赢得发展先机、发展新质生产力的战略抉择

国家之争就是实力之争，根本是生产力之争，核心是科技创新能力之争。一个国家一旦在某个科技领域领先或落后，就可能发生竞争位势的根本性变化。近代以来，我国曾由全球经济规模最大的国家沦为落后挨打的对象，其中一个很重要的原因就是闭关锁国致使我国与历次科技革命失之交臂，错失了发展良机，教训极其深刻。当前，以数字化、智能化、绿色化为特点的新一轮科技革命和产业变革加速演进，量子科学、脑科学等基础前沿领域持续突破，人工智能、区块链、虚拟现实、增强现实等技术全面渗透，数字经济快速发展，人机物多元融合加速到来。抗疫药物、基因编辑等生命健康技术不断突破，可再生能源、先进储能等绿色低碳技术蓬勃发展。世界各国都在加紧部署重大前沿领域科技创新，努力抢占未来科技竞争先机。深度参与并赢得新一轮科技革命和产业变革竞争是我国未来发展必须紧紧抓住的重大机遇。在科技革命的浪潮之巅掌握主动权、占据制高点，于危机中育先机、于变局中开新局，要求我们必须顺应科技创新发展的规律，保持战略定力，坚持系统观念，把握好重点突破与全面部署的关系、近期工作与长远谋划的关系，分析研判重大前沿方向，持续增加研发投入，下好前沿科技创新的先手棋，以“非对称”的策略加快在前沿领域“换道超车”，加快构筑先发优势。

（三）科技自立自强是推动高质量发展、构建新发展格局、发展新质生产力的现实之需

准确把握全面建设社会主义现代化国家、向第二个百年奋斗目标进军的新发展阶段，深入贯彻创新、协调、绿色、开放、共享的新发展理念，加快构建以国内大循环为主体、国内国际双循环相互促进的新发展格局，这是与时俱进提升我国经济发展水平、塑造我国国际经济合作和竞争新优势的重大战略部署。进入新时代，我国发展的不平衡不充分问题仍然突出，经济社会发展和民生改善比过去任何时候都更加需要科学技术解决方案。强化科技创新的高水平供给能力，加速实现科技自立自强，是发展对科技创新提出的现实需求。只有夯实科技自立自强根基，才能为构建新发展格局、推动高质量发展提供新的成长空间、关键着力点和主要支撑体系，才能真正以新发展理念引领高质量发展实践，实现更高水平的内涵型增长。我们要以“鼎新”倒逼“革故”，依托全链条一体化部署的创新链，培育催生新兴产业的增长点，促进产业链和创新链融合发展，切实增强国内大循环的稳健性。积极利用国内国际两个市场、两种资源，增强全球创新要素集聚和创新资源整合能力，为融入国际大循环、提升国际竞争力筑牢科技创新基石。

二、我国科技实力稳步增强为实现科技自立自强和新质生产力发展提供基础

党的十八大以来，以习近平同志为核心的党中央对我国科技创新事业进行了战略性、全局性谋划，实施创新驱动发展战略，强化国家战略科技力量，加快突破关键核心技术，深化科技体制机制改革，科技事业实现历史性、整体性、格局性重大变化，科技实力跃上新台阶，顺利进入创新型国家行列。在以习近平同志为核心的党中央坚强领导下，我国科技事业密集发力、加速跨越，实现了历史性、整体性、格局性重大变化，取得历史性成就。面向世界科技前沿、面向经济主战场、面向国家重大需求、面向人民生命健康，重大科技创新成果竞相涌现，科技体制改革多点突破、纵深推进，科技自立自强迈出坚实步伐。党的二十大报告指出:“我们加快推进科技自立自强，全社会研发经费支出从一万亿元增加到二万八千亿元，居世界第二位，研发人员总量居世界首位。基础研究和原始创新不断加强，一些关键核心技术实现突破，战略性新兴产业发展壮大……进入创

新型国家行列。”我国在全球创新版图中的地位和作用发生了新的变化，世界知识产权组织全球创新指数排名显示，中国从 2012 年的第 34 位上升到 2022 年的第 11 位。我国既是国际前沿创新的重要参与者，也是共同解决全球性问题的重要贡献者。我国科技创新实力从量的积累迈向质的飞跃，从点的突破迈向系统能力提升，进入从全球创新跟随者、参与者转向引领者、贡献者的关键阶段，科技自立自强、建设科技强国、发展新质生产力的基础日益厚实。

（一）国家战略科技力量不断壮大，科技体制改革取得重要成果

国家实验室建设迈出实质性步伐，高水平研究型大学的科技创新组织化程度进一步提高，科研院所改革不断深化，企业创新主体地位有效提升，进一步完善了国家创新体系。统筹推进科技改革任务，出台科技体制改革三年攻坚方案。深化院士制度和科技激励机制改革。探索项目管理改革，实施“揭榜挂帅”、首席科学家负责制、青年科学家项目等新机制。完成《中华人民共和国科学技术进步法》修订，为高水平科技自立自强提供法治保障。

（二）基础前沿方向重大原创成果持续涌现彰显我国科技实力显著跃升

坚持目标导向和自由探索“两条腿走路”，突出原始创新，持续加大基础研究投入，成功组织一批重大基础研究任务，在量子信息、干细胞、脑科学、类脑芯片等前沿方向取得一批具有国际影响力的重大原创成果。加强战略性“新赛道”布局，人工智能、移动通信、超级计算等前沿领域与世界先进水平同步，量子计算原型机“九章”“祖冲之号”成功问世。500 米口径球面射电望远镜、散裂中子源等一批具有国际一流水平的重大科技基础设施建成并发挥重要作用。载人航天、嫦娥探月、天问访火、人造太阳、北斗导航、万米海试等重大突破让我国在深空、深海、深蓝等领域牢牢占据科技制高点。

（三）支撑国家重大需求的关键核心技术攻关取得一系列重大成果

解决瓶颈制约，关键核心技术攻关取得一系列重大成果。科技重大专

项有效实施，填补了一批科技领域战略性空白，有力支撑了港珠澳大桥、川藏铁路等一批重大工程建设顺利实施。煤炭清洁高效利用、新型核电技术走在世界前列，为国家能源安全提供了有力保障。系统掌握高铁建造成套技术，构建涵盖不同速度等级、成熟完备的高铁技术体系，树立起世界高铁建设运营的新标杆。深海潜水器具备从试水到 11000 米级全海洋作业能力。具有 1500 米超深水油气田开发能力的“深海一号”改变了我国在南海油气开发中的被动局面。

（四）高质量源头科技供给为建设现代化经济体系注入强劲动能

围绕产业链部署创新链，围绕创新链布局产业链。聚焦数字经济、先进制造、新材料、能源、交通等战略性产业，强化科研攻关，以关键核心技术的突破推动产业向中高端攀升，高端产业发展取得新突破。国产 C919 大飞机市场化运营加速，时速 600 公里高速磁浮试验样车下线，国产最大直径盾构机“京华号”投入使用，高性能装备、智能机器人、增材制造、激光制造等技术有力推动“中国制造”迈向更高水平，5G 移动通信技术率先实现规模化应用。新能源汽车加快发展，产销量多年位居世界首位。移动支付、远程医疗、在线教育等新技术新模式深刻改变着人们的生活方式。北京、上海、粤港澳大湾区跻身全球科技集群前 10 位，高质量发展动力源作用更加凸显。国家高新区集聚了约全国三分之一的高新技术企业，培育壮大了一批世界级产业集群，每万名从业人员中研发人员全时当量约为全国平均水平的 12 倍，为企业提供了高质量人才供给；营业收入预计超过 48 万亿元，同比增长 12% 左右，利润总额 4.2 万亿元，同比增长 17% 左右，已逐步成为创新驱动发展示范区和高质量发展先行区。

（五）以人民为中心推出更多惠及民生的科技创新成果

坚持以人民为中心的发展思想，努力推出更多惠及民生的科技创新成果。新药创制、重大传染病防治等重大项目取得重要进展，癌症、白血病、耐药菌防治等领域打破国外专利药垄断，一批高端医疗装备加速国产化。土地、基本粮食作物、种业等农业关键核心技术持续突破，有力保障了国家粮食安全。深入落实“藏粮于地、藏粮于技”战略，加快农业农村科技创新。杨凌农高区抗旱科技成果示范推广超过1亿亩，黄河三角洲农高区科技成果支撑10万多亩盐碱地变为“吨粮田”。水稻、玉米、大豆等一批农作物新品种示范推广，农作物良种增产贡献率超过45%。深入实施科技特派员制度，90余万名科技特派员深入农村基层一线，用科技支撑脱贫攻坚，助力乡村振兴。支持绿色低碳发展，启动实施氢能、新能源汽车等20多个碳中和科技重点专项。立足我国以煤为主的能源资源禀赋，大力发展先进煤电技术，引领煤炭高效清洁利用。大气、水、土壤污染防治科技攻关力度不断加大，公共安全和防灾减灾科技保障能力不断增强，有力支撑了健康中国、美丽中国、平安中国建设。

（六）打造国家战略人才力量，培养集聚高水平科技人才和创新团队

加快推进重大科技人才工程，改革完善科技人才发展的体制机制和政策环境，形成了一支规模宏大、结构合理、素质优良、富有活力的科技人才队伍。2021年，我国全社会研究与试验发展（R&D）人员全时当量达到509.2万人年，连续多年位居世界第一，基础研究人员、重点产业领域人才和企业内科研人才队伍不断扩大。高层次人才队伍年轻化，越来越多的青年人才在科技创新第一线“冒尖”并逐步成长为科研主力军。在国家重点研发计划参研人员中，45岁以下科研人员占比超过80%，2021年国家重点研发计划支持青年科学家项目300余个。健全以增加知识价值为导向的激励机制，赋予科研人员职务科技成果所有权和长期使用权。完善中央财政科研经费和项目管理方式，探索科研人才培养新机制，赋予用人单位和领军人才更大科研自主权。深化科技人才评价改革试点，制定分类评价规范标准。实施更加开放的人才政策，为外国人才来华工作生活提供便利，国际人才吸引力明显提升，累计发放118万份外国人来华工作许可。稳步推进国家引才引智平台建设，促进各领域、各层级国际人才交流活动蓬勃开展。越来越多的海外留学人员选择回国创新创业，每年各类留学回国人员总数近60万人。在全社会弘扬科学家精神，加强科研诚信建设，构建科

技大监督格局，推动科技界作风学风转变取得重要进展。

（七）优化开放创新生态，拓展国际科技交流合作领域和空间

持续推动政府间科技合作有序开展，与160多个国家建立科技合作关系，加入200多个政府间国际科技合作组织。高质量举办中俄科技创新年，习近平主席和普京总统分别向开闭幕式致“双贺信”。推动中美清洁能源系列交流，推动中欧科技创新合作路线图谈判。推进“一带一路”科技合作，深化科技人文交流、共建联合实验室、科技园区合作和技术转移四项行动，开展发展中国家技术线上培训，全面启动中非创新合作中心建设。围绕牵头组织国际大科学计划和大科学工程，加强气候变化、空间、健康、能源、农业等领域国际科技合作。国际热核聚变实验堆计划进入重大工程安装阶段，我国正式成为平方公里阵列天文台成员国。完善中央财政科技计划对港澳开放相关政策，推动港澳科研院所、高校参与国家重点研发计划项目。“国家科技创新2030—重大项目”首次对港澳开放，香港专家首次加入项目专家组。

三、高水平科技自立自强支撑新质生产力发展的措施

（一）强化原始创新，为新质生产力发展提供源头供给

坚持国家战略需求和科学探索目标相结合，加强对关系全局的科学问题的研究部署，增强原始创新能力，提升我国科学发现、技术发明和产品产业创新的整体水平，支撑产业变革和保障国家安全。强化国家战略科技力量，发挥国家科研机构、高水平研究型大学、科技领军企业优势，集成各方面创新资源，加快产出一批重大原创性成果。大力推进自由探索的基础研究，加强前瞻布局，面向科学前沿强化原始创新，力争在更多领域引领世界科学研究方向，提升我国对人类科学探索的贡献。加强前沿技术和颠覆性技术研究，强化对科技变革性、苗头性态势分析，研判可能形成新质生产力的重点技术和技术群，围绕人工智能、量子科技、生物技术、先

进能源等科技前沿突破方向进行研究。加强面向国家战略需求的基础前沿和高技术研究，从国家紧迫需求出发，举全国之力打好关键核心技术攻坚战。围绕涉及长远发展和国家安全的“卡脖子”问题，聚焦重点产业领域加快研发攻关。在基础研究、技术研发、产业应用等方面进行系统部署，突破基本原理、基础软硬件、基础材料等瓶颈制约，加大对空间、海洋、网络、核、材料、能源、信息、生命等领域重大基础研究和战略高技术攻关力度，实现关键核心技术安全、自主、可控。围绕支撑重大技术突破，推进变革性研究，在新思想、新发现、新知识、新原理、新方法上积极进取，强化源头储备。建设支撑高水平创新的基础设施和平台。推动建立适应新质生产力发展的新型科研组织模式和资源配置方式，建设一批具有国际水平、突出学科交叉和协同创新的国家实验室，加快建设大型共用实验装置、数据资源、生物资源、知识和专利信息服务等科技基础条件平台。研发高端科研仪器设备，提高科研装备自给水平。建设超算中心和云计算平台等数字化基础设施，形成基于大数据的先进信息网络支撑体系。大力发展目标导向的基础研究，突出前沿技术交叉融合，积极抢占未来产业发展制高点。

（二）坚持以科技创新为引领，为发展新质生产力培育新动能

加快实现高水平科技自立自强，打好关键核心技术攻坚战，使原创性、颠覆性科技创新成果竞相涌现，培育发展新质生产力新动能。发挥科技创新引领作用，开辟高质量发展新领域新赛道，塑造新动能新优势，为加快发展新质生产力提供持久动力。加强科技创新资源统筹，在创新主体、创新资源、创新环境等方面持续加大统筹力度，加强科技资金、人才队伍、科研基础设施的统筹，提升国家创新体系整体效能。强化国家战略科技力量，增强高质量发展的动力，开展重点领域关键核心技术攻关，发挥新型举国体制优势，加快突破一批核心技术和标志性重大战略产品研发。强化企业科技创新主体地位，促进各类创新要素向企业集聚，支持企业提升创新能力，全面激发创新活力。鼓励企业家与科学家深度合作，加快科技成

果工程化、产业化、市场化和社会化。建设高质量标准体系，强化产业标准系统化、国际化布局，以标准化引领产业创新发展。加强重点产业专利布局，提升工业领域知识产权创造、运用、保护和管理能力。推动“科技—产业—金融”融合发展。以科技创新全链条、科技型企业全生命周期融资两大需求为牵引，坚持支撑科技攻关和服务实体经济同步推进，综合运用信贷、基金、债券以及科技保险等金融手段，为新质生产力加快形成提供灵活充足的资金供给，实现科技、产业、金融良性循环。

（三）高质量推动科技成果转化，为发展新质生产力提供持续供给

科技成果转化是一个复杂的系统工程，面临着从实验室到产业化、从想法到市场的挑战。科技成果只有同国家需要、人民要求、市场需求相适应，完成从科学研究到实验开发再到推广应用的三级跳，才能真正转化为现实生产力，实现创新驱动发展。一是加强科技成果挖掘。成果丰富源头供给，建设分类成果库，建设科学数据中心，建设技术服务与交易运营平台，培育引进技术经纪人队伍。二是打通概念验证环节。布局建设概念验证中心，提供原理或技术验证服务，加强验证中心与验证项目管理与支持。三是强化中试能力建设。加强科技成果中试转化基地建设，提升科创园中试承载能力，建设区域科研仪器共享服务平台。四是培育转化示范基地。健全科技成果转化应用体系，打造成果转化与承接平台，支持公共服务平台建设项目，拓展健全相关公共服务。五是探索成果转化新机制。探索“高校院所＋转化机构＋科创基金”“赋权＋转让＋约定收益”的科技成果转化新模式。

加快科技创新成果转化为新质生产力，关键还要处理好政府和市场的关系，需要有效市场和有为政府共同作用，特别是要发挥好市场的作用。通过市场需求引导创新资源有效配置，形成推进科技创新的强大合力。世界科技发展的历史经验表明，17 世纪至 20 世纪 70 年代，改变人类生活的 160 种创新中超过 80% 源于企业，全世界 70% 的专利和三分之二的研发经费都出自企业，这足以证明企业是科技创新的主体。近年来，我国国家重

点研发计划项目中，由企业牵头或参与的占比在三分之二左右，进一步突出了企业的创新主体地位。因此，要推动人财物等各种创新要素向企业集聚，使企业真正成为技术创新决策、研发投入、科研组织、成果转化的主体。今后，要多用“揭榜挂帅”等市场竞争方式，让更多企业参与基础研究、技术创新、成果转化、产业化等科技创新活动，让企业在重大科技规划中发挥出题者作用，在重点产品科技攻关中发挥产学研各方的组织协调者作用，在科技创新成果转化中发挥技术承接应用者作用。

（四）以场景驱动科技成果转化，为发展新质生产力提供场景牵引

新质生产力的培育关键在于以科技创新推动产业创新和能级跃迁。如何把握新模式开辟新道路，加快科技创新成果向新质生产力转化，是推进高质量发展的重要议题。当前，科技创新不再局限于单纯的技术进步，而是转变为针对特定环境的解决方案。企业作为场景的主要建设者、成果转化应用场景的主导者，在场景驱动创新过程中发挥着重要作用。新质生产力的培育关键在于以科技创新推动产业创新和产业体系现代化，而当前我国科技成果转化的瓶颈依然凸显，以高校、科研院所主导的传统转化方式难以适应以企业为主导的产学研深度融合新趋势和推进新型工业化、发展新质生产力的新要求。而以场景驱动科技成果转化，发挥企业丰富应用场景优势，联合产业链生态伙伴的合作模式将打破传统科技成果转化线性模式的瓶颈。因此，围绕推进新型工业化和加快建设制造强国、质量强国、网络强国、数字中国和农业强国等战略任务与重大场景进行科学布局，建构场景驱动科技成果向新质生产力转化新方式，推动建立企业主导型科技成果转化新型组织模式，健全完善科技成果高质量供给、高效率转化的创新生态，及时将科技创新成果应用到发展新质生产力的重大场景中，以新技术的场景化快速应用有效破解产业和产业链发展的痛点难点问题，将改造提升传统产业，培育壮大新兴产业，布局建设未来产业，完善现代化产业体系，赋能新质生产力持续涌现和快速发展。

（五）持续深化科技体制改革，打通束缚新质生产力发展的堵点卡点

发展新质生产力，必须进一步深化改革，加强管理和制度层面创新，形成与之相适应的新型生产关系。科技体制改革是其中的重要一环。要加强科技体制改革和政策统筹，推动科技政策从各管一段向构建高效协同的政策体系转变，针对新型举国体制、国家战略科技力量、战略博弈必争领域强化精准政策支持。推动完善高质量发展与科技创新相关的考核评价指标体系建设，引导地方加强科技创新工作，更好贯彻落实高质量发展理念。实施更加开放包容的国际科技合作战略，扩大高水平对外开放，营造具有国际竞争力的开放创新生态，与全球共享中国发展红利。

（六）加大新质人才队伍培养，为发展新质生产力夯实人才基础

坚持教育优先发展、科技自立自强、人才引领驱动一体化推进，形成协调互补的良性循环。完善人才培养、引进、使用、合理流动工作机制，在科研实践中培养造就更多高水平科技人才。根据科技发展趋势和重大任务需求，与教育部门协同配合，推动完善人才培养结构和学科专业设置，依托科技重大项目、科研基地平台等加强急需人才培养，着力造就拔尖创新人才，培养更多战略科学家、一流科技领军人才和创新团队、卓越工程师以及具有国际竞争力的青年科技人才。实施更加积极、开放、有效的人才政策，加大国家科技计划对外开放力度，吸引更多全球优秀科技人才来华创新创业。深化人才评价改革，健全要素参与收入分配机制，更好体现知识、技术、人才的市场价值，营造鼓励创新、宽容失败的良好氛围，为各类人才搭建干事创业的广阔舞台。

（七）壮大增强各类创新主体，为新质生产力发展提供基础支撑

明确各类创新主体在创新链不同环节的功能定位，激发主体活力，系统提升各类主体创新能力，夯实创新发展的基础。

提升企业的综合竞争力。生产力跃迁主要力量在企业，通过创新创业和企业孵化、成果转化和技术转移、产学研协同创新、产业结构调整和转型升级、生态构建和文化重塑等方式，推动企业由低阶（L0 级）向高阶

（L5级）迈进，既可以直接支撑生产力的跃迁，加快形成新质生产力，又可以引领地区经济社会由低阶（L0级）向高阶（L5级）迈进。要充分发挥大企业主力军和中小企业生力军作用，加强优质企业梯度培育，激发推进新型工业化的微观主体活力和动力。深化国有企业改革，完善中国特色现代企业制度，弘扬企业家精神，提升国有企业核心竞争力，促进民营经济发展壮大，加快建设世界一流企业。支持龙头企业做强做大，加快培育具有国际竞争力的大企业和具有产业链控制力的生态主导型企业。坚持管理和服务并重，坚持发展和帮扶并举，加快完善中小企业工作体系、政策法规体系、优质高效服务体系，培育更多专精特新中小企业，促进中小企业高质量发展。发挥大企业在技术、标准、资金、人才等方面的优势和中小企业在产业创新、强链稳链中的支撑作用，支持中小企业深度融入大企业供应链，构建大中小企业融通发展的良好生态。

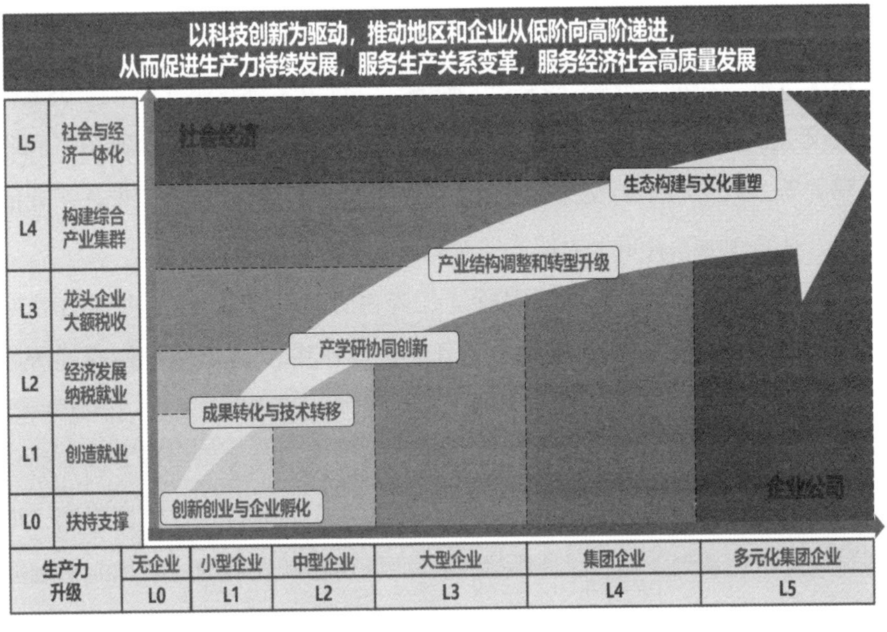

图7-1 企业和地区L0—L5等级图

建设世界一流大学和学科。加快中国特色现代大学制度建设，深入推进管、办、评分离，扩大学校办学自主权，完善学校内部治理结构。引导大学加强基础研究和追求学术卓越，组建跨学科、综合交叉的科研团队，形成一批优势学科集群和高水平科技创新基地，建立创新能力评估基础上的绩效拨款制度，系统提升人才培养、学科建设、科技研发三位一体创新水平。增强原始创新能力和服务经济社会发展能力，推动一批高水平大学和学科进入世界一流行列或前列。强化学科体系建设，深度聚焦发展新质生产力新要求，在基础学科、新兴学科、交叉学科建设方面下功夫，不断完善优势与特色、传统与新兴、应用与基础、综合与交叉相促进的学科总体布局，助力现代化产业体系建设。高校在发展基础学科方面具有深厚优势，要持续加大对数学、物理、化学、生物等基础学科的支持力度，挖掘基础研究的创新点，深化拓展基础学科服务面向新质领域的科研成果，推动传统产业升级，巩固传统产业领先地位。瞄准新兴科技领域，梳理凝练学科发展新方向，探索新兴学科尤其是“高精尖缺”学科的生长点，形成一批符合国家战略需要和未来科技发展趋势的新学科，引领生物制造、商业航天、低空经济等战略性新兴产业发展。打破学科专业壁垒，加快学科深度交叉，通过组建跨学科团队、搭建多学科交叉平台、跨学科招生和联合培养等方式，将学科交叉优势转化为开辟量子、生命科学等未来产业的优势，在新领域新赛道上为加快发展新质生产力贡献强大力量。

建设引领发展的一流科研院所。明晰科研院所功能定位，增强在基础前沿和行业共性关键技术研发中的骨干引领作用。健全现代科研院所制度，形成符合创新规律、体现领域特色、实施分类管理的法人治理结构。根据科学技术活动特点，把握好科学研究的探索发现规律和技术创新的市场规律，勇于突破、大胆创新，建立与之相适应的运行管理体制机制，增强科研院所创新创业活力。扫除制约科研院所创新发展的主要体制机制障碍，精准精细研究改革政策措施，提高改革的质量和效益。完善科技创新人才政策和激励机制，推进科研人员创新劳动与其利益收入对接，激发科技人员创新创造活力。根据基础前沿技术研究、公益性研究、技术开发等不同类型科研院所的目标定位和主要任务，以激发科研院所和科研人员的积极性、创造性为核心，以深化科技体制机制改革为动力，有针对性地制定改革举措，系统设计、分类指导、先行先试、逐步推广，深化科研院所改革，推动科研机构创新发展，充分释放人才、技术、资金等要素活力，为新质生产力发展提供有力支撑。围绕国家重大任务，有效整合优势科研资源，建设综合性、高水平的国际化科技创新基地，在若干优势领域形成一批具有鲜明特色的世界级科学研究中心。

大力发展面向市场的新型研发机构。围绕区域性、行业性重大技术需求，实行多元化投资、多样化模式、市场化运作，发展多种形式的先进技术研发、成果转化和产业孵化机构。坚持市场化、法治化、国际化原则，加快建设与国际接轨的世界一流新型研发机构。一是突出新的运行体制。打破传统科研机构的体制机制和管理模式，探索与国际接轨的治理结构和市场化运行机制；依法制定章程，构建完善的组织体系、法人治理结构，实行理事会领导下的院（所）长负责制。推动公益类科研院所依章程管理，在章程规定的职能范围内可自主设置、变更和取消单位的相关机制和机构。推动转制类科研院所深化市场化改革，进一步完善出资人管理体制和企业化运作机制，积极引入各类投资者实现股权多元化，根据实际情况进行股份制改造，符合条件的可实施员工持股。二是突出新的财政支持政策。根据新型研发机构类型和实际需求给予财政科技经费稳定支持，探索实行负面清单管理。赋予新型研发机构经费使用自主权，在确定的重点方向、重点领域范围内，可以自主确定研究课题、自主安排科研经费使用。三是突出新的绩效评价机制。对新型研发机构实行个性化合同管理制度，根据合同约定，由理事会下设的评估委员会进行评估，围绕科研投入、创新产出质量、成果转化、原创价值、实际贡献、人才集聚和培养等方面，做出符合机构设立目标和符合科研规律的评估。由理事会下设的审计委员会对资金使用情况实施审计，审计结果作为绩效评价的重要参考。四是突出新的知识产权激励。除特殊规定外，财政资金支持产生的科技成果及知识产权由新型研发机构依法取得，自主决定转化及推广应用。五是突出新的固定资产管理方式。财政资金支持购置的大型科研仪器设备等由新型研发机构管理和使用，并依法开放共享，提高资源利用效率。

加大技术转移和成果转化队伍建设。强化专业化成果转化和技术转移机构队伍建设，培育职业化成果转化和技术转移人才队伍，畅通成果转化和技术转移通道。加快高水平技术经纪人培养，实施技术经纪人培养专项计划，加强对技术经纪人的培养、指导与服务。加强高端科技成果转移转化人才培养，围绕重要领域创新发展，支持骨干企业、头部技术转移服务机构、新型研发机构等面向省内外引进一批全职科技成果转移转化人才（团队）；优化科技成果转移转化人才岗位设置，推动高校、科研院所、企业、科技园区、新型研发机构等根据实际需求，普遍设立科技成果转移转化专门岗位，聘用高水平技术经纪人（团队）开展工作，实现对科技成果转化和产业化的全流程赋能；拓宽科技成果转移转化人才应用场景，推动概念验证中心、科技成果转化中试示范基地、科技成果产业化示范基地等科技成果转化平台建设，将成果转移转化人才培养、引进和使用作为平台建设的重点任务。支持基础条件好、影响力大、辐射面广的技术交易市场主体，持续完善知识产权、中试孵化、法律咨询、招标拍卖等配套服务，营造有利于科技成果转移转化人才发挥作用的良好氛围。探索技术资本化机制，推动科技成果转移转化人才队伍与资本市场联动发展。激励科技成果转移转化人才，拓展科技成果转移转化人才发展空间，支持高校、科研院所、企业围绕科技成果转化，建立健全科技人员职称评定和收入分配制度。完善对科技成果转移转化人才的服务，建设科技成果转化信息服务系统和数据库，广泛征集科技成果，为科技成果转移转化人才提供完善的信息服务。组建科技成果评价专家库，建立健全科技成果评价机制，为科技成果转移转化人才提供成果评价服务。

第四节　新质生产力与科技服务业

一、科技服务业对于新质生产力的价值和意义

科技服务业是运用现代科技知识、现代技术和分析研究方法以及经验、信息等要素，向社会提供智力服务的新兴产业，是科技创新和产业发展的重要支撑。科技服务业具有人才智力密集、科技含量高、产业附加值大、辐射带动作用强等特点。近年来，我国科技服务业发展势头良好，服务内容不断丰富，服务模式不断创新，新型科技服务组织和服务业态不断涌现，服务质量和能力稳步提升。但总体上我国科技服务业仍处于发展初期，存在着市场主体发育不健全、服务机构专业化程度不高、高端服务业态较少、缺乏知名品牌、发展环境不完善、复合型人才缺乏等问题。

加快科技服务业高质量发展，是推动科技创新和科技成果转化、促进科技经济深度融合的客观要求，是调整优化产业结构、培育新经济增长点的重要举措，是实现科技创新引领产业升级、推动经济向中高端水平迈进的关键一环，对于深入实施创新驱动发展战略、加快新质生产力发展具有重要意义。第一，做大做强做优科技服务业是实现科技创新驱动产业升级、推动经济高质量发展、加快发展新质生产力的关键一环。作为新质生产力的重要组成部分，科技服务业主要包括研究开发、技术转移、检验检测认证、创业孵化、知识产权、科技咨询、科技金融等专业科技服务和综合科技服务，对科技创新和产业发展具有重要支撑作用。随着经济发展进入新常态，科技服务业正在成为推动我国经济由“工业经济”向“服务经济”转型的重要推手，成为推动科技与经济深度融合、调整结构稳增长和提质增效的重要一环。第二，做大做强做优科技服务业是构建我国现代化产业体系、培育经济发展新动能、加快发展新质生产力的重要举措。当前，我国正处于从中低端制造业向高端制造业转型的关键时期，科技创新

正在成为推动产业升级的关键因素。在此过程中，单纯依赖制造业本身的创新能力已难以完成，必须以科技服务业尤其是科技与信息服务业为支撑，通过科技服务业与先进制造业深度融合，加快制造业的组织变革与技术创新。推动科技服务业做大做强做优，有助于提升制造业的创新能力，促进我国产业结构优化升级，进一步夯实经济高质量发展的基础。第三，做大做强做优科技服务业是增强我国产业链供应链韧性、向产业链价值链高端延伸、加快发展新质生产力的必经之路。在全球新一轮产业结构调整中，提升产业链供应链现代化水平，是增强产业高端链接能力、自主可控能力、领先全球市场竞争力的关键。近年来，我国产业结构不断优化升级，制造业产业链正在不断向上下游延伸，对科技服务业的需求日益增强。因此，做大做强做优科技服务业，不仅有利于补短板、强弱项，更好服务于产业结构调整，还有利于保障我国产业链、供应链稳定。

发展新质生产力，其目的是实现经济社会的高质量发展，而要实现这一目的，就必须从实践上和行动上贯彻落实新发展理念，充分发挥市场在资源配置中的决定性作用，以支撑创新驱动发展战略实施为目标，以满足科技创新需求和提升产业创新能力为导向，深化科技体制改革，加快政府职能转变，完善政策环境，培育和壮大科技服务市场主体，创新科技服务模式，延展科技创新服务链，促进科技服务业专业化、网络化、规模化、国际化发展，形成覆盖科技创新全链条的科技服务体系，服务科技创新能力才能大幅增强，科技服务市场化水平和国际竞争力才能明显提升，培育一批拥有知名品牌的科技服务机构和龙头企业，涌现一批新型科技服务业态，形成一批科技服务产业集群，为建设创新型国家、打造中国经济升级版提供重要保障。

二、推动科技服务业支撑新质生产力发展的措施

当前，全球新一轮科技革命和产业变革正加速演进，科技创新能力成

为国家实力最关键的体现，科技创新在国家发展中的战略支撑作用越来越凸显。科技服务业具有人才智力密集、产业附加值高、辐射带动作用强等特点，是培育经济新动能的重要抓手，是提升产业链、供应链现代化水平的重要力量，是夯实国家竞争优势迈向新征程的关键支撑。做大做强做优科技服务业，应做好以下十个方面的工作。

（一）坚持改革创新推动科技服务业

坚持深化改革，进一步优化科技服务业发展环境，有序放开科技服务市场准入，建立符合国情、持续发展的体制机制，营造平等参与、公平竞争的发展环境，激发各类科技服务主体活力。坚持创新驱动，充分应用新一代信息技术和数字化技术，依托各类科技创新载体，整合开放公共科技服务资源，推动技术集成创新和商业模式创新，积极发展新型科技服务业态。坚持市场导向，充分发挥市场在资源配置中的决定性作用，区分公共服务和市场化服务，综合运用财税、金融、产业等政策推进科技服务机构市场化发展，加强专业化分工，拓展市场空间，实现科技服务业集聚发展。坚持开放合作，鼓励科技服务机构加强区域协作，推动科技服务业协同发展，加强国际交流与合作，培育具有全球影响力的服务品牌。

（二）加大科技研究及技术研发服务

加大对基础研究的投入力度，推进开展多种形式的应用研究和试验发展活动。推进高校、科研院所整合科研资源，面向市场提供专业化的研发服务。鼓励研发类企业专业化发展，积极培育市场化新型研发组织、研发中介和研发服务外包新业态。推进产业联合体开展协同创新，推动产业技术研发机构面向产业集群开展共性技术研发。推进发展产品研发设计服务，促进研发设计服务企业积极应用新技术提高设计服务能力。加强科技资源开放服务，建立健全高校、科研院所的科研设施和仪器设备开放运行机制，引导国家重点实验室、国家工程实验室、国家工程（技术）研究中心、大型科学仪器中心、分析测试中心等向社会开放服务。

（三）加强成果转化和技术转移服务

发展多层次的技术（产权）交易市场体系，推进技术交易机构探索基于互联网的在线技术交易模式，推动技术交易市场做大做强。鼓励技术转移机构创新服务模式，为企业提供跨领域、跨区域、全过程的技术转移集成服务，促进科技成果加速转移转化。依法保障为科技成果转移转化作出重要贡献的人员、技术转移机构等相关方的收入或股权比例。充分发挥技术进出口交易会、高新技术成果交易会等展会在推动技术转移中的作用。推动高校、科研院所、产业联盟、工程中心等面向市场开展中试和技术熟化等集成服务。建立企业、科研院所、高校良性互动机制，促进技术转移转化。

（四）加强标准和检验检测认证服务

加快发展第三方检验检测认证服务，鼓励不同所有制检验检测认证机构平等参与市场竞争。加强计量、检测技术、检测装备研发等基础能力建设，发展面向设计开发、生产制造、售后服务全过程的观测、分析、测试、检验、认证等服务。推进具备条件的检验检测认证机构与行政部门脱钩，转企改制。加快推进跨部门、跨行业、跨层级整合与并购重组，培育一批技术能力强、服务水平高、规模效益好的检验检测认证集团和产业集群。完善检验检测认证机构规划布局，加强国家质检中心和检测实验室建设。构建产业计量测试服务体系，加强国家产业计量测试中心建设，建立计量科技创新联盟。构建统一的检验检测认证监管制度，完善检验检测认证机构资质认定办法，开展检验检测认证结果和技术能力国际互认，制定品牌评价国际标准，建立国际互认的品牌评价体系，推动中国优质品牌国际化。推进标准化领航工程，加强技术标准研制与应用，推进标准研发、信息咨询等服务发展，构建技术标准全程服务体系。强化基础通用标准研制，健全技术创新、专利保护与标准化互动支撑机制，及时将先进技术转化为标准。推动我国产业采用国际先进标准，强化强制性标准制定与实施，形成支撑产业升级的标准群，全面提高行业技术标准和产业准入水平。支持我国企业、联盟和社团参与或主导国际标准研制，推动我国优势技术与标准成为国际标准。

（五）推进创新创业和产业孵化服务

构建以专业孵化器和创新型孵化器为重点、综合孵化器为支撑的创新创业和产业孵化生态体系。加强创业教育，营造创业文化，办好创新创业大赛，充分发挥大学科技园在大学生创业就业和高校科技成果转化中的载体作用。引导企业、社会资本参与投资建设孵化器，促进天使投资与创新创业和产业孵化紧密结合，推广“孵化＋创投”等孵化模式，积极探索基于互联网的新型孵化方式，提升孵化器专业服务能力。整合创新创业服务资源，推进建设“创业苗圃＋孵化器＋加速器”的创业孵化服务链条，为培育新兴产业提供源头支撑。

（六）大力发展知识产权综合服务

深化知识产权领域改革，深入实施知识产权战略行动计划，提高知识产权的创造、运用、保护和管理能力。以科技创新需求为导向，大力发展知识产权代理、法律、信息、咨询、培训等服务，提升知识产权分析评议、运营实施、评估交易、保护维权、投融资等服务水平，构建全链条的知识产权服务体系。推进成立知识产权服务共同体，开发高端检索分析工具。推动知识产权基础信息资源免费或低成本向社会开放，基本检索工具免费供社会公众使用。推进相关科技服务机构面向重点产业领域，建立知识产权信息服务平台，提升产业创新服务能力。引导支持市场主体创造和运用知识产权，以知识产权利益分享机制为纽带，促进创新成果知识产权化。充分发挥知识产权司法保护的主导作用，增强全民知识产权保护意识，强化知识产权制度对创新的基本保障作用。健全防止滥用知识产权的反垄断审查制度，建立知识产权侵权国际调查和海外维权机制。

（七）发展高质量的科技咨询服务

鼓励发展科技战略研究、科技评估、科技招投标、管理咨询等科技咨询服务业，积极培育管理服务外包、项目管理外包等新业态。推进科技咨询机构、知识服务机构、生产力促进中心等积极应用大数据、云计算、移动互联网等现代信息技术，创新服务模式，开展网络化、集成化的科技咨询和知识服务。加强科技信息资源的市场化开发利用，推进发展竞争情报分析、科技查新和文献检索等科技信息服务。发展工程技术咨询服务，为企业提供集成化的工程技术解决方案。

（八）充分发挥科技金融服务作用

深化促进科技和金融结合试点，探索发展新型科技金融服务组织和服务模式，建立适应创新链需求的科技金融服务体系。鼓励金融机构在科技金融服务的组织体系、金融产品和服务机制方面进行创新，建立融资风险与收益相匹配的激励机制，开展科技保险、科技担保、知识产权质押等科技金融服务。推进天使投资、创业投资等股权投资对科技企业进行投资和增值服务，探索投贷结合的融资模式。利用互联网金融平台服务科技创新，完善投融资担保机制，破解科技型中小微企业融资难问题。

（九）加强科学技术普及和服务

加强科普能力建设，开展公益性科普服务。引导科普服务机构采取市场运作方式，加强产品研发，拓展传播渠道，开展增值服务，带动模型、教具、展品等相关衍生产业发展。推动科研机构、高校向社会开放科研设施，鼓励企业、社会组织和个人捐助或投资建设科普设施。整合科普资源，建立区域合作机制，逐步形成全国范围内科普资源互通共享的格局。推动各类出版机构、新闻媒体开展科普服务，积极开展青少年科普阅读活动，加大科技传播力度，提供科普服务新平台。

（十）加强科技服务的其他综合科技服务

鼓励科技服务机构的跨领域融合、跨区域合作，以市场化方式整合现有科技服务资源，创新服务模式和商业模式，发展全链条科技服务，形成集成化总包、专业化分包的综合科技服务模式。鼓励科技服务机构面向产业集群和区域发展需求，开展专业化的综合科技服务，培育发展壮大若干科技集成服务商。支持科技服务机构面向军民科技融合开展综合服务，推进军民融合深度发展。

三、高质量发展科技服务业支撑新质生产力发展的保障措施

（一）健全科技服务业的市场机制

进一步完善科技服务业市场法规和监管体制，有序放开科技服务市场准入，规范市场秩序，加强科技服务企业信用体系建设，构建统一开放、竞争有序的市场体系，为各类科技服务主体营造公平竞争的环境。推动国有科技服务企业建立现代企业制度，引导社会资本参与国有科技服务企业改制，促进股权多元化改造。鼓励科技人员创办科技服务企业，积极支持合伙制科技服务企业发展。加快推进具备条件的科技服务事业单位转制，开展市场化经营。加快转变政府职能，充分发挥产业技术联盟、行业协会等社会组织在推动科技服务业发展中的作用。

（二）强化科技服务业的基础支撑

加快建立国家科技报告制度，建设统一的国家科技管理信息系统，逐步加大信息开放和共享力度。积极推进科技服务公共技术平台建设，提升科技服务技术支撑能力。建立健全科技服务的标准体系，加强分类指导，促进科技服务业规范化发展。完善科技服务业统计调查制度，充分利用并整合各有关部门科技服务业统计数据，定期发布科技服务业发展情况。研究实行有利于科技服务业发展的土地政策，完善价格政策，逐步实现科技服务企业用水、用电、用气与工业企业同价。

（三）加大科技服务业的财税支持

建立健全事业单位大型科研仪器设备对外开放共享机制，加强对国家超级计算中心等公共科研基础设施的支持。完善高新技术企业认定管理办法，充分考虑科技服务业特点，将科技服务内容及其支撑技术纳入国家重点支持的高新技术领域，对被认定为高新技术企业的科技服务企业，减按15%的税率征收企业所得税。符合条件的科技服务企业发生的职工教育

经费支出，不超过工资薪金总额8%的部分，准予在计算应纳税所得额时据实扣除。结合完善企业研发费用计核方法，统筹研究科技服务费用税前加计扣除范围。扩大科技服务企业增值税进项税额抵扣范围，消除重复征税。落实国家大学科技园、科技企业孵化器相关税收优惠政策，对其自用以及提供给孵化企业使用的房产、土地，免征房产税和城镇土地使用税。

（四）拓宽科技服务业的资金渠道

建立多元化的资金投入体系，拓展科技服务企业融资渠道，引导银行信贷、创业投资、资本市场等加大对科技服务企业的支持，支持科技服务企业上市融资和再融资，以及到全国中小企业股份转让系统挂牌，鼓励外资投入科技服务业。积极发挥财政资金的杠杆作用，利用中小企业发展专项资金、国家科技成果转化引导基金等加大对科技服务企业的支持力度；鼓励地方通过科技服务业发展专项资金等，支持科技服务机构提升专业服务能力、搭建公共服务平台、创新服务模式等。创新财政支持方式，积极探索以政府购买服务、“后补助”等方式支持公共科技服务发展。

（五）加强科技服务业的人才培养

面向科技服务业发展需求，完善学历教育和职业培训体系，支持高校调整相关专业设置，加强对科技服务业从业人员的培养培训。积极利用各类人才计划，引进和培养一批懂技术、懂市场、懂管理的复合型科技服务高端人才。依托科协组织、行业协会，开展科技服务人才专业技术培训，提高从业人员的专业素质和能力水平。完善科技服务业人才评价体系，健全职业资格制度，调动高校、科研院所、企业等各类人才在科技服务领域创业创新的积极性。

（六）深化科技服务业的开放合作

支持科技服务企业“走出去”，通过海外并购、联合经营、设立分支机构等方式开拓国际市场，扶持科技服务企业到境外上市。推动科技服务企业牵头组建以技术、专利、标准为纽带的科技服务联盟，开展协同创新。支持科技服务机构开展技术、人才等方面的国际交流合作。鼓励国外知名科技服务机构在我国设立分支机构或开展科技服务合作。

（七）推动科技服务业的示范应用

开展科技服务业区域和行业试点示范，打造一批特色鲜明、功能完善、布局合理的科技服务业集聚区，形成一批具有国际竞争力的科技服务业集群。深入推动重点行业的科技服务应用，围绕战略性新兴产业和现代制造业的创新需求，建设公共科技服务平台。鼓励开展面向农业技术推广、农业产业化、人口健康、生态环保、社会治理、公共安全、防灾减灾等领域的惠民科技服务。

第八章　新质生产力与现代化产业体系

第一节　新质生产力与现代化产业体系构建

当前，我国产业体系现代化面临着产业结构“低端锁定”、生产和流通智能化水平有待提升、关键核心技术“卡脖子”、数实融合不充分不平衡以及产业绿色低碳转型的环境约束等一系列制约因素。为此，以新质生产力推动现代化产业体系建设的实现路径在于，要以升级传统产业、壮大新兴产业和产业融合发展推动产业结构高端化，以创新配套基础设施、要素资源流动和创新营销模式推动生产流通智能化，以基础研究、创新人才和创新协同体系推动核心技术自主化，以数字产业化和产业数字化推动数字实体融合化，以绿色产业、绿色技术和绿色发展政策推动产业发展低碳化。

一、新质生产力推动现代化产业体系构建的基本原理

新质生产力作为先进生产力的具体表现形式，是习近平总书记以科技创新带动经济高质量发展的最新理论成果。现代化产业体系是中国现代化发展观在产业层面的具体体现，是我国现代化经济体系的重要组成部分。现代化产业体系是一个动态的与时俱进的概念。建设现代化产业体系需要突破传统产业体系的单维线性关系，不只是原有产业结构的高级化，更加强调产业之间复杂的内在联系和系统演化过程。要以整体产业结构、技术

与组织方式的转变，形成有利于实体经济持续稳定增长的协同机制；同时，还要与人与自然和谐共生等现代化目标保持一致。因此，现代化产业体系是以高新技术产业为主导、现代农业为基础、先进制造业为主干、现代服务业为主体，形成国际竞争优势和高端价值链，并能够面向未来发展趋势和实现可持续发展的新型产业体系。其主要特征包括以下几个方面：一是产业结构高端化，二是生产流通智能化，三是核心技术自主化，四是数字实体融合化，五是产业发展低碳化。建设现代化产业体系必须依靠新质生产力，因为新质生产力正是以现代科学和关键核心技术来突破产业发展中的桎梏，成为现代化产业体系形成的重要驱动力。

（一）新质生产力推动产业结构高端化

新质生产力在产业层面涉及领域新、科技含量高、交叉属性强，可以发挥新旧产业更替机制的作用。新质生产力可以通过重塑传统产业、带动战略性新兴产业和未来产业、促进产业融合发展三个层面推动产业结构高端化。其一，新质生产力通过技术创新和生产方式创新促进传统产业实现质的飞跃，实现产业体系“焕新”。在传统产业内部，新旧更替机制体现为以优逐劣。新技术的广泛应用对传统产业中发展成熟的产业进行转型升级，并拥有新业态、新模式；而对传统产业中不适应现代化发展要求的产业进行“部分出清”，这将为传统产业尤其是服务型制造业的蓬勃兴起提供更大市场空间。其二，新质生产力通过加速数字技术和数据要素向战略性新兴产业和未来产业聚集，实现产业体系“出新”。在战略性新兴产业和未来产业的发展中，新旧更替机制体现为不断丰富和做大做优现代化产业体系。数字经济时代，通常以数字技术为代表的战略性新兴产业会成为企业和社会的重点投资领域，并逐渐发展成为主导产业。新质生产力还将促使劳动对象日益趋于类目新增、虚实共存，人类的实践触角和产业发展空间得以扩展和延伸，进而助推未来产业的诞生和发展。其三，产业结构升级还要强调不同产业间的协同发展。随着新技术新业态新模式不断涌现，行业边界越来越模糊，前沿科技跨领域交叉融合趋势越来越明显。新质生产力推动产业向专业化和价值链高端延伸，带动产业结构高端化。

（二）新质生产力推动生产流通数智化

新质生产力的产生与数字智能时代关联，其加速发展决定了新的生产方式和组织方式的出现，帮助整个产业链各环节高效智能运转。生产是产业价值创造的初始环节。新质生产力可以通过优化生产方式与流程、加强专业化分工与协作两个层面来推动产业生产智能化。其一，生产方式和生产流程的优化改进离不开设备升级和技术改造，而新质生产力的形成正在积极推动生产动力、效率和质量发生根本性变革。一方面，新质生产力推动劳动者专业素质提升和劳动资料改良升级，而高素质的人力资源又能更好地与高度自动化、高智能化的机器体系协同工作，生产制造方式向数字化、智能化推进。另一方面，新的生产工具是智能化生产车间建设的关键，如现代信息技术、人工智能、现代计算机技术和自动化系统等，使得技术工人可以对生产全链条进行精确控制和精度优化。其二，在新质生产力推动的数智时代，较快的发展速度和较高的竞争压力将促使同类型企业集中资源挖掘自身创新优势和潜力，追求差异化创新成果，专业化分工与协作进一步深化，分担风险的同时形成正向迭代的生产环节创新机制。流通是产业价值实现的中间环节。新质生产力可以通过降低要素资源搜寻成本和创新商业营销模式推动产业流通智能化。一是在新质生产力推动的数智时代下，加速信息的流动和传播，降低要素资源的搜寻成本，企业可以及时察觉市场需求动向和发展趋势，精准匹配消费者的个性化需求。二是新质生产力催生了一系列新的商业营销模式。例如共享经济、平台经济等拓宽了企业的销售渠道和范围，同时消费者也能便捷地筛选产品，形成供需良性互动，提高了产品流通速度，增加了产品流通数量。

（三）新质生产力推动核心技术自主化

在大国竞争背景下，安全稳定是产业发展的前提，现代化产业体系必须是建立在核心技术自主化基础上的。新质生产力以创新为第一动力，其涌现通常伴随着科技的快速发展和创新。新质生产力可以通过汇聚创新要素、培育创新人才和协同创新体系三个层面推动核心技术自主化。其一，新质生产力有助于加快创新要素汇聚，提升核心技术创新效率。一方面，数据、知识、创造性劳动等高端要素资源的投入，打破了传统要素稀缺性对科学知识生产的制约。尤其是数字化时代下的数据要素可共享、可整合，不仅成了科技创新最重要的直接投入要素，还可以促进其他创新资源的流动与汇聚，为核心技术自主化提供基础支撑。另一方面，新质生产力有利于推动开放式创新。借助新质生产力的发展充分汇聚国际国内创新资源要素，有利于我国在积极融入全球创新网络的同时实现关键性颠覆性技术快速突破。其二，新质生产力的形成是对整个人力资源体系的转变。新质生产力极大地丰富和完善了劳动者获取新知识和新信息的渠道与模式，支撑劳动者的知识储备、劳动技能改造升级，形成具备高水平创新能力的人才链，为核心技术领域创新动能提供了智力支持。其三，新质生产力通过建立技术交流和合作平台，突破创新主体间的壁垒，在基础研究、数据收集、应用研究与技术转化等方面对核心技术研发流程进行重组，形成有效的远程协同科技创新体系。

（四）新质生产力推动数字实体融合化

实体经济是现代化产业体系的根基和支柱，新质生产力潜力的充分发挥离不开数字经济与实体经济的深度融合发展。新质生产力可以通过产业数字化、数字产业化和产业生态系统三个层面推动数字实体融合化。其一，新质生产力依托数字化、智能化技术的深度嵌入，对传统产业的生产技术和生产方式进行全方位、全链条的改造，全面提升了实体经济的数字化水平，推动传统产业数字化转型升级，尤其是制造业高质量发展。其二，新质生产力利用技术先进性，不断催生新形态、新赛道，集中力量推动数字产业实体化，拓展实体经济发展空间。当新一代信息技术、集成电路、高端设备、机器人和关键新材料等重点领域同实体经济深度融合时，将培育一批具有先导性、支柱性和国际先进水平的战略性新兴产业集群。其三，新质生产力将推动形成相融相长、耦合共生的产业生态系统。在新一轮产业和技术革命背景下，现代服务业跨产业与先进制造业、现代农业融合发展成为趋势，形成以制造业服务化和服务业制造化为特征的优质高效、结构优化、竞争力强的产业生态系统，为更好地实现数字经济与实体经济融合提供环境支持，促进数字实体经济融合效率的提升。

（五）新质生产力推动产业发展低碳化

就目标旨归而言，传统生产力追求经济规模的扩大，而新质生产力服务于经济效益、社会效益和生态效益相统一的高质量发展，二者在可持续发展方面区别明显。新质生产力可以通过劳动资料绿色化、劳动对象绿色化和能源结构绿色化三个层面推动产业发展低碳化。其一，新质生产力为劳动资料绿色化创造了有利条件，以具有绿色化、自动化等特质的“新工具”，推动生产方式绿色低碳转型。新质生产力主要涉及的新兴科技领域，其数字技术含量高，对劳动资料的成分、结构和运行方式等进行优化与重塑，进而促进传统制造工艺优化和设备改造升级，突破了传统增长路径中高耗能、高污染的困局。其二，新质生产力为延伸和拓展劳动对象的实践空间提供了新的可能，以类目增加、虚实共存的“新材料”，推动生产资源利用绿色化。一方面，人类的研究探索领域逐渐向更多物质性的新劳动对象转移，促进了自然资源的有效利用和有度利用；另一方面，新质生产力的发展催生了数字化研究领域，例如海量数据已经成为一种重要且常见的非物质性的新劳动对象，能够减少对自然生态环境的过度干扰。其三，新质生产力以节能低碳为目标，致力于更高质量地做好资源节约集约利用工作，协助推进能源结构绿色化。一方面，通过助力发展与壮大数字产业、节能环保产业、新能源等绿色低碳型核心产业，推动节能环保型产品和服务质量提升、社会成员消费习惯和生活方式的绿色化转型；另一方面，新质生产力通过助力集中攻克一批新能源关键技术，提升传统制造业能源利用的绿色化水平。

二、我国现代化产业体系构建和发展的现状特征

进入新时代以来，我国产业发展实现了从规模增长向规模与质量并举发展的历史性转变。依托新一代信息技术和产业革命带动形成新质生产力，我国农业、工业与服务业部门发展质量不断提升，并协同高新技术产业，充分发挥创新驱动作用，为形成多样丰富的产业生态系统提供了扎实基础和有利条件。基于这样的现实基础，要以新质生产力推动构建现代化产业体系，需要把握当前产业发展现状和阶段性特点。

（一）现代化产业体系中高新技术产业的发展特征

高新技术产业作为一种知识和技术密集型产业，处于技术创新的前沿，既是现代化产业体系的重要组成部分，也是我国参与全球经济竞争的重要领域。近年来我国高新技术产业发展迅猛，对国民经济的拉动作用逐渐增强，其具有如下发展特征。一是科技创新追赶速度快。与世界科技强国相比，我国高新技术产业起步较晚，经历了从无到有、从弱到强的过程。近年来我国高新技术产业占规模以上工业增加值的比重不断提升，从 2018 年的 13.9% 上升到 2022 年的 15.5%。2022 年我国高新技术企业数量已达到 40 万家。电子及通信设备制造业是高技术产业的核心，光纤网络规模位居世界第一。航天事业实现跨越式发展，有超过 2000 项航天技术成果实现转化，服务民生。二是高技术行业集中度过高。我国高技术产业发展的多样化不足，其中电子及通信设备制造业“一业独大”，所占比重明显高于其他行业。自 2000 年以来，电子及通信设备行业的营业收入比重基本上占到高新技术产业的一半以上，2021 年占比高达 63%。三是科研创新与产业发展脱钩。近年来，中国科技投入、科技论文数量等排名不断靠前，专利申请数量从 2012 年的 2.05 百万件快速提升至 2021 年的 5.24 百万件，平均年增长率高达 13%。但科技创新成果并不能完全满足产业部门发展的需要，部分关键核心技术对外依存度较高。

（二）现代化产业体系中现代农业的发展特征

近年来，我国农业发展稳中向好，基础地位不断巩固，其具有以下发展特征。一是农业增加值和粮食产量稳定增长。截至 2022 年，中国农林牧渔业增加值已接近 9.3 万亿元，中国粮食总产量增长至 68652.8 万吨，人均粮食占有量约 480 公斤，远在国际粮食安全线之上，充分做到了谷物基本自给和口粮绝对安全。二是农业机械化和数智化水平持续提升。一方面，我国农业机械装备普及率逐渐上升，农业生产条件不断升级、生产效率大幅提升，已跨入以机械化为主导的新阶段。截至 2021 年，全国农作物耕种收割综合机械化率超过 71%。另一方面，农业生产经营方式转变，已有超 100 万农户采用线上网络渠道销售农产品，订单农业、农村电商、冷链物流等新业态新模式涌现，实现农民增收创收和农业提质增效。三是现代农业发展速度较快，但尚未成为主体。在农产品加工率方面，发达国家大部分在 90% 以上，而我国仅为 20%~30%。在农业生产率方面，2021 年美国超过 60 万元 / 人，而我国仅为 4.4 万元 / 人。

（三）现代化产业体系中现代制造业的发展特征

目前我国正处于迈向高收入经济体的关键时期，工业发展在其中起到了基础性支撑作用，其具有如下发展特征。一是制造业向高端化、智能化和绿色化转型，加速迈向“制造强国”。中国目前拥有全球产业门类最齐全、产业体系最完整、配套能力全球领先的制造业生产体系，在世界 500 种主要制造业产品中，我国有超过 40% 的产品产量位居世界第一。2022 年我国制造业增加值 33.5 万亿元，占全球比重始终保持世界第一的绝对优势。制造业在全球产业链、价值链中的地位持续攀升，通信设备、先进轨道交通装备、纺织、家电等产业居于世界领先位置，新能源汽车和光伏产量全球领先。2022 年我国共有 65 家制造业企业成为世界 500 强企业，专精特新中小企业超过 7 万家，并且已经培育出 45 个国家级先进制造业集群。二是在收入还处于较低水平的阶段过早出现工业占比下降的趋势。自 2008 年以来，我国工业占比呈持续下降状态，到 2020 年下降为 26.77%，须引起高度重视。三是产业链、供应链自主可控能力较弱。我国中高端制造业占比较低，一批战略性新兴产业、未来产业正在成长，但还没有成为主导产业。在26类有代表性的制造业产业中，中国有6类产业自主可控，占比为23.1%；10类产业安全可控，占比为38.5%；2类产业对外依赖度高，占比为7.7%；8类产业对外依赖度极高，占比为30.8%。

（四）现代化产业体系中现代服务业的发展特征

近年来我国服务业转型升级加快，持续赋能产业链增值，其具有如下发展特征。一是现代化服务业新体系不断发展壮大。自2015年以来，中国服务业增加值占GDP比重稳定保持在50%以上，取代工业成为国民经济的主导部门。2022年，国内服务业增加值上升至63.9万亿元，同广大发达经济体服务业的发展差距不断缩小。同时，中国持续推进建设、巩固和强化以生产性服务业为支柱的现代服务业产业集群，重视提高健康、养老、旅游和体育等生活性服务业的高品质、精细化与多样化发展，着力支持教育、医疗等公共性服务行业的降本增效和效益普惠。二是服务业同先进制造业、现代农业等融合发展。依托新技术，服务业体系逐步健全，在金融、科技、物流、产品质量监督等方面提供更加智慧、绿色和高效的系统服务，深度赋能各行业发展，成为紧密衔接产业链各环节、部门的重要力量。三是服务业结构还不够优化，批发零售、金融、房地产等传统服务业比重偏高，生产性服务业发展不足。2021年我国生产性服务业占服务业比重为56.9%，相对于发达经济体70%的占比，水平较低。特别是对制造业发展具有较强促进作用的高端生产性服务业供给不充分，这是目前中国产业体系中相对薄弱的环节。

三、以新质生产力推动现代化产业体系构建的路径选择

面向新一轮科技和产业革命、大国竞争加剧以及经济发展方式转型等重大挑战在当下形成的历史性交汇，新质生产力的发展为中国加快构建现

代化产业体系提供了重要机遇和可行路径。要牢牢抓住这一机会窗口，就要积极破除阻碍现代化产业体系构建的制约因素，遵循经济效率与社会效率相结合的标准，前者体现为高端化、智能化和融合化，后者体现为战略安全性和绿色化。为此，以新质生产力推动现代化产业体系构建的路径选择需要瞄准以下五个重点方向。

（一）以传统产业升级、新兴产业壮大和产业融合发展推动产业结构高端化

推动产业结构高端化，首先，要统筹传统产业改造升级和新兴产业培育壮大。在传统产业方面，要结合农业、工业和服务业的发展实际，积极推广先进适用技术，强化稳固产业现代化的基础优势和发展态势。第一，推动建设农业强国。要加快突破农业关键核心技术，着力提升农业科技和物质装备水平，赋能农业产出附加值和综合效率的本质性提升。第二，推动先进制造业做强做优，巩固优势制造业领先地位。重点把握和提升新能源汽车、光伏设备、航天航空、生物医药等关键领域的“中国制造”优势和“中国智造”水平，进一步加大对传统工业的改造升级，及时淘汰高耗、低效的落后产能。第三，大力发展现代服务业，构建优质高效的服务业新体系。打造公平竞争、包容和谐的服务业营商环境，推动生活性服务业向多样化和高品质发展，推动生产性服务业向专业化和价值链高端延伸。在新兴产业方面，要加快新能源、人工智能、生物制造、绿色低碳等前沿技术研发和应用推广，抢占战略制高点；运用新质生产力超前布局包括元宇宙、量子信息、卫星互联网等在内的未来产业，抢占战略新赛道。其次，要推进产业深度融合发展。第一，积极培育融合平台型企业，充分发挥《区域全面经济伙伴关系协定》（RCEP）以及共建“一带一路”倡议的作用，促进内外循环开放，形成融合共生的世界级产业集群。第二，以服务业为融合发展的关键抓手和重点领域。健全完善综合化服务平台和高端服务平台，积极培育“农业＋服务”产业融合的农业新形态，重点深化现代服务业与先进制造业的融合。

（二）以创新配套基础设施、要素资源流动和营销模式推动生产流通数智化

我国拥有超大规模市场、庞大的工程师队伍和完备的产业体系等多方面优势，这为我们积极推进产业生产和流通智能化发展提供了有利条件。在创新配套基础设施建设方面，第一，提高地方政府建设新型基础设施效率，聚焦关键技术领域，精准有序开展自主创新研发，摆脱国外技术和市场的双重打压；第二，发挥我国在电力设备、通信设备等领域形成的全产业链优势，建设智能制造示范工厂，完善智能制造标准体系，形成具有一定自治功能的智能生产和运行系统。在要素资源流动方面，第一，推动工业互联网平台规范健康发展，实现行业要素资源有效、安全、合理地进行网络协同和实时交易，提升企业信息提炼能力；第二，加大对“问题区域”的支持力度，着力改善要素供给条件，打破高端要素资源跨区流通的行政壁垒，形成地区间产业相互衔接、相互协调的空间协作网络体系。在营销方式创新方面，第一，加强营销市场监管，优化完善有利于企业技术创新和品牌化发展的营销环境，引导企业转变营销和发展理念，注重提升产品质量和品牌价值建设；第二，积极探索和创新国际营销新模式，为产品流通开辟更长远和更广阔的海外市场，同时加快发展物联网，推进流通业数字化、智能化改造和跨界融合，建设高效顺畅的物流体系，提升产业流通效率。

（三）以基础科学研究、科技创新人才和创新协同体系推动核心技术自主化

当前，我国核心技术领域存在科技成果与市场需求对接难、复合型科技创新人才缺口大、整体创新产出效率偏低等问题，需要从基础研究、创新人才和创新协同体系三个方面着手，加快推动关键性、颠覆性技术的不断突破。在基础研发方面，第一，充分发挥政府的全局性战略谋划优势，持续增大基础科学研究的投入支持力度，重点强化重大原创性研究和前沿交叉研究，统筹产业基础再造和重大技术装备集中攻关；第二，充分发挥市场激励作用，大力培育和支持专精特新“单项冠军”企业高质量发展，

严格保护知识产权，切实保障科技成果向现实生产力转化；第三，建立科技成果市场化平台，开展以需求为导向的基础性科学研究与应用研究，推动科研部门与产业部门实现供需精准对接。在创新人才方面，第一，教育体制要强调创新性和批判性思维，增强数字资源供给和技能学习平台供给，打造高素质、复合型的人才队伍，提高创新链与人才链的融合水平；第二，加强劳动者权益保护，完善来华工作、科研、交流的政策，为顶尖人才的成长提供宽容的环境和空间，优化人力资源的产业配置结构。在创新协同体系方面，第一，充分发挥金融机构对科技创新和成果及时产业化的支持作用，推动“科技—产业—金融”良性循环，营造良好创新生态；第二，加强校企联合，共享国际实验室，鼓励民营领军企业组建创新联合体，形成多元创新主体开展集体式研发的创新协同体系。

（四）以数字产业化和产业数字化推动数字经济与实体经济融合化

加快发展数字经济的同时，还要充分发挥我国海量用户和广阔应用场景的优势，推动数字经济和实体经济深度融合。一方面，加快推进数字产业化。第一，大规模建设数字基础设施，加快传统基础设施数字化改造，增强关键数字技术创新和供给能力，从供需维度拉动数字产业发展。第二，打造适宜数字产业发展的营商环境。通过明晰数字产权、保障数字安全，为数字产业健康规范发展提供制度保障，健全数字化网络生态系统。第三，打造具有国际竞争力的数字产业集群。大力发展数字基础产业，做大做强数字优势产业，以数字产业集群带动数字人才和数字技术集聚，进一步促进数字未来产业发展。另一方面，加快推进产业数字化。第一，推进数字经济与公共服务行业的有效结合和供给，为企业培育更多数字人才，减少传统企业和数字企业对数字经济与实体经济融合的认知差异；发挥大企业数字化转型示范作用，协助中小企业实现数字经济与实体经济融合。第二，以数字新质生产力推动新型工业化，推动传统制造业基于自身发展特质实现全方位、全链条的数字化转型，构建低成本、高适配性的数字技术平台，推动制造业中低技术行业的数字化升级。第三，深化数字要素向经济社会各领域的渗透，赋能农业生产经营和管理服务等环节的数字化改造，加快发展智慧农业；大力发展数字商务和数字金融，培育智慧物流、新零售等新增长点，深入推进服务业数字化转型。

（五）以绿色技术、绿色产业、绿色发展政策推动产业发展低碳化

推动我国产业绿色低碳化发展，就要抓住新质生产力下绿色技术、绿色产业快速发展的机遇，用好绿色发展政策工具，协同解决当前制造业低碳化转型压力大、绿色产业发展不足和绿色核心技术有待突破等问题。在绿色产业方面，要进一步壮大节能环保产业、清洁生产产业及相关服务业等绿色核心产业，加快风、光、水、核等清洁能源供应体系建设，提升产业链、供应链中新兴产业整体的绿色化水平。在绿色技术方面，第一，推动制造业和绿色技术的深度融合。推动传统制造工艺、设备和劳动密集型行业的绿色化改造，实现从绿色采购、绿色制造到可持续消费，再到回收利用的全供应链环节“焕新”，降低能耗和碳排放水平；第二，推动绿色化关键技术的研发创新与应用，构建市场导向的绿色发展技术创新体系，进一步攻克新能源技术，特别是集中攻克低成本、高效率储能技术。在绿色发展政策方面，第一，积极稳妥推进碳达峰、碳中和政策措施，调动各行业各企业的积极性，在绿色转型发展中努力培育新的产业竞争优势，共同构建清洁低碳的现代能源体系；第二，加快建立健全绿色生产和消费的法律制度和政策导向，大力发展绿色金融，充分利用碳交易、环境保护税等市场化和财税手段，从法律、要素、市场等多方面增强绿色产业政策的协同性。

第二节　新质生产力与新型工业化

一、新型工业化的必要性和重要意义

推进新型工业化是实现中国式现代化的必然要求。工业化是现代化的

前提和基础。新中国成立特别是改革开放以来，我国用几十年时间走完了西方发达国家几百年走过的工业化历程，创造了经济快速发展和社会长期稳定的奇迹。历史和现实都表明，在我们这样一个有14亿多人口的发展中大国推进工业化，既要遵循世界工业化的一般规律，更要立足国情，走有中国特色的新型工业化之路。推进新型工业化是全面建成社会主义现代化强国的根本支撑。工业是一国综合国力的根基，是建设农业强国、科技强国、质量强国、航天强国、交通强国、网络强国、数字中国和世界一流军队的重要支撑。对我们这样的大国而言，没有强大的工业，现代化强国的奋斗目标就难以实现。推进新型工业化是构建大国竞争优势的迫切需要。实体经济是我国发展的本钱，是构筑未来发展战略优势的重要支撑，是在国际经济竞争中赢得主动的根基。新中国成立以来，特别是改革开放以来，我国建成了门类齐全、独立完整的工业体系和国民经济体系，为国民经济保持长期快速发展提供了有力支撑，显著增强了应对国内外各种风险挑战的信心和底气。推进新型工业化是实现经济高质量发展的战略选择。工业也是经济增长的主引擎，在稳定宏观经济大盘中发挥着关键作用。工业是技术创新的主战场，是创新活动最活跃、创新成果最丰富、创新应用最集中、创新溢出效应最强的领域。没有工业的高质量发展，就没有经济的高质量发展。推动经济高质量发展，重点在工业，难点也在工业。必须加快推进新型工业化，完整、准确、全面贯彻新发展理念，促进技术进步和结构优化升级，推动经济发展质量变革、效率变革、动力变革。

二、新质生产力与新型工业化之间的关系

新质生产力与新型工业化都是在新一轮科技革命和产业变革中出现的新范畴，二者之间是双向驱动的关系，即生产力“新的质态”驱动产生新型工业化，新型工业化孕育形成生产力“新的质态”。新型工业化对培育新质生产力提出了强烈需求，因而新型工业化为新质生产力的培育和形成

指明了方向，构成了生产力转型和变革的总体框架，增强了外部牵引力，也创造了良好的发展环境。与此同时，新质生产力为新型工业化找到了新增长点，夯实了新兴产业发展的基础，增强了新型工业化的内在驱动力。

（一）新质生产力和新型工业化是内在统一的科学范畴

新质生产力为新型工业化提供了技术支持和物质基础，夯实了新兴产业的发展基础，为新型工业化找到了新增长点，增强了新型工业化的内在驱动力，推动工业化进程向更高阶段迈进。新型工业化是新质生产力的主要应用领域，工业领域自我调整、自我发展的内在机制又推动现有的生产要素、生产方式、组织形式与商业模式全面革新，促使新质生产力不断发展和创新，为新质生产力的培育和形成指明了方向。大力推进新型工业化，将加速生产工具升级换代，引领劳动资料效能提升；持续开拓新生产场域，促进劳动对象范围拓展；塑造新兴产业，激发劳动者能力跃升；推动发展模式创新，驱动生产要素组合优化，放大价值创造效应，释放新的生产力发展潜力。加快推进新型工业化，建立高质量的现代化产业体系，是推进制造强国、质量强国、网络强国、数字中国和农业强国等战略任务，以中国式现代化全面推进强国建设、民族复兴伟业的关键任务，更是形成新质生产力的重要举措。

（二）新质生产力与新型工业化的内涵相通、方向一致

从发展内涵上看，新质生产力是以科技创新为主导的生产力，新型工业化是以科技变革为引领的工业化，二者都强调数字化、智能化、生态化和融合化等基本特征，都是为了实现经济社会的绿色低碳高质量发展。从发展方向上看，新质生产力对应的是新的科学技术、新的生产方式、新的产业形态和新的投入要素；新型工业化更多强调以工业化驱动经济高质量发展，推动工业朝着以数字化、智能化、绿色化等为特征的新方向发展、演进与变革。新质生产力与新型工业化在“时代特征”和“中国特色”上也具有内在一致性。新质生产力是新一轮科技革命和产业变革带来的生产力跃迁，新型工业化是以新一轮科技产业创新为引领、以制造业和实体

经济为根基、以高质量发展为主题、以绿色与可持续发展为导向的工业化过程。

（三）新质生产力是推动新型工业化的重要动力

新质生产力是新一轮科技革命和产业变革催生的新动能，是与新型工业化相适应的新型生产力，是推动新型工业化进程的重要内生动力。新质生产力是推进新型工业化的强大动力，也是构建现代化产业体系、实现中国式现代化的内生动力。以新质生产力推进新型工业化，加快构建现代化产业体系，是应对经济领域各种风险挑战的物质技术基础，是增强国内大循环内生动力、构建新发展格局、推动高质量发展的迫切需要，也是统筹发展与安全的必由之路。培育新质生产力，战略着力点在新科技、新产业和新要素上；推进新型工业化，重点在制造业上，着力点在企业，路径是高端化、智能化、数字化、绿色化，数字技术是最为重要的底层技术和不可或缺的手段。新质生产力能够产生产业变革的内生动力，进而推动产业升级，提升经济发展质量和经济效益，为新型工业化提供新增长点和竞争优势，推动新型工业化发展。培育和形成新质生产力的主要目的之一，就是通过推进新型工业化实现经济高质量发展。

（四）新质生产力能够化解新型工业化过程中面临的矛盾和问题

在工业化进程中，很容易出现技术创新与产业发展脱节、虚拟经济泡沫化、要素配置不协调、产业链和供应链脆弱等现实问题，也有可能出现“脱实向虚”“贪大求洋”“割裂对立”“简单退出”“闭门造车”等产业发展方向性问题。培育和形成新质生产力能够为解决这些问题提供可行方案。新质生产力是新技术、新产业、新要素相互融合而形成的解决生产过程中出现的人与物、物与物之间矛盾的能力和手段，包含了科学的发展理念、生产方式和制造模式，能够有效化解新型工业化过程中的矛盾和问题。另外，发展新质生产力，可以弥补我国在关键基础材料、核心基础零部件、先进基础工艺、产业技术基础等方面的不足，助力解决核心零部件、核心软件、关键材料和关键装备等领域的“卡脖子”问题。

（五）新型工业化过程中会催生和形成新质生产力

马克思主义经济学认为，生产力与工业化存在广阔的交叉地带，工业化既能够带来新生产力，同时也能为新生产力提供发挥作用的舞台。工业是科技创新的主战场，是创新活动最活跃、创新成果最丰富、创新应用最集中的领域，其创新水平直接关系到产业体系的创新水平。工业化是一个国家或地区人均收入提高和经济结构高级化的经济发展和经济现代化过程，其本质是国民经济中一系列生产要素组合方式连续发生由低级到高级的突破性变化，技术进步和生产率提高是其关键特征，工业化几乎是现代经济增长的同义词。新型工业化的发展需要信息技术、新能源、新材料等领域的多个产业的支持和配合，新型工业化的发展也将带动这些相关产业和相关技术的发展，从而催生新质生产力。数字经济时代，数字化大潮将成为推动新型工业化的重要动力，多维、海量的数据要素将不断赋能和塑造产业竞争新优势，数字化技术创新、产业数字化转型都将催生新质生产力。

（六）新型工业化自身也能够成为新质生产力

广义的新质生产力，不仅包括新科技、新产业、新要素和新模式、新业态、新工艺，也包括新思想、新理念、新知识，以及推动经济社会发展的新战略、新制度、新政策。新型工业化本身就是一种新战略，也会孕育新科技、新产业和新要素。由此可见，新型工业化本身也能够成为一种新质生产力，推动经济高质量发展。新型工业化通过技术创新、绿色发展等路径，推动产业转型升级，为建设现代化产业体系提供强力支撑，为经济增长提供持续动力。随着新型工业化的发展，市场竞争更趋激烈，消费者需求日新月异，企业必须根据新型工业化发展趋势，通过数字化转型打造自己的组织、管理与技术手段，以快速适应市场变化和消费者需求的个性化。也就是说，在新型工业化过程中，企业能够通过主动求变和创新成长为具有新质生产力属性的市场主体。

三、推进新型工业化发展新质生产力的措施

（一）系统推动新型工业化发展新质生产力

深刻认识和准确把握新型工业化的战略定位。工业化是一个国家经济发展的必由之路，中国梦具体到工业战线就是加快推进新型工业化；制造业是我国经济命脉所系，是立国之本、强国之基，是贯彻新发展理念的主阵地，是高质量发展的主引擎，是维护经济安全、国家安全的坚实支撑。新时代新征程，以中国式现代化全面推进强国建设、民族复兴伟业，实现新型工业化是关键任务。工业是推动经济增长、促进技术进步、保障物质产品供给、实现绿色发展、创造高质量就业、带动产业升级的关键力量，是强国建设的重要支柱，是在大国博弈中赢得主动的重要依托。世界近现代史启示我们，一国特别是大国实现现代化，无不依赖于高度发达的现代工业。

深刻认识和准确把握推进新型工业化的重要原则。完整、准确、全面贯彻新发展理念，把高质量发展的要求贯穿新型工业化全过程。深刻认识和准确把握推进新型工业化的总体目标。坚持把发展经济的着力点放在实体经济上，推进新型工业化，加快建设制造强国，坚定不移把制造业和实体经济做强做优做大。只有加快推进工业发展，实现由大到强的转变，才能为全面建成社会主义现代化强国奠定坚实的物质技术基础。深刻认识和准确把握推进新型工业化的重大任务。强化企业科技创新主体地位，打造有国际竞争力的先进制造业集群，着力打造自主可控、安全可靠的产业链、供应链；既巩固传统优势产业领先地位，又创造新的竞争优势，支持专精特新企业发展，推动制造业高端化、智能化、绿色化发展，加快建设世界一流企业。面对国内外环境的深刻复杂变化，我国只有顺应全球产业发展和变革大趋势，着力补短板、强弱项、扬优势，才能提升在全球产业分工中的地位和影响力，实现从制造大国向制造强国的跃升。深刻认识和准确把握推进新型工业化的方法路径。坚持系统观念，加强对各领域发展的前

瞻性思考、全局性谋划、战略性布局、整体性推进；完善党统一领导、政府负责落实、企业发挥主体作用、社会力量广泛参与的工作格局，做好各方面政策和要素保障；健全推动发展先进制造业、振兴实体经济的体制机制。推进新型工业化是一个系统工程，只有统筹谋划、综合施策，充分调动各方面力量，才能有效应对各种困难挑战，不断取得新的胜利。

（二）扎实推进新型工业化发展新质生产力

我国工业总体上仍然大而不强、全而不优，发展不平衡不充分问题仍然突出，一些关键核心技术仍然受制于人，产业链、供应链风险隐患增多。但同时也要看到，我国物质技术基础雄厚，市场规模巨大，人力资源丰富，创业创新活跃，经济发展韧性强、潜力大。新时代新征程，要完整、准确、全面贯彻新发展理念，统筹高质量发展和高水平安全，深刻把握新时代新征程推进新型工业化的基本规律，积极主动适应和引领新一轮科技革命和产业变革，把高质量发展的要求贯穿于新型工业化全过程，把建设制造强国同发展数字经济、产业信息化等有机结合，推动工业经济实现质的有效提升和量的合理增长，加快形成和发展新质生产力，为中国式现代化构筑强大物质技术基础。

全力促进工业经济持续健康平稳增长。工业经济平稳增长是推进新型工业化、发展新质生产力的重要基础。落实落细系列稳增长政策举措，保持制造业比重基本稳定，发挥工业稳定宏观经济大盘的“压舱石”作用。发挥重点行业、重点地区带动作用，实施钢铁、石化、汽车等十大行业稳增长工作方案，支持工业大省“勇挑大梁”，支持各地发挥各自优势，实现增长目标。支持京津冀地区、长三角地区、粤港澳大湾区等协同加快发展，形成更多产业增长极。多措并举扩大需求，加快实施制造业“十四五”规划重大工程，支持企业加快设备更新和技术改造，深化产融合作，持续开展“提品质、增品种、创品牌”行动，推进新能源汽车、绿色建材、智能家电等优质产品下乡，着力稳住大宗消费，培育壮大新型消费。加强工业经济运行监测和预测预警，及时发现苗头性、趋势性问题，做好预研预判和政策储备。

着力提升产业链、供应链韧性和安全水平。自主可控、安全可靠的产业体系是推进新型工业化、发展新质生产力的前提条件和战略支撑。统筹推进补短板、锻长板、强基础，实施制造业重点产业链高质量发展行动，不断增强产业链韧性和竞争力，把发展主导权牢牢掌握在自己手中。着力补短板，在关系安全发展的领域，实施“一链一策”，强化产业链上下游协同攻关，化点成珠、串珠成链，确保产业链、供应链稳定畅通。着力锻长板，聚焦稀土、光伏、新能源汽车、5G等优势产业链，锻造一批“撒手锏”技术，提升产业质量。着力强基础，深入实施产业基础再造工程和重大技术装备攻关工程，加快提升产业基础能力，突破一批战略性、标志性装备制造类。用好首台（套）首批次等政策，加快创新产品推广应用和迭代升级。

全面提升科技创新驱动产业科技能力。创新是推进新型工业化、发展新质生产力的根本动力。坚持把产业发展基点放在创新上，深入实施创新驱动发展战略，以科技创新推动产业创新，催生新产业、新模式、新动能，发展新质生产力。系统布局重点领域关键核心技术攻关，加快重大项目实施，发挥新型举国体制优势，一体化推进技术攻关、迭代应用、生态培育，推进重大战略性技术和产品攻关突破。强化企业科技创新主体地位，落实企业研发费用加计扣除等税收优惠政策，激励企业加大创新投入，在企业布局建设更多国家级创新平台，着力构建以企业为主体、产学研用高效协同深度融合的创新体系。建设高水平产业科技创新平台体系，优化制造业创新中心建设和布局，建设一批试验验证平台和中试平台，加快打造世界领先的科技园区和产业科技创新高地。加强产业科技创新服务支撑，实施新产业标准化领航工程，深化国际标准化交流合作，加强重点产业专利布局和运用，加快科技服务业高质量发展。

持续推动产业结构的优化和转型升级。产业结构优化升级是推进新型工业化、发展新质生产力的内在要求。坚持新老并举，推动制造业加快迈向价值链中高端。改造提升传统产业，完善推动传统制造业改造提升的政策措施，广泛应用数字技术、绿色技术，加快传统产业转型升级，加强质量品牌建设，让传统产业“老树发新芽”。巩固提升优势产业，加强新技术、新产品创新迭代，完善产业生态，增强高铁、电力装备、通信设备等领域全产业链优势，打造更多“中国制造”名片。培育壮大新兴产业，用好国内大市场和丰富应用场景，系统推进技术创新、规模化发展和产业生态建设，推动新一代信息技术、智能网联汽车、航空航天、生物制造、安全应急装备等新兴产业健康有序发展，加快北斗产业发展和规模应用。前瞻布局未来产业，加强政策引导，开辟人工智能、人形机器人、量子信息等未来产业新赛道，构筑未来发展新优势。推动先进制造业与现代服务业深度融合，加快发展工业设计等生产性服务业，培育服务型制造业等新业态、新模式。发挥高新区等产业园区作用，实施先进制造业集群发展专项行动，推动制造业在国内有序转移，推动形成优势互补、高质量发展的区域经济布局。

大力推动数字技术与实体经济深度融合。数字技术和实体经济深度融合是推进新型工业化、发展新质生产力的鲜明特征。把握数字化、网络化、智能化方向，充分利用新一代信息技术对传统产业进行全方位、全链条改造，提高全要素生产率，充分发挥数字技术对工业发展的放大、叠加、倍增作用。加快制造业数字化转型，制定实施制造业数字化转型行动方案，分类探索路径，强化标杆引领，大力推进新一代信息技术与制造业深度融合，开展中小企业数字化赋能专项行动和中小企业数字化转型城市试点。推动人工智能创新应用，制定推动通用人工智能赋能新型工业化政策，实施人工智能创新工程，加快通用大模型在工业领域部署。深入实施智能制造工程，推动研发设计、生产制造、中试检测、营销服务、运营管理等制造业全流程智能化，大力发展智能产品和装备、智能工厂、智慧供应链。大力推进数字产业化，提升集成电路、关键软件等发展水平，加快云计算、大数据、虚拟现实等融合创新。加强 5G、数据中心、算力等基础设施建设，加快工业互联网规模化应用，深化工业数据应用，激活数据要素潜能，为数字化转型提供“数据动力”。

深入推动工业领域的绿色低碳发展。绿色低碳是推进新型工业化、发展新质生产力的生态底色。深入践行绿水青山就是金山银山的理念，加快工业发展方式绿色转型。深入实施工业领域碳达峰行动，推进钢铁、有色金属、建材、石化、化工等重点行业绿色化改造，完善工业节能管理制度，加快节能降碳技术推广应用和产品研发，严格执行产能置换政策，坚决遏制“两高”项目盲目发展。深入实施绿色制造工程，加大绿色产品供给，打造一批绿色工厂、绿色工业园区、绿色供应链，完善绿色制造标准和服务体系建设。加快绿色低碳产业发展，提升能源电子和绿色能源装备发展水平，推动内河、近海船舶电气化改造，扩大新能源汽车、绿色家电、高效节能环保装备等绿色消费。提高工业资源综合利用效率和清洁生产水平，全面推行循环型生产方式，加快构建废弃物循环利用体系，推动再生资源综合利用和产业规范发展。

（三）汇聚推动新型工业化的强大合力发展新质生产力

推进新型工业化是关系全局的重大战略，也是一项复杂的系统工程，既是攻坚战，也是持久战。要提高政治站位，主动担当作为，切实当好贯彻落实党中央决策部署的执行者、行动派、实干家，汇聚推进新型工业化的强大合力，加快形成和发展新质生产力。

加强统筹谋划和沟通协调。坚决贯彻落实党中央、国务院关于推进新型工业化的重大决策部署，深刻领悟“两个确立”的决定性意义，坚决做到“两个维护”，不断提高政治判断力、政治领悟力、政治执行力，牢记“国之大者”，把党的全面领导贯穿于推进新型工业化的全过程、各方面。建立横向协同、纵向贯通、高效联动的工作机制，推动重要目标、重点任务、重大工程项目、重要政策有效落实。建立健全与企业的常态化沟通交流机制。充分发挥国家制造强国建设战略咨询委员会、国家高端智库、行业协会、专家学者等各方面作用，强化决策支撑和咨询服务作用。

提升行业治理现代化水平。着力构建系统完备、科学规范、运行有效的工业和信息化制度体系，推进行业治理体系和治理能力现代化，为推进新型工业化提供有力支撑和保障。完善新发展阶段的产业政策，把维护产业安全作为重中之重，加强战略性领域顶层设计，优化产业政策实施方式，强化与财税、金融、贸易、投资等领域政策协同，引导更多资金、人才、技术等要素向制造业流动，健全产业政策全生命周期管理。着力强化金融精准有效服务，发挥国家产融合作平台作用。建设高素质人才队伍，大力培养大国工匠、卓越工程师和更多高技能人才。完善工业和信息化法治体系，加强法治政府建设，扎实推进依法行政，提高党员干部运用法治思维和法治方式推动工作、化解矛盾、应对风险的能力。对新技术、新业态、新模式加强包容审慎监管，鼓励创新探索，让企业敢闯敢试。加强标准体系建设，提升我国标准的国际化水平。

大力推动改革开放深化深入。坚定不移深化改革、扩大开放，吃改革饭、走开放路、举创新旗，充分激发推进新型工业化的动力活力。坚持社会主义市场经济改革方向，落实重大改革举措，推动构建全国统一大市场，深化要素市场化改革，推动有效市场和有为政府更好结合。扩大高水平对外开放，用好国内国际两个市场两种资源，推动国内国际双循环相互促进，培育我国参与国际合作和竞争新优势。更高质量“引进来”。落实全面取消制造业领域外资准入限制措施，放宽电信市场准入，建设市场化、法治化、国际化一流营商环境，强化重点外资项目服务。更高水平“走出去”。鼓励企业多元化布局、国际化发展，深化与共建“一带一路”国家产业优势互补合作，推进新工业革命伙伴关系网络建设，推动构建安全稳定、畅通高效、开放包容、互利共赢的全球产业链、供应链体系。

弘扬新型工业化的磅礴精神力量。伟大事业孕育伟大精神，伟大精神引领伟大事业。新中国成立以来，在推进工业化进程中孕育形成了“两弹一星”精神、载人航天精神、工匠精神等和“哈军工”优良传统，这些都是我国工业化发展的宝贵精神财富。面对严峻复杂的形势，面对繁重艰巨的任务，要大力弘扬党和人民在各个历史时期团结奋斗形成的伟大精神，引导广大党员干部提振干事创业的精气神，传承优良传统，增强历史主动，发扬斗争精神，提升斗争本领，踔厉奋发、勇毅前行，为全面建设社会主义现代化国家作出新的更大贡献。

第三节　新质生产力与传统产业

推动传统产业转型升级，是主动适应和引领新一轮科技革命和产业变革的战略选择，关系现代化产业体系建设全局。以新质生产力赋能传统产业转型升级，是建设现代化产业体系的重要路径。新质生产力是符合新发展理念的先进生产力质态，必然在实践中形成并展示出对高质量发展的强劲推动力、支撑力。2024 年全国两会期间，习近平总书记在参加十四届全国人大二次会议江苏代表团审议时强调，“发展新质生产力不是忽视、放弃传统产业”，同时深刻阐明了传统产业转型升级的方式与方向，为以新质生产力赋能传统产业高质量发展提供了理论指南。

一、正确认识新质生产力与传统产业的关系

（一）传统产业是现代化产业体系建设的根基

相较于新兴产业，传统产业在国民经济中长期占据基础地位，许多产业事关百姓衣食住行，是人民安居乐业的根本保证。传统产业提供的农产品、能源、矿产等初级产品，是整个经济最为基础的部分。确保初级产品供给，才能使我国持续稳定发展。石化化工、钢铁、建材、机械、汽车、轻工、纺织等传统制造业增加值，占全部制造业增加值的比重近 80%，是支撑国民经济发展和满足人民生活需要的重要基础。当前，我国传统产业

仍具有较强国际竞争力，在现代化产业体系建设全局中将继续扮演至关重要的角色。

（二）传统产业因新质生产力不断催生战略性新兴产业

传统产业具有更多的产业母基特征，在新质生产力的作用下，更容易催生出关联性强和发展前景广阔的新医药、新能源、新材料、新制造等新兴产业。实践证明，数字经济和传统产业的融合发展，模糊了传统产业的边界，催生了新的市场需求，并创造了新兴产业成长的蓝海。与此同时，传统产业丰富的应用场景、制造能力、产业组织和坚实的技术基础，能够为新兴产业发展提供强大基础支撑。面向未来，新一代信息技术、互联网等新兴产业必须根植于由传统产业承担的基本的物质生产活动，才能展现强大的发展竞争力。因此，新兴产业不能远离传统领域，更不能完全脱离传统产业。

（三）传统产业因新质生产力而不断拓展发展新空间

党的十八大以来，我国统筹推进科技创新和产业创新，推动传统产业转型升级，科技成果转化的产业载体不断壮大，国际科技合作的平台不断丰富，传统产业的科技含量不断增加，新质生产力的效能不断增强，经济高质量发展的产业基础进一步夯实。面向现代化产业体系建设新目标，传统产业仍有巨大的转型升级空间，尤其是传统制造业“大而不强”“全而不精”问题仍然突出，低端供给过剩和高端供给不足并存，创新能力不强、产业基础不牢、资源约束趋紧、要素成本上升等短板日益凸显。要解决限制传统产业发展的战略性约束难题，必须通过不断推进传统产业技术创新、要素创新、制度创新，催生出新质生产力，进而赋能传统产业重塑竞争新优势。

二、新质生产力赋能传统产业转型升级的路径措施

（一）技术革命性突破为传统产业转型升级提供跃迁技术动能

当前，新一轮科技革命和产业变革突飞猛进，科学研究模式正在发生

深刻变革，学科交叉融合不断发展，科学技术和经济社会发展加速渗透融合，新质生产力加快形成。数字化革命加速了传统产业自动化和智能化的发展，大大提升了生产效率，并且推动了传统产业商业模式的改变，一些新业态、新模式发展迅猛。人工智能逐渐被应用于传统产业生产线、供应链、物流等领域，通过读取传感器数据、控制设备运行、监测状况、预测故障、自动调整系统，从而推动传统产业自我更新、自我完善、自我演进。新质生产力以劳动者、劳动资料、劳动对象及其优化组合的跃升为基本内涵，能够摆脱传统经济增长方式、生产力发展路径，大幅提升全要素生产率，加快推动传统产业质量变革、效率变革、动力变革，为实现传统产业转型升级提供技术革新动力。

（二）生产要素创新性配置为传统产业转型升级组配跃迁生产效能

相对于传统的生产要素，数据作为新型生产要素具有放大、叠加、倍增作用，日益成为传统产业发展的关键要素。培育基于数据要素的新产品和新服务，有利于实现知识扩散、价值倍增，让数据要素进入社会化大生产，更好向传统产业释放数据红利。推动数据要素与劳动力、资本、技术、土地等要素协同发展，以数据流引领技术流、资金流、人才流、物资流，有助于突破传统资源要素约束，大幅提高传统产业全要素生产率。与此同时，发挥我国市场的规模效应和集聚效应，能够破除妨碍各种生产要素市场化配置的体制机制障碍，降低制度性交易成本，促进要素有序流动，提高要素配置效率，推动经济发展实现系列变革，进一步激发全社会的创造力，为传统产业转型升级提供更有效的新质要素配置方案，释放更高的全要素生产率。

（三）产业深度转型升级为传统产业发展开辟更加广阔的跃迁服务空间

传统产业更多承载的是传统生产力，传统产业向战略性新兴产业和未来产业转型升级的过程，就是应用和生成新质生产力的过程。这一转型升级过程，正在使传统产业与新兴产业之间的界限越发模糊，融合互补性日益增强，赋予产业更加多元的概念与内涵。当前，人民对美好生活的需要日益广泛，对物质产品、文化产品、生态产品等提出了更高要求。发展新质生产力，推动产业转型升级，能够形成优质高效多样化的跃迁供给体系，提供更多优质跃迁产品和服务，不断满足人民群众的美好生活需要。

三、以新质生产力赋能传统产业高质量发展的可行路径

（一）推进数字经济与传统产业深度融合，为传统产业转型升级插上数字翅膀

立足不同产业特点和差异化需求，推动传统产业全方位、全链条数字化转型，提高全要素生产率。要大力提升农业数字化水平，创新发展智慧农业，提升农业生产、加工、销售、物流等各环节数字化水平；要纵深推进传统制造业数字化转型，加快推动研发设计、生产制造、经营管理、市场服务等全生命周期数字化转型，加快培育一批专精特新中小企业和制造业单项冠军企业；要大力发展数字商务，全面加快商贸、物流、金融等服务业数字化转型，优化管理体系和服务模式，提高服务业的品质与效益。

（二）发挥人工智能对传统产业的撬动作用，为传统产业转型升级植入智慧大脑

加快发展新一代人工智能是事关我国能否抓住新一轮科技革命和产业变革机遇的战略问题。人工智能的迅速发展，将深刻改变传统产业的发展方式，赋予企业“智能大脑”。因此，要实施“人工智能+”行动，推进人工智能大模型在工业领域落地应用，建立完善分级诊断评估标准，引导企业进行数字化转型和智能化升级。实施“智慧建设”行动，打造智慧商圈、智慧供应链、智慧物流、智慧港口、智慧金融、智慧能源等创新场景，引领服务业发展；实施人工智能人才队伍建设行动，完善相关产业人工智能教育体系，提升人才自主培养能力，加强传统产业人才储备和梯队建设，为产业智能化发展提供人才支撑。

（三）以新型工业化推动传统产业实现高端化、智能化、绿色化、融合化转型

深刻把握新时代新征程推进新型工业化的基本规律，把高质量发展的要求贯穿传统产业新型工业化全过程。在高端化方面，积极促进传统产业，特别是传统制造业高端化发展，推动传统制造业优势领域锻长板，推进强链延链补链，加强新技术新产品创新迭代，加快迈向价值链中高端；在智能化方面，加快大数据、云计算、5G、物联网等信息技术与制造全过程、全要素深度融合，全面推动智能制造；在绿色化方面，完善绿色制造和服务体系建设，推动资源高效循环利用，强化绿色低碳发展，深入实施节能降碳改造；在融合化方面，促进传统制造业与现代服务业深度融合，培育推广共享制造、全生命周期管理、总集成总承包等新模式，并应用于传统制造业领域。

（四）精准发力现代化产业体系建设，为传统产业转型升级营造良好的生态环境

传统产业是建设现代化产业体系的重要组成部分，保持我国传统产业的综合竞争力，事关现代化产业体系建设全局，对确立我国在国际产业分工体系中的重要地位和保障我国产业安全具有举足轻重的作用。要利用新质生产力赋能传统产业，不断延长产业链，补齐产业短板，增强支撑产业体系完整性能力；积极采用新技术、新工艺、新设备进行改造升级，提升供给效率，增强支撑产业体系先进性能力；赋能传统产业破解“卡脖子”技术难题，减少对外依赖，提升产业链、供应链韧性，增强支撑产业体系安全性能力。

总之，推进传统产业转型升级，实现新质生产力的“量变”。加快传统产业转型升级必须以高质量发展为导向，牢牢扭住自主创新这个“牛鼻子”，在巩固存量、拓展增量、延伸产业链、提高附加值上下功夫，形成较为完善的产业链和产业集群，推动传统产业迈向高端化、智能化、绿色化、融合化。在产业高端化方面，要一手抓基础支撑，突破一批基础元

器件、基础零部件、基础软件、基础材料和基础工艺，一手抓产业高端装备引领，在大飞机、工业母机、医疗装备等重点领域突破一批标志性的重点产品，提升传统产业的技术密集程度，向价值链高端和产业链核心迈进。在智能化方面，要大力推进人工智能技术在传统产业领域的融合及应用，通过互联网对传统产业生产运行过程中产生的数据进行感知和采集，以及人工智能与生产设备和控制系统的融合，实现生产控制和运营优化等方面的智能化变革，形成具有一定自治功能的智能生产和运行系统，打造智能工厂和智慧供应链。在绿色化方面，要加快实现绿色低碳技术重大突破，实施传统产业焕新工程，推进传统产业制造工艺革新和设备改造，提升产业绿色化发展水平。通过传统产业的高端化、智能化、绿色化升级夯实现代化产业体系的基底，提升当前生产力的发展水平，推动新质生产力的形成。

第四节　新质生产力与战略性新兴产业

一、战略性新兴产业的内涵

战略性新兴产业是新兴产业中能够成长为先导产业或支柱产业的那一部分。新兴产业是相对于传统产业而言的，是伴随科技发展和生产力水平提高而出现的新产业。新兴产业是一个动态概念。某产业在一定时期（如几年或十几年）属于新兴产业，但当该产业应用的技术进入成熟期而不再出现大的突破后，它就不再属于新兴产业范畴了。在新兴产业中，有一部分能够在政策扶持下逐渐成长为先导产业或支柱产业，而且对国民经济发展和产业结构高级化具有战略意义，因而被称为战略性新兴产业。可以说，战略性新兴产业是内含未来时间维度考量的产业概念。它是一种新兴产业，但并非所有新兴产业都会在未来发展成为战略性新兴产业。

战略性新兴产业必须同时满足若干构成条件。战略性新兴产业的产生来源是重大技术突破，成长背景是重大发展需求，特殊地位是对经济社会全局和长远发展具有重大引领带动作用，基本特征是知识技术密集、物质资源消耗少、成长潜力大、综合效益高。完全具备这些构成条件的产业，才可称之为战略性新兴产业。例如文化创意、现代物流、会展、休闲养生等产业都属于新兴产业，而且发展前景广阔，但其知识技术密集的特点不突出；又如冶金、化工、炼油等产业既是支柱产业，也是知识技术密集型产业，但其资源消耗大、环境污染严重；再如食品饮料、办公设备、仪器仪表等传统制造业虽然不断有技术创新和新产品涌现，但总体产业规模不够大，对国民经济全局的引领带动作用不强……这些产业都具备战略性新兴产业的一个或几个构成条件，但不能满足全部构成条件，因而都不能归为战略性新兴产业。

战略性新兴产业突出体现了国家战略需求。应该充分认识到，战略性新兴产业不是一般的产业概念，而是基于抢占新一轮经济科技发展制高点而提出的国家层面的产业发展概念，是为解决一系列重大、紧迫的经济社会需求而科学选择的特殊产业。为了有效缓解经济社会发展的资源环境瓶颈，所以要发展节能环保和新能源产业；为了加快经济社会信息化、促进信息化与工业化深度融合，所以要发展新一代信息技术产业；为了提高人民健康水平、促进农业现代化，所以要发展生物产业；为了提升制造业核心竞争力、促进产业结构优化升级，所以要发展高端装备制造、新材料和新能源汽车产业。目前，一些地方政府将上述七大产业之外的其他产业也列为战略性新兴产业着力发展，有的还制定了指导目录，这在一定程度上说是对战略性新兴产业概念理解的模糊和泛化，不利于贯彻中央的决策部署，不利于集中精力发展真正的战略性新兴产业。

二、战略性新兴产业面临的形势

（一）复杂多变的国际环境形成新挑战

当前世界经济增长持续放缓，长期处于国际金融危机后的深度调整阶段。在经济增长减速带来的各类压力持续释放的过程中，世界经济政治格局加速演变的特征更趋明显，各类动荡源和风险点显著增多，为新兴产业发展带来诸多挑战。一是全球产业合作格局重构，国际分工体系全面调整。当前几乎所有行业的价值链体系都开始更多地向研发和创新倾斜，要素价格在国际竞争中的重要性正在持续下降。随着传统成本型竞争优势的逐渐消退，发达国家与新兴国家间的国际竞争正越来越从错位竞争向正面竞争转变。长期以来我国战略性新兴产业发展所依托的全球化带来的技术扩散红利将显著弱化，这对我国战略性新兴产业领域自主创新能力的提升提出更高的要求。二是主要发达国家均极度重视战略性新兴产业发展，中国需直面国际竞争。在全球共同寻找经济增长新动能的过程中，目前所有发达国家和主要新兴经济体都在加紧布局战略性新兴产业，如美国实施“再工业化”战略，推出“先进制造伙伴计划”等措施，德国推出“工业4.0”战略，日本推行“第四次工业革命”计划等。与此同时，我国的战略性新兴产业随着技术水平的不断提高，也越来越开始形成与发达国家的正面竞争。在此背景下，发达国家为维护现存的产业链优势，并保证其未来的竞争优势，必然会加大对技术转移、跨国投资等方面的规制性措施调整力度，中国战略性新兴产业发展面临的国际环境将会更加严峻。三是战略性新兴产业国际治理体系尚不完善，未来发展的不确定性因素仍旧较多。当前战略性新兴产业的发展对全球现存治理体系提出了诸多挑战，在互联网平台企业垄断认定、基因编辑等新型生物技术带来伦理挑战、个人数据隐私保护强度等方面，目前各国的规制、规则大多落后于技术发展，全球也缺乏统一的认定规则，不同国家的处理方式差异极大。这些规制问题将成为下一步产业发展的重大不确定因素。

（二）国内经济发展步入转型新阶段

我国经济由高速增长阶段转向高质量发展阶段，正处在转变发展方式、优化经济结构、转换增长动力的攻关期。战略性新兴产业在推动经济发展质量变革、效率变革、动力变革的过程中主要面临三个方面的变化。一是创新阶段的变化。长期以来，我国战略性新兴产业采用的是引进、消化、吸收和再创新的道路。如我国的互联网产业大量是在国外成熟技术基础上的国内应用模式创新，生物医药产业中仿制药占到绝大多数等。但是随着我国产业技术水平的不断提高，中国产业与国际产业间的技术代差在快速缩小，这就要求我国战略性新兴产业的创新必须要向基础性创新、引领性创新转型，要加强前瞻性基础研究、应用基础研究，突出关键共性技术、前沿引领技术、现代工程技术和颠覆性技术创新。二是市场结构的变化。我国经济进入高质量发展阶段意味着，一方面内需对产品和服务的质量要求相较于以往在快速提升，另一方面内需对产品和服务的质量要求相较于国际先进的距离在快速缩小。这样的结构变化将使得像光伏组件等战略性新兴产业曾经长期持续的技术、市场“两头在外”的状况不再存在。战略性新兴产业在“十四五”时期的发展必须要更加注重发挥好强大国内市场作用，发挥好我国工业体系完整、消费增长迅速、发展纵深巨大的独特优势。三是产业布局的变化。“十四五”时期战略性新兴产业的布局需要关注两方面的变化。一方面是国家区域协调发展战略对新兴产业发展提出了新的要求。粤港澳大湾区、长江经济带、长江三角洲区域一体化、京津冀协同发展等国家战略均对战略性新兴产业发展提出了对应的布局要求。另一方面是战略性新兴产业本身布局政策着力点的变化。随着产业规模的快速扩大，产业布局政策关注点的层级也需快速提升，不应再将大量精力投入到具体的产业项目中，而是应将重点转向区域集群的建设。通过在重点领域推动重点集群的发展，实现整个产业竞争力的全面提升。2019 年印发的《国家发展改革委关于加快推进战略性新兴产业集群建设有关工作的通知》，在 12 个重点领域公布了第一批国家级战略性新兴产业集群建设名单，共涉及22个省区市的66个集群，说明国家已经开始布局相关工作。

（三）新一轮科技革命带来发展新红利

当前新一轮科技革命和产业变革正处在实现重大突破的历史关口，全球科技创新进入空前密集活跃时期，前沿技术呈现集中突破态势，多个技术群相互支撑，全面涌现的链式发展局面正在形成。众多颠覆性创新呈现几何级渗透扩散，引领战略性新兴产业众多领域实现加速发展，并以革命性方式对传统产业产生全面冲击。中国科学院原院长白春礼院士将我国主要技术进展归纳为信息科技、生命健康、能源、新材料、先进制造、深空深海深地探测六个方面。而从具体产业发展的角度看，全球独角兽企业可以视为一个观察新产业、新技术突破的窗口。在所有以技术创新为主要驱动力的独角兽企业中，明显具有主导驱动力，并将在下一步发展中起主要作用的技术群主要包括五大类。一是新一代信息技术。目前人工智能、大数据、云计算、虚拟现实等领域仍旧是创新的热点，此外量子信息、第五代移动通信、物联网、区块链等新兴技术也在不断加快应用普及。这一系列新技术互为支撑、群体演变、加速突破、广泛应用，在自身带来巨大产业增量的同时，还推动新一代信息技术成为新一代的通用技术，引领数字经济新模式的到来。信息化、网络化、数字化、智能化日益成为所有产业发展的基点。二是生物技术。合成生物学、基因编辑、脑科学、再生医学等技术正在从更为根本的角度解释生命的本质，并为解决人类面临的健康、环境、能源、食物等方面的挑战提供以生物技术为基础的更高效、更低廉、更环保的解决方案，进而在生物产业内部形成以新药创制、基因技术应用服务、新型医疗器械制造、生物农业等为代表的不断加快发展的新增长点。三是绿色技术。分布式发电、先进储能、能源互联网、高效燃料电池等技术正在推动一场能源革命，随着相关技术的不断成熟，核能、太阳能、风能、氢能等新型能源应用比例不断提升，汽车、轨道交通等领域的动力结构转型不断深化，低碳、清洁、高效的新型能源体系正在加速形成。四是先进制造技术。机器人、增材制造、数字孪生、工业互联网等技术正在全面推动制造业向智能化、服务化、绿色化转型，超材料、纳米材料、石墨烯等新材料又为制造业创新提供了巨大的发展空间。新制造技术、新材料将成为新兴产业下一步创新发展的重要推动力。五是新空间开拓技术。近年来深空深海深地探测技术取得快速进展，直接带来了太空、海洋等空间的开发利用成本大幅下降，在新兴产业领域将外空、深海开发成为人类生存发展的新疆域已经成为一股热潮。

（四）对美好生活的向往催生发展新需求

中国特色社会主义进入新时代，我国社会主要矛盾已经转化为人民日益增长的美好生活需要和不平衡不充分的发展之间的矛盾。新时代的美好生活新需求重点体现在教育、医疗健康、养老、托育、家政、文化和旅游、体育等社会服务领域，需要利用新技术以更高效率、更好质量满足新兴需求。新兴需求是战略性新兴产业发展的重要拉动力。随着数字技术的不断兴起，以数字文化、数字教育、数字医疗等为代表的战略性新兴服务业不断涌现，通过实现创新发展与跨界融合，促进社会服务数字化、网络化、智能化、多元化、协同化，更好满足人民对美好生活的新需求。一是教育需求加速向全民学习、终身学习转化。需要利用“互联网+”“人工智能+”，加快构建更加开放灵活的教育体系，增强教育资源的全面性、可得性与针对性，以全面推动学习型社会建设。二是康养需求对高效化、精准化提出更高要求。一方面要发展劳动力替代及增强技术，通过发展人工智能、服务机器人等新技术、新设备，大幅提高供给效率。另一方面要提高老年人服务科技化水平，利用精准医学、智慧社区等技术手段大幅提高供给质量。三是文旅需求展现更加鲜明的时代性需求。数字化技术手段正在全面变革文旅产业体系。数字化的时代需要数字化的内容展现方式、需要数字化的渠道传播方式、需要数字化的供需交流互动方式。数字化技术已经成为促进文旅产业发展，实现创造性转化与创新性发展，讲好中国故事，展现真实、立体、全面的中国不可或缺的一环。四是体育需求进入融合创新发展新阶段。一方面持续加强大数据、物联网、生物监测等新技术在体育产业的实践与融合，不断创新服务模式，改善消费体验。另一方面“互联网+体育”极大丰富了体育产业传播途径和方式，加快催生基于互联网技术的体育产业融合发展新业态，激发了市场活力，实现产业链条延伸。

三、推动战略性新兴产业发展的措施

（一）精准推动产业布局调整

目前，我国战略性新兴产业集群建设的政策体系已经初步建立，下一步建议从两个方面丰富相关内容，形成完整政策体系。一方面是进一步完善集群建设体系。第一批国家级战略性新兴产业集群建设名单中所涉及的战略性新兴产业领域仅是目前产业领域的一半左右，其他如数字创意、新能源汽车等具备高度集群式发展倾向的领域都没有出现，这方面的工作还有待进一步拓展。另一方面是进一步完善集群考评机制。国家级战略性新兴产业集群目前尚未明确其进入退出机制。从进入机制看，《“十三五”国家战略性新兴产业发展规划》提出要建设100个左右特色集群，因此下一步尚有较多发展空间。从退出机制看，国家级集群的建设应是一个长期过程，需要有退出机制来更好适应产业的发展变化。因此还需进一步明确相关机制才可以更好开展相关工作。

（二）加强产业创新能力建设

为了应对“十四五”时期内外部环境变化带来的重大挑战与重大机遇，建议结合我国具体发展基础和下一步重大发展需求，从三方面统筹出发，加大工作力度，推动创新驱动战略性新兴产业加快发展。一是补短板。国际竞争形势的变化使得我们必须高度重视自身产业链中的核心短板。习近平总书记指出：“关键核心技术是要不来、买不来、讨不来的。只有把关键核心技术掌握在自己手中，才能从根本上保障国家经济安全、国防安全和其他安全。”针对我国战略性新兴产业中的集成电路生产基础工艺与核心设备、高端功能材料等重点“卡脖子”领域，必须发挥举国体制优势，加大投入力度，集中攻关予以突破。二是促长板。战略性新兴产业要想在我国国内经济发展方式转型和国际产业竞争力提升方面发挥应有的作用，就必须要牢牢掌握住创新主动权、发展主动权，也就必须加快形成能够在国际产业链体系中拥有制衡能力的重点“长板”。“十四五”期间要重点在第五代移动通信、人工智能、新能源、新能源汽车等我国已经具备一定竞争实力的领域，加强整体创新体系建设，在一批产业领域形成中国具备引领能力的产业标准与认证体系。三是强基础。战略性新兴产业的发展需要体现其长期战略性，只有夯实产业基础能力才是产业市场长期可持续发展的根本。基础研究是整个科学体系的源头，基础材料、基础工艺是整个产业发展的源头，只有打好基础，才能长远发展，始终立于潮头。为了保证战略性新兴产业的长期发展能力，需在新材料、量子信息、可控核聚变等重点领域、重点技术方面长期持续投入，久久为功，以图长远。

（三）强化产业发展环境营造

“十四五”时期我国战略性新兴产业发展的核心还是要营造一个适合当前产业发展阶段的发展环境，通过形成良好生态，进一步激发创新、鼓励创新，实现产业的健康快速发展。建议从三方面着手做好相关工作。一是创建有利于战略性新兴产业发展的良好生态环境。进一步深化创新体制改革，破除有碍创新的各类障碍，加快突破新药审批、空域管理、数字产权确权等长期困扰产业发展的体制瓶颈，积极推行敏捷治理、参与式治理，形成包容审慎的适应性监管体系。二是做好资源引导工作。战略性新兴产业的发展离不开资源的投入，一方面要在基础研究等市场失灵领域进一步加大政府投入，争取形成颠覆性技术突破，加强战略性新兴产业作用的发挥；另一方面要加大力度推进与创新相关的减税降费工作，利用金融等市场化手段引导社会资源向创新领域集聚，为战略性新兴产业提供充足支撑。三是进一步做好以开放促进发展的相关工作。通过“引进来”与“走出去”并进，促进我国战略性新兴产业与全球创新体系实现同步发展。一方面要加大我国开放力度，建立与国际规则接轨的创新政策体系，扫除创新要素流动的制度障碍；通过更新工作居留等制度，为企业引入全球创新资源，尤其是为引入国际人才创造便利条件。另一方面要加强参与国际规则制定，在全球数字贸易规则、平台经济治理等热点领域，从中国自身基础和现实情况出发，尽可能发动共建“一带一路”国家积极践行中国解决方案，为我国战略性新兴产业发展谋求更为有利的国际发展环境。

（四）持续释放强大国内需求

一是加强体制机制改革，破除制约统一市场形成的各种障碍。加强政策研究，强化部门协同，积极推动制约全国统一市场形成的各种障碍，重点破除新技术、新产品、新服务的地方保护主义，打造公平竞争市场氛围。二是制定释放新技术、新产品需求的政策体系。配合供给侧高质量发展目标，制定基于供需协同发力的需求侧创新政策。鼓励政府和企事业单位采购新兴产业领域自主创新的新技术新服务，积极营造产品应用场景。通过更为有效的减税降费手段，直接刺激新技术、新产品消费。研究探索推动形成统一的消费积分交易平台。三是加快推动新型消费发展。例如，加速5G网络建设和场景应用，完善配套新型基础设施布局，促进超高清视频、虚拟现实（VR）等新型消费发展，扩大电子商务、电子政务、网络教育、网络娱乐等方面消费，把在疫情防控中催生的新型消费培育壮大起来，加快释放新型消费潜力。

（五）高效推进对外开放合作

一是鼓励参与有关国际标准制定。鼓励支持企业、高校、科研院所参与战略性新兴产业及其细分领域国际标准的制定，充分发挥企业在参与国际标准化活动中的作用，强化国际市场话语权和新兴产业发展引导力。广泛开展国际标准跟踪研究，加强国际和国内标准制定修订工作的衔接，以及国际与国内标准的协调。加强对主要贸易国家和地区的标准信息收集与研究，深化技术性贸易措施研究和体系建设，推进国家标准互认。加快推广我国优势产业标准，保持产业标准领域领先地位。二是重点推动自主知识产权国际布局。大力发展重点产业知识产权联盟，鼓励研发具有自主知识产权的技术和装备，鼓励布局和申报国际专利。建立关键技术评估遴选机制，确保高价值专利海外充分布局。积极探索完善与国内产业和行业协会的信息沟通交流机制，利用多种信息渠道，及时掌握“走出去”过程中遇到的知识产权问题，鼓励知识产权联盟成立联合专利诉讼应对基金。三是大力发展国际化服务机构。借鉴创新券模式，通过政府补贴服务费用等方式，发展一批高水平国际化中介服务机构，推动国际化的金融、人力、知识产权、会计、管理和咨询等服务发展，为战略性新兴产业企业走出去提供高质量服务。

总之，要培育壮大战略性新兴产业，实现新质生产力的质变。战略性新兴产业是引领国家未来发展的重要决定性力量，对我国形成新的竞争优势和实现跨越式发展至关重要。目前我国战略性新兴产业主要集中在新一代信息技术、生物技术、新能源、新材料、高端装备、新能源汽车、绿色环保以及航空航天、海洋装备等产业。经过发展，我国战略性新兴产业发展呈现出规模不断壮大、重点领域增长强劲、要素高效聚集、创新能力持续提升以及政策环境不断完善等鲜明特征，充分发挥了引领经济高质量发展的引擎作用。在新的发展阶段，要加快工业互联网、大数据、人工智能、先进通信、集成电路、超高清显示等技术创新和应用，全面提升信息技术产业核心竞争力；加快生物医药、生物农业、生物制造、基因技术应用服务等产业化发展，壮大生物产业；加大核能、太阳能、风能、氢能、生物质能等新能源技术研发和应用，提高能源产业中的新能源生产比重；发展先进无机非金属材料、高性能复合材料、新型功能稀土材料、信息功能材料、纳米材料等前沿新材料，实施材料基因工程，加快建设材料强国；推进重大装备与系统技术工程化应用和产业化发展，加快形成分布式、个性化、柔性化、智能化的新型高端装备发展模式；加快汽车电动化、智能化、网联化进程，推动氢燃料电池汽车产业化，大力发展新能源汽车产业；加大煤炭清洁高效利用，发展节能和环境治理新技术，扩大资源循环利用，壮大节能环保低碳产业；加快航空发动机及机载设备等技术研发，完善卫星及应用基础设施建设，加强遥感、通信、导航等卫星应用，大力发展航空航天产业；提升大型船舶、海洋工程装备研发制造能力，发展智能船舶、特种船舶等高技术船舶和各类海洋工程平台、油气资源勘探开采储运等高端设备，构建船舶和海洋工程装备先进制造业集群；进一步发展虚拟现实 / 增强现实（VR/AR）、数字文化内容创作等创意产业。充分发挥新型举国体制优势，在关键核心技术创新上持续加力发力，开辟更多新领域新赛道，培育壮大战略性新兴产业，打造更多中国名片。

第五节　新质生产力与未来产业

一、未来产业的内涵

未来产业由前沿技术驱动，当前处于孕育萌发阶段或产业化初期，是具有显著战略性、引领性、颠覆性和不确定性的前瞻性新兴产业。大力发展未来产业，是引领科技进步、带动产业升级、培育新质生产力的战略选择。

习近平总书记 2023 年 9 月在黑龙江考察时指出，要积极培育未来产业，加快形成新质生产力，增强发展新动能。2023 年中央经济工作会议指出，要以科技创新推动产业创新，特别是以颠覆性技术和前沿技术催生新产业、新模式、新动能，发展新质生产力。《中华人民共和国国民经济和社会发展第十四个五年规划和 2035 年远景目标纲要》明确提出，要谋划布局一批未来产业。当前，新一轮科技革命和产业变革加速演进，重大前沿技术、颠覆性技术持续涌现，科技创新和产业发展融合不断加深，催生出元宇宙、人形机器人、脑机接口、量子信息等新产业发展方向，大力培育未来产业已成为引领科技进步、带动产业升级、开辟新赛道、塑造新质生产力的战略选择。我国具备工业体系完整、产业规模庞大、应用场景丰富等综合优势，这为未来产业发展提供了丰厚的土壤。各省（区、市）积极培育未来产业，北京、上海、江苏、浙江等地出台了培育未来产业的政策文件，但我国未来产业发展也面临系统谋划不足、技术底座不牢等问题。

二、发展未来产业是支撑新质生产力发展的措施

为把握新一轮科技革命和产业变革机遇，加强对未来产业的前瞻谋划、政策引导，围绕制造业主战场加快发展未来产业，支撑推进新型工业化，加快形成新质生产力，2024 年 1 月，工业和信息化部等七部门联合出台《关于推动未来产业创新发展的实施意见》。该意见遵循未来产业发展规律，从技术创新、产品突破、企业培育、场景开拓、产业竞争力等方面分别提出到 2025 年和 2027 年的未来产业发展目标。到 2025 年，未来产业技术创新、产业培育、安全治理等全面发展，部分领域达到国际先进水平，产业规模稳步提升。建设一批未来产业孵化器和先导区，突破百项前沿关键核心技术，形成百项标志性产品，打造百家领军企业，开拓百项典型应用场景，制定百项关键标准，培育百家专业服务机构，初步形成符合我国实际的未来产业发展模式。到 2027 年，未来产业综合实力显著提升，部分领域实现全球引领。关键核心技术取得重大突破，一批新技术、新产品、新业态、新模式得到普遍应用，重点产业实现规模化发展，培育一批生态主导型领军企业，构建未来产业和优势产业、新兴产业、传统产业协同联动的发展格局，形成可持续发展的长效机制，成为世界未来产业重要策源地。

通过发展未来产业来支撑新质生产力发展，主要有以下措施。

（一）贯彻落实新发展理念，系统性前瞻布局未来产业

要以习近平新时代中国特色社会主义思想为指导，准确把握推进未来产业的战略定位、阶段性特征以及面临的环境条件变化，完整、准确、全

面贯彻新发展理念，加快构建新发展格局，统筹发展和安全，以传统产业的高端化升级和前沿技术的产业化落地为主线，以创新为动力，以企业为主体，以场景为牵引，以标志性产品为抓手，遵循科技创新及产业发展规律，加强未来产业前瞻系统部署，把握全球科技创新和产业发展趋势，重点推进未来制造、未来信息、未来材料、未来能源、未来空间和未来健康六大方向产业发展。打造未来产业瞭望站，利用人工智能、先进计算等技术精准识别和培育高潜能未来产业。发挥新型举国体制优势，引导地方结合产业基础和资源禀赋，合理规划、精准培育和错位发展未来产业。发挥前沿技术增量器作用，瞄准高端、智能和绿色等方向，加快传统产业转型升级，为建设现代化产业体系提供新动力。

（二）全面提升科技创新能力，高质量推动成果的转化

创新是引领发展的第一动力，以创新为核心、动力、先导，才能实现由要素驱动、投资规模驱动向创新驱动的根本转变，才能实现系统性的、整体性的、贯穿于全局的创新发展，才能更好地形成并发展新质生产力。面向未来制造、未来信息、未来材料、未来能源、未来空间、未来健康等六大重点方向，实施国家科技重大项目和重大科技攻关工程，加快突破关键核心技术。发挥国家实验室、全国重点实验室等创新载体作用，加强基础共性技术供给。鼓励龙头企业牵头组建创新联合体，集聚产学研用资源，体系化推进重点领域技术攻关。推动跨领域技术交叉融合创新，加快颠覆性技术突破，打造原创技术策源地。打造未来产业瞭望站，跟踪重点领域科技发展动向，聚焦前沿热点，利用人工智能、先进计算等技术，精准识别具备高水平技术突破、高潜能产业化前景的技术创新。大力推动成果高质量转化，打造科技、产业、金融等紧密结合的创新体系，构建以企业为主体、市场为导向、产学研用深度融合的技术创新体系，推进科技与经济深度融合，定期发布前沿技术推广目录，高水平建设未来产业成果发布平台，高水平构建科技服务和技术市场新模式，遴选科技成果评价和转移转化专业机构，高效整合创新优势资源，开拓应用场景和商业模式，加快新技术新产品应用推广，推动先进科技成果落地转化。

（三）打造未来产业标志产品，夯实未来产业发展根基

突破下一代智能终端，发展适应通用智能趋势的工业终端产品，支撑工业生产提质增效，赋能新型工业化。发展量大面广、智能便捷、沉浸体验的消费级终端，满足数字生活、数字文化、公共服务等新需求。打造智能适老的医疗健康终端，提升人民群众生命健康质量。突破高级别智能网联汽车、元宇宙入口等具有爆发潜能的超级终端，构筑产业竞争新优势。做优信息服务产品，发展下一代操作系统，构筑安全可靠的数字底座。推广开源技术，建设开源社区，构建开源生态体系。探索以区块链为核心技术、以数据为关键要素，构建下一代互联网创新应用和数字化生态。面向新一代移动信息网络、类脑智能等加快软件产品研发，鼓励新产品示范应用，激发信息服务潜能。做强未来高端装备，面向国家重大战略需求和人民美好生活需要，加快实施重大技术装备攻关工程，突破人形机器人、量子计算机、超高速列车、下一代大飞机、绿色智能船舶、无人船艇等高端装备产品，以整机带动新技术产业化落地，打造全球领先的高端装备体系。深入实施产业基础再造工程，补齐基础元器件、基础零部件、基础材料、基础工艺和基础软件等短板，夯实未来产业发展根基。

（四）壮大未来产业发展主体，构建未来产业生态体系

培育高水平企业梯队，引导领军企业前瞻谋划新赛道，通过内部创业、投资孵化等培育未来产业新主体。推进中央企业未来产业专项行动，加快培育未来产业新企业。建设未来产业创新型中小企业孵化基地，梯度培育专精特新中小企业、高新技术企业和“小巨人”企业。支持新型研发机构快速发展，培育多元化的未来产业推进力量。打造特色产业链，依托龙头企业培育未来产业产业链，建设先进技术体系。鼓励有条件的地区先行先试，结合国家自主创新示范区、国家高新技术产业开发区、新型工业化产业示范基地等，创建未来产业先导区，推动产业特色化集聚发展。创新管理机制，建设数字化的供应链、产业链，促进创新资源汇聚，加速数据、

知识等生产要素高效流通。构建产业生态，加强产学研用协作，打造未来产业创新联合体，构建大中小企业融通发展、产业链上下游协同创新的生态体系。强化全国统一大市场下的标准互认和要素互通，提升产业链、供应链韧性，构建产品配套、软硬协同的产业生态。

（五）丰富未来产业应用场景，引领未来技术迭代突破

开拓新型工业化场景，围绕装备、原材料、消费品等重点领域，面向设计、生产、检测、运维等环节打造应用试验场，以产品规模化迭代应用促进未来产业技术成熟。深化新一代信息技术与制造业融合，加快推动产业链结构、流程与模式重构，开拓未来制造新应用。发挥中央企业丰富场景优势，加快建设多元化未来制造场景。加快工业元宇宙、生物制造等新兴场景推广，以场景创新带动制造业转型升级。打造跨界融合场景，依托重大活动，实现前沿技术和产品的跨领域、综合性试点应用，打造示范标杆。依托载人航天、深海深地等重大工程和项目场景，加速探索未来空间方向的成果创新应用，服务国家战略需求。依托城市群和都市圈建设，打造绿色集约的产城融合场景。创新未来信息服务场景，加速形成普惠均等、便捷智慧的信息服务新模式。建设标志性场景，定期遴选发布典型应用场景清单和推荐目录，建立优秀案例和解决方案库。引导地方开发特色化的标杆示范场景，依托场景组织高水平供需对接活动，加速新技术新产品推广。鼓励企业面向应用场景开展创新研发，支持高校和科研院所针对原创性、颠覆性技术建设早期试验场景，引领未来技术迭代突破。

（六）强化未来产业基础保障，优化未来产业支撑体系

加强标准引领与专利护航，结合未来产业发展需求，统筹布局未来产业标准化发展路线，加快重点标准研制。针对重点标准适时开展宣贯和培训，引导企业对标达标，加速未来产业标准应用推广。促进标准、专利与技术协同发展，引导企业将自主知识产权与技术标准相融合。完善关键领域自主知识产权建设及储备机制，深化国际国内知识产权组织协作，构建未来产业高质量专利遴选、评价及推广体系。同步构筑中试能力，按产业需求建设一批中试和应用验证平台，提升精密测量仪器、高端试验设备、设计仿真软件等供给能力，为关键技术验证提供试用环境，加快新技术向现实生产力转化。建设一批中试公共服务机构，提高工程开发、技术熟化、样品试制、测试验证等中试服务水平。强化新型基础设施，深入推进5G、算力基础设施、工业互联网、物联网、车联网、千兆光网等建设，前瞻布局6G、卫星互联网、手机直连卫星等关键技术研究，构建高速泛在、集成互联、智能绿色、安全高效的新型数字基础设施。引导重大科技基础设施服务未来产业，深化设施、设备和数据共享，加速前沿技术转化应用。推进新一代信息技术向交通、能源、水利等传统基础设施融合赋能，发展公路数字经济，加快基础设施数字化转型。加强专业人才队伍建设。教育和人才是推动科技创新、培育未来产业、促进生产力跃迁的基础支撑。针对未来产业发展趋势，探索多元化的人才培养模式，大力培育未来产业领军企业家和科学家，优化鼓励原创、宽容失败的创新创业环境。激发科研人员创新活力，建设一批未来技术教育和研究机构，探索复合型创新人才的培养模式。强化校企联合培养，拓展海外引才渠道，加大前沿领域紧缺高层次人才的引进力度，为未来产业提供人才支撑。

（七）优化未来产业发展环境，保障未来产业高质发展

充分发挥我国社会主义市场经济制度优势，持续深化改革，加强统筹协调，按照国家制造强国建设领导小组要求，形成部际协同、央地协作的工作格局。以《关于推动未来产业创新发展的实施意见》为指南，围绕专业领域制定专项政策文件，形成完备的未来产业政策体系。发挥行业协会等社会组织作用，推广先进的典型案例，营造推进未来产业发展的良好氛围。加大金融支持，推动制造业转型升级基金、国家中小企业发展基金等加大投入，实施科技产业金融一体化专项，带动更多资本投早投小投硬科技。完善金融财税支持政策，鼓励政策性银行和金融机构等加大投入，引导地方设立未来产业专项资金，探索建立风险补偿专项资金，优化风险拨备资金等补偿措施。强化安全治理，坚持包容审慎的治理理念，探索跨部门联合治理模式，构建多方参与、有效协同的未来产业治理格局。加强伦理规范研究，科学划定“红线”和“底线”，构建“鉴别—评估—防御—治理”一体化机制。引导企业建立数据管理、产品开发等自律机制，完善安全监测、预警分析和应急处置手段，防范前沿技术应用风险。深化国际合作，依托“一带一路”等合作机制，鼓励国内企业与研究机构走出去，深度参与全球未来产业分工。鼓励跨国公司、国外科研机构等在我国建设前沿技术研发中心，推动国内外企业联合开展技术研发和产业化应用。加强与相关国际组织合作，主动参与国际治理规则和国际标准制定，积极贡献中国产品、中国方案和中国智慧。

总之，要前瞻性布局未来产业，实现新质生产力的“突变”。培育发展未来产业，促进创新要素向未来产业聚集，离不开强有力的政策引导和制度保障。着眼于未来产业，要合理规划产业布局，建立多元投融资支持体系，为未来产业的培育创造良好条件。当前，世界百年未有之大变局加速演进，科技与产业日益成为大国竞争和博弈的焦点。新一轮科技革命和产业变革蓬勃发展，开辟出新的巨大增长空间。全球产业体系和产业链、供应链呈现多元化布局、区域化合作、绿色化转型、数字化加速的态势……在我国高质量发展的重要关口，深入推进未来产业发展，既面临难得的历史机遇，又面临严峻的挑战。完整、准确、全面贯彻新发展理念，全面提升科技创新能力，高质量推动成果转化，打造未来产业标志产品，壮大未来产业发展主体，构建未来产业生态体系，优化未来产业发展环境，在未来产业创新发展和体系构建过程中挖掘新质生产力的效能，必将为中国式现代化构筑起强大新质生产力，不断开创强国建设、民族复兴伟业新局面。

第九章　新质生产力与“四链”融合

第一节　“四链”融合的基本内涵

科技创新是一项系统工程，涵盖基础研究、应用研究、概念验证、小试中试、产业化量产、市场推广等多个环节。由于不同环节需要匹配相应形态的要素，于是便形成了要素链。在众多要素链中，创新链、产业链、资金链、人才链是四个最关键的链条，它们是构成现代经济社会发展的四个重要因素，它们之间的关系和作用是一个复杂的系统，需要从多个角度和层面进行分析和探讨。“四链”融合是一个涉及经济社会发展的重要问题，也是党的二十大提出的重要任务。

创新链从创新的起点开始，是从基础研究到产品商品化的全过程，包括科学发现、基础研究、应用研究、技术研发、成果转化、试制改进、产品开发、生产销售、产业化扩散等多个环节，是科技创新活动的主线。这一过程涉及政府、企业、高校、科研院所、中介、用户等多个主体，会产出科学原理、论文、专利等不同形态的创新成果。

产业链是产品产业化过程中提供生产或服务的全过程，是企业之间基于一定的技术经济关联，聚合上下游产业资源形成的产业链条。产业链的核心是产业，主体是企业，纽带是分工与合作，产出成果是产品、商品和服务等，是经济价值的直接创造者。产业链包括原材料供应、生产制造、流通销售、终端消费等环节，是经济增长的主体。

资金链是服务从基础研究到产业化、再到产品生产或服务全过程形成的资金链条。资金类型包括政府科研基金、风险投资基金、产业资本、银行信贷资金以及资本市场等，主要是满足创新和生产各个环节不同的资金需求。资金链包括政府投入、社会资本、金融机构、市场融资等环节，是经济运行的血液。

人才链是科研、生产等各个环节所需的人才链条，是贯穿人才选拔、培养、评价、使用、保障各环节、全过程的链式结构。从科技创新全生命周期历程看，人才链包括科学家、战略科学家、技术经理人、高端工程师、硬科技企业家、硬科技投资家、产业工人、科技服务人才等，分别承担着不同环节的特定任务，包括教育培训、科研创新、技术应用、管理服务等，是经济发展的灵魂。

“四链”融合的本质是有效配置人才、资金等创新要素，实现创新、产业、资金和人才等各个环节的有机衔接、循环流转，形成更加高效、稳定的要素供给能力，实现更加畅通无阻的经济循环。“四链”融合关键在“融”，创新链、产业链、资金链、人才链相互交织、相互支撑，形成“一载体、一动力、两关键”的组织架构。其中，产业链是主要载体，创新链是重要动力，资金链和人才链是关键因素。“四链”深度融合意味着科技、产业、金融和人才之间形成了协同互补、彼此赋能、整体优化的发展格局。

第二节　“四链”融合是加快发展新质生产力的需要

推动“四链”深度融合，是抢抓新一轮科技革命机遇、加快塑造新发展优势的必由之路，也是适应国内外发展环境深刻变化、应对各种风险挑战的现实需要。

推进“四链”融合是培育竞争新优势的迫切需要。现在，科技竞争已成为国与国、企业与企业竞争的焦点。培育未来发展和竞争新优势，关键要靠科技创新。而科技创新要想成为高水平的生产力，既要不断取得前沿突破，更要快速实现成果转化。其中，离不开充足的资金供给和有力的人才支撑。推动“四链”融合，是从顶层设计层面，将科技、产业、资金、人才等四大要素集聚在一起，打通“科研—创新—中试—生产”通道，这将有利于加快培育新产品、新业态、新赛道，加速建设现代化产业体系，实现“科技强—产业强—经济强”的良性循环，构筑我国在全球新一轮发展中的竞争新优势。

推进“四链”融合是构建新发展格局的必然选择。当前，国际国内发展环境发生深刻变化。一方面，全球经济发展陷入长期性停滞，一些国家单边主义、贸易保护主义上升，国际经济大循环动能减弱；另一方面，我国经济进入从高速增长转向高质量发展阶段，发展动能正在从要素驱动转向创新驱动，这就更加需要依靠自身内生动力来推动发展。因此，必须构建以国内大循环为主、国内国际双循环相互促进的新发展格局。推进“四链”融合，将改变我国部分创新链、产业链、资金链、人才链相对分离的现象，构建“科学+技术+产业”的闭环创新生态，打通创新链、产业链、资金链、人才链之间的堵点和断点，聚力破解各类“卡脖子”问题，提高创新效率和效益，从底层逻辑上重塑我国经济运行模式，以国内大循环为主体，推动国内国际双循环相互促进，为构建新发展格局提供强大支撑。

推进“四链”融合是深化科技体制改革的内在要求。目前，我国科技体制改革的核心是打通科技、产业、金融连接通道，确立和强化企业创新主体地位。推进“四链”融合，实质上是要解决各类科技活动中的“孤岛”现象。比如，科技成果转化不畅，企业关键核心技术缺乏，人才培养脱离需求，产业转型升级困难，等等。通过构建知识、技术、资金、人才等共享互促的创新生态系统，拉动科技加快创新步伐，推动产业优化升级，从而加快实现经济发展质量变革、效率变革、动力变革。

“四链”融合是建设现代化产业体系的重要支撑。现代化产业体系是我国经济社会发展的重要目标，也是我国实现高质量发展的重要保障。推动“四链”融合有利于加快科技创新成果向产业转化，培育壮大新兴产业、战略性新兴产业和未来产业，提升传统产业的技术水平和附加值，优化产业结构和布局，增强产业链的完整性和稳定性，为建设现代化产业体系提供坚实基础。

“四链”融合是完善国家创新体系的重要抓手。国家创新体系是我国科技创新的重要组织形式，也是我国提升科技实力和创新能力的重要途径。推动“四链”融合有利于搭建科技创新与经济社会发展的桥梁纽带，实现科技创新与经济社会需求的有效对接，促进科技创新与经济社会发展的良性互动，为完善国家创新体系提供有效路径。

“四链”融合本质是构建新质生产力创新生态系统。“四链”融合实质上是一个由政府、企业、科研院所、金融机构及相关服务机构等组成的新质生产力发展的创新生态系统。在这个系统中，不同形态的知识、技术、资金、人才、政策等创新要素在各个环节有序集聚，形成互联互融的良性循环，促进知识系统和经济系统生产与再生产，推动经济实现高质量发展。

第三节　“四链”融合的原理和存在的问题

一、“四链”融合的基本原理

（一）“四链”融合要以科学的融合机理推进

在创新链、产业链、资金链、人才链“四链”中，创新链是动力，产业链是落脚点，资金链和人才链是关键要素。创新链与产业链在问题导向、目标导向和需求导向牵引下互融互动，围绕产业发展需求精准匹配资金链、人才链，最终实现“四链”全生命周期深度融合。一是围绕产业链部署创新链。从存在的问题出发，经过“产业需求—关键核心技术攻关—科学技术突破”三个关键环节，实现核心技术和科学原理的突破，以创新技术满足产业链需求。二是围绕创新链布局产业链。从认知需求出发，经过“科学原理发现与验证—科技成果转化—新兴产业集群形成”三个关键环节，将科学原理转化为新的产品或服务。三是围绕创新链、产业链匹配资金链、人才链。围绕创新链、产业链各个环节的特点和需求，匹配相应类型的人才和资金，确保创新链、产业链顺利完成全生命周期历程。

（二）“四链”融合需要具备鲜明的融合特征

“四链”融合要目标追求一致。“四链”融合的出发点和落脚点是加快实现高水平科技自立自强，这是共同的目标追求，要在此基础上形成一致的思想理念、思维方式、行为模式，否则很难实现同频共振、深度融合。“四链”融合要各链要素完备。各链条要分别建立覆盖各类需求的要素体系，如果链条要素自身存在断点和不足，将会影响“四链”融合的整体效果。比如，资金链就要围绕科技创新全周期，提供“科研财政资金—早期耐心资本—风险投资—产业资本—资本市场—银行金融”等各类形态的资本供给，资本之间要形成相互接力的衔接机制，资本供给规模要能满足不同环节的需求。“四链”融合要融通机制完善。创新链、产业链、资金链、人才链分属不同的子系统，必须建立一套科学系统的管理考核机制，实现运行方式、价值评判、考核评价等方面的深度融合。

（三）“四链”融合要以科学方法论指导

“四链”融合要注重全局性和系统性。“四链”融合不仅要在各自领域内形成完整有效的闭环，还要在跨领域间形成协同互动的开放循环，实现整体优化和协调发展。“四链”融合要注重需求导向和目标导向。“四链”融合要以国家战略需求为导向，以国家创新体系建设为目标，以国家重大项目为载体，以国家重点实验室为平台，以国家重点学科为支撑，以国家重点人才为核心，打造一批具有国际影响力的创新高地。“四链”融合要强化协作机制和激励机制。“四链”融合要建立有效的协作机制，促进政府部门、科研机构、企业单位、金融机构、高校院所等各方的沟通协调和资源共享，形成合力；同时要建立有效的激励机制，激发各方的创新动力和参与热情，形成动力。

二、“四链”融合存在的问题

目前，我国“四链”融合的创新生态不够完善，全生命周期的融合体系未完全形成，各环节融合过程中要素“错配”的现象比较突出，链条断点时有发生，制约了各环节的深度融合。

（一）“四链”目标追求比较分散

长期以来，由于缺少统一的规划牵引，创新链、产业链、资金链、人才链沿着各自的价值导向和目标追求分散运行。目前，以高校、科研院所为代表的创新链在国家创新体系中占据主导地位，主要目标是服务国家科技自立自强、建设世界科技强国；以企业为代表的产业链则面向经济主战场，主要目标是追求效益和利润；以金融机构为代表的资金链，主要目标是确保金融安全和资本增值，以创新链、产业链为核心的资金配置导向还未全面形成，金融资本流向科技创新领域的比重不高；以各类人才培养机构为代表的人才链，主要是面向经济社会发展需求培育、输送相应人才，而服务创新链的人才培养体系还不够健全完善，“四链”在目标追求上尚未达到高度一致、深度聚合。

（二）创新链、产业链两条主链融合不深

在“四链”融合中，创新链、产业链融合是核心和关键。目前，创新链主要面向国家重大战略需求，以对标欧美最新研究成果的“跟随式”研究为主，形成的创新突破与产业需求衔接不够紧密。产业链主要面向经济主战场，创新成果以购买为主，没有形成自主研发体系。在此背景下，创新链与产业链分别沿着各自的逻辑演进，供需脱钩比较突出，创新链的“早夭”和产业链“缺根”现象并存，创新链难以源源不断地为产业发展提

供高水平科研成果，产业链也难以持续牵引科研攻关。

（三）资金链、人才链两条支撑链条不完善

资金链、人才链是“四链”融合的要素支撑，但由于创新链、产业链两条主链融合不够，所以资金链、人才链缺少孕育全链条要素体系的动力和环境，对创新链、产业链的支撑作用发挥不够。具体来讲，在资金链方面，金融机构热衷于扶持资源垄断型企业、收益快的短线企业，而对周期长、风险高的科技产业缺乏耐心和兴趣。在人才链方面，由于人才培育体系不够健全，传统教育模式难以培育出大批具有自主探索精神的高水平科研人才和发展硬科技产业所需的卓越工程师队伍。这些链条的断点反过来又成为制约创新链、产业链深度融合的瓶颈。

第四节 “四链”深度融合加快形成新质生产力的路径

党的二十大报告提出，要推动创新链、产业链、资金链、人才链深度融合。如何实现深度融合是值得深入研究的重大问题，需要厘清其内在逻辑和实践路径。当前，需要构建“四链”融合体系，系统推进“四链”融合，包括：围绕产业链部署创新链，以科技创新赋能产业升级；围绕创新链布局产业链，促进科技创新衍生出新兴产业；围绕创新链完善资金链，借助资本力量促进产业化发展；依托“三链”平台聚集人才，构建人才链强大的智力支撑。

一、构建“四链”融合体系，系统推进“融”与“合”

推进“四链”融合，需要把握其内在机理，聚焦重点难点，集中用力，系统施治，不断提升“融”的质量、“合”的水平。

形成高度一致的目标导向。一方面，推动“四链”向高水平科技自立自强目标集聚，以重大科技创新工程、重大“卡脖子”技术攻关和新领域新赛道培育为纽带，推动“四链”形成一致的问题导向、目标导向和需求导向。另一方面，在顶层设计上构建“四链”融合的协同机制，推动“四链”形成互联互通的思维方式、行为方式和运行机制等，努力从源头上实现同频共振。

建好融合总平台和合作平台。在国家层面设立牵头抓总机构，统筹破解“四链”融合中的体制机制障碍，同时鼓励各区域搭建“四链”融合的合作与交流平台。支持政产学研资等各类主体积极参与国家产业创新中心、国家技术创新中心、国家制造业创新中心等高能级平台建设。举办由科学家、企业家、金融家、教育家等参与的“月光论坛”，围绕新一轮科技革命和产业变革发展方向、技术演化趋势、“四链”融合路径、人才培养等开展研讨交流，进行思想碰撞。培育专业化的科技成果转化机构，并以此为纽带，为初创企业提供技术、人才、资金等方面支持，在微观层面上推进“四链”深度融合。

推动“四链”补链、强链。全面梳理“四链”的短板和弱项，大力实施补链、强链。一方面，加快构建适应科技创新规律的“四链”培育机制，推动创新链、产业链、资金链、人才链精准产出和供给各种要素。另一方面，集中力量精准补位，推动“四链”形成要素完备的全链条体系。比如，在创新链方面，加快形成“国家实验室 + 国家重点实验室 + 高水平科研机构和研究型大学 + 国家技术创新中心 + 高水平新型研发机构”的创新链体系；在资金链方面，加快构建“财政科研 + 概念验证基金 + 早期成果转化基金 + 风险投资 + 产业资本 + 资本市场 + 银行科技金融”的资金链条；在人才链方面，加快培育“高水平科研人才 + 技术型干部 + 战略科学家 + 科技帅才 + 科技企业家 + 硬科技投资家 + 技术经理人 + 卓越工程师”的人才链条体系。

健全深度互融机制。聚焦“四链”融合中存在的体制机制问题，建立健全协调一致的价值评判、风险把控、考核评价和成果共享机制，从体制机制层面打通融合的壁垒，推动“四链”深度融合。比如，在资金链方面，打破金融供给科技创新的体制机制壁垒，加快构建适应新时代科技创新需求的金融供给体系；在人才链方面，深化教育改革，建立适应新时代科技创新规律的人才培育体系和机制。

二、围绕产业链部署创新链，以科技创新赋能产业升级

围绕产业链部署创新链，强化科技创新的需求导向，支撑引领产业转型升级。要以市场需求为导向，以产业痛点为突破口，以关键核心技术为攻坚点，以重大工程项目为牵引点，以国家重点实验室为主阵地，以高层次人才为主力军，加快形成一批具有自主知识产权、核心竞争力和市场影响力的原创性、引领性、支撑性技术成果。

产业链是产业中具有纵向商业关联活动的多企业链式关系，也即用户视角的供应链或价值增值角度的价值链。我国已是全球公认的制造大国，但是在整个产业链中对关键核心技术的国际依赖性严重，产业链薄弱点集中体现在基础材料、基础零部件（元器件）、基础工艺、基础装备（工业装备、医疗设备和实验设备）和基础软件等五类产业基础技术上，这是制约我国从制造大国向制造强国升级的关键所在。当前迫切需要围绕产业链部署创新链，在“五基”领域注入科技创新力量，着力解决制造业产业链中的短板。因此，党的二十大报告也明确提出要打好关键核心技术攻坚战。

科技创新赋能产业升级，其一必须梳理清楚产业链的短板所在。通过建立科技普查制度、行业协会调研和龙头企业报告等形式，系统摸清各产业链关键核心技术缺失的具体状况。其二是围绕产业链的短板技术，列出技术攻关难题，做到技术研发目标精准，技术指标达到或超越产业发展国际标杆水平。其三是部署创新链（产学研）精锐力量，分两个项目组开展竞争性研发攻关。研发资金分基本投入和奖励性投入，奖励性投入给予研发成功者，以激发研发活力。其四是把关键核心技术攻关实现突破纳入

国家级技术奖励评审的优先入选条件。围绕产业链部署创新链，力促“五基”技术全面提升，实现产业整体升级。

三、围绕创新链布局产业链，推动科技创新衍生新兴产业

围绕创新链布局产业链，要以技术创新为引领，以产品开发为核心，以市场推广为目标，以企业主体为主导，以政府支持为保障，以加快将科技成果转化为生产力为重点，实现创新链驱动产业链布局和升级。

创新链是科技创新中基础研究、应用基础研究、应用技术开发、工程化验证或中试与技术成果商业化等相连接的链式关系。从科学到技术再到产业，要经历基础研究向应用基础研究跨越的“模糊地带”（基础研究是否有应用价值），从应用基础研究向技术开发跨越的“魔鬼河”（应用基础研究能否支撑新技术开发），从技术开发向商业化跨越的“死亡谷”（新技术成果是否可以实现商业化应用），从初步商业化向规模化产业发展跨越的“达尔文之海”（市场竞争优胜劣汰），规模化产业还会遇到“衰退鸿沟”（是否还能够持续创新）。科研成果的产业化转化是一个非常复杂的过程，但围绕创新链布局产业链，前瞻布局战略性新兴产业，培育发展未来产业，是创新大国崛起的必然选择。

科技创新衍生新兴产业，其一要清晰认知科学、技术和创新的关系。科学家的主要任务是科学发现，工程师的主要任务是技术发明，企业家的主要任务是商业化发展。创新链是融科学、技术、产业于一体的双向交互影响。其二要精准疏通“模糊地带”、“魔鬼河”、“死亡谷”、“达尔文之海”和“衰退鸿沟”的堵点，使其顺利产生链式反应并向产业链延伸。科技工作者不能仅满足于发表论文和申请专利，创新链要能够衍生出新兴产业或未来产业。其三要建立系统化的学科评价体系。“破四唯”要立新标准，按照创新链各环节准确界定学科性质，建立学科评价体系，引导创新链联动。其四要大力鼓励学术创业，引导实验室成果转化为新兴产业，形成新质生产力。

四、围绕创新链完善资金链，借助资本力量促进产业化发展

科技进步需要资金投入并借助资本力量，资本获取收益需要借助科技力量。创新链的基础研究、应用基础研究、应用技术开发、工程化验证或中试、技术成果商业化等环节是一个连续的过程，每一阶段都需要资金注入或投融资，既包括主要用于基础研究、应用基础研究和重要技术研发的政府公共研发投入，也有部分用于应用基础研究的企业研发投入，还包括技术成果商业化后的天使基金、风险投资（VC）、私募基金（PE），以及上市融资（IPO）、配股、增发、可转债等多种形式的资本加持，从而形成围绕创新链的完善资金链。其中，在创新链向产业链延伸并逐步衍生出新兴产业或未来产业的阶段，资本的力量发挥了巨大的推动作用。

围绕创新链、产业链完善资金链、人才链，要疏通每个环节资金、人才进入产业链、创新链的渠道，确保资源要素在链条中的使用效率得以发挥。以市场化为导向，以政策引导为手段，以风险分担为机制，以多元化为特征，构建覆盖创新链、产业链全过程的资金支持体系，包括政府投入、社会资本、金融机构、市场融资等多种形式，形成多层次、多渠道、多元化的资金供给模式。围绕创新链完善资金链，其一要持续优化中央财政五类科技计划（专项、基金等）支持，重点确保基础研究和应用基础研究有足够资金支持，能够支撑重要产业链关键核心技术攻关。其二要引导和激励企业加大研发投入。只有形成以企业为主体的投入结构，国家综合创新能力才能稳步提升。其三要大力发展和完善天使基金、风险投资、私募基金等各类基金市场，这对学术创业、科研成果转化具有特别重要的作用。其四要深入落实中央金融工作会议精神，优化资金供给结构，把更多金融资源用于促进科技创新。其五要大力培育一流投资银行、投资机构等，发展多元化股权融资，重点支持科技型企业上市融资。

五、依托“三链”平台聚人才，构建人才链强大的智力支撑

产业链是基础，创新链是动力，资金链是保障，人才链则是以上“三链”的主体力量。综合国力竞争说到底是人才的竞争。创新链、产业链、资金链的融合，需要构建多元化、多层次的人才链。既需要战略科学家、一流科技领军人才和创新团队，也需要大批卓越工程师和高水平技术工人；既需要优秀企业家和科技人才，也需要高水平金融人才。围绕产业链构建人才链的关键人才是卓越企业家，围绕创新链构建人才链的关键人才是战略科学家，围绕资金链构建人才链的关键人才是优秀金融家。要依托产业链、创新链和资金链的各类平台集聚人才，形成人才链，为多链融合发展起到人才支撑作用。

要以人才为中心，以培养为基础，以激励为保障，以流动为特点，构建覆盖创新链、产业链全过程的人才支撑体系。这里面包括教育培训、科研创新、技术应用、管理服务等多个环节，是一种高层次、高素质、高效能的人才供给模式。构建人才链强大的智力支撑，其一是要改变对人才的局限性认识。不能只把有各种“帽子”的人叫作人才，把重点高校毕业生看作是人才，从而忽视人才的多元性和多层次性。其二是要高度重视企业家人才，他们是整合创新链、产业链和资金链的关键。其三是要充分发挥院士的战略引导作用，使其真正成为关键核心技术被“卡脖子”问题的解决者和攻关团队的领军者。其四是将解决产业链关键核心技术难题和推动创新链形成新兴产业作为晋升工程院院士的关键条件，引导各类领军人才走上国民经济主战场。其五是大力改革当前的教育模式和方法，以适应新科技革命和产业变革对科技创新人才的需要。

六、瞄准“四链”融合设计政策，激发和引导产业创新发展

营造“四链”深度融合的市场化、法治化、国际化创新生态。要以市场

化为原则，以法治化为保障，以国际化为目标，打造有利于“四链”深度融合的创新生态环境。具体来说，要完善市场机制和竞争机制，激发市场主体的创新活力和参与热情，促进科技成果的转化和应用；要完善法律法规和制度规范，保护知识产权和合法权益，营造公平公正、透明清晰的创新环境；要加强国际交流和合作，借鉴国际经验与做法，提升国际影响力和竞争力。

政策是党和政府为解决经济社会问题而先后制定的在目标上具有一致性、在形态和功能上具有差别性的一系列举措。设计和实施行之有效的政策，就是在为构建多链融合的创新生态营造政策环境。“四链”融合的本质是要形成多链融合的产业可持续创新生态，这是解决关键核心技术被“卡脖子”、科技创新“孤岛”现象和破解科研与经济“两张皮”痼疾等问题的重要举措，是实现科技自立自强和创新驱动经济高质量发展的战略需要。要发挥有为政府和有效市场有机结合的中国特色经济治理模式，通过政策引导推动形成创新链、产业链、资金链和人才链深度融合的创新生态。

政策引导和激励产业创新发展，其一是要改变过去按照行业分类制定政策的传统做法，探寻建立围绕产业链、创新链、资金链和人才链融合发展的“政策矩阵”，规避条块分割的固有僵化体制。其二是顶层设计针对产业链关键核心技术突破，以重点产业创新发展为政策目标，从需求侧和供给侧设计关键核心技术突破的政策类型和工具。其三是围绕创新链布局产业链，设计促进科研成果转化的政策体系，打通创新链的“五大”堵点难点，加快实现科技产业化发展。其四是制定服务于创新链与产业链融合的资金资本加持政策体系，激发各类主体加大研发投入，加快科研成果产业化进程。其五是制定依托“三链”平台聚集人才的政策体系，集中破除人才引进、培养、使用、评价、流动、激励等体制机制障碍，引导人才服务于创新链、产业链和资金链融合，做到人尽其才、才尽其用。总之，围绕“四链”融合设计有针对性的促进科技和产业创新的“政策矩阵”，让政策更好地引导科技创新的方向，服务于产业创新的需要，能够真正形成多链融合、良性循环的创新生态。

第十章　新质生产力与“四化”深度发展

第一节　新质生产力与高端化

为应对新一轮全球制造业领域竞争，切实提升我国制造业的核心竞争力，我们应把握发展机遇，实施制造强国战略，不断提高制造业的创新能力和基础能力，推进信息技术与制造技术深度融合，促进制造业朝着高端、智能、绿色、服务的方向发展，培育制造业竞争新优势。

一、高端化是发展新质生产力的必由之路

（一）高端化是发展新质生产力、走向制造强国的必由之路

中国制造业是“大块头”，总体规模连续 14 年保持全球第一，拥有全世界最完整的产业体系。但“大块头”还要有“大智慧”。中国制造业“大而不强”“全而不精”的问题还很突出，低端产能过剩和高端产品依赖进口并存，创新能力薄弱，产业基础不牢。纵观全球，拥有强大国际话语权和经济影响力的国家，无不在制造业关键核心领域占据领先地位。中国制造要由大走向强，必须坚持高端化发展方向，推动传统制造业转型升级，打造技术水平高、竞争力强的先进制造业，巩固提升竞争优势。

（二）高端化通过技术水平跃迁升级形成新质生产力

想要破解核心技术受制于人等“卡脖子”难题，高水平科技自立自强

是核心。C919大飞机实现商飞、国产大型邮轮完成试航等，都表明在部分高技术制造业领域，我国正由“跟跑者”向“并跑者”“领跑者”转变。自主创新的步伐坚定不移，要继续系统布局重点领域关键核心技术攻关，着力构建以企业为主体、产学研用高效协同深度融合的创新体系，以科技创新推动产业创新，催生新产业、新模式、新动能，发展新质生产力。

（三）高端化通过产业结构优化调整支撑新质生产力

经历多年的规模扩张，我国一些制造业产品的市场需求已接近饱和，增长空间不大。而随着消费升级，市场对中高端、品质化、多样化产品的需求增多，产业结构和需求结构不协调的矛盾日益凸显。制造业高端化应坚持新老并举，既要推动传统制造业优势领域锻长板，强链延链补链，加快转型升级，也要加强新技术新产品创新迭代，发展新兴产业、未来产业，开拓新赛道、培育新产业，提升全产业链竞争优势。

（四）高端化通过价值链向中高端攀升发展新质生产力

曾有一个广为人知的说法：中国要出口8亿件衬衫才能换回一架大型飞机。这直观道出了价值链两端的差异。我们应正视，中国制造长期并仍处于产业链和价值链的中低端。提高产品价值，重在提品质、创品牌。一方面，要推动企业提高质量管理能力，通过先进标准体系倒逼质量提升、产品升级；另一方面，要增加高端产品供给，加快产品迭代升级，分级打造中国消费名品方阵。近年来国货潮牌广受欢迎，我们要继续保护好老字号，打造一批具有国际竞争力的中国制造高端品牌。

当前，新一轮科技革命和产业变革蓬勃发展，大国竞争和博弈日益加剧，逆全球化思潮抬头，全球产业链、供应链深度调整。中国制造处于新的关键时期，也面临新的发展机遇。数字技术和实体经济深度融合，人工智能加速赋能新型工业化，智能制造贯穿制造业全流程，数据要素潜能不断释放，这些都为制造业注入了新活力、带来了新动能。新时代新征程，中国制造业站上了新起点，只有主动适应和引领新一轮科技革命和产业变革，主动化解风险挑战，巩固扩大既有优势，补齐短板弱项，加快迈向高端，才能重塑中国制造的国际竞争新优势，从制造大国走向制造强国，为新质生产力发展注入实质动力。

二、加强高端化发展，大力推进高端新质生产力

高端制造产业一般处于制造业价值链的高端环节，具有技术、知识密集，附加值高、成长性好、关键性强、带动性大的特点。高端制造产业是衡量一个国家核心竞争力的重要标志。中国发展高端制造产业的目标是通过产业升级，实现核心技术自主化、高端产品国产化、出口产品高附加值化。

（一）全面提升工业基础能力

工业基础能力直接决定产品的性能和质量，是建设制造强国的重要基础和支撑。但是，长期以来我国工业“四基”能力发展严重滞后，使我国制造业长期处于全球制造业产业链的中低端，成为制约我国制造业发展的“卡脖子”难题。必须加快实施工业强基工程，围绕高端发展和传统产业转型升级需求，梳理出需要重点攻克的关键基础材料、核心基础零部件、先进基础工艺、产业技术基础等瓶颈制约，集中力量各个突破。

（二）加快先进适用技术推广应用

鼓励以企业为主体，与高校、科研院所共建研发机构，加大研发投入，提高科技成果落地转化率。优化国家制造业创新中心、产业创新中心、国家工程研究中心等制造业领域国家级科技创新平台布局，鼓励面向传统制造业重点领域开展关键共性技术研究和产业化应用示范。完善科技成果信息发布和共享机制，制定先进技术转化应用目录，建设技术集成、熟化和工程化的中试与应用验证平台。

（三）促进重点领域突破发展

一是加快发展智能制造。着力攻克关键技术装备门禁，夯实智能制造基础，培育推广智能制造新模式，推进重点领域智能制造成套装备集成应

用，培育推广智能制造新模式。二是全面推行绿色制造。加快实施传统行业绿色改造升级，积极引领新兴产业高起点绿色发展，推进资源高效循环利用。三是积极发展服务型制造，引导企业通过创新设计、供应链管理、全生命周期管理、总集成总承包服务等，延伸服务链条，促进服务增值。四是注重创新驱动传统产业升级。实施制造业重大技术改造工程，重点支持轻工、纺织、机械等传统行业技术改造、共性技术研发和核心零部件国产化，推动传统产业内涵式发展。实施创新成果转化促进行动，鼓励和支持企业技术中心、工程实验室、科技重大基础设施等创新载体改造提升。实施清洁生产行动，鼓励采用先进节能、节水和清洁生产工艺技术，实施升级改造。

（四）持续优化产业结构

推动传统制造业优势领域锻长板，推进强链延链补链，加强新技术新产品创新迭代，完善产业生态，提升全产业链竞争优势。支持传统制造业深耕细分领域，孵化新技术、开拓新赛道、培育新产业。持续巩固“去产能”成果，依法依规淘汰落后产能，坚决遏制高耗能、高排放、低水平项目盲目上马。科学细化项目管理目录，避免对传统制造业按行业“一刀切”。

（五）深入实施产业基础再造工程

支持企业聚焦基础零部件、基础元器件、基础材料、基础软件、基础工艺和产业技术基础等薄弱领域，加快攻关突破和产业化应用，强化传统制造业基础支撑体系。深化重点产品和工艺“一条龙”应用，强化需求和场景牵引，促进整机（系统）和基础产品技术互动发展，支持企业运用首台（套）装备、首批次材料、首版次软件实施技术改造，扩大创新产品应用市场。

（六）着力增品种、提品质、创品牌

质量品牌是企业乃至国家核心竞争力的综合体现。加强质量品牌建设的过程实际上就是提升产品质量、改善服务、进行技术创新的过程。为此，要把增品种、提品质、创品牌作为增强企业竞争力和产品竞争力的重要抓手，按照中央推进供给侧结构性改革的重要部署，实施质量强国战略，开展质量品牌提升行动，支持企业提高产品全生命周期质量追溯能力。聚焦消费升级需求和薄弱环节，大力开发智能家居、绿色建材、工艺美术、老年用品、婴童用品等领域新产品。实施卓越质量工程，推动企业健全完善先进质量管理体系，提高质量管理能力，全面提升产品质量。加快企业品牌、产业品牌、区域品牌建设，持续保护“老字号”，打造一批具有国际竞争力的“中国制造”高端品牌。推动传统制造业标准提档升级，完善企业技术改造标准，用先进标准体系倒逼质量提升、产品升级。

（七）切实改善营商环境

营商环境也是竞争力。面对发达国家再工业化、欧美制造业回流和新兴经济体加快制造业发展竞争态势，一是要积极挖掘潜力，针对企业用工、税费、物流、融资、能源等成本问题，采取务实措施，降低实体企业成本；二是需要从体制机制改革发力，提升营商环境质量，加快完善现代高效的政府治理体系，提升政府治理水平，以政府效率提高换得制造业效率提高。

第二节　新质生产力与数字化

当前数字技术引发的新一轮科技革命，正以前所未有的速度促进新质生产力的发展。以数字技术为基础产生的新质生产力主要表现为数字生产力。数字生产力是指通过数字技术融合其他生产要素，创造满足社会需要的物质产品和精神产品，带动国民经济的增长。数字生产力是劳动者、劳动资料和劳动对象“三位一体”的数字化结果。数字经济为生产力三要素的更新提供了基础。首先，数字经济时代，劳动者可以更加便捷地获取新知识、学习新技能，有助于不断提高个人素质与技能水平。并且，数字经济催生了大量新兴职业，为劳动者提供了大量的就业机会和发展前景，也为发展新质生产力培育了掌握新科技、拥有新技能的新型劳动者。其次，云计算、大数据、人工智能等新一代信息技术使劳动资料实现了智能化升级，生产过程更加高效精准。在劳动资料更新和生产过程优化的动态调整下，数字经济为发展新质生产力提供了迭代更新的劳动资料。再次，随着数据成为关键生产要素，数字经济还促进了跨界融合和创新发展，使产业界限更加模糊，劳动对象的范围得以延展，进而为新质生产力提供了更为广阔的发展空间。最后，数字经济不断更新生产力三要素，实现了更高素质的劳动者、更新技术的劳动资料、更广范围的劳动对象的创新性配置和全方位优化组合，进而大幅提升了全要素生产率。

一、数字化对发展新质生产力具有重要作用

生产力的发展有其内在的源泉和动力，各类生产要素作用的充分发挥、效能的提高、组合的优化，都会推动生产力水平的提高。劳动者受教育程度的提高，文化和科技知识的增长，科学发明与技术创新应用于生产，管理水平和治理能力的提高，生产资料数量的丰富和质量的提高，分工协作和生产组织的优化，都是提高生产力的内在动力。随着人类社会的进步，生产要素的内涵和种类也在不断扩展和丰富。

（一）数据是创造新质生产力的关键生产资料

在数字经济时代，数据作为新型生产要素，正在深刻地改变着传统的生产函数和经济增长体系格局，并成为当前实现高质量发展的核心战略要素。2024 年 1 月，国家数据局等 17 部门联合印发《“数据要素 ×”三年行动计划（2024—2026 年）》，提出发挥数据要素报酬递增、低成本复用等特点，优化资源配置，赋能实体经济，发展新质生产力，推动生产生活、经济发展和社会治理方式深刻变革。在具体实践中，要求从“数据要素 ×”任务导向逻辑观察，把握数据供给和数据流动两大环节，促进数

据要素应用水平迈上新台阶，并形成与之相适应的生产关系。由此可见，数据已成为创造新质生产力的关键生产资料，其依托新兴数字技术，将在重构生产力和生产关系方面发挥重要作用。

从重构社会生产力的角度分析，数据要素主要以其依附倍增性和集约替代性，为生产力发展开辟了新的空间并实现跃迁。首先，在数据的依附倍增性方面，数据要素的充分融入使得生产过程中能够基于事实和数据作出各项决策，进一步降低不确定因素，持续优化生产流程并提升生产要素配置效率。例如，市场主体通过数据分析和建立大模型，在供给侧一端，能够更加全面地理解市场变化的规律，强化对消费者行为和产业链上下游相关方面动态发展趋势的认知，进而优化宏观、中观和微观等层面的决策。其次，在数据的集约替代性方面，主要是积极发挥数据使用的非排他性特质，通过数据整合、融合和交换共享等方式，推动数据要素与各类型生产要素、产业所处环境因素之间产生协同联动，推动固有生产要素的组合结构实现持续动态优化，进一步提升资源配置效率。例如，产业链上不同环节、多方面的资源可以通过数据互动和数据利用实现更好整合，尤其是可以推动创新链和产业链实现更加深度的融合，使得创新技术孵化和价值转化过程大大提速，这为形成以创新驱动的集约型经济增长方式奠定了基础。

从重构生产关系的角度分析，数据要素的生命周期及其全链条应用使得变革生产关系成为可能。以平台为基础推动数据在不同节点之间进行共享和交流，将为生产力发展带来持续动力。数据在不同行业、部门之间的交流是数据共享的前提，而数据共享不仅有助于降低交易成本，还有利于解构和重组生产关系。数据共享过程的背后是知识的溢出和共享，这就使得传统的垂直整合生产关系被打破，不同节点上的市场主体，如生产者、供应商、消费者等可以在不同领域、不同环节上依托各类型数据平台和应用，展开形式多样的合作。因此，基于数据等新生产要素相互融合的社会化大生产将成为现实。综上所述，基于数字科技实现数据要素在全社会的高效利用和流通，将显著提升资源配置效率，优化生产方式，引领生产关系深刻变革，进而重构产业生态，为经济社会的高质量发展注入强大动力。

（二）数字技术能够构筑新质生产力的发展基础

首先，数字技术催生新产业，能够不断巩固新质生产力发展的根基。5G、大数据、区块链等数字技术和智能技术的多场景化应用将促进甚至倒逼传统产业的数字化转型升级。与此同时，在数字技术赋能机制的作用下，传统业务模式和流程可以延伸出更加细化、灵活的分支并形成体系，这就为电子商务、混合式教育、数字媒体等新产业的涌现创造了条件。此外，数字技术与先进制造业、新材料、新能源等领域的结合，以及在数字技术创新引领背景下形成的人形机器人、脑机接口等人工智能领域新产业布局，将对有效培育并促进战略性新兴产业和未来产业集群发展具有重要意义。其次，数字技术持续夯实新质生产力的组织发展基础。加快数字经济发展要以深化数据要素应用及其效果为重要前提，其中一条途径是推动传统服务模式朝着平台化、定制化和轻量化的方向改革，并通过培育更能充分融合智能技术且适应个性化需求的新模式，打造更为便捷化、个性化、智能化的新兴消费场景，建构起全新的经济形态和经济结构。最后，数字技术注入新动能，为新质生产力发展带来可靠动力。数字技术以“数据+算法+算力”的不同组合形式推动传统技术实现自我革新，为产业组织、管理和决策效率的提升持续提供可靠依据，而这种基于集成的创新能力将与基于原创的创新能力一同构成支撑新质生产力发展的动力之源。由此可见，推动新质生产力的成长与壮大，须准确把握数字技术与新质生产力本质之间的内在关联，在实践中应牢牢把握“高水平独立自主”这个关键点，在更高层次上推动数字科技不断应用发展和创新。

（三）数字基础设施为新质生产力的形成提供平台

一是数字基础设施建设将在培育数字新兴产业和推动传统产业数字化转型过程中引导资本、人才和技术等核心资源实现再分配，这将有效促进生产要素在国内不同区域市场间的有效、有序流动，加速国内各生产环节供需对接，进而推动产业垂直分工格局朝着纵深方向发展。在这个过程中，东部沿海城市（尤其是特大型、超大型城市）所拥有的丰富技术、信息知识等创新资源的辐射作用将得到强化，并加速向周边地区以及西部地区转移和扩散，为推动县域经济高质量发展和区域经济社会均衡化发展带来新动力。二是数字基础设施建设将进一步助推全国统一大市场的形成，促进信息数据跨部门、跨领域、跨行业互通共享。数字基础设施建设将加速数字技术与国民经济各行业的深度融合，使得以规范、规则、标准等手段调节市场具备现实可能性。不同生产者在统一的规制框架下将获得更多机会，并能够在市场范围内寻找最具优势的生产环节介入点，以更加积极的姿态参与到国内价值链分工中。三是数字基础设施建设的不断优化升级将持续推动数字产业高质量发展，不断拓展数字化产品体系的应用范围，并为数字基建创造更加丰富的产业化应用场景，支持创新驱动发展战略。依托数字基建所提供的融合应用平台发展新质生产力，能够显著加快创新进程，有利于强化企业科技创新主体地位，推动我国产业向全球价值链高端跃升。

二、加强数字化发展，大力推进数字新质生产力

大力推进数字新质力，核心是促进数字经济和实体经济深度融合。着力推进制造业数字化转型，深入实施制造业数字化赋能行动与工业互联网创新发展工程；大力提升农业数字化水平，深入实施“数字农业”“数字林业”“数字海洋”“数字供销”工程；纵深推进服务业数字化转型。加快推进数字产业化，深入实施数字技术创新突破工程，建立产学研协同创新平台，优化创新组织方式和激励机制，突破集成电路、云计算、区块链、物联网等领域关键核心技术。推动数字经济主导产业和新兴产业集聚发展，培育数字产业集群。

（一）充分发挥新型举国体制优势，全力推进关键核心技术攻关与颠覆性技术突破

在数字经济时代，发展新质生产力必须选准“赛道”、下好“先手棋”，并发挥新型举国体制优势，集中有限的创新资源投向特定优势领域，取得“以点带面”的整体效果。实践中，要深刻认识实施“非对称”战略的重要意义，通过数字技术的跨越式发展，抢占全球技术竞争与未来发展的先机，推动新质生产力快速发展。首先，在全面把握关键核心技术与前沿技术发展动态基础上，进一步厘清数字技术的前沿发展方向，从本领域的“断点”“堵点”“痛点”着手突破，在先进制造业、新材料、新能源、人工智能等产业领域建立关键技术和前沿技术动态攻关清单，尤其要推动对行业和产业发展具有普遍赋能效应的新型通用技术取得更大突破。其次，要坚持改革先行，通过进一步完善政府主导、市场充分参与、全社会各方协同发力的工作机制，加强共性技术研发平台、技术扩散服务机构、产学研一体化平台、开放型产业基金等建设，形成全面塑造技术创新和发展新优势的强大合力。最后，健全完善数字技术攻关全方位保障体系，着力在高端数字科技人才“引、育、用、留”制度环境上发力，推动“教育—科技—人才”一体化发展并实现良性循环。

（二）充分发挥我国超大规模市场优势，积极推动数字技术更新迭代

一方面，要继续培养和扩大数字技术应用市场规模。把握产业链下游需求增长与上游技术创新活力激发之间的内在联系，通过实施积极的财政补贴、税收减免等政策措施，让更多的市场主体积极拥抱数字技术，在“供求多元、开放度高”的超大市场中获益，为数字技术创新奠定更加坚实的基础。另一方面，要抓住数字技术应用场景创新这个核心，提升我国在全球数字经济中的竞争力。以数字技术与其他行业的融合为目标，结合全球数字经济领域的市场发展动态及时调整产业指导政策，推动“数字技术+应用场景”的深度融合，建立健全数字技术成果转化机制，从技术研发、转让和应用等环节发力，进一步完善数字科技成果的转化链条，加速数字

技术的迭代升级，为经济社会高质量发展提供有力支撑。

（三）充分开展国际数字技术创新合作，在不同层面引领前沿技术发展

一是持续推动数字技术创新合作平台的共建共享。秉持开放式创新理念，强化数字技术区域合作组织建设，扩大研究平台的影响力；充分发挥技术联盟纽带作用，优化人才交流平台运作机制，不断丰富全球数字技术合作形式。二是推进数字技术知识产权全球布局。加大数字企业在海外申请数字技术专利指导和政策扶持力度；加强与国际数字技术知识产权组织合作，在维护国家安全和利益的前提下稳步推进数字专利互认工作，积极构建国际数字知识产权联盟。三是加强数字技术国际合作。从市场化、法治化、国际化三大方向持续优化国内统一大市场环境，推动数字产业资本、高端技术和高端数字技术人才深度融合，积极参与国际技术标准制定，引领国际数字技术前沿发展方向。

（四）抓住数字基础设施建设切入点，夯实数字经济发展基础

建设现代化基础设施体系，能够持续促进相关技术革命性突破并实现生产要素创新性配置。不论是政府还是市场主体，都要认识到加大数字基础设施建设投入力度和优化数字基础设施布局的重大意义，通过加大投入升级改造力度，推动全社会数字基础设施实现更好融合，形成具备全覆盖、高速率、低时延、智能化特征的数字基础设施体系。在实践过程中，一是加快推进 5G 网络和 IPv6 网络升级，进一步巩固具有自主知识产权的网络安全保障体系；二是重视数据中心建设，推动建立全球规模最大的数据中心，实现建用一体化，提升数据资源的价值和效益；三是加快建设云计算、量子计算、类脑计算等服务平台，不断推进这些计算服务整合成为赋能新质生产力发展的算力算法资源，并推动其成为支撑全球数字经济发展的公共产品。

（五）抓住数字产业培育这个实现“弯道超车”的核心，不断提升数字经济发展竞争力

数字产业作为数字经济的核心组成部分，既是数字技术创新与应用的重要平台，也是推动数字经济发展的关键驱动力。为此，要鼓励各类市场

主体积极参与数字产业开发，推动整个产业向集成化、高端化、智能化方向迈进。具体而言，一是加大政策扶持力度，引领新一代信息技术产业发展，促使软件、物联网、集成电路、网络设备迭代升级，提升国际核心竞争力；二是加大数字文化创意产业发展投入力度，加快数字内容创意生产及传播，持续提升经济效益和文化效益；三是集中精力推动数字服务产业体系建设，加大对网络金融、电子商务、在线教育、远程医疗等领域的支持力度，提升专精特新企业发展效率。

（六）抓住产业数字化这个推进新质生产力发展的“保底项”，促进数字经济发展水平整体提升

形成和发展新质生产力所要求的现代化产业体系具有智能、绿色、融合、完整、先进和安全等六大方面基本特质，而产业数字化则是促成上述六大方面特质得以实现的前提。因此，政府需要加大对产业数字化的引导力度。一是加快农业数字化发展步伐，实现农业生产、管理和服务的数字化转型，充分提升农业生产质量和效率。二是加快制造业数字化发展步伐，推进制造业生产、流通和消费的数字化转型，推动制造业高质量发展。三是加快服务业数字化发展步伐，促进服务业供给、需求和交易的数字化转型，为服务业高质量发展夯实基础。

数字经济作为新常态下的中国经济发展动能和引领一系列国家创新战略实施的重要力量，既是贯彻创新、协调、绿色、开放、共享新发展理念的集中体现，又是推动国内外双循环发展，推动供给侧结构性改革的重要抓手，更是贯彻落实创新驱动发展战略，推动科技创新和生产力发展的最佳试验场，及构建智能时代国家竞争新优势的重要先导力量。在数字经济时代，数字化的知识和信息成为关键生产要素，以现代信息网络为重要载体，以云计算、大数据分析技术为代表的数字经济在其中起到了重要的推动作用。数字经济渗透于人类生产生活的各个方面，并不断进行产业融合与创新。数字技术在生产、分配、交换和消费领域的广泛应用，直接促成共享经济的各种新业态和新商业模式的产生，带动经济转型和升级。发展新质生产力就是要在国际科技竞争日趋激烈的新形势下，瞄准科技前沿，把握高科技产业发展趋势，形成具有创新优势的领域和区域，促进我国供给侧结构性改革，实现高质量创新驱动和经济发展。

第三节　新质生产力与智能化

智能技术是未来的通用性技术，是现代化产业体系培育和建设的基础生产力。随着科技进步和应用发展，智能技术不再是单纯的基于信息的专门型技术，而是重塑社会生产力的通用技术。人工智能作为第四次工业革命的核心驱动力，将推动实体经济实现革命性的升级换代，催生智能经济新形态，成为发展新质生产力的重要引领。智能经济是发展新质生产力的关键土壤，以人工智能为代表的智能化技术将加速传统产业的转型升级，实现质量变革、效益变革和动力变革，重塑工业基础再造、生产服务模式创新等各个环节，从而引领新型工业化发展，为智能经济提供全新动能。以人工智能为代表的智能化技术激发的商业模式和经济形态创新，正以前所未有的速度影响和渗透到各行各业，构建起数据驱动、人机协同、跨界融合、共创分享的智能经济新形态，形成新的经济增长点。以人工智能为代表的智能化技术将助力重大科学发现和前沿技术应用，与生物制造、脑科学、经济、能源、文化创意等领域交叉汇聚，有望打造颠覆性产品和产业，加速未来产业的发展。以人工智能为代表的智能化技术还将带来文化创造和传播方式的创新，丰富文化产品，提升跨领域、跨时空的文化传播效率，加速文化融合进程。随着智能化技术支撑的智能决策和智能生产逐渐融入生产消费过程，生产组织和居民生活的模式将呈现新形态。大数据、大算力、大模型逐渐成为生产力的重要组成部分以及其他类型生产力的支撑。

一、智能化是发展新质生产力的重要抓手

党的十九大首次作出中国经济由高速增长阶段转向高质量发展阶段的历史性判断。习近平总书记指出，高质量发展就是能够很好满足人民日益增长的美好生活需要的发展，是体现新发展理念的发展，是创新成为第一动力、协调成为内生特点、绿色成为普遍形态、开放成为必由之路、共享成为根本目的的发展。高质量发展意味着中国经济由“数量追赶”转向“质量追赶”、“规模扩张”转向“结构升级”、“要素驱动”转向“创新驱动”、“分配失衡”转向“共同富裕”、“高碳增长”转向“绿色发展”。高质量发展高效、公平、可持续的目标奠定了我国未来发展的基础，将会引领新时代中国式现代化建设的方向。

创新是引领发展的第一动力，是促进高质量发展转型的核心源泉。20世纪90年代之后的近20年时间，我国社会大部分人口都享受到了市场充分发育和扩张、机会充分涌现带来的发展红利。数量扩张之后的质量提升阶段，就会面临“创造性破坏”的冲击，不适应高质量发展的劳动、技术和资本要重新适应市场、寻找市场，否则就会被彻底挤出。当前全世界正在全面启动智能化和绿色化双转型，通过布局新一代人工智能和绿色经济发展战略提升国家竞争力，借助新一轮工业革命的机遇，开启智能化、绿色化工业发展新阶段。

我国2017年《新一代人工智能发展规划》的发布，标志着人工智能产业成为国家经济发展战略的重要组成部分。数字化生产、大数据分析、机器人、人工智能等新技术领域为制造业开启了新的技术解决方案和工作方式。人工智能具有的正负两方面的双重经济效应意味着发展人工智能产业机遇和挑战并存，在提升科技创新能力的同时更要确保发展的安全、可靠、可控，以主动求变应对全球科技变革，引领世界人工智能发展潮流。

2019年3月19日，中央全面深化改革委员会第七次会议通过的《关于促进人工智能和实体经济深度融合的指导意见》明确指出，促进人工智能

和实体经济深度融合，要把握新一代人工智能发展的特点，坚持以市场需求为导向，以产业应用为目标，深化改革创新，优化制度环境，激发企业创新活力和内生动力，结合不同行业、不同区域特点，探索创新成果应用转化的路径和方法，构建数据驱动、人机协同、跨界融合、共创分享的智能经济形态。

2023 年中央经济工作会议强调，必须把推进中国式现代化作为最大的政治，在党的统一领导下，团结最广大人民，聚焦经济建设这一中心工作和高质量发展这一首要任务，把中国式现代化的宏伟蓝图一步步变成美好现实。这充分表明，大力推进新型工业化，发展数字经济，发展人工智能技术，加快培育战略性新兴产业，是不断夯实高质量发展经济基础的主要抓手。

以智能化推进新质生产力发展是基于新一代信息技术和网络空间发展的经济新形态，发展智能经济将对传统的基础设施、技术要素、供应链结构、组织形态进行革新和开拓。人工智能技术不再是单纯的基于信息的专门型技术，而是重塑社会生产力的通用型技术。智能经济是发展新质生产力的关键土壤。智能经济通过“新技术群”赋能，以智能取代人工，打造智能化的产品、生产、服务、组织，实现社会生产力的提高，促进人类社会的进步。

二、加强智能化发展，大力推进智能新质生产力

新质生产力的培育和发展，需要人工智能技术引发的生产力跃升，需要从多维度发力，刺激并释放人工智能技术对新质生产力的赋能效应。

（一）加大政策支持力度，夯实发展之源

尽管中国在某些人工智能领域，如计算机视觉和语音识别方面取得了显著进展，但在一些关键核心技术领域，如算法创新、芯片设计等方面仍与发达国家存在差距。特别是在高端芯片和关键软件上对国外技术的依

赖，对我国人工智能的发展已构成了制约。因此，我们需要进一步加大自主创新力度。这就需要政府健全新型举国体制，抓好关键核心技术攻关，加大研发资金投入、创新激励机制以及构建创新生态系统。通过资金支持，政府可以直接加速人工智能领域的研究与开发，这包括为高校、研究机构和民营企业的基础研究提供资金，以及支持应用研究和技术开发。例如，政府设立专项基金，支持人工智能领域的算法创新、新型芯片开发等关键技术的突破；通过税收优惠、补贴等方式激励企业和研究机构进行技术创新，降低企业和机构创新的经济风险，营造一个有利于技术创新的生态系统，这包括建立研究与产业之间的协作平台，以及鼓励跨学科和跨领域的合作。

（二）促进行业应用，筑牢发展之基

中国的人工智能应用市场虽然展现了良好的发展态势，但投资人工智能项目成本相对较高，如果计算能力和数据承载能力不足，即使某些行业具有数据和人工智能投资需求，也可能因为缺乏足够的计算能力和数据承载能力而难以实现人工智能技术的创新应用。另外，对于中小企业来说，理解和接受人工智能的程度相对较低，在人才、资金、技术等方面存在明显不足，这些因素共同制约了它们在人工智能领域的投资、创新和应用，中小企业的数字化转型和升级进程受到严重阻碍。政府在推动场景创新、促进供需联动、建设基础设施平台、推动标准化和开放接口方面发挥着重要作用。首先，通过针对具体应用场景的创新，能有效地将技术研发成果转化为实际应用，从而激发市场活力，促进新业态和新模式的产生。其次，促进技术供给方和需求方之间的互动，使技术创新更好地满足市场需求。政府通过政策支持和引导，促进供需双方有效对接。再次，建设高效的数据处理和存储基础设施，支持大数据和云计算技术发展，投资高速互联网和物联网（IoT）基础设施，为技术创新提供连接和通信支持。最后，制定和推广技术标准，确保不同系统和产品之间的兼容性。鼓励企业提供开放的 API（应用程序编程接口），促进不同应用和服务的集成。这些努力不仅能够推动新技术的迭代升级，还能够促进新质生产力的快速增长，进而推动整个社会和经济的可持续发展。

（三）优化市场准入和竞争环境，激发发展活力

人工智能市场存在高度垄断性。在全球范围内，某些网络平台公司、算法大型企业在人工智能市场上占据了绝大部分市场份额，通过大量技术专利积累，对人工智能技术市场形成控制力。市场集中可能导致创新受限。虽然大公司在资源和研发能力方面具有优势，但他们可能更关注维护现有市场地位，而非进行颠覆性的创新。中小企业在资金、技术和市场份额方面与大企业竞争时处于不利地位，这限制了它们的发展，甚至可能导致市场出现“马太效应”，即强者愈强，弱者愈弱。对此，政府可以通过制定公平竞争政策，监控不公平竞争行为，审查企业合并与收购案，增强市场透明度和促进数据共享，限制市场主导地位过于集中，确保人工智能市场公平竞争。在实施反垄断法规方面，政府机构应定期进行市场分析，识别潜在的不公平竞争行为，包括监控价格变动、市场份额分布和竞争结构。具体而言，可以设立专门的机构或程序，以便利益相关方（如竞争对手、消费者）能够报告可疑的不公平竞争行为，对被证实从事不公平竞争行为的公司施加罚款、市场限制，甚至是业务禁止等惩罚措施。在审查合并和收购案时，监管机构要进行详细的市场影响评估，考虑此类行动对市场竞争、消费者利益和创新的长远影响。在公平竞争促进措施上，要提高透明度，建立公开的信息平台，公布市场调研结果、企业合并信息、市场份额数据等。创建有效的沟通渠道，使企业和消费者能够更好地理解当前的市场政策和法规。鼓励企业开放非敏感数据，特别是那些由公共资金支持的研究和开发项目。制定统一的数据格式和接口标准，确保不同来源和不同企业间的数据可以互相兼容和交换。对持有关键数据集的企业，如搜索引擎、社交网络等，监管机构应确保这些数据资源对市场新进入者开放，以促进竞争。

总之，智能技术有利于促进经济增长，提高生产率。在这一基础上，

包容性发展更加关注智能技术对收入差距的影响。包容性发展的首要原则是发展，同时追求分配公平；重要特征之一是特别重视弱势群体发展，是一种更加全面、更加包容的共享式新发展理念与模式。智能经济的发展在短期内会对现有社会分工体系产生冲击，但长期来看，产业智能化在总体上有助于促进经济增长、缩小收入差距和促进共同富裕。智能技术的发展推动了全社会人类共享创新成果，尤其是惠及低收入群体、创造新的就业机会和更多就业岗位。发展就业扩张型的人工智能是一个兼顾发展与公平的优先选项，智能技术促进包容性发展具有普惠价值。智能经济时代，人类的工作和生活模式也将会发生革命性变化，智慧化居住环境、医疗保障和交通出行将极大提升生活品质。数字孪生等未来技术将把人类从农场、生产线等繁重的工作中完全解放出来，人类将从事更具有创造性的工作。

第四节 新质生产力与绿色化

绿色发展是高质量发展的底色，新质生产力本身就是绿色生产力。必须加快发展方式绿色转型，牢固树立和践行绿水青山就是金山银山的理念，坚定不移走生态优先、绿色发展之路，在全社会大力倡导绿色健康生活方式。推动发展方式绿色低碳转型，积极稳妥推进碳达峰、碳中和，以绿色技术培育壮大新质生产力。构建需求导向、问题导向和市场导向的绿色技术创新体系，提升先进绿色低碳技术国际竞争力。利用碳交易等市场化手段和财税手段，推广应用先进绿色技术，发展绿色供应链。做大绿色农业。运用先进科学技术、先进工业装备和先进管理理念，发展设施农业、有机农业，确保种子安全、农产品安全、生态安全，提高农业综合经济效益。做强绿色制造业。壮大节能环保、清洁生产、绿色能源产业，发展绿色低碳产业和供应链，打造高效生态绿色产业集群和绿色生态产业区。做优绿色服务业。倡导绿色消费和低碳生活理念，推进能源革命、消费革命和绿色低碳生产生活方式，建设绿色、低碳、循环经济发展体系。丰富绿色消费场景。推广普及废旧消费品回收和绿色智能消费品换新业务，着力为消费者提供更多绿色低碳的新消费场景和品类，构建全产业链条的绿色循环闭环。

一、绿色化是发展新质生产力的本质要求

在新发展理念指导下，需将发展生产力和保护生态环境有机结合，促进产业经济绿色转型，促进人与自然和谐共生。绿色化要求综合应用适当的生产力和环境管理工具、技术和科技，既减少组织活动、产品和服务对环境的影响，又提升收益率和竞争优势，实现社会与经济全面发展和人类生活水平持续提高。“绿水青山就是金山银山”，“保护生态环境就是保护生产力、改善生态环境就是发展生产力”，“良好生态本身蕴含着无穷的经济价值，能够源源不断创造综合效益，实现经济社会可持续发展”。习近平总书记的这些论述充分展现了新质生产力与绿色低碳的深刻关系。

（一）绿色化发展体现新质生产力的本质要求

良好的生态也是生产力。保护生态环境就是保护生产力，改善生态环境就是发展生产力，这不仅是马克思主义生产力理论的本质要求，更是新时代新征程上实现经济社会高质量发展、推进美丽中国建设的题中应有之义。生产力不仅包括人类改造和利用自然的能力，也包括自然界对人类社会发展的影响与制约。而现实发展中，人们往往忽视自然界的功能和作用，对自然环境进行过度开发而忽视保护似乎已经成为生产力发展的必然结果，发达国家“先污染后治理”的老路似乎已成为各个国家工业化发展的必经之路。

习近平总书记指出，我国建设社会主义现代化具有许多重要特征，其

中之一就是我国现代化是人与自然和谐共生的现代化。将人与自然和谐共生的价值理念贯穿中国式现代化全过程，拓展了发展中国家走向现代化的新路径，为全球生态治理贡献了中国智慧和中国方案。中国式现代化不可能通过殖民主义的方式，通过世界性的资源掠夺和环境破坏取得。要从根本上解决生态环境问题，必须树立新发展理念，加快绿色低碳科技创新，通过新质生产力的形成和绿色低碳化促进生产力要素结构的生态转型，进而超越西方现代化模式，开辟中国式现代化新赛道、新路径。

（二）绿色化发展充实新质生产力的主要内涵

从生产力与生产方式的关系看，一定的生产力决定了一定的生产方式。生产力的绿色低碳转型，必然会带来生产方式的绿色低碳变革。生产方式从最根本的意义上说，是人类生产生活的方式；生产力要素结构的生态转型，就是劳动者、劳动资料、劳动对象及其构成的生态转型。在物质资料的生产过程中，具有生态意识的劳动者使用基于绿色低碳化的科学技术制作的生产工具，与属于人类生命共同体的自然界相互交换物质、信息和能量。人与自然之间的良性物质变换既能满足人类自身的生存和发展需要，又能促进人与自然的和谐共生，这种获得生活资料的方式无疑是生态的、亲自然的，是绿色低碳化的生产方式。新质生产力要素及其结构的绿色低碳化，充实了新质生产力的主要内涵，促进了人类生产方式的绿色低碳变革。

（三）绿色化发展夯实新质生产力的发展基础

党的二十大报告指出，高质量发展是全面建设社会主义现代化国家的首要任务，同时强调推动经济社会发展绿色化、低碳化是实现高质量发展的关键环节。绿色化、低碳化的高质量发展表现为经济高效与能源低碳、生态优美与环境友好等的全面高质量发展。从经济来看，面对发展中的资源环境制约和“双碳”目标要求，经济发展与能源消耗、碳排放存在强耦合关系，实现高质量发展和高水平保护，必须以绿色低碳科技赋能经济绿色转型，坚持减污降碳协同增效，培育绿色低碳产业体系，破解经济发展与环境污染两难困境，打造绿色高质量发展的新增长点。从社会和生态环境来看，依靠科技创新破解绿色发展难题，形成人与自然和谐发展新格局。绿色低碳科技创新是构建人民高品质生活、高品质生态环境的动力引擎，有利于提升能效水平，降低碳排放强度，加快破解发展不平衡不充分难题，促进绿色、均衡、协调发展，助力实现碳达峰、碳中和目标，推动绿色化、低碳化高质量发展与美丽中国建设，以高质量发展与美丽中国建设成果不断夯实新质生产力的形成和发展基础。

二、加强绿色化发展，大力推进绿色新质生产力

历史唯物主义认为，物质生产力是全部社会生活的物质前提，同生产力发展一定阶段相适应的生产关系的总和构成社会经济基础。生产力是推动社会进步的最活跃、最革命的要素，生产力发展是衡量社会发展的带有根本性的标准。站在时代的关键时期，完整、准确、全面贯彻新发展理念，坚持走生态文明建设和美丽中国建设道路，加强科技支撑，推进绿色低碳科技自立自强，建立高质量的现代化绿色低碳产业体系，是中国式现代化全面推进强国建设、民族复兴伟业的关键任务，是实现新质生产力绿色低碳发展的重要举措。

（一）践行绿水青山就是金山银山理念，从实践上和行动上贯彻落实新发展理念

践行绿水青山就是金山银山理念，是实现美丽中国建设目标的基本原则，也是培育新质生产力的底层逻辑之一。传统发展方式的不可持续决定了我国必须转换发展理念和发展方式，以实现经济社会协调、可持续和绿色低碳发展。发展新质生产力，其目的是实现经济社会的高质量发展，而要实现经济社会的高质量发展，就必须践行创新、协调、绿色、开放、共享的新发展理念。绿水青山就是金山银山的重要论断是习近平生态文明思想的重要组成部分，深刻揭示了经济发展与生态环境保护的辩证关系，指

导着我国处理好高质量发展和高水平保护、重点攻坚和协同治理、自然恢复和人工修复、外部约束和内生动力、“双碳”承诺和自主行动等关系。只有坚持走生态优先、绿色发展之路，持续完善生态文明制度体系建设，才能以高品质生态环境支撑高质量发展，实现人与自然和谐共生的现代化发展，从而全面实现美丽中国建设。

（二）加快发展方式绿色转型，推动能源系统和经济社会全面绿色低碳转型

推动能源系统和经济社会全面绿色低碳转型是实现碳达峰、碳中和目标的必然选择，是加快形成新质生产力的重要路径。工业革命带来的生产力爆发式增长极大地拓展了人类改造自然界的能力，但是这一过程也带来了对生态环境的破坏，许多发达国家都经历了“先污染后治理”的道路。在国际绿色低碳发展的大趋势下，我国作为负责任大国需要承担起减少碳排放的义务，实现碳达峰、碳中和的承诺。因此，我国的新型工业化必须坚持绿色低碳的发展导向，通过产业结构调整、发展循环经济、可再生能源开发、能源效率提升、碳捕获碳存储等举措，减少污染物和温室气体排放。同时，生态保护、节能减碳也能创造出对开发可再生能源，提升能效，减少碳排放，增强碳捕获、碳存储能力，以及对碳汇、碳金融等产品、服务的巨大需求，带来新兴产业发展的机遇。

（三）坚持以科技创新为引领，为新质生产力绿色低碳发展提供持久动力

创新是引领发展的第一动力。以创新为核心、动力、先导，才能实现由要素驱动、投资规模驱动向创新驱动的根本转变，才能实现系统性的、整体性的、贯穿于全局的创新发展，才能更好地形成并推动新质生产力实现绿色低碳发展。要推进绿色低碳科技自立自强，优化绿色低碳科技战略布局，狠抓关键核心技术攻关，对标全面建设美丽中国、推进人与自然和谐共生的战略部署，抢抓绿色发展机遇，勇攀低碳科技高峰，增强绿色经济增长、低碳产业升级、生态环境改善的内生动力。瞄准美丽中国建设目

标，加强党中央对绿色低碳科技创新的全面领导与顶层设计，推动绿色低碳领域基础研究实现前瞻性、战略性、系统性布局。聚焦绿色、低碳、环保等领域技术短板，加快新能源、人工智能、生物制造、绿色低碳等技术研发；聚焦传统产业环节短板，加快低碳能源技术迭代。提升传统能源清洁高效开发利用技术，推动钢铁、建材、有色金属、石化等重点行业节能降碳技术攻关与应用，布局先进电网、高效率储能、氢能等新赛道新领域，以科技创新产生的新动能不断推进新质生产力实现绿色低碳发展。

（四）推动产业体系优化升级，为新质生产力绿色低碳发展提供产业基础

统筹绿色低碳基础研究、应用研究、技术创新、科技转化、产业化应用的全链条各环节，构建绿色低碳的现代化产业体系，降低产业能耗和碳排放强度，提高产业链韧性与安全水平。充分发挥新型举国体制优势，在关键核心技术创新上持续加力发力，开辟更多新领域新赛道。聚焦绿色低碳技术重点领域，加强技术攻关和成果转化，构建一批新的增长引擎。前瞻布局未来产业，聚焦战略性新兴产业，加大绿色低碳技术攻关和全链条融合创新力度，加快新能源、新材料、绿色环保等领域的重大技术突破，丰富完善应用场景，培育产业生态，抢占未来竞争制高点，培育以绿色低碳技术为重要支撑的战略性新兴产业和未来产业体系，为新质生产力绿色低碳发展提供产业基础。

以全面推进新型工业化为抓手，完善绿色现代化产业体系建设。全面推进新型工业化和完善现代化产业体系建设均是推动经济实现质的有效提升和量的合理增长的有效路径。其中，新型工业化是完善现代化产业体系建设的核心。以全面推进新型工业化进程为抓手，有利于建设自主可控的绿色供应链体系，构建绿色低碳循环发展的经济体系，加快规划建设新型能源体系，为完善绿色现代化产业体系建设提供有力支撑，为培育绿色生产力奠定良好基础。

重视传统产业绿色转型升级，推动其实现智能化、绿色化、高端化发展。传统产业不等同于落后产业，强调培育和壮大战略性新兴产业也不是简单地抛弃传统产业。相反，需要通过科技创新重塑传统产业特别是传统制造业的竞争优势。要进一步优化传统产业结构和能源结构，推动煤电、钢铁、石化、建材等高耗能高排放行业节能降耗，实现绿色低碳转型。积极推进传统化石能源节能、清洁、低碳高效利用，加快提升终端设备电气化和电力绿色化水平，有序建设新型能源体系。通过传统产业的绿色技术改造和设备更新，加快用能结构和工艺过程的绿色转型，将传统产业能效水平提升到世界先进水平，建设绿色工厂、绿色园区、低碳园区，强化传统优势产业的绿色竞争力，锻造产业链长板，激发绿色生产力。

加强绿色战略性新兴产业和未来产业布局发展，培育推动中国式现代化发展的绿色生产力。新能源、新材料、绿色环保等绿色战略性新兴产业和未来制造、未来材料、未来能源等未来产业的布局发展，是培育绿色生产力的战略选择，是推进中国式现代化建设的重要战略支撑。通过加快战略性、前沿性、颠覆性绿色科技创新和先进绿色技术推广应用，做强绿色制造业、绿色服务业和绿色能源产业，发展绿色低碳产业和供应链，打造绿色低碳产业集群，培育推动中国式现代化发展的绿色生产力，不断提升经济社会发展的“含绿量”。

（五）加大绿色政策支持力度，为新质生产力绿色低碳提供优良环境

强化要素保障。为全面推进新型工业化、促进传统产业绿色低碳转型升级和绿色战略性新兴产业及未来产业布局发展，提供充足的要素保障。如加大对推进新型工业化过程中绿色发展人才培养和绿色发展技术研发的资金支持，为传统产业绿色低碳技术改造和设备升级提供绿色金融支持，为完善新能源供给消纳体系提供土地、资金、人才、技术等支持。倡导绿色文化。在全社会树立绿色发展是高质量发展的底色的生产生活观念，综合运用绿色低碳发展愿景、价值观、制度规范和行为实践等，唤醒人们主动践行降碳减污等环保行为的意识和决心，积极参与生态保护与生态环境治理，培育和倡导绿色文化。培育绿色消费场景。通过税收减免和财政补

贴等措施，完善有利于促进绿色消费的制度政策体系和体制机制，加快培育新能源汽车、分布式光伏、分散式风电、新型储能、综合能源服务等绿色消费场景，形成绿色低碳的生活方式和消费模式。

全力推进生态文明建设和美丽中国建设，完整、准确、全面贯彻新发展理念。坚持中国特色生态文明建设和美丽中国建设道路，加强科技支撑，推进绿色低碳科技自立自强，建立高质量的现代化绿色低碳产业体系。这是中国式现代化全面推进强国建设、民族复兴伟业的关键任务，是实现新质生产力绿色低碳发展的重要举措。以全面建设社会主义现代化国家为统领，以战略科技力量为基本抓手，以构建数字化治理体系为关键举措，以绿色数字化和数字绿色化融合为基础，推动经济、社会、生态环境等各个领域的数字化治理与绿色化发展，推动生产方式和生活方式的数字化、绿色化转型。加快建设绿色低碳的数字生态文明，在生态文明建设和美丽中国建设过程中充分挖掘新质生产力的效能，赋予新质生产力厚重的绿色低碳底色，必将为中国式现代化建设构筑起强大新质生产力基础，不断开创强国建设、民族复兴伟业新局面。

第十一章　新质生产力与区域协调发展

第一节　区域协调发展的战略要求和意义

党的二十大报告擘画了以中国式现代化全面推进中华民族伟大复兴的宏伟蓝图，并对区域协调发展作出了更加长远、更加系统的战略部署和总体安排，指出要促进区域协调发展，深入实施区域协调发展战略、区域重大战略、主体功能区战略、新型城镇化战略，优化重大生产力布局，构建优势互补、高质量发展的区域经济格局和国土空间体系。从逻辑关系上看，中国式现代化为推动新时代我国区域协调发展明确了前进方向，提出了更高要求。区域协调发展坚持以人为核心，体现了中国式现代化的价值取向。推进中国式现代化必须统筹实现区域协调发展。

一、中国式现代化对区域协调发展战略提出更高要求

实现中国式现代化，区域协调发展必须着力增强国内大循环的内生动力和可靠性。当前经济运行的外部环境面临高度不确定性，国际力量对比深刻调整，单边主义、贸易保护主义抬头，地缘政治风险上升，这些都给中国式现代化带来了多重挑战。在此背景下，构建以国内大循环为主体、国内国际双循环相互促进的新发展格局意义重大。必须充分发挥社会主义制度的优越性，通过顶层设计增强区域发展的协同性和整体性，提高国内

大循环覆盖面，在更大空间尺度上降低生产、分配、流通、消费各个环节的交易成本。

实现中国式现代化，区域协调发展必须彰显中国特色和大国特征。回顾人类历史，资本主义发达国家的现代化道路是充斥战争、殖民、掠夺等方式的现代化道路，是以追逐资本超额利润为目的的现代化道路。中国式现代化是追求和平发展、自主创新，不断探索具有中国特色的区域协调发展之路。这就要求我们必须将新发展理念贯穿区域协调发展全过程、全领域，在促进各区域现代化的过程中实现区域经济间的相对平衡。

深入实施区域协调发展战略符合我国新时代高质量发展需要，是推进中国式现代化建设的必然要求。高质量发展需要构建高质量的国土空间布局和支撑体系，区域协调发展以优化经济资源空间配置结构为主要目的。通过政府规划和市场机制，促使经济资源在一定空间范围内形成相对有效的空间结构，推动各区域充分发挥比较优势，深度参与分工，形成“1+1 > 2”的聚合效应。区域协调发展谋求的是可持续发展，以发展为前提，经济带、城市群、都市圈等通过产业、交通、人才、公共服务等政策系统集成，实现各类要素合理流动和高效聚集。这与高质量发展的要求是相一致的。

实现中国式现代化，区域协调发展必须更加强调小尺度、跨区域、相对精准的区域合作示范效应。当前，我国已相继实施了京津冀协同发展、粤港澳大湾区建设、长江经济带发展、长三角一体化发展、成渝地区双城经济圈建设、黄河流域生态保护和高质量发展等一系列大尺度的国家重大区域战略，在全国范围内逐渐形成了多层次、多形式、全方位的区域协调发展格局。未来促进区域协调发展，需要基于小尺度空间推进行政边界、地理边界、经济边界和社会文化边界的多维耦合，在物质文明和精神文明相协调、人与自然和谐共生等方面探索区域一体化新动能。

二、区域协调发展坚持以人为核心，体现了中国式现代化的价值取向

从理论上讲，人口、产业的聚集可以通过学习、匹配、共享等微观机制降低企业生产成本，形成集聚经济。在工业化、城镇化发展初期，将有限的资源集中投放到部分地区，可以迅速产生规模经济效应，提升资源利用效率。这一阶段，规模经济会进一步促进要素的空间聚集，形成循环累积的正反馈，造成区域经济发展的进一步失衡。但当集聚提升至一定水平后，又会产生土地成本上升、交通拥堵、环境污染等一系列集聚不经济的情形，要素开始由集聚区向周边地区扩散，区域经济开始寻求从局部快速增长转向全局均衡增长。

改革开放初期，东部地区率先发展战略为我国全面融入国际市场、带动国民经济整体发展水平迅速提升打下了坚实基础。改革开放 40 多年来，我国社会生产力水平显著提高，取得全面建成小康社会的伟大胜利，为共同富裕奠定了良好基础。当前，区域发展不平衡已成为制约人民幸福感提升的关键因素。习近平总书记强调指出，全体人民共同富裕是中国式现代化的本质特征，区域协调发展是实现共同富裕的必然要求。中国共产党人的初心使命和社会主义的性质宗旨，决定了中国式现代化的出发点和落脚点都是为了最广大人民的根本利益。坚持以人民为中心的发展价值取向，必须不断增强区域发展的平衡性、协调性，最终实现共同富裕。

三、政策系统集成是促进区域协调发展的重要路径

区域协调发展以政府引导为重要特征，有利于解决自由市场机制的缺陷。市场可能出现“失灵”，加速“循环因果累积”，形成区域经济“马太效应”，导致边缘区与核心区发展差距进一步扩大。此时，政府可结合不同地区比较优势，实施融合化、协同化、一体化、同城化等差异化区域合作策略，在不损害先发地区发展利益的同时促进落后地区发展，实现区

域经济发展相对协调。实施政府引导的区域协调发展战略，可通过政府协商、经贸合作、协同治理、资源共享等机制，进一步提升资源的空间配置效率。

我国通过政策集成促进区域协调发展已取得显著成效，为实现中国式现代化探明了空间路径。一方面，西部大开发、东北振兴、中部崛起等区域发展战略，逐渐打通了区域协调发展的“经络”，构建起了区域协调发展的大框架。目前中部和西部 GDP 占全国的比重已由 2012 年的 21.3%、19.6% 提高到 2022 年的 22.1%、21.4%。东部与中、西部地区人均 GDP 之比分别从 2012 年的 1.69、1.87 下降至 2022 年的 1.50、1.64，区域发展的协调性日益增强。另一方面，以都市圈、城市群为主体构建大中小城市和小城镇协调发展的格局不断深化，使得区域政策的精准性不断提升，经济发展潜力加速释放。2022 年，京津冀、长三角、粤港澳大湾区内地 9 市地区生产总值分别达 10 万亿元、29 万亿元、10.46 万亿元，三大城市群经济总量占全国的比重超过了 40%，充分体现了各区域战略发挥全国经济压舱石、高质量发展动力源、改革试验田的重要作用。

四、坚持分类施策，处理好区域协调发展的几个关系

处理好核心区域与非核心区域间的关系，深入推动以中心城市和城市群为主体形态的城镇化发展。提升中心城市的核心能级，壮大先进制造业、高端服务业并前瞻布局战略性新兴产业；同时引导大城市功能有序向周边中小城市疏解，以都市圈为重要载体推进区域交通共联、产业共兴、人才共享、服务共建、生态共保。以城市群为空间载体，不断深化城市错位发展理念，建立网络化的产业集群组织，推动各城市在园区开发、要素供给、机制协同等方面拓展合作深度，充分发挥中心城市要素、资源辐射功能。

处理好核心区域或城市之间的关系，深化区域战略联动发展。从区域

来看，以核心城市“强强合作”为纽带，加快构建以京津冀、长三角、粤港澳大湾区三大城市群串联形成的沿海经济带南北向发展主轴，以成渝地区双城经济圈和长三角城市群串联形成的长江经济带东西向发展主轴，和以晋陕豫郑（州）洛（阳）西（安）高质量发展合作带为联动轴的中西部地区区域协同发展格局。从城市来看，以长江流域中上游的武汉、成都和重庆，以及黄河流域的郑州、西安五个中心城市为支点，强化长江与黄河流域的战略联动，推进区域协调发展全国一盘棋。

处理好非核心区域或城市之间的关系，推进行政边界区域融合发展。加快推进相对落后地区和城市立体化交通体系建设，大力完善多式联运体系，推动商贸流通提档升级，以枢纽经济建设推动交通边缘城市向交通枢纽城市跨越，为其融入国内国际市场双循环、实现功能跃迁夯实基本条件。系统总结长三角生态绿色一体化发展示范区等小尺度、跨区域、精准化的区域合作经验，深入探索省际毗邻区合作交流机制和利益协调机制，积极谋划一批省际毗邻区域融合发展新样板。

第二节　区域协调发展的战略创新

区域发展的不平衡和促进区域协调发展，是各国在现代化建设进程中所面临的共同问题。以往，人们对区域协调发展内涵的认识比较狭隘，通常以区域经济发展水平的差距作为衡量标准。2007 年的中央政治局第三十九次集体学习，对区域协调发展的内涵作了拓展和系统化的概括，成为广义的区域协调发展的定义。区域协调发展包括四个方面的内容，即区域经济发展水平的差距、基本公共服务均等化水平、区域发展是否发挥了当地比较优势、区域发展是否同当地资源环境承载能力相协调，最终实现区际间生活水平、基础设施和公共服务的基本均衡。党的二十大确定了实现中国式现代化的目标，其中之一就是实现区域协调发展。新发展时期是中国区域协调发展的关键时期，战略创新和路径选择对实现中国式现代化具有重大意义。

一、区域协调发展中的创新情况

按照狭义的区域协调发展定义，刻画区域协调发展变化过程基本规律的经典理论是区域经济发展水平差距呈倒“U”字形学说，各国发展的实践也基本验证了这一学说。即以人均GDP一万美元左右为阈值，此前的发展阶段是区域之间经济发展水平差距不断扩大，此后是区域之间经济发展水平差距逐步缩小，中间则经过了一个相对稳定的平台期。这一学说既没有说明整个演变过程的驱动力和驱动机制，也没有给出在区域差距不断扩大的阶段，政府促进区域协调发展应有的或有效的作为。就政府作为而言，其以先发达地区辐射带动欠发达地区实现区域协调发展为基本逻辑，但当区域系统开放后，因存在着近程和远程的竞争关系而使这一基本逻辑严重失效。中央政府推动基本公共服务均等化以实现保底均衡的政策，但因为发达地区客观上抬高了基本公共服务水平而导致区域间基本公共服务的实际差距依然存在。中央政府通过财政转移支付等二次分配手段缩小区域发展差距的做法，因支付负担不断加重而难以持续。出现这些问题的原因在于：传统经济学在工业文明时期形成的经济学原理存在负作用，即对商品和价值的定义与追求存在严重偏差，忽视了区域系统开放下不同发展时期和不同地理位置表现的分异特征，没有探索出与区域协调发展时空分异规律相适应的对策；忽视了各地区资源比较优势和大众需求多样化带来的发展机遇，尚未形成从供给侧和需求侧双向发力的合力。

党的十八大以来，中国在区域协调发展领域作出了创新之举，主要表现在两个方面：一是以脱贫攻坚战为主题，通过促进类型区发展实现区域协调发展。省际之间的区域经济发展差距，究其本质之一在于，相对欠发达的省区内部贫困面较广、贫困地区占比较大、贫困发生率较高。党和政府通过加大对贫困地区的扶持力度，确保在建党100周年之际实现消除绝对贫困的目标。贫困县的“摘帽”托起了西部大开发、中部崛起等原先贫困县相对密集区域的发展，西部和中部地区都出现了不同时间段发展速度超越东部地区经济增长速度的态势，有力地促进了区域协调发展。我国贫困地区致贫类型大概分为三类：有资源但发展基础设施条件欠缺而无法开发利用，有资源开发利用但由于分配机制存在问题而使地方政府和当地老百姓没有获得应有的收益，不具备发展的资源条件。其中第一类的扶贫开发效果最好，我国西南地区大多属于这种类型。由于西南地区扶贫效果突出，其经济增长态势较西北地区更为显著，这也是导致近些年南北差距扩大的原因之一。二是以重点生态功能区建设为抓手，通过促进不同类型功能区生态效益和经济效益的统一，实现区域协调发展。重点生态功能区、农产品主产区及城市化地区是三种最主要的功能类型区。其中，重点生态功能区的区域经济和人民生活水平在全国较为落后。我国在加强构建生态安全屏障、积极推进生态优先保护、推动中华民族可持续发展战略的指引下，通过建立必要的生态价值实现机制提高生态功能区经济效益，实现重点生态功能区生态效益和经济效益的统一，这是生态文明体制机制改革的主要内容。生态功能区域的生态成为地区发展的比较优势，形成了地区发展的新动能，有助于促进区域协调发展。

在还没有达到人均GDP一万美元的发展阶段，就下大力气脱贫攻坚，走生态优先发展之路，这是任何一个发达国家在其现代化进程中都没有经历过的，是中国政府促进区域协调发展的创新之举。生态功能区是我国最穷的主体功能类型区，而我国贫困地区又主要分布在重点生态功能区，二者相结合构成了中国特色的区域协调发展模式。如果在这两种类型区之上再叠加民族地区、边境地区等特殊功能类型区，就能更加凸显中国特色区域协调发展模式的伟大之处。中国区域协调发展兼顾了全国“一盘棋”区域比较优势的发挥，兼顾了人与自然和谐共生关系的构建，兼顾了各民族共享改革开放成果的公平格局，兼顾了生态文明新形态下的价值重构和体制重构，实现了经济效益、社会效益与生态效益的高度统一，为当前推进高质量发展奠定了良好基础。

二、区域协调发展面临前所未有的挑战

经济发展的现实规律表明，当人均 GDP 达到一万美元左右时，由于受到劳动力、土地资源、环境代价等综合成本因素上涨的影响，必须进行发展方式的转型。依靠科技进步提高劳动生产率、增加劳动收入，成为各发达国家在实现工业化过程中的必然选择，也成为发展中国家跨越中等收入困境、进入发达国家行列的根本法宝。我国当前正处于人均 GDP 达到一万美元左右的发展阶段，我国的现代化建设面临着较发达国家发展当年更为艰巨的挑战。主要表现在：全球资源总供给和环境总容量已难以满足各国发展的需要，资源环境的压力更大；当前全球处于供给过剩的经济发展周期，扩大消费市场的能力非常有限；发展中国家面临着发达国家在全球规则制定和科技壁垒等方面造成的不利环境；广大发展中国家通过更低成本的中低端生产不断形成对我国原有生产链的袭夺。总之，我国经济要获得进一步增长，就必须优化供给侧，扩大市场，提高竞争力。

以往的区域发展经典理论没有给出区域经济发展差距达到人均一万美元 GDP 后，发展进入平台期、此后趋于缩小这一过程的基本机理。究竟是一个国家达到中等收入水平阶段之后，有财力解决区域经济发展差距问题，从而使得区域经济发展差距缩小？还是通过有效促进区域协调发展，缩小区域经济发展的差距，从而有力支撑国家从中等收入步入发达国家行列？前者可以理解为区域协调发展是一个目标，后者可以理解为区域协调发展是一个路径。而对于区域协调发展是实现现代化的目标还是途径，经典理论并没有给出清晰的界定。从现实发展的结果可以看出，凡是步入发达水平的国家，区域经济发展差距都趋于缩小；凡是区域经济发展差距没有缩

小的国家，往往大多徘徊在中等收入阶段。这一点，在我们理解和讨论新发展时期中国区域协调发展的战略创新和路径选择时，必须给予高度关注。

三、区域协调发展战略创新的要点

在实现中国式现代化的新征程上，区域协调发展既是目标也是路径，只是在不同发展阶段侧重不同而已。面向2035年区域协调发展的基本思路是：尽可能发挥发达地区发展潜能并营造新动能，率先实现现代化目标；与此同时，增强对欠发达地区的辐射带动作用，加快欠发达地区发展速度，开辟新赛道和培养增长极，增强欠发达地区对发达地区率先实现现代化的支撑作用。到2035年，在显著缩小发达地区和欠发达地区人民生活水平和经济发展差距的同时，欠发达地区和发达地区共同支撑中国式现代化第一个阶段目标的实现。新发展阶段到2035年，是我国经济发展机遇和挑战并存、挑战大于机遇的一个不平凡的发展阶段。综合分析发展条件，以区域协调发展新理论的思考为基础，要适应全球化发展新趋势和把握我国双向对外开放格局的新优势，将提升东部发达地区增长能级和培养西部欠发达地区新动能并重起来；要统筹布局新质生产力和引导新型工业化进程，既要在东部发达地区着力以增量实现新质生产力的集聚发展，也要在西部欠发达地区基于具有相对比较优势的特色产业链走新型工业化道路；要适应人民群众消费升级和实现“双碳”绿色发展目标的要求，重新审视各地自然资源优势、生态环境价值、文化资源优势和战略区位条件，把重构地方产业链同在全球产业链中提升地位相关联；要在以发展需求为牵引、驱动我国科技创新抢占世界科技创新高地的同时，强劲有效地支撑我国各地产业链和经济竞争力的形成。因此，我国在新发展时期的区域协调发展是实现中国式现代化的路径，面向2035年的区域协调发展更是实现中国式现代化的目标。

新发展时期区域协调发展战略创新能否见效、见效如何，取决于科技创新在推动区域协调发展中主驱动力作用发挥的成效。从某种意义上来说，科技创新是我们规避或跳出中等收入困境的根本出路。为此，要处理好科技创新驱动发展一般规律和因地制宜实现科技创新推动区域协调发展特殊规律的关系，在发展时序、空间布局和结构优化中，形成科技创新链与产业链相契合、良性互动且协同提升的创新模式，建构科技创新驱动发展的区域模式。要处理好全社会共同责任与科技界主体责任的关系。全社会都要履行创新驱动发展的共同责任，优化鼓励创新、包容创新的机制和环境，做到创新驱动发展无死角，真正使创新成为驱动发展的第一动力。要处理好发挥举国体制优势与国家资源直接投入的关系，政府力量在创新驱动中既不能缺位也不能越位和错位，还要形成以企业为主体、市场为导向、产学研用深度融合的技术创新体系。要处理好创新人才的价值取向和经济收益之间的关系，在科技工作者中营造以实现中华民族伟大复兴中国梦为核心价值观的科技创新文化，建立多作科技创新贡献就能够获得更多经济收益、在创新驱动发展中多取得成效就能够获得更多经济收益的机制。

第三节 优化区域创新为新质生产力发展提供区域支撑

发展新质生产力是中国式现代化和高质量发展的必然要求，社会各界已形成高度共识。正因如此，应警惕并预防热情冲动下的一哄而上与重复建设，引导地方因地制宜有序发展新质生产力。我国区域之间异质性强，区域发展差异大，要聚焦国家区域发展战略，以创新要素的集聚与流动促进产业合理分工，优化区域新质生产力资源布局，构建各具特色的区域发展格局，推进跨区域创新资源整合联动，推动区域创新能力和竞争力整体提升。要以发展新质生产力为重大契机，深入实施区域协调发展战略、区域重大战略、主体功能区战略、新型城镇化战略，优化重大生产力布局，推动区域创新中心与区域产业体系深度融合发展，加强区域间的协同，提高战略取向的一致性，促进不同区域在发展新质生产力上形成合力，不断将我国区域空间回旋余地大的优势转化为新时代高质量发展的优势，加快形成多极点支撑、多层次联动、网络化发展的区域经济格局，提高我国经济发展的韧性和高质量发展的可持续性，为中国式现代化和中华民族伟大复兴提供强有力的支撑。

一、优化区域新质生产力资源布局

深入实施区域协调发展战略、区域重大战略、主体功能区战略、新型城镇化战略等国家发展战略，做到战略实施集成化，防止政策碎片化。要立足东部、中部、西部、东北地区四大板块和老、少、边等特殊类型区发展基础，瞄准区域协调发展的目标要求与面临的突出问题，以国家重大战略为引领，结合新型城镇化和主体功能区建设，以系统思维促进区域空间布局优化、推动不同战略协同融合，实现区域经济社会高质量发展。优化科技与教育资源的空间分布。科技与教育是形成与发展新质生产力的重要决定性因素，但我国目前科技与教育资源的空间分布并不均衡。在科教兴国战略的总体框架下，中央政府在分配科教资源时应向发展不充分的区域（主要是欠发达地区与老工业基地）适度倾斜。优化人才培养与引进的区域格局。人才是提升国家与区域核心竞争力和综合实力的第一资源，也是发展新质生产力的根本。当前各区域人才密度相差较大，优化新质生产力布局，需要在推进高水平人才高地和吸引集聚人才平台建设的同时，促进人才在不同区域间更为合理地布局并实现协调发展，尤其是应加快提升欠发达地区和农村地区的人才培养能力与吸引能力。优化区域间的产业分工与合作。创新是引领发展的第一动力，是发展新质生产力的核心要素。各个区域均有改造提升传统产业、培育壮大新兴产业、布局建设未来产业的需求，在推动各区域实现创新驱动发展的过程中，应进一步提升区域之间的分工协作水平和层次，推动不同地区、不同行业的企业围绕颠覆性技术和前沿技术进行更为科学的分工与合作。人工智能、大数据、云计算、物联网、生物科技、新材料、可再生能源等领域的新兴产业发展前景广阔，是各个区域在培育核心竞争力时重点关注的对象，需要加强统筹布局和投资引导。

二、激活并发挥区域创新能动性

激活并最大程度发挥区域的科技创新能动性，提升区域经济协调发展的层次。在发达地区有选择地发展颠覆性技术和前沿技术，形成和发展新质生产力，这是占领全球技术与产业发展制高点、提升全球发展引领力的必然要求。一系列区域重大战略的实施会增强发达城市地区的辐射能力，从而产生更大的带动作用，并在不断壮大发达地区实力的同时为中央政府调控区域发展提供更多资源。东部地区注重提高原始创新和集成创新能力，全面加快向创新驱动发展转型，培育具有国际竞争力的产业集群和区域经济。中西部地区走差异化和跨越式发展道路，柔性汇聚创新资源，加快先进适用技术推广和应用，在重点领域实现创新牵引，培育壮大区域特色经济和新兴产业。为振兴老工业基地注入新的活力。老工业基地老化的关键原因之一是“内部缺新”，即随着时间推移，老工业基地的产业与技术会形成路径依赖，并导致区域内部缺少适应新技术和新产业发展潮流的意愿与能力。发展新质生产力，有助于根治老工业基地“内部缺新”的痼疾，重建其地区比较优势。

三、构建区域新质生产力发展新格局

不同地区存在着科技创新推动新质生产力发展的不同模式，需因地制宜采取适宜对路的模式构建新质生产力发展新格局。京津冀世界级城市群，以国家科技创新力量为主体，在抢占全球科技创新高地、引领我国科技强国建设的同时，支撑起了区域经济发展。粤港澳大湾区则以高新技术企业创新为主体，补人才培养和科技创新链条的短板，满足区域经济发展对科技创新的急迫需求。长三角、长江中游城市群，则要充分发挥国家科技创新力量和企业创新的双主体作用。我国早年在东北老工业基地和三线地区（包括成渝、关中等）形成的以企业为主体的科技创新体系，必须结合国有经济的重新定位和国之重器制造业、国防工业的重塑，激活其科技创新活力。依托已形成的科技创新能力和雄厚经济基础，在京津冀、长三角、珠三角、成渝、长江中游城市群地区，进一步汇聚全球创新要素，加快培育未来产业，完善战略性新兴产业，打造全国新质生产力布局和参与全球竞争的高地。依托临近发达地区的区位优势和传统产业基础，在山东半岛、中原、粤闽浙沿海、关中平原、北部湾都市圈地区，着力改善投资和营商环境，积极承接发达地区产业转移，优化提升传统加工制造业，集中布局先进装备制造业，打造全国推进新型工业化的重点区。依托自然资源禀赋和“一带一路”开放前沿的战略区位优势，以兰州、西宁、乌鲁木齐、喀什、拉萨、昆明等中心城市为主，加快发展新能源、新材料等优势产业和对外贸易相关产业，培育壮大高原生物资源和特色农副产品深加工等产业，打造我国区域经济新增长极。依托国防工业基础，在成渝、关中、辽中南、山西中部城市化地区，激发国防科技资源活力，加快发展军民融合产业，积极承接产业备份，打造军民融合发展先行示范区。

四、推进跨区域的创新资源整合联动

构建跨区域创新网络，推动区域间共同设计创新议题、互联互通创新要素、联合组织技术攻关。提升国家战略区域科技创新能力，打造区域协同创新共同体，统筹和引领区域一体化发展。推动优势地区建成具有全球影响力的科技创新中心。优化不同类型主体功能区间的联动。在四类主体功能区中，优化开发区域和重点开发区域的是发达地区，而限制开发区域和禁止开发区域的主要是欠发达地区。限制开发区域和禁止开发区域在高质量发展中扮演着不可或缺的角色，其提供的生态产品会产生惠及其他相关区域的外溢效应，但其提供的产品附加值相对较低或难以由市场定价。为此，应根据新质生产力的发展方向在这些区域间布局产业链，建立整合发达地区与欠发达地区的利益共同体，提升区域经济一体化水平。建立上下游地区间、地理毗邻的发达地区与欠发达地区间的高质量发展联动机制，科学制定规范的区域间横向利益补偿机制，以协调不同主体功能区间的利益关系。拓展区域合作领域并提高区域合作的成效。数字化、网络化、智能化等新技术的广泛应用能在一定程度上克服距离的阻隔，将不同类型、不同发展阶段、不同区位条件的区域连接起来，促进经济一体化。

五、打造各具特色的区域创新高地

我国的高新技术产业开发区、国家自主创新示范区、创新型城市发展取得了显著成效，在强化科技创新策源功能、引领经济社会全面发展、优化创新创业生态、支撑区域协同创新和协调发展等方面发挥了重要作用。在新时期，应以发展新质生产力为导向，继续推进区域创新高地发展，优化国家自主创新示范区布局，推进国家高新区按照发展高科技、培育新产业的方向转型升级，开展区域全面创新改革试验，建设创新型省份和创新型城市，培育新兴产业发展增长极，增强创新发展的辐射带动功能。推进自创区、高新区高质量发展，加快建设一流高科技园区和产业科技创新高地，树立全球视野，坚定不移深化改革，扩大高水平开放，推进科技创新和产业创新深度融合，提高科技成果转化和产业化水平，不断以新技术培育新产业，引领产业升级。进一步优化体系建设，加强动态监测和分类指导，健全园区政策体系，优化发展环境，推动各类资金、资源要素向自创区、高新区集中，促进科技、教育、产业、人才、金融等在园区融通发展。做大做强农业科技园区，加大对农业科技园区创新主体培育、产业技术创新、成果转移转化、创新开放合作、可持续发展等方面的支持力度。高标准建设创新型城市，支持科创城结合创新发展需求，争取各级政府和相关部门布局高水平实验设施、创新基地等，重点招引关键核心技术攻关项目、高端技术人才，将创新型城市建设成为发展新产业、培育新动能的主阵地。加快数字化、网络化、智能化发展，适度超前布局5G、算力等信息基础设施，开展“人工智能+”行动，大力发展智能制造，打造一批各具特色的区域创新高地。

第四节　区域发展新质生产力的措施

创新在新质生产力形成和发展中起着主导作用，科技创新是发展新质生产力的核心要素。通过技术革命性突破、生产要素创新性配置、产业深度转型升级，一个地区将有机会改变传统经济增长方式、生产力发展路径，提升地区全要素生产率，催生新产业、新模式、新动能。一方面，创新有利于推动区域协调发展，优化经济格局。经济欠发达地区如能立足自身发展条件和产业发展基础，充分发挥资源禀赋优势，加快形成新质生产力，就有机会实现赶超，缩小与经济发达地区的发展差距。另一方面，创新可有效推动体制机制改革，加快形成与新质生产力相适应的新型生产关系，打造新的发展优势。

一、整合区域科创资源，提升区域创新能力，加快区域产业创新步伐

目前，我国基础研究发展存在明显的区域性差异，中西部欠发达地区和东部发达地区之间存在较大的原始创新能力差距。可考虑针对中西部地区的区域性重大关键共性问题，持续开展基础研究与应用基础研究，以加

快原始创新带动技术与产品创新。在此基础上，结合区域创新基础和条件，有选择地聚焦生成式人工智能、工业机器人、生物制造、量子信息、高端芯片、合成生物学与生物育种、深海空天开发等前沿领域关键核心技术攻关，为形成和发展新质生产力提供助力。强化企业创新主体地位，围绕企业需求配置公共创新资源，加速科技成果转化和场景创新应用。聚焦区域发展战略和产业需求，以国家实验室、国家技术创新中心、综合性国家科学中心等为重点，构建各具特色的区域创新平台体系，全面整合地区创新资源，提高科技资源的利用效率和效益。坚持把人才作为地区经济社会发展的第一资源，根据人才资源优势配置创新资源，构建尊重劳动、尊重知识、尊重人才、尊重创造的人才发展体制机制，促进地区教育、科技、人才一体化发展。完善开放创新机制，打造具有竞争力的区域开放创新生态，在构建新发展格局中统筹利用国内国际两个市场、两种资源，为发展新质生产力提供必要的国际科技合作支撑。战略性新兴产业和未来产业是形成新质生产力的重要载体。各地区应围绕战略性新兴产业和未来产业发展重点方向，结合自身产业基础，加快新技术转化应用，谋划布局一批产业集群。在战略性新兴产业方面，聚焦新一代信息技术、新能源、新材料、高端装备、绿色环保、生物医药等产业，加快关键核心技术转化应用。在未来产业方面，聚焦类脑智能、量子信息、基因技术、未来网络、深海空天开发、氢能与储能等领域，加速产业孵化培育进程。

二、加快创新链、产业链耦合配置，形成具有专业优势的创新型区域经济综合体

从世界科技发展态势、国家中长期经济社会发展战略需要、国家安全与科技发展格局及地方经济发展动力等视角而言，我国急需把创新链、价值链、供给链和产业链在空间上耦合，形成具有专业优势的创新型区域经济综合体，更好地应对国际竞争态势。凝聚东部创新优势和产业资源，建

设北京、上海、港深三大国家级创新型区域经济综合体。其中北京综合体是以北京为核心带动京津冀地区，上海综合体是以上海为核心带动长三角地区，港深综合体是以深圳和香港为核心带动粤港澳大湾区。发挥科技资源、人才和产业发展基础优势，推进科技创新与区域发展、国家安全相结合，在全国层面布局和建设武汉、沈阳—大连、济南—青岛、成渝、西安五大区域级科技创新—产业次中心，构建多极支撑、相对均衡的科技创新—产业耦合发展格局。从空间协同的角度在全国统筹布局一批重点实验室、国家工程实验室等研究机构，布局适当向东南部产业发达、科技力量相对薄弱地区倾斜；在基础研究实力较为雄厚的高校和科研院所周边，进一步完善科技创新孵化平台、众创空间等高技术产业孵化、转化平台功能，加强科技成果与产业孵化资源的对接，提高成果的转移和转化水平。以国家重点实验室等研发机构，科技创新孵化平台、众创空间等孵化机构为抓手，以创新型区域经济综合体和区域级科技创新—产业次中心为骨架，构建融基础研究、应用创新、生产制造、市场营销为一体的创新链、价值链、产业链和供应链协同体系，形成我国自主、安全和富有竞争力的国家产业体系。

三、凝聚创新资源，挖掘特色禀赋，因地制宜推动不同地区新质生产力发展

以城市群为重要空间载体，加强创新和产业空间高度融合，显著提升国土空间开发质量和利用效率，优化重大生产力布局。在京津冀、长三角、珠三角等东部城市群，以及成渝、长江中游等城市群地区，显著增强吸纳全球创新要素的空间凝聚力，培育承载我国科技创新前沿和未来产业的战略空间，着力建设我国参与全球竞争和新质生产力布局的核心区域。在山东半岛、中原、粤闽浙沿海、关中平原、北部湾都市圈地区，加快对传统加工制造业的技术改造，打造全国推进新型工业化的重点区域。激发

成渝、关中、辽中南、山西中部城市化地区积淀的科技资源活力，优先创建科创引领发展先行示范区。依托能源矿产、生态生物等自然资源禀赋和地理区位条件，加快以西部为主的地区资源优势向经济优势的就地绿色转化，培育我国区域经济新增长集群。在内蒙古西部、甘肃西北部、青海西北部、新疆东部和南部的戈壁荒漠地区，重点布局一批绿色能源生产和大宗紧缺战略性矿产资源开发、加工、利用基地，显著增强我国产业链、供应链安全保障和绿色低碳化水平。在我国中西部国家公园、自然公园和历史文化资源富集区，打造体验和学习型旅游区域品牌，构筑国家后花园体系，深入践行“两山”理论，带动地方特色经济发展，满足全面消费升级需求。加强西部独特的动植物资源与东部现代生物技术研发的结合，培育“公司 + 研发 + 农户 + 物流”的现代生物产业链，构筑西部现代生物产业集群，培育西部未来产业孵化和成长基地。培育以兰州、西宁、乌鲁木齐、喀什、拉萨、昆明等中心城市为主的自然资源加工产业链，形成我国区域经济新增长集群。

第十二章　新质生产力与企业发展

第一节　企业是发展新质生产力的重要力量

生产力跃迁的主要力量在企业。企业是推进新质生产力发展的主体力量。生产力发展根本上要靠企业，企业强生产力才能发展。培育更多具有国际竞争力的世界一流企业，壮大专精特新企业群体，让各类企业在新质生产力发展中的创新活力充分涌流、创业激情竞相迸发。做强做优做大国有企业，深化国有企业改革，增强核心功能，提高核心竞争力。着力培育一批制造业头部企业，支持企业间的战略合作和强强联合，支持龙头企业优化整合产业链、创新链、价值链，培育一批具有生态主导力和产业链控制力的一流企业。促进中小企业专精特新发展，坚持管理和服务并重、发展和帮扶并举。完善中小企业工作体系、政策法规体系、服务体系和运行监测体系，培育更多专精特新中小企业、“小巨人”企业和制造业单项冠军企业。健全防范化解拖欠中小企业账款长效机制。促进大中小企业融通发展，深入开展大中小企业融通创新“携手行动”，引导大企业向中小企业开放场景和创新要素，促进大中小企业深度融通、全面协作。

一、发挥企业创新主体作用利于推动技术革命性突破

新质生产力的特点是创新，既包括科技和产业层面的创新，也包括管

理与制度层面的创新，其中科技创新是核心要素。企业是提供高质量科技供给的主要载体，对生产力的提升发挥着关键作用。只有强化企业科技创新主体地位，激发企业积极性和创造性，加速创新知识生产和成果转化，才能实现产品创新和产业变革，推动形成更加先进的生产力质态。纵向看，创新表现为一种链式过程，由科学的发明发现、专利和技术开发、市场化应用等环节构成。科学发明发现是推动颠覆性、前沿性技术创新的源泉，将其转化成为现实生产力需要通过企业实现产业链、创新链的融合对接。横向看，创新是一个复杂的社会系统工程，涉及经济社会各个领域，需要政府、企业、高校、科研机构等相互支撑、良性互动，构建高效完善的协同创新格局。企业一头连着生产，一头连着市场，对科技发展的社会需求更加敏锐，往往走在绿色化、智能化转型的最前沿，是突破关键核心技术的重要力量。现实地看，新一轮科技革命和产业变革深入发展，产业链、创新链深度融合、协同演进，颠覆性技术不断涌现，创新应用场景成为连接基础创新和成果应用的重要纽带。企业可以提供涵盖各类需求的丰富应用场景，充分发挥科技含量高、带动性强、溢出效应好等优势，这样不仅可以提升创新效率，而且有助于推进多路线技术开发。

二、发挥企业创新主体作用利于推动生产要素创新性配置

新质生产力以全要素生产率大幅提升为核心标志，这就意味着以各类要素资源的高效组合和顺畅流动，完善创新要素配置结构，提高创新要素配置效率，实现劳动者、劳动资料、劳动对象及其优化组合的跃升。理论和实践都证明，市场配置资源是最有效率的形式。推动生产要素创新性配置，需要充分发挥市场在资源配置中的决定性作用，更好发挥政府作用，促进产权有效激励、要素自由流动、竞争公平有序，营造市场化、法治化、国际化一流营商环境，激发各类经营主体内生动力和创新活力。企业是市场的微观主体，是贯通生产、分配、流通、消费各环节的重要载体。企

业既能够将科技、金融、人才、资金聚集起来，促进创新链、产业链、资金链、人才链深度融合，又能利用数据、信息技术等新型生产要素催生新产业、新业态、新模式，推动各类优质生产要素向发展新质生产力的方向涌流。

三、发挥企业创新主体作用利于推动产业深度转型升级

发展新质生产力是产业变革的内在要求，是打造产业竞争新优势的战略选择。以加快科技创新推动产业创新，最终要落实到一家家企业上。无论是推动相关产业政策落地生效，还是促进短板产业补链、优势产业延链、传统产业升链、新兴产业建链，最终都需要由具体的企业来完成。通过加强企业与高校和科研院所合作、牵头组建创新联合体等方式，能够提供新的技术研发与创新组织形式，更好满足技术创新的多样化需求，实现基础研究、应用研究、试验开发和产业创新深度融合，提升我国产业创新能力。此外，企业通过开拓新市场、开发新技术、运用新材料、制造新产品以及推进管理创新，可以为市场提供更高质量产品和服务，从而促进产业结构持续优化、产业深度转型升级，有效增强产业发展的竞争力。

第二节　发展新质生产力需充分调动企业积极性和创造性

以创新引领和推动新质生产力发展，需全力支持企业成为科技创新的主角，充分调动企业积极性和创造性，促进各类创新要素向企业聚集，让颠覆性和原创性科技成果竞相涌现。

发展新质生产力，需要塑造与之适应的生产关系，着力推动经济体制改革向纵深发展，切实打通制约科技创新的堵点卡点。一方面，深化国有

企业改革。国有企业具有很强的创新能力、创新实力和创新优势，有能力、有条件在创新引领方面展现更大作为。国有企业要争当创新驱动发展先行军，应加大研发投入，整合创新资源，完善激励约束机制，充分发挥国有经济在科技创新关键领域的战略支撑作用。完善人才培养、引进、使用、合理流动的工作机制，以更加开放的视野、更有效的激励机制引进人才和集聚人才。在考核机制设计上，要从企业发展的中长期战略出发，坚持目标导向，实现对企业战略目标落地的有效牵引，鼓励企业进行长期创新投入。另一方面，发展壮大民营经济。稳定民营经济预期，强化政策沟通和预期引导，持续优化稳定公平透明可预期的发展环境，更好发挥法治固根本、稳预期、利长远的保障作用，使民营企业安心发展、放心发展。精准制定实施各类支持政策，加强政策协调性，及时回应企业关切和利益诉求，打通惠企政策落地“最后一公里”。从制度和法律上把对国企、民企平等对待的要求落下来，优化民营企业发展环境，全面落实公平竞争政策制度，破除制约民营企业公平参与市场竞争的制度障碍，完善融资支持政策制度，依法维护民营企业产权和企业家权益，充分激发民营经济生机活力。

发展新质生产力，还需强化企业在产业链、创新链融合发展中的主体地位，形成产学研结合、上中下游衔接、大中小企业协同的良好创新格局。加强企业主导的产研深度融合，围绕产业链部署创新链，聚焦产业发展需求，集成各类创新资源，着力突破关键共性技术，加快科技成果转化。一方面，充分发挥科技领军企业作用。支持科技领军企业聚焦国家重大需求，整合集聚创新资源，组建创新联合体，开展共性技术研发供给、科技成果转化及产业化、科技资源共享服务，推动重点领域项目、基地、人才、资金一体化配置，提升我国产业基础能力和产业链现代化水平。大力发展智能企业，支持人工智能企业加强专利布局，积极参与国际标准制定，推动国内优势企业、科研机构、高校等联合组建人工智能产业技术创新联盟。另一方面，要为中小企业发展营造良好环境。中小企业联系千家万户，是推动创新、促进就业、改善民生的重要力量。加大对中小企业支持力度，着力在推动企业创新上下功夫，加强产权保护，激发涌现更多专精特新中小企业。

第三节 发展新质生产力需营造企业家健康成长环境

企业家是发展新质生产力的重要主体。营造企业家健康成长环境，弘扬优秀企业家精神，更好发挥企业家作用，对深化供给侧结构性改革、激发市场活力、实现经济社会持续健康发展具有重要意义。

一、企业家健康成长是发展新质生产力的重要保障

深入贯彻习近平总书记系列重要讲话精神和治国理政新理念新思想新战略，着力营造依法保护企业家合法权益的法治环境、促进企业家公平竞争诚信经营的市场环境、尊重和激励企业家干事创业的社会氛围，引导企业家爱国敬业、遵纪守法、创业创新、服务社会，调动广大企业家积极性、主动性、创造性，发挥企业家作用，为促进经济持续健康发展和社会和谐稳定、实现中华民族伟大复兴的中国梦作出更大贡献。模范遵纪守法，强化责任担当。依法保护企业家合法权益，更好发挥企业家遵纪守法、恪尽职守的示范作用，推动企业家带头依法经营，自觉履行社会责任，为建立良好的政治生态、净化社会风气、营造风清气正的环境多作贡献。创新体制机制，激发生机活力。营造“亲”“清”新型政商关系，创新政企互动机制，完善企业家正向激励机制，完善产权保护制度，增强企业家创新活力、创业动力。遵循发展规律，优化发展环境。坚持党管人才，遵循市场规律和企业家成长规律，完善精准支持政策，推动政策落地实施。坚定企

业家信心，稳定企业家预期，营造法治、透明、公平的政策环境和舆论环境。注重示范带动，着力弘扬传承。树立和宣传企业家先进典型，弘扬优秀企业家精神，造就优秀企业家队伍，强化年轻一代企业家的培育，让优秀企业家精神代代传承。

二、营造依法保护企业家合法权益的法治环境

依法保护企业家财产权。全面落实党中央、国务院关于完善产权保护制度、依法保护产权的意见，认真解决产权保护方面的突出问题，及时甄别纠正社会反映强烈的产权纠纷申诉案件，剖析侵害产权案例，总结宣传依法有效保护产权的好做法、好经验、好案例。在立法、执法、司法、守法等各方面各环节，加快建立依法平等保护各种所有制经济产权的长效机制。研究建立因政府规划调整、政策变化造成企业合法权益受损的依法依规补偿救济机制。依法保护企业家创新权益。探索在现有法律法规框架下以知识产权的市场价值为参照确定损害赔偿额度，完善诉讼证据规则、证据披露以及证据妨碍排除规则。探索建立非诉行政强制执行绿色通道。研究制定商业模式、文化创意等创新成果的知识产权保护办法。依法保护企业家自主经营权。企业家依法进行自主经营活动，各级政府、部门及其工作人员不得干预。建立完善涉企收费、监督检查等清单制度，清理涉企收费、摊派事项和各类达标评比活动，细化、规范行政执法条件，最大程度减轻企业负担，减少自由裁量权。依法保障企业自主加入和退出行业协会、商会的权利。研究设立全国统一的企业维权服务平台。

三、营造促进企业家公平竞争诚信经营的市场环境

强化企业家公平竞争权益保障。落实公平竞争审查制度，确立竞争政策基础性地位。全面实施市场准入负面清单制度，保障各类市场主体依法

平等进入负面清单以外的行业、领域。反对垄断和不正当竞争，反对地方保护，依法清理废除妨碍统一市场公平竞争的各种规定和做法。完善权利平等、机会平等、规则平等的市场环境，促进各种所有制经济依法依规平等使用生产要素，公开公平公正参与市场竞争，同等受到法律保护。健全企业家诚信经营激励约束机制。坚守契约精神，强化企业家信用宣传，实施企业诚信承诺制度，督促企业家自觉诚信守法、以信立业，依法依规生产经营。利用全国信用信息共享平台和国家企业信用信息公示系统，整合在工商、财税、金融、司法、环保、安监、行业协会商会等部门和领域登记的企业及企业家信息，建立企业家个人信用记录和诚信档案，实行守信联合激励和失信联合惩戒制度。持续提高监管的公平性、规范性、简约性。推行监管清单制度，明确和规范监管事项、依据、主体、权限、内容、方法、程序和处罚措施。全面实施"双随机、一公开"监管制度，有效避免选择性执法。推进综合监管，加强跨部门、跨地区的市场协同监管。重点在食品药品安全、工商质检、公共卫生、安全生产、文化旅游、资源环境、农林水利、交通运输、城乡建设、海洋渔业等领域推行综合执法。有条件的领域应积极探索跨部门综合执法。

四、营造尊重和激励企业家干事创业的社会氛围

构建"亲""清"新型政商关系。畅通政企沟通渠道，规范政商交往行为。各级党政机关干部要坦荡真诚地同企业家交往，树立服务意识，了解企业经营情况，帮助解决企业实际困难，同企业家建立真诚互信、清白纯洁、良性互动的工作关系。鼓励企业家积极主动同各级党委和政府相关部门沟通交流，通过正常渠道反映情况、解决问题，依法维护自身合法权益，讲真话、谈实情、建净言。引导更多民营企业家成为"亲""清"新型政商关系的模范，更多国有企业家成为奉公守法守纪、清正廉洁自律的模范。树立对企业家的正向激励导向。营造鼓励创新、宽容失败的文化和社会氛围，对企

业家合法经营中出现的失误、失败给予更多理解、宽容和帮助。对国有企业家以增强国有经济活力和竞争力等为目标，在企业发展中大胆探索、锐意改革所出现的失误，只要不属于有令不行、有禁不止、不当牟利、主观故意、独断专行等情形者，要予以容错，为担当者担当、为负责者负责、为干事者撑腰。营造积极向上的舆论氛围。坚持实事求是、客观公正的原则，把握好正确舆论导向，加强对优秀企业家先进事迹和突出贡献的宣传报道，展示优秀企业家精神，凝聚崇尚创新创业正能量，营造尊重企业家价值、鼓励企业家创新、发挥企业家作用的舆论氛围。

五、弘扬企业家爱国敬业、遵纪守法、艰苦奋斗的精神

引导企业家树立崇高理想信念。加强对企业家特别是年轻一代民营企业家的理想信念教育和社会主义核心价值观教育，开展优良革命传统、形势政策、守法诚信教育培训，培养企业家的国家使命感和民族自豪感，引导企业家正确处理国家利益、企业利益、员工利益和个人利益的关系，把个人理想融入民族复兴的伟大实践。强化企业家自觉遵纪守法意识。企业家要自觉依法合规经营，依法治企、依法维权，强化诚信意识，主动抵制逃税漏税、走私贩私、制假贩假、污染环境、侵犯知识产权等违法行为，不做偷工减料、缺斤短两、以次充好等亏心事，在遵纪守法方面争做社会表率。党员企业家要自觉做遵守党的政治纪律、组织纪律、廉洁纪律、群众纪律、工作纪律、生活纪律的模范。鼓励企业家保持艰苦奋斗精神风貌。激励企业家自强不息、勤俭节约，反对享乐主义，力戒奢靡之风，保持健康向上的生活情趣。企业发展遇到困难，要坚定信心、迎接挑战、奋发图强。企业经营成功，要居安思危、不忘初心、谦虚谨慎，树立不进则退、慢进亦退的竞争意识。

六、弘扬企业家创新发展、专注品质、追求卓越的精神

支持企业家创新发展。激发企业家创新活力和创造潜能，依法保护企业家拓展创新空间，持续推进产品创新、技术创新、商业模式创新、管理创新、制度创新，将创新创业作为终身追求，增强创新自信。提升企业家科学素养，发挥企业家在推动科技成果转化中的重要作用。吸收更多企业家参与科技创新政策、规划、计划、标准等的制定和立项评估工作，向企业开放专利信息资源和科研基地。引导金融机构为企业家创新创业提供资金支持，探索建立创业保险、担保和风险分担制度。引导企业家弘扬工匠精神。建立健全质量激励制度，强化企业家“以质取胜”战略意识，鼓励企业家专注专长领域，加强企业质量管理，立志于“百年老店”持久经营与传承，把产品和服务做精做细，以工匠精神保证质量、效用和信誉。深入开展质量提升行动。着力培养技术精湛、技艺高超的高技术人才，推广具有核心竞争力的企业品牌，扶持具有优秀品牌的骨干企业做强做优，树立具有一流质量标准和品牌价值的样板企业。支持企业家追求卓越。弘扬敢闯敢试、敢为天下先、敢于承担风险的精神，支持企业家敏锐捕捉市场机遇，不断开拓进取、拼搏奋进，争创一流企业、一流管理、一流产品、一流服务和一流企业文化，提供人无我有、人有我优、人优我特、人特我新的具有竞争力的产品和服务，在市场竞争中勇立潮头、脱颖而出。培育发展壮大更多具有国际影响力的领军企业。

七、弘扬企业家履行责任、敢于担当、服务社会的精神

引导企业家主动履行社会责任。增强企业家履行社会责任的荣誉感和使命感，引导和支持企业家奉献爱心，参与光彩事业、公益慈善事业、“万企帮万村”精准扶贫行动、应急救灾等。支持国防建设，在构建和谐劳动关系、促进就业、关爱员工、依法纳税、节约资源、保护生态等方面发挥更加重要

的作用。国有企业家要自觉做履行政治责任、经济责任、社会责任的模范。鼓励企业家干事担当。激发企业家致富思源的情怀，引导企业家认识把握引领经济发展新常态，积极投身供给侧结构性改革，在振兴和发展实体经济等方面作出更大贡献。激发国有企业家服务党、服务国家、服务人民的担当精神。国有企业家要更好肩负起经营管理国有资产、实现保值增值的重要责任，做强做优做大国有企业，不断提高企业核心竞争力。引导企业家积极投身国家重大战略。完善企业家参与国家重大战略实施机制，鼓励企业家积极投身“一带一路”建设、京津冀协同发展、长江经济带发展等国家重大战略实施，参与引进来和走出去战略，参与军民融合发展，参与中西部和东北地区投资兴业，为经济发展拓展新空间。

八、加强对企业家的优质高效务实服务

以市场主体需求为导向深化“放管服”改革。围绕使市场在资源配置中起决定性作用和更好发挥政府作用，在更大范围、更深层次上深化简政放权、放管结合、优化服务。做好“放管服”改革涉及的规章、规范性文件清理工作。建立健全企业投资项目高效审核机制，支持符合条件的地区和领域开展企业投资项目承诺制改革探索。优化面向企业和企业家服务项目的办事流程，推进窗口单位精准服务。健全企业家参与涉企政策制定机制。建立政府重大经济决策主动向企业家问计求策的程序性规范，政府部门在研究制定涉企政策、规划、法规时要听取企业家的意见、建议。保持涉企政策稳定性和连续性。基于公共利益确需调整的，应严格调整程序，合理设立过渡期。完善涉企政策和信息公开机制。利用实体政务大厅、网上政务平台、移动客户端、自助终端、服务热线等线上线下载体，建立涉企政策信息集中公开制度和推送制度。加大政府信息数据开放力度。强化涉企政策落实责任考核，充分吸收行业协会商会等第三方机构参与政策实施后的效果评估。加大对企业家的帮扶力度。发挥统战部门、国资监管机构和工商联、行业协

会商会等的作用，建立健全帮扶企业家的工作联动机制，定期组织企业家座谈和走访，帮助解决企业实际困难。对经营困难的企业，有关部门、工商联、行业协会商会等要及时主动了解困难所在、发展所需，在维护市场公平竞争的前提下积极予以帮助。支持企业家再次创业，完善再创业政策，根据企业家以往经营企业的纳税信用级别，在办理相关涉税事项时给予更多便捷支持。加强对创业成功和失败案例的研究，为企业家创新创业提供借鉴。

九、加强优秀企业家队伍建设和优秀企业家培育

加强企业家队伍建设规划引领。遵循企业家成长规律，强化部门协作，创新工作方法，加强对企业家队伍建设的统筹规划，在实践中培养一批具有全球战略眼光、市场开拓精神、管理创新能力和社会责任感的优秀企业家。发挥优秀企业家示范带动作用。总结优秀企业家典型案例，对爱国敬业、遵纪守法、艰苦奋斗、创新发展、专注品质、追求卓越、诚信守约、履行责任、勇于担当、服务社会等有突出贡献的优秀企业家，以适当方式予以表彰和宣传，发挥示范带动作用。强化优秀企业家精神研究，支持高校、科研院所与行业协会商会、知名企业合作，总结富有中国特色、顺应时代潮流的企业家成长规律。加强企业家教育培训。以强化忠诚意识、拓展世界眼光、提高战略思维、增强创新精神、锻造优秀品行为重点，加快建立健全企业家培训体系。支持高校、科研院所、行业协会商会等开展精准化的理论培训、政策培训、科技培训、管理培训、法规培训，全面增强企业家发现机会、整合资源、创造价值、回馈社会的能力。建立健全创业辅导制度，支持发展创客学院，发挥企业家组织的积极作用，培养年轻一代企业家。加大党校（行政学院）等机构对企业家的培训力度。搭建各类企业家互相学习交流的平台，促进优势互补、共同提高。组织开展好企业家活动日等形式多样的交流培训。

第四节　新质生产力促进中小企业发展

一、新质生产力对促进中小企业发展的积极作用

提升生产效率。新质生产力通过引入先进的技术设备和生产工艺，实现生产过程的自动化和智能化，从而大幅提高生产效率，这有助于中小企业降低生产成本，提高产品质量，增强市场竞争力。

促进产业升级。新质生产力强调技术创新和模式创新，这有助于推动中小企业从传统产业向高新技术产业转型，拓展新的业务领域，实现产业升级和可持续发展。

优化资源配置。新质生产力强调资源的高效利用和合理配置，这有助于中小企业实现资源的优化配置，降低资源消耗，提高资源利用效率，实现绿色发展。

推进互联网技术的应用。互联网技术是新质生产力的重要组成部分，可以帮助中小企业实现信息化和数字化。通过建立企业网站、开展电子商务等，中小企业可以拓展销售渠道，提高品牌知名度，吸引更多客户。

助力智能制造的实施。智能制造是新质生产力的核心之一，可以帮助中小企业实现生产过程的自动化和智能化。通过引入智能设备，建立数字化生产线等，中小企业可以提高生产效率、降低生产成本、提升产品质量。

推动创新驱动发展。新质生产力强调创新驱动，鼓励中小企业加大研发投入，推动技术创新和模式创新。通过开发新产品、提供新服务等，中小企业可以拓展新的业务领域，实现产业升级和可持续发展。

二、提升中小企业综合竞争力，加快发展新质生产力的措施

新质生产力对中小企业的发展具有重要意义，可以帮助中小企业提高生产效率、促进产业升级、优化资源配置等，从而实现快速发展。然而在实际应用中，中小企业也面临着投入大、变革风险高、技术和管理能力不足等挑战。因此，中小企业需要充分认识到新质生产力的重要性，积极引入和应用新技术、新模式，同时加强自身的技术和管理能力建设，不断创新和进取，提升自身的核心竞争力和可持续发展能力，以实现更加美好的未来。

（一）落实落细财税扶持政策

加强财政资金支持。通过中央财政有关专项资金引导地方加大对专精特新中小企业的支持力度。各地发挥中小企业发展专项资金作用，完善中小企业公共服务体系和融资服务体系，支持中小企业提升创新能力和专业化水平。高质量落实惠企税收政策。各地落细落实各项惠企政策，着力推动将“企业找政策”转变为“政策找企业”，把惠企政策用好用足。鼓励地方根据形势变化，出台降本减负、援企稳岗等助企措施，把政策制定和落实情况作为中小企业发展环境评估的重要内容。推动税费精准服务。发挥全国“12366”纳税缴费服务热线“小微企业服务专线”作用，提升平台小微企业专线服务能力，依托大数据筛选确定符合政策适用条件的中小企业纳税人、缴费人，及时主动有针对性地推送优惠政策，帮助企业充分享受税费减免红利。

（二）加大融资支持力度

加强信贷支持。深入实施中小微企业金融服务能力提升工程，支持金融机构深化运用大数据、人工智能、区块链等技术手段，改进授信审批和风险管理模型，持续加大小微企业首贷、续贷、信用贷、中长期贷款投放规模和力度。发挥知识产权质押信息平台作用，实施知识产权质押融资入园惠企行动，增强中小企业利用无形资产融资能力。深化银担合作，持续

完善银行、担保机构对小微企业贷款风险分担机制。创新金融服务模式。规范发展供应链存货、仓单和订单融资功能，发挥人民银行征信中心动产融资统一登记公示系统作用，提升企业通过动产担保融资的便利度。鼓励保险机构发展供应链保险业务。提高供应链金融数字化水平，引导金融机构开展标准化票据融资业务。加强直接融资支持。深化新三板改革，发挥证券交易所服务中小企业作用，打造服务创新型中小企业主阵地。推动上海、深圳、北京证券交易所和新三板提供全流程、全周期咨询服务，助力中小企业上市挂牌融资。完善创业投资发展和监管政策，畅通私募股权和创业投资基金“募投管退”各环节，促进中小企业创新创业创造。发挥国家中小企业发展基金、国家新兴产业创业投资引导基金、国家科技成果转化引导基金等作用，带动社会资本扩大直接融资规模。鼓励中小企业通过并购重组对接资本市场。加强融资配套体系建设。建立健全中小企业信用信息归集、共享、查询、公开机制。大力推进地方征信平台建设，支持征信机构发展针对中小企业融资的征信产品和服务。发挥全国中小企业融资综合信用服务平台作用，推广“信易贷”模式。开展中小企业金融知识普及教育活动和多层次融资对接活动。

（三）加强创新创业支持

发挥创新平台支撑作用。发挥国家制造业创新中心等产业创新、技术创新、标准创新平台的作用，加强对中小企业原始创新、研发成果中试熟化等方面的支持。健全科技资源开放共享机制，推动科研大型仪器向中小企业开放使用。推动大中小企业协同创新。发挥大企业作用，带动产业链上下游中小企业加强协作配套。引导龙头企业、高校、科研院所发挥创新带动作用，向中小企业开放技术、人才、数据等创新资源，构建以企业为主体、市场为导向、产学研相结合的协同创新体系。加强优质企业梯度培育。健全由创新型中小企业、专精特新中小企业、“小巨人”企业、制造业单项冠军企业构成的优质企业梯度培育体系。举办全国专精特新中小企业高峰论坛等活动，深化专精特新发展理念，促进专精特新企业群体不断提升创新能力和专业化水平。调整完善国家科技计划，加大对中小企业研发支持力度。

（四）提升数字化发展水平

推动数字化产品应用。实施中小企业数字化赋能专项行动，培育推广一批符合中小企业需求的数字化平台、系统解决方案、产品和服务，打造100个可复制可推广赋能应用场景，满足中小企业研发设计、生产制造、经营管理、市场营销等数字化需求。加强工业互联网赋能。开展工业互联网平台赋能深度行活动，为中小企业提供数字化转型评价诊断服务和解决方案。支持地方和龙头企业建设工业互联网园区网络，开展面向中小企业的网络互联试点示范。提升智能制造水平。开展智能制造进园区活动，帮助中小企业加快制造装备联网、关键工序数控化等数字化改造，建设智能生产线、智能车间和智能工厂，推动实现精益生产、精细管理和智能决策。

（五）提升工业设计附加值

推动工业设计赋能。推动发挥国家级工业设计中心、国家工业设计研究院等机构作用，为中小企业提供覆盖全生命周期的系统性工业设计服务，提升中小企业产品附加值。鼓励设计服务方式创新。推动开展工业设计云服务，鼓励工业设计服务机构与中小企业建立战略联盟，建立市场利益共享和风险共担机制，激发设计成果转化动力和活力。

（六）提升知识产权创造、运用、保护和管理能力

引导开展专利布局。充分发挥各地专利导航服务基地作用，鼓励中小企业加强产业关键技术和核心环节专利申请，有效开展专利布局。推动发明专利审查提质增效，压缩专利审查周期，为中小企业创新成果提供有力保护。促进知识产权转化应用。深入实施专利转化专项计划，择优奖补一批促进专利技术转移转化成效显著的省份，支持中小企业获取和转化专利技术，面向中小企业加大知识产权优势企业和示范企业培育力度。实施中小企业知识产权战略推进工程，开展工业企业知识产权运用试点工作。加强知识产权保护维权。开展知识产权海关保护指导与服务，打击进出口侵

权违法活动，畅通维权渠道。推动商业秘密保护示范基地、示范企业建设，加强中小企业商业秘密保护。完善国际知识产权风险预警机制，开展海外展会知识产权法律服务。

（七）开拓国内外市场

发挥展会和平台对接作用。借助中国进出口商品交易会、中国国际中小企业博览会、APEC中小企业技术交流暨展览会等展会活动，充分发挥中外中小企业合作区、境外经贸合作区、中小企业跨境撮合服务平台作用，帮助中小企业开拓国内外市场。加强采购支持。严格执行《政府采购促进中小企业发展管理办法》，落实预留采购份额、价格评审优惠、优先采购等措施，提高中小企业在政府采购中的份额。引导大企业面向中小企业发布产品和服务采购计划，输出配套产品标准和质量管理体系。加强大中小企业采购对接服务，打破供需信息壁垒，助力中小企业挖掘市场潜力。引导加强品牌建设。以商标品牌指导站为载体，推动中小企业优化商标品牌管理体系。依托国家电子商务示范基地和电子商务示范企业，打造电商新消费品牌。开展广告助企行动，推动国家广告产业园区和从事广告业务的大型企事业单位主动对接服务中小企业，加强优质中小企业出口商品品牌推广。推动跨境电商发展。增设一批跨境电子商务综合试验区，实施中国跨境电商企业海外推广计划，引导中小企业利用跨境电商开拓国际市场。优化覆盖全球的海外仓网络，提高海外仓数字化、智能化水平，促进中小企业借船出海。完善B2B出口监管模式，优化跨境电商零售进口退货措施。发挥“贸法通”平台作用，为中小企业跨境贸易投资提供商事法律咨询、案件应对等服务。促进国际合作。扩大和深化二十国集团、亚太经合组织、金砖国家等机制在中小企业领域开展务实合作，为推动中小企业更好融入区域和全球价值链营造良好环境。加大自贸协定宣介力度，帮助企业用好用足自贸协定优惠政策。进一步缩减全国和自贸试验区外资准入负面清单，为中小企业吸引外资提供更多机遇。

（八）提升绿色发展能力

推动节能低碳发展。引导中小企业参与实施工业低碳行动和绿色制造工程，支持开发绿色技术、设计绿色产品、建设绿色工厂，申请和获得绿色产品认证。组织开展中小企业节能诊断，为中小企业提供节能解决方案，助力挖掘节能潜力。优化环保评价和执法机制。落实新版环评分类管理名录，简化中小企业项目环评管理，缩小项目环评范围，减少应履行环评手续的中小企业项目数量。对污染物排放量小、环境风险低、生产工艺先进的符合条件的小微企业，按程序纳入监督执法正面清单，减少现场执法检查次数。

（九）提升质量和管理水平

提升产品质量。开展质量基础设施“一站式”服务行动，推动质量基础设施统筹建设、综合运用、协同服务，提供认证认可、检验检测等服务和解决方案。对在监督抽查、缺陷产品召回等各类执法活动中发现的质量问题，组织专家开展质量技术帮扶，帮助企业改进设计和制造技术。引导企业管理创新。完善中小企业管理咨询专家库，鼓励入库专家开展中小企业管理咨询诊断等活动。引导中小企业加强管理创新实践和创新成果总结、推广，建立现代企业制度，提升国际化经营能力，促进提质增效和创新发展。推动企业合规化建设。引导企业增强合规意识，建立合规管理组织架构、制度体系和运行机制，提升合规管理能力。开展线上线下法律培训，定期举办企业合规国际论坛，做好企业国际化经营合规风险排查，组织专家团队出具专属评估报告，帮助企业提升合规经营水平。

（十）提升人才队伍素质

培育企业家队伍。加强对企业家的培养、激励和保护，大力弘扬企业家精神。建立健全企业家参与涉企政策制定机制，对推进缓慢的地方进行督促。开展中小企业经营管理领军人才培训和“企业微课”在线培训，通过在线直播课和慕课等录播课形式“送政策、送技术、送管理”。优化职称评审机制。建立中小企业职称申报兜底机制，为中小企业专业技术人员职称评定提供绿色通道，支持有条件的地方对中小企业专业技术人才实行单独分组、单独评审，或组织开展中小企业专项评审。促进人才供需对接。开展中小企业网上百日招聘高校毕业生等活动，通过网络、现场、入校等线上线下各类招聘形式，加强中小企业人才对接，提供优质高效的流动人员人事档案管理服务。

（十一）加强服务体系建设

健全服务体系。发挥中小企业公共服务平台网络骨干作用，推进中小企业公共服务示范平台、制造业“双创”服务平台、小微型企业创业创新示范基地建设，发展中小企业服务产业，形成政府公共服务、市场化服务和社会化公益服务相结合的服务体系，全面提升服务支撑能力。加强服务队伍建设。发挥各级中小企业服务中心带动作用，集聚服务资源，加强与协会、商会、学会等社会团体的协同联动，发展志愿服务队伍，增强服务供给力量和水平。创新服务方式。充分运用大数据、云计算等新一代信息技术，整合线上线下服务资源，形成一批可推广的“数字+”服务模式。建设全国中小企业服务一体化平台移动端，为中小企业提供一站式服务。举办“创客中国”中小企业创新创业大赛等活动，完善赛前发掘、赛中对接、赛后跟踪的服务机制，推动创新项目落地孵化。将每年6月设为全国中小企业服务月，推动营造全社会共同服务中小企业的良好氛围。

第十三章　新质生产力的实践

第一节　新质生产力的高新区实践

一、高新区的发展背景

高新技术产业开发区（简称“高新区”）是各级政府批准成立的科技工业园区，是为发展高新技术而设置的特定区域。它依托于智力密集、技术密集和开放的环境条件，依靠科技和经济实力，吸收、借鉴国外先进科技资源、资金和管理手段，通过实行税收和贷款方面的优惠政策与各项改革措施，实现软硬件环境的局部优化，最大限度地把科技成果转化为现实生产力，是促进科研、教育和生产相结合的综合性基地。

高新技术产业开发区以高新技术为基础，从事一种或多种高新技术及其产品的研究、开发、生产和技术服务。这种产业所拥有的关键技术往往开发难度很大，但一旦开发成功，就具有较高的经济效益和社会效益。高新技术产业是知识密集、技术密集的产业，而新质生产力本质上就是科技创新在发挥主导作用，产生高效能、高效率、高质量的生产力，因此高新技术产业开发区是新质生产力最具基础的诞生地。

20 世纪中叶，全球电子和信息产业迅速崛起，引发了新一轮技术革命和产业变革。美国 128 公路、硅谷，英国剑桥科技园，中国台湾新竹科学园等园区快速发展壮大，极大地推动了高新技术产业的发展。在此背景下，党中央经过综合研判，进行了一系列重大经济体制和科技体制改革。1985 年 3 月，党中央作出了《关于科学技术体制改革的决定》，明确提出要在全国选择若干智力资源密集的地区，采取特殊政策，逐步形成具有不同特色的新兴产业开发区。

改革开放以来，我国在经济建设和科学技术发展上取得了令世人瞩目的成就，其中高新技术产业开发区的建设与发展是一个耀眼的亮点。建设国家高新区，是党中央、国务院在推进改革开放和社会主义现代化建设进程中作出的重大部署，是中央和地方迎接世界新技术革命挑战，抢抓机遇、科学决策、通力协作的重要体现。1988 年 5 月，国务院批准建立我国第一个国家高新区——北京新技术产业开发试验区，国家高新区由此正式登上历史舞台，拉开了我国建设国家高新区的序幕。高新技术产业开发区成为各地经济增长快、投资回报率高、创新能力强、具有极大发展前景的经济增长点。随着国内外形势发生深刻变化，世界高新技术产业竞争日趋激烈。我国高新技术产业的发展必须立足自主创新，加快高新技术产业化，推动技术创新进程，加快形成发展新质生产力。

二、发展新质生产力，高新区承担着关键作用

生产力布局是社会生产在一定空间范围的分布与配置。十多年来，国务院新批准 120 家省级高新区升级为国家高新区，这就是优化国家新质生产力的重要体现。习近平总书记指出，我国幅员辽阔、人口众多，各地区自然资源禀赋差别较大，统筹区域发展从来都是一个重大问题。传统意义上的重大生产力主要指能源、冶金、化工、机械装备等关系国民经济发展的基础性经济部门。随着新一轮科技革命与产业变革的加速到来，以及世界政治经济格局的加速演变，优化面向事关国家安全、完整内需体系培育、科技自立自强、民生保障、区域统筹等关键领域和薄弱环节的重大生产力布局，将有助于推动整个国家的生产力布局更加适应构建新发展格局的要

求，极大地提升整个国民经济发展的自主性和韧性。

国家高新区积极响应国家重大发展战略，持续开展跨区域协作，通过结对帮扶“兄弟高新区”模式，建设了一批“飞地园区”“合作特色园区”，探索出了异地孵化、伙伴园区等多种机制。中关村累计已与全国26个省区市77个地区（单位）建立战略合作关系，在京外合作共建园区27个。江阴高新区与石河子高新区、苏州工业园区与绵阳高新区签署了战略合作协议，从打造创新增长极到构建创新增长带，再到形成创新网络，推进高新区之间的东西协作、南北互动，形成共享发展和协同创新机制，共同支撑区域高质量发展，成为提升区域发展新质生产力新的支撑点。除区域战略协同外，国家高新区还积极融入“一带一路”建设，与共建国家在科技合作、产能合作、人才交流等方面加强协作，取得了显著成效。新疆等西部地区的国家高新区围绕“一带一路”倡议打造创新节点枢纽，西安高新区、烟台高新区分别发起设立“一带一路”科技园区联盟、“丝绸之路”高科技园区联盟，为“一带一路”共建国家的高科技园区开展技术双向转移、科技项目合作及人才培养提供了合作机制与平台保障。国家高新区正在发挥30多年形成的优质生产力优势，响应中央战略部署，在国家整体生产力优化布局中发挥着重要引领作用。

三、以建设现代化园区加快发展新质生产力

党的二十大报告指出，建设现代化产业体系，要坚持把发展经济的着力点放在实体经济上，推进新型工业化，加快建设制造强国、质量强国、航天强国、交通强国、网络强国、数字中国。国家高新区要依托科技资源聚集和学科交叉融合优势，面向类脑智能、量子信息、基因技术、氢能与储能等前沿科技和产业变革领域，前瞻部署一批未来产业。依托国家大学科技园建设未来产业科技园，探索“学科＋产业”“孵化＋投资”等模式。依托校企共建未来产业技术研究院，集聚创新资源，加强前沿技术、颠覆

性技术供给。引入市场化机构，开展产业选择、场景发布等专业化服务，完善未来产业培育机制。加强战略科技力量与现代风险资本体系建设的有效融合，走出一条有中国特色的新兴产业与未来产业发展新道路。

面对新形势、新任务、新要求，我们要以习近平新时代中国特色社会主义思想为指导，坚持面向世界科技前沿、面向经济主战场、面向国家重大需求、面向人民生命健康，积极贯彻落实科教兴国战略和创新驱动发展战略，以创新驱动推动高新技术开发区有效发展，构建高新技术开发区创新发展新模式，打造新质生产力的高新技术开发区创新实践，为中国式现代化贡献高新技术开发区的力量。

一是抢占未来制高点。积极贯彻落实新发展理念，以创新驱动为引领，以科技创新开辟发展新领域新赛道、塑造发展新动能新优势，加快新旧动能转换步伐，推动经济结构转型升级。围绕高新技术开发区战略性新兴产业、未来产业进行系统性、整体性、全周期性规划和布局，为高新技术开发区的高质量发展提供创新驱动指南。

二是抢抓国家新成果。充分用好举国体制优势，围绕高新技术开发区重点领域，积极探索和构建“科技供给侧”和“产业需求侧”央地合作新模式，用好“国家队”的科技力量，进行原创性、引领性科技攻关，不断以新技术培育新产业，为高新技术开发区的高质量发展提供源头性技术储备。

三是蓄积发展新动能。高质量推进高新技术开发区科技与经济深度融合，打造新型成果转化枢纽，发挥生产力促进中心作用，积极打造创新要素集成、创新成果转化的生力军。建立科技、产业、金融一体化的创新体系，推动创新链、产业链、供应链、数据链、资金链、服务链、人才链全面融通，不断提高科技成果转化能力和产业化水平，为高新技术开发区的高质量发展提供持久动力。

四是培育竞争新优势。以科技创新引领产业全面振兴，打造产业科技创新高地。大力推进新型工业化，加快传统产业改造升级，加快战略性新兴产业发展壮大，积极部署未来产业，建立高质量、现代化的产业体系。

在产业创新发展和产业体系构建过程中充分挖掘新质生产力的效能，为高新技术开发区的高质量发展提供物质基础。

五是培养所需新人才。围绕新质生产力、新型工业化等要求，畅通教育、科技、人才的良性循环，完善人才培养、引进、使用、合理流动的工作机制，挖掘、引进和培养一批与现代科技和社会生产力发展相适应，符合新质生产力发展要求的高素质人才，为高新技术开发区的可持续高质量发展提供人才保障。

第二节　新质生产力的人工智能实践

人工智能技术的发展和应用正在深刻地影响全球经济的多个方面，包括生产方式、劳动力结构、商业模式、全球竞争格局以及经济政策和法规。这些变化不仅带来了经济增长和效率提升的机会，也带来了新的挑战和调整需求。新质生产力是在数字化、智能化时代背景下，以科技创新为核心的新型生产力，突出信息化、网络化、自动化等特征，强调科技创新与实体经济的融合，其在全球竞争中的战略意义在于提升国家的核心竞争力和形成新的发展动能。当前，人工智能正在渗透并赋能经济社会发展，将成为我国发展新质生产力的引领性力量。

一、人工智能通过数据要素推动新质生产力发展

（一）人工智能的发展改变传统生产函数

新古典经济学的增长理论主要通过索洛－斯旺增长模型（Solow-Swan Growth Model）进行阐述，这个模型由罗伯特·索洛和特雷弗·斯旺在 1956 年提出。该模型强调了资本积累、劳动力增长和技术进步对经济

增长的影响。新古典增长理论认为，随着资本投入的增加，其对产出的边际贡献会递减，这意味着每增加一单位的资本，所带来的产出会逐渐减少。技术进步作为经济长期增长的关键驱动力，通常被视为一个外生变量，即它不是由模型内部决定的。新古典增长理论还将人力资本的积累纳入考虑，认为教育和健康投资对提升劳动生产力和经济增长有重要作用。人工智能大规模加速了全球数字化经济转型，也将相应的理论命题推向了理论探索的前沿。不同于资本和劳动要素的竞争性（独占性），数据要素可以共享，具有非竞争性（非独占性），而且使用频率越高价值越大，这直接驱动了规模收益递增的生产特性。数据要素融入生产过程会带来以下几个关键影响。一是改变传统生产函数。传统的生产函数通常基于资本和劳动两大要素。数据作为新的生产要素被引入，使生产函数变得更加复杂和动态。数据可以与其他生产要素（如劳动、资本）相结合，创造出新的生产方式和价值。数据通过优化生产过程、减少浪费、预测市场需求等方式提高了生产效率。这种效率的提升反映在生产函数中，意味着相同的投入可以产生更多的产出，或者达到相同产出所需的投入更少。二是规模报酬递增效应。在数据驱动的经济中，数据的边际成本相对较低，但其边际效益却可能非常高。这意味着伴随数据量的增加，其对生产效率的提升作用是递增的。因此，数据的加入会导致规模报酬递增，即生产规模的扩大带来超比例的产出增加。数据要素的加入不仅改变了传统的生产函数，还推动了经济增长方式向更加多样化、高效率和技术驱动的方向转变，从而产生规模报酬递增效应。这些变化对经济政策制定、企业战略设定和劳动力市场都提出了新的挑战和机遇。

（二）人工智能作为催化剂推动技术创新

新质生产力的关键核心是科技创新。首先，创新不仅是推动科学技术发展的关键，也是促使科技实现质的飞跃的主要动力。在此过程中，人工智能作为先进技术，通过自我学习和优化能力，助推科技创新的步伐。人工智能的算法和数据处理能力，使得在数据中提取洞见变得更加高效，进而加速新技术的发现和应用。其次，科技快速更迭与应用周期缩短。随着科技快速进步，特别是在信息技术领域，技术的迭代速度不断加快，应用周期相应缩短。人工智能大大提高了研发效率，缩短了从概念到市场的时间。例如，在产品设计和测试阶段，人工智能可以通过模拟和预测减少实际测试的需要，加快产品开发的速度。再次，技术淘汰速度加快。在科技迅速发展的背景下，过时技术的淘汰速度也在加快，人工智能在这方面发挥了重要作用。通过持续的学习和优化，人工智能系统能够快速适应新技术，帮助企业保持在技术前沿位置。人工智能还能预测技术趋势，帮助企业提前做好技术升级和转型准备。最后，关键技术突破引发生产力变革。当人工智能关键技术实现突破时，它不仅引领了新技术的发展，还推动了整个生产力的结构性变革。人工智能的突破，如在深度学习、自然语言处理等领域的进展，已经开始在各个行业中实现应用，推动从传统生产方式向更智能、更高效的生产模式转变。在推动新质生产力形成过程中，持续的科技创新尤为重要。人工智能作为当前最具代表性的先进技术之一，其发展和应用不仅推动自身领域的创新，也促进其他行业的技术升级。人工智能的发展促进了跨学科研究，推动从数据驱动的决策到自动化和智能化服务的转变。总体来说，人工智能在助力科技创新、加快技术迭代、适应技术更迭、引领生产力变革和持续推动科技向前沿发展等方面发挥了至关重要的作用。随着人工智能技术的不断成熟和普及，其在促进新质生产力形成方面的影响力将会越来越大。

（三）人工智能提升劳动力素质，促进新质生产力发展

经济和技术的发展对人力资本的要求也在不断提升。新质生产力需要高素质的人力资本，包括技术技能、创新能力和学习能力。教育和培训体系的适应性与前瞻性是提升人力资本素质的关键。终身教育和职业培训在此过程中发挥着至关重要的作用。人工智能可能会导致劳动力市场结构发生根本性变化。高技能和创造性的工作变得更加重要，而简单重复的任务则越来越趋向自动化。人工智能和自动化技术的引入确实导致了某些低

技能、重复性工作的减少。例如，制造业、仓储和物流行业中的许多基础作业正在被自动化系统取代。根据世界经济论坛的报告，预计到2025年，机器将执行目前由人类完成的一半以上的工作任务。这些转变会导致短期内劳动力的流失，那些具有重依赖、重复性、低技能特征的行业首当其冲。但是，人工智能也在创造新的工作机会，尤其是在人工智能本身和相关领域，如数据分析、机器学习、人工智能维护和监督等方面。这些领域需要具备新技能的劳动力，比如编程、数据科学和人工智能系统管理等。随着人工智能技术的发展，像“机器学习工程师”“数据科学家”等职位需求迅速增长。人工智能不仅仅是影响劳动力市场，它对人类创新能力的提升也有着深远的影响。人工智能改变了我们解决问题的方式，也为创新过程提供了新的工具和方法。人工智能对人力资本素质的提升具有显著作用。人工智能技术可以根据个人的学习能力和偏好提供定制化的学习体验，通过分析学习者的行为和表现，调整教学内容和难度，确保每个学习者都能在适合自己的节奏中学习。人工智能系统通过持续的评估和反馈，可识别学习者的弱点，提供有针对性的资源和练习来填补这些差距。在职场中，人工智能平台提供的课程和模拟训练能够帮助员工掌握新技术和新方法，使员工能够不断更新自己的技能，快速适应变化的工作环境。

二、人工智能通过产业发展推动新质生产力发展

培育新质生产力是推动中国制造业克服短板、实现高质量发展的关键。新质生产力包括新制造、新服务和新业态，人工智能在促进中国新制造、新服务和新业态发展方面起到了强力助推作用。

（一）人工智能赋能新制造发展

新制造涉及新能源、新材料、新医药、新制造装备和新信息技术等领域。人工智能为这些行业的发展提供了数据驱动的智能决策、自动化和智能化的生产过程、智能物联网的应用和创新个性化的产品设计等。在数据

驱动的智能决策上，人工智能技术通过大数据分析和机器学习算法，对制造过程中的大量数据进行实时监测和分析，从而实现智能决策。通过对数据的深度挖掘和分析，人工智能可帮助企业更好地理解和预测市场需求、优化生产计划、提高生产效率和质量。在自动化和智能化生产过程中，人工智能技术可以实现生产过程的自动化和智能化。例如，通过机器视觉和机器人技术，实现自动化的零部件检测和装配，提高生产线的效率和精度。同时，人工智能通过自适应控制和优化算法，可实现生产过程的智能调控，提高生产线的灵活性和适应性。在智能物联网应用上，人工智能和物联网的结合实现了智能制造的全面升级。通过物联网技术达到设备之间的互联互通，可对生产过程进行实时监测和远程控制。人工智能技术可以对物联网中的大量数据进行分析和处理，实现智能化的生产调度和优化。在创新和个性化的产品设计方面，人工智能技术通过对大量数据的分析和挖掘，可帮助企业更好地理解市场需求和消费者偏好，从而实现创新和个性化的产品设计。运用人工智能技术，企业能够实现产品设计的自动化和智能化，提升产品质量和竞争力。正是由于中国在人工智能领域的突飞猛进，中国新制造行业的全球竞争力才日益提升。在新能源领域，中国已成为全球最大的新能源汽车市场，推动了电动汽车和充电桩的快速发展。在新材料领域，中国在碳纤维、高性能钢材等方面取得了突破，为制造业提供了更轻、更强、更耐用的材料。在新制造装备领域，中国加强了对高端装备的研发和制造，提升了制造业的技术水平和竞争力。在新信息技术领域，中国积极推动人工智能、大数据、云计算等技术的应用，为制造业提供了智能化、数字化的解决方案。

（二）人工智能赋能新服务发展

党的二十大报告提出，构建优质高效的服务业新体系。新服务业体系涉及的行业包括数智化服务业、科技创新驱动的服务业、与实体经济融合的服务业、普惠共享的服务业等。数智化服务业包括通过数字化、网络化、智能化实现转型的各类服务行业，如数字营销、在线教育、云计算服务、大数据分析等。科技创新驱动的服务业涵盖了依赖科技创新的服务行业，包括生物技术服务、新能源服务、环境技术服务、人工智能和机器学习服务等。与实体经济融合的服务业是指与农业、制造业等实体经济深度融合的服务业，包括供应链管理、物流服务、工业自动化服务、智能制造相关服务等。而普惠共享服务业是指具有普及性和基础性的服务业，包括社区便民服务、基本医疗保健服务、教育服务、公共交通等。人工智能可以在提高服务效率和质量、提供个性化服务、支持决策制定、促进服务创新和促进产业融合等方面发挥作用。人工智能能够自动化处理大量重复性工作，提高服务行业的效率和响应速度。在客户服务、数据处理等领域，人工智能的应用大幅提升了工作效率，减少了人为错误。同时，人工智能在数据分析和预测方面的能力可以支持更精准的商业决策。通过对市场趋势、消费者行为等数据的分析，人工智能可帮助企业制定更有效的营销策略和业务计划。另外，人工智能的发展也推动了服务业的创新，尤其是在金融服务、医疗卫生、教育等领域。为了培育新质生产力，中国需要加快发展生产性服务业和新服务业，要加强对生产性服务业在研发设计、金融保险和物流运输等方面的支持，提升服务业的附加值和国际竞争力。同时，中国还需要增进与国际先进水平的衔接，推动内外贸产品的标准衔接、检验认证衔接和监管衔接，实现内外贸的一体化发展。

（三）人工智能赋能新业态发展

新业态是指随着科技进步、经济发展和社会变迁而出现的新型产业形态和商业模式。这些新业态通常是传统行业与现代技术相结合的产物，或者是全新兴起的行业。截至目前，一些常见的新业态包括基于共享出行和共享住宿的共享经济，以及体现互联网平台商业模式的在线市场平台、社交媒体平台、服务聚合平台等平台经济。这些新业态往往以技术创新为驱动，通过新的商业模式满足消费者日益增长的需求，推动经济结构的优化和升级。随着技术的不断进步和社会的发展，未来还将出现更多新兴的业态和模式。新业态的培育和发展，人工智能是其中的关键推力。人工智能在培育新业态上的作用体现在创造了新的商业模式，促进了产业融合，推动服务自动化与智能化，支持创新型创业，提升了用户体验以及优化了资源管理等方面，不仅推动了现有业态的升级，也催生了全新的业态和商业机会。人工智能使一些以前不可行或成本过高的商业模式变得可行。比如基于人工智能算法的个性化推荐系统，在电子商务、内容流媒体等平台上为用户提供了个性化的体验。人工智能技术的灵活性也使不同行业之间的界限变得模糊，促进了产业间的融合。如，人工智能在医疗健康领域与互联网结合，产生了远程医疗、智能健康监测等新业态。人工智能不仅提高了传统服务的效率，还使服务更加智能化和个性化。例如，在金融行业中，人工智能可以提供智能投资咨询服务。另外，人工智能技术的发展降低了创新型企业的门槛，小微科创公司也能开发出具有竞争力的产品和服务。例如通过分析用户行为和偏好，可提供更加贴合用户需求的服务，提升用户的整体体验感，小微科创企业也能实现高质量发展。

三、人工智能赋能新质生产力的实践路径

（一）加快人工智能驱动的科学研究和技术创新，夯实新质生产力发展之源

加快人工智能驱动的科学研究，发现和培育新的产业增长点。人工智能在科研领域已经展现了加速重大科学问题研究和知识发现的变革性潜力，如蛋白质结构预测和新材料发现等，并在新药创制、生物育种等方向上催生了一批新技术模式驱动的新兴产业。要更加重视发挥人工智能在数学、物理、化学、生物、天文和基因、药物、材料等领域研究的作用，整合项目、平台、人才资源，形成政策合力，支持科研人员投身相关研究，构建以人工智能支撑基础和前沿科学研究的新模式。当前特别要在新药创制、材料研发、生物育种等方面加大布局力度，更有效地发现新基因、新靶点、新药物、新材料、新品种、新的化合物，带动生物医药、智能农业、新材

料等产业领域培育新业态、打造新引擎，再生千行百业。

（二）促进人工智能技术的行业应用，筑牢新质生产力发展之基

一是以场景创新为导向。由于不同行业和领域对人工智能技术的需求各不相同，场景创新能够更精准地满足这些多样化的需求。通过针对具体应用场景的创新，能够更有效地将技术研发成果转化为实际应用，从而激发市场活力，促进新业态和新模式的产生。二是采取供需联动的策略。政府要引导和协调技术供给方和需求方之间的互动，使技术创新更好地满足市场需求。政府和企业应深入了解市场需求，包括消费者的偏好、企业的技术需求和行业发展趋势；技术供应商应根据市场需求调整其产品和服务，以提高技术应用的实用性和效果。三是基础设施和平台建设。建设高效的数据处理和存储基础设施，支持大数据和云计算技术的发展。投资建设高速互联网和物联网基础设施，为技术创新提供连接和通信支持。建立共享技术平台，促进资源共享和协作创新。四是推动标准化和开放接口建设。制定和推广技术标准，确保不同系统和产品之间的兼容性。鼓励企业提供开放的 API（应用程序编程接口），促进不同应用和服务的集成。

（三）以场景为驱动加快人工智能应用，塑造场景驱动的产业新优势

推动大模型技术落地，塑造场景驱动的产业新优势。围绕大模型开发和当前人工智能研究、运用、治理的主要方向，构建人工智能全面渗透的下一代产业体系和生活体系，实现场景化组合应用。近两年相关部门和各地在智慧农场、海洋牧场、智能港口、智能矿山、智能工厂、自动驾驶、智能教育、智能金融、智能供应链、智能制造等方向上进行布局，取得了不俗的成就，其中智能制造、智能矿山可作为优先级发展。鼓励龙头企业牵头提出场景驱动的人工智能整体解决方案，加快探索大模型产业落地商业模式。支持中小企业在细分领域形成具体安排，借助内容生成、自主设计、知识助理等新技术重塑智能业务流程。发挥国家人工智能示范区作用，加快打造一批可复制可推广的人工智能示范场景，充分释放人工智能赋能经济社会发展的先发优势，再造千行百业。完善场景驱动生态，促进

人工智能创新性应用。推动超算、智算、量子计算融合运用，提高算力，科学布局建设公共算力平台和算力网络。加快普惠算力供给，为高校和科研院所提供平价算力，鼓励他们参与大模型训练和创业。正在建设的各种算力中心、算力网要把中小企业和科研人员、创业人员的可及性获得感作为重要内容和衡量标准。有序开放公共数据，推进行业数据资源和基础科学数据集共享共用，建设更多高质量训练数据集。支持地方、传统行业等开放人工智能应用场景，鼓励开展大模型创新应用大赛，挖掘更多的应用领域和更细的应用方向，以人工智能技术的创新性运用为牵引，驱动技术攻关和持续迭代升级。创新转化政策和体制机制，加强场景研发上下游配合和技术集成，加快人工智能技术攻关、设备提升、产品开发、产业链优化和产业培育。

第三节　新质生产力的金融实践

一、新质生产力发展需要金融体系的有力支撑

生产力是经济社会发展中最活跃的因素，而生产关系对生产力的发展也有着不可忽视的重要影响。推动新质生产力发展，迫切需要形成与之相适应的生产关系。在影响新质生产力发展水平的诸多因素中，金融的作用不可替代、不容低估。金融体系、金融制度深刻影响着新质生产力的发展速度、质量和效益。

从经济和金融的关系看，经济是肌体，金融是血脉，二者共生共荣。在市场经济条件下，一切社会经济活动都是通过交易而展开的，凡交易就需要有货币作为媒介，货币发生有条件的转移就意味着金融活动的出现。于是，货币金融活动便通过交易渗透到社会各个领域和各个层面。作为国

民经济的血脉，金融活动植根于实体经济，金融的初心和使命就是服务实体经济，金融体系的基本功能就是在风险可控的前提下源源不断地将资金活水注入经济肌体之中，为经济的畅通循环提供有力支撑。

自货币出现以后，所有的商品和劳务，所有的物质乃至精神财富都可以被抽象化为某一货币单位。有了金融活动之后，这个货币单位便可在一定时间内以一定的代价，被赋予一定的附加条件，由某一经济主体转移到另外一个经济主体中。货币的转移引导着各类实体资源朝着相反的方向转移，资源配置得以完成。总体而言，金融的作用就是使储蓄资源得以跨主体、跨空间地有条件转移，通过“物随钱走”的市场机制，将储蓄转化为投资，从而引导实体经济中的资源配置。如果资源能够配置到那些伴随着新质生产力发展而创造出来的生产效率较高的部门，则资源的使用效率也得到提高。在金融资源引导实体资源向创新型部门配置的过程中，创新活动得到了有力的资金支持，经济的发展质量和效率也得到相应提升。

创新是一类投入资金巨大、资金周转期长，且资本收益不确定的高风险活动。而科学研究、技术发明、技术成果转化、技术大规模应用等不同环节需要的金融服务类型还存在明显差异。因此，我们必须根据新质生产力发展的需要，准确把握科技创新和产业创新活动的特性，着力打通束缚新质生产力发展的资金瓶颈和金融制度短板，建立高标准金融市场体系和金融机构体系，创新资本要素配置方式，以资金血脉的畅通促进各类先进优质生产要素向发展新质生产力顺畅流动。以金融改革发展促进新质生产力发展，最核心的目标是构建起具有高度适应性、竞争力和普惠性的中国特色现代金融体系，以高水平的金融服务供给助力高水平科技自立自强，构筑产业竞争新优势。简单地说，就是推动“科技—产业—金融”良性循环，实现科技、产业、金融三类活动的高水平互动，形成共促新质生产力发展的强大合力。

二、以系统化的金融体系助力新质生产力发展

高质量发展是全面建设社会主义现代化国家的首要任务，而新质生产力已经在实践中形成并展示出对高质量发展的强劲推动力、支撑力。坚持经济和金融一盘棋思想，以金融高质量发展助推新质生产力发展，从而推动我国经济实现质的有效提升和量的合理增长，这是建设金融强国的题中应有之义，也是坚定不移走中国特色金融发展之路的内在要求。

做好科技金融、绿色金融、普惠金融、养老金融、数字金融五篇大文章，把更多金融资源用于促进科技创新、先进制造、绿色发展和中小微企业发展，有利于加速新质生产力形成，是统筹推进经济和金融高质量发展的重要抓手。

（一）以科技金融加速科技驱动产业发展

科技创新和产业创新迫切需要科技金融的支持。要发挥资本市场在推动科技创新方面的枢纽作用，深化资本市场基础性制度改革，并发挥好创业投资、私募股权投资对科技创新的支持作用，积极培育“耐心资本”。同时，还要引导金融机构健全激励约束机制，创新金融工具和手段，为科技型企业提供全链条、全生命周期的金融服务，使得创新活动的资金供给与资金需求实现高水平均衡，持续激发科学家、工程师和企业家的创新创业活力，为新质生产力发展提供源源不断的内生动力。

（二）以绿色金融加快发展方式绿色转型

绿色发展是高质量发展的底色，新质生产力本身就是绿色生产力。必须加快发展方式绿色转型，助力碳达峰、碳中和。将绿水青山转化为金山银山离不开绿色金融的保障和支持。要运用新的科技手段处理好信息不对称、外部性、商业可持续性等关键问题，加大对环保、节能、清洁能源、绿色交通、绿色建筑等领域的项目投融资，为项目运营、风险管理等提供金融服务。同时还要动员和鼓励金融资本支持高碳行业和企业实现转型。

（三）以普惠金融帮助中小企业持续发展

新时代十余年来，我国的普惠金融已取得辉煌成就。未来要继续发展普惠金融，最关键的是要运用科技赋能普惠金融。要充分运用新的数字技术有效降低供需双方信息搜索成本，解决信息不对称，推动场景创新，增强金融产品和服务的包容性、可触达性。这既是对新质生产力发展成果的应用，也是帮助中小微企业缓解资金供给瓶颈、加快形成新质生产力的重要途径。

（四）以养老金融服务人民健康幸福生活

随着人口老龄化加速演进，养老金缺口以及老年人口对金融服务需求的增加给加快发展养老金融提出了新要求。这包括养老金金融、养老服务金融和养老产业金融等内容。特别要注意的是，养老产业是发展潜力巨大的新产业，属于新质生产力范畴，为养老产业发展提供金融服务也是金融助力新质生产力发展的一个重要方面。

（五）以数字金融推动金融供给纵深改革

数据要素是驱动新质生产力发展的重要资源。有效利用数据要素和数字技术，重塑现代金融体系，提高金融体系的竞争力和金融服务实体经济的能力，本身就是新质生产力发展的重要内容。要在金融数字化转型过程中，以数据要素的高效配置和利用为支点，构建智能化的、动态的、多元化的、高度开放的金融生态系统，将金融供给侧结构性改革向纵深推进。

第四节　新质生产力的交通运输业实践

一、交通运输业新质生产力的内涵

交通运输是经济的脉络，深度嵌入三次产业门类。交通运输实现人享其行、物畅其流，在新质生产力形成发展中发挥着基础性、先导性作用。

尽管对交通运输的定义有多种不同理解，但其基本内涵是不变的，即人类利用运载工具，通过交通运输线路和枢纽，实现人和物的位移活动。交通运输的基本构成要素包括六个方面：人、运载工具、交通运输线路、枢纽、人和物的位移活动、与位移活动相适应的装卸设备；衍生要素也包括六个方面：速度、安全、舒适、目的（位移活动的目的，或称为计划）、信息（各个要素时空匹配的需求）、组织（将各个要素予以时空匹配的组织活动）。这些构成要素涉及先进运载工具、装卸设备制造、先进基础设施建设、先进运营管理等。因此，围绕交通运输的构成要素承载了大量战略性新兴产业和未来产业。从人类历史发展看，无论是农业革命的马与车的结合，工业革命的蒸汽机在铁路上的应用，还是信息革命中信息技术在交通运输上创造的新业态，在交通运输的各个要素中都会有科技创新，人们都能看到科技通过交通运输各要素带来的新产业、新模式、新动能，看到用新技术提升改造传统产业的可能。

2021 年 10 月 14 日，国家主席习近平在第二届联合国全球可持续交通大会开幕式上的主旨讲话中指出，交通是中国现代化的开路先锋。首先，交通运输是新质生产力的基础支撑。交通运输贯穿生产、流通、交换、消费和社会再生产大循环的各个环节，通过完成人和货物的位移，为人类生产生活、现代化产业体系发展提供基本的运输保障。其次，交通运输是新质生产力的重要组成部分。交通运输是技术密集型产业，基础设施建造施工、运输装备研发制造、运输服务新业态新模式等，都是新质生产力形成和发展的重要领域。交通运输从业人员、运输装备、科技、资金资源、数据等生产要素的优化组合，提高了交通运输的效率和效益，是构成新质生产力的重要组成部分。再次，交通运输为科技成果应用提供了丰富场景。交通运输是信息技术、装备制造、物流等产业新质生产力生成的孵化器、试验田和推广应用的重要载体，互联网、人工智能、高端装备、新材料、清洁能源等新技术，以及网约车、电商物流、平台型企业等新业态、新模式在交通运输行业先行先试，已成为我国战略性新兴产业、数字经济的重要领域，并为未来产业发展提供了广阔空间。

二、交通运输业发展新质生产力的关键

交通运输行业发展新质生产力主要围绕新质基础设施、新质交通装备、新质运输服务、新质交通治理体系展开。

（一）新质交通基础设施

随着新一轮科技革命和产业变革的深入发展，交通运输在新一代信息技术、人工智能、新能源、新材料、高端装备、绿色环保等方面开展了大量深入的应用。以智慧公路、智能铁路、智慧航道、智慧港口、智慧机场等为代表，交通新基建已进入多点开花、统筹推进阶段。一是加快新型基础设施建设，加快推进能源、交通运输、水利、物流、环保等领域基础设施数字化改造，构建先进普惠、智能协作的生活服务数字化融合设施。二是持续推动自动驾驶、智能航运、智慧工地等研发应用，推动传统基建数字化，建设交通运输领域新型基础设施。推动新能源、新材料在港口和导助航设施等领域的应用。三是推动长寿命、可循环利用材料在交通基础设施建造、生态修复和运行维护领域的应用。积极推广新能源汽车，支持发展新能源船舶。四是完善陆海空统筹的运输网络，推进与周边国家铁路、公路、航道、油气管道等基础设施互联互通，提高海运、民航的全球连接度。务实推动与重要海运通道沿线国家的合作，加强海事国际合作，与海上丝绸之路共建国家合作推进海外港口建设经营。加强通道安全保障、海上巡航搜救打捞、远洋深海极地救援能力建设。

（二）新质交通运输装备

大力发展交通运输高端装备制造业，加强深潜机器人、民用大飞机、无人机和无人艇船（群艇）、车载智能设备、高铁机组、重载列车、大中型邮轮、大型液化天然气船、极地航行船舶、智能船舶、新能源和清洁能源动力船舶、新能源汽车、智能网联汽车、深水打捞关键装备、疏浚装备等

的研发和自主建造能力，推动交通运输高端装备制造产业化和技术自主可控。聚焦交通运输高端装备制造、交通新基建、自动驾驶、智慧出行、网络货运平台、交通运输新能源新材料、高端服务、安全可控物流供应链体系等领域，形成交通运输全产业链优势，构建产业间链式发展，培育链主企业，发展产业集群。

（三）新质交通运输服务

秉承人民交通为人民的原则，从以下几个方面提供能够更好满足人民群众需要的交通运输服务。一是提升客运信息化服务水平。推广移动互联网技术在客运领域的应用，提升定制客运服务水平。打造服务全国范围的道路客运信息服务平台，提升道路客运联网售票服务水平，普及应用道路客运电子客票，服务群众便捷出行。二是大力发展清洁化运输装备。促进交通能源动力系统清洁化、低碳化、高效化发展，优化交通能源结构。积极推动新能源和清洁能源车辆、船舶在运输服务领域的应用，加大运营、通行、停车、充电等政策支持。加快充换电、加氢等基础设施规划布局和建设，持续推进邮件快件包装绿色化和轻量化发展。三是稳步提升运输服务质量。客运“一站式”、货运“一单制”服务更加普及，定制化、个性化、专业化运输服务产品更加丰富，城市交通拥堵和停车难问题持续缓解，农村和边境地区运输服务更有保障。具备条件的建制村实现快递服务全覆盖。四是发展新一代交通运输服务产业。进一步支持航空运营、现代金融和融资租赁、遥感测绘、地理信息、卫星通信、导助航、海洋气象等服务和技术在交通运输领域的应用。支持无车承运人、共享交通、“互联网+高效物流”、通用航空、无人机（车）物流递送、多式联运“一单制、一票制、一箱制”等新业态新模式发展。

（四）新质交通治理体系

良好的治理体系不仅是确保交通运输业快速健康发展的坚实支撑，也是应对各类矛盾和风险的基础保障。交通运输业的新质治理体系应该从四个方面入手。一是加强规划政策引导，研究编制交通运输战略性新兴产业发展政策文件，组织编制未来交通产业发展行动计划，研究制定交通新基建投资政策等。二是加强关键技术攻关，加强交通运输高端装备、新一代信息技术与交通运输融合应用等领域关键核心技术攻关，开展高速磁浮等新型交通运输装备试验检测平台研究论证等，强化典型场景用户牵引作用。三是加强法规标准保障，建立完善自动驾驶、智能航运、无人机无人船、新能源车船装备、北斗导航系统应用等新技术新业态新模式法律法规和技术标准规范。四是加强市场培育规范，优化产业生态环境，促进形成多种运输方式协调发展的现代物流网络，研究建立交通运输战略性新兴产业安全风险评估体系，强化新产品行业应用的准入管理。

三、交通运输业发展新质生产力的重大举措

交通运输领域具备市场规模巨大、产业带动性强、技术创新活跃、生产要素密集等特点，是发展新质生产力的重要领域。发展交通运输新质生产力不仅能推动交通运输业高质量发展，更是加速建设交通强国，在现代化道路上做出中国式现代化的必然选择。发展交通运输行业新质生产力，需要整体谋划，结合加快建设交通运输战略部署，重点要在科技创新、结构调整、应用场景、数字交通、绿色发展、开放合作、人才队伍、体制机制等方面实施一系列重大举措，以确保交通运输领域迈向更高水平的发展。

（一）以科技创新为主导推动交通运输行业新质生产力发展

打造交通运输科技创新体系，推动交通运输行业创新驱动转型，是加快建设交通强国的重要支撑。要坚持自主创新，强化基础研究和应用研究，加强关键共性技术、前沿引领技术、现代工程技术、颠覆性技术研发，着力突破交通运输领域的“卡脖子”技术难题。实施交通装备关键核心技术攻关，加强工程前沿技术和运维保障技术研发，攻克工程设计软件、交通仿真与测试软件等交通专业软件瓶颈，实现高水平科技自立自强，抢占交通运输领域的科技制高点。要优化平台布局，完善交通运输相关重点实

验室、研发中心布局，推动一批相关科研平台纳入国家科技创新体系；加快交通运输领域相关科研基础设施、大型仪器设备、科学数据等科技资源的开放共享。要强化数据驱动，围绕人工智能、大数据、区块链、云计算等新一代信息技术以及新能源、新材料技术等在交通运输领域的深度应用，推动传统交通基础设施数字化智能化转型，建设智慧交通、绿色交通，培育未来交通产业，加快形成新质生产力，推动交通运输行业现代化建设。要加强科技创新能力建设，完善体制机制，激发交通运输企业科技创新的内在动力，更好发挥科技创新在推动交通运输高质量发展中的关键作用。

（二）以结构调整为支撑推动交通运输行业新质生产力发展

持续优化调整运输结构，推动各种交通运输方式深度融合，完善交通基础设施功能结构，提升综合运输效率，降低社会物流成本。要加强规划统筹引领。提高交通基础设施一体化布局和建设水平，加快综合立体交通网建设，加快补齐基础设施短板，挖掘既有干线运能，提升综合运输通道功能。要优化枢纽空间布局。提升全国性、区域性和地区性综合交通枢纽水平，完善枢纽综合服务功能，优化中转设施和集疏运网络，强化客运零距离换乘和货运无缝化衔接，实现不同运输方式协调高效，发挥综合优势，提升综合交通体系的整体效率。要调整重点运输结构，充分利用交通运输大规模设备更新契机，加快新能源、清洁能源、可再生能源在中重型货车和船舶中的应用，持续推进交通用能清洁低碳多元发展，推动装备制造业转型升级。要创新多式联运组织模式，丰富多式联运服务产品，大力发展铁路快运，推动冷链、危化品、国内邮件快件等专业化联运发展，鼓励港口航运、铁路货运、航空寄递、货代企业及平台型企业等加快向多式联运经营人转型，以铁路与海运衔接为重点，推动建立与多式联运相适应的规则协调和互认机制。

（三）以应用场景为突破推动交通运输行业新质生产力发展

持续创新“交通＋”应用场景，以交通运输领域的新技术、新模式，优化经济要素的时空配置。大力推进智慧高速服务、智慧交通基建、智慧交通管理、智慧养护管理、智慧出行服务、智慧物流产业、低空经济产业、循环交通产业等综合交通场景的建设和应用，着力打造智慧公路、智能铁路、智慧航道、智慧港口、智慧机场、智慧邮政、智慧枢纽等特色场景，壮大供应链服务、冷链快递、高铁快运、双层集装箱运输、即时直递、无人机和无人车物流递送等新模式。把握产业变革趋势，通过技术渗透、产业联动、链条延伸、内部重组等途径，打破既有产业边界，推动交通运输与现代制造业、现代农业、现代服务业联动发展、交叉融合、育成新业态。推进交通基础设施与信息网、能源网融合发展。加强交通基础设施与信息、能源基础设施统筹布局、协同建设、资源共享、空间共用。推动车能路云的部署和应用，打造新一代智慧交通体系。充分考虑煤炭、油气、电力等各种能源输送特点，提高设施利用效率，减少能源资源消耗；促进交通基础设施网与智能电网融合，适应新能源发展要求。

（四）以交通数字化为重点推动交通运输行业新质生产力发展

深入推进数字交通体系建设，显著提升行业数字化、网络化、智能化水平，有力支撑交通运输行业高质量发展和交通强国建设。推进综合交通大数据中心体系建设，加强数据资源的整合共享、综合开发和智能应用，打造综合交通运输“数字大脑”。加快推进交通新基建，推动新技术与交通基础设施融合发展，赋能传统交通基础设施，推动交通基础设施数字化转型、智能升级，提升基础设施安全保障能力和运行效率。建设一体衔接的数字出行网络，鼓励企业整合多方式出行信息资源，为旅客提供全链条、多方式、一站式出行服务，推动旅客联程运输发展和全程服务数字化。建设多式联运的智慧物流网络，创新智慧物流运营模式，推进电子运单跨方式、跨区域共享互认，推动“互联网+”高效物流发展。升级现代化行业管理信息网络，统筹推动交通运输政务管理和服务联网一体化运行，推进交通运输数字政府部门建设，提升行业治理现代化水平。

（五）以交通绿色化为本色推动交通运输行业新质生产力发展

随着全球对碳中和的追求，推进交通运输绿色可持续发展，节约集约利用资源将会日益重要。加强标准化、低碳化、现代化运输装备和节能环保运输工具的推广应用。加快推进城市公交、出租汽车、物流配送等领域新能源汽车推广应用，推进新增和更换港口作业机械、港内车辆和拖轮、货运场站作业车辆等优先使用新能源和清洁能源。推动公路服务区、客运枢纽等区域充（换）电设施建设，为绿色运输和绿色出行提供便利。促进安全绿色技术与交通运输融合发展。研发新型动力系统、高效清洁载运装备、新能源安全储运装备、船舶和码头油气回收和安全检测成套设备。发展生物降解包装、智能打包、循环及共享包装等新材料新技术。健全绿色交通标准规范体系。修订绿色交通标准体系，加强新技术、新设备、新材料、新工艺等方面标准的有效供给。强化绿色交通评估和监管。完善绿色交通统计体系，统筹既有监测能力，利用在线监测系统及大数据技术，建设监测评估系统。完善评估考核方案及管理制度，强化绿色交通监管能力。

（六）以高水平对外开放合作推动交通运输行业新质生产力发展

通过高水平对外开放，使外资企业能够利用中国全球最完备的产业配套体系和集成优势、丰富的人才资源和快速增强的创新活力，共享中国高科技发展前景和潜力巨大的超级市场。要构建立体化、全方位、多层次、多渠道的交通运输对外开放和国际合作新格局。加强基础设施互联互通，推动国际联运发展，加强与周边国家、共建“一带一路”国家交通基础设施互联互通，推动建设具有国际物流功能的物流园区和货运场站建成运营，积极推动国际航运、国际航空合作，促进国际运输便利化。积极参与交通运输国际组织事务，认真履行各项国际义务，在铁路合作组织、国际海事组织、国际民用航空组织和万国邮政联盟等重要交通运输国际组织中发挥建设性作用。加快走出去步伐，积极拓展业务领域和合作方式。积极开拓交通运输基础设施建设、港口经营、远洋运输、交通运输装备、船舶检验、航海教育等众多业务领域，从传统劳务输出和工程承包向资本输出、技术输出、管理输出、标准输出转变。发展多元化的陆路和海上国际运输通道，加快西部陆海新通道建设，推动共建“一带一路”高质量发展，服务构建开放型经济体系。

（七）以高素质人才队伍培养支撑交通运输行业新质生产力发展

劳动者是生产力要素中最重要的决定性因素，新质生产力推进交通运输发展离不开人才支撑。培育高水平交通科研人才队伍。完善人才引进、培养、使用、评价、流动、激励体制机制，促进科技人才有序合理流动，优化人才队伍结构，推动科学研究人才、高端智库人才、技能型人才协同发展。加强人才国际交流，培养一批具有国际水平的战略科技人才、科技领军人才、青年科技人才和创新团队。打造素质优良的新质交通劳动者。构建以职业院校为基础、企业为主体、政府推动与社会支持相结合的高技能人才培养体系，造就一批政治素质较高、综合素质较强、专业水平高和创新能力强的的知识型、技能型、应用型、创新型劳动者。建立科学管用的关键核心技术人才选育管用制度，探索推行技术、专利等知识产权入股制度和创新科技人才持股制度，设立人才发展专项资金，积极引进急需紧缺的相关人才。弘扬科学家精神、劳模精神和工匠精神，建设知识型、技能型、创新型交通人才，为交通运输新质生产力发展提供技术创新和持续改进的精神动力。

（八）以体制机制深化改革推动交通运输行业新质生产力发展

深化交通运输行业体制机制改革，推进治理能力现代化，推动有为政府与有效市场共同发挥作用，推动生产关系革新，持续推动生产关系与生产力发展要求相适应。深化重点领域改革，聚焦制约交通运输高质量发展的深层次矛盾问题，着力打通体制机制、制度环境、标准规则等难点堵点，让各类先进优质生产要素向发展新质生产力顺畅流动，引导交通运输新技术、新业态的发展，持续增强综合交通运输发展动力和活力。构建统一开放市场。深化简政放权、放管结合、优化服务改革，持续优化营商环境，建立健全交通运输一体化发展的管理体制、运行机制，推动建设统一开放、竞争有序、制度完备、治理完善的交通运输市场体系，形成统一开放竞争有序的交通运输市场。完善法律法规和标准规范。促进技术研发与标准研制应用协同发展，推动先进成熟技术成果转化。建立新兴交叉领域标准协调机制，强化前瞻性、战略性技术标准布局，加快基础性、关键性技术标准制修订。强化各项制度和各类标准有效衔接，完善综合交通枢纽、智能交通、绿色交通、新业态新模式等技术标准，推进优势领域标准国际化。

第五节 新质生产力的医药产业实践

医药产业作为战略性新兴产业，具有培养新质生产力的天然属性。相对传统生产力而言，新质生产力呈现出颠覆性创新驱动、产业链条新、发展质量高等一般性特征。近年来，医药领域颠覆性技术不断涌现，呈现出融合交叉、多点突破的态势，为加快形成新质生产力创造了条件。医药产业加快形成新质生产力需要实现高质量发展，推动原始创新取得重大突破，促进细分领域前瞻布局，同时还要统筹强化产业体系优势，构建协同发展的生态体系，加强国际合作，为新质生产力的形成和发展创造良好条件。

一、以新质生产力为着力点推动医药产业高质量发展

在政策引领、技术驱动与资本助推下，创新成为当前我国医药产业升级发展的主旋律。发展新质生产力是坚持实施创新驱动发展战略的必然选择，是医药产业从仿制药开发到创新药开发、从医药大国到医药强国转型的必由之路。当前，生物医药产业正经历新旧动能转换，行业发展急需培育壮大创新动能。大力发展新质生产力是应对新一轮技术变革、跨界融合的必然选择。通过创新驱动转型，进一步调整企业结构、产品结构和市场结构，突破发展瓶颈。要深入实施创新驱动发展战略，加快推进创新药物

和高端医疗设备研发与应用。要系统谋划深化药品监管改革、提升审评效能、优化政务服务政策措施，助力医药企业把创新成果转化为新质生产力。要畅通教育、科技、人才良性循环，完善人才培养、引进、使用、合理流动工作机制，为推动医药产业高质量发展打牢基础。

二、以创新为引领发展医药产业领域的新质生产力

医药产业是形成新质生产力的重要领域。要以科技创新为引领，打好关键核心技术攻坚战，以技术革命性突破为着力点，建立多元化基础研究投入机制，改善评价机制，提升经费自主权，多举措完善科研成果转化机制，完善基础研究人才培养与评价体系。从人工智能、手术机器人的应用，到生物技术、脑机接口等的出现，医药科技在重要领域和关键环节实现破局，步入创新引领新发展阶段。要及时将医药科技创新成果应用到具体产业和产业链上，转化为现实生产力。创新药品医疗器械是新质生产力的重要产品形式。近年来，创新药械加速获批上市，医药科技创新成果从“书架”跃入“货架”，从“实验室”进入“生产线”，创新药物和高端医疗设备研发与应用加快推进，新质生产力打造发展新优势，势必推动医药产业高质量发展。

加强医药产业的基础研究。产业的底层竞争力来自基础科研和技术转化，基础研究是技术革命性突破的源头，可视为孕育新质生产力的土壤。创造性、颠覆性的前沿基础研究难度较高，研究周期长，需要长期稳定的资金支持，以及更为灵活的过程管理与中期评估机制，唯有如此科研人员才能集中精力开展研究，且拥有更多自主权。基础研究实现技术革命性突破，离不开知识产权保护，产学研深度融合，以及跨学科、跨国别的交流与协作。从技术突破到生产力转化，最重要的是培育与壮大产业主体，打造标志性产品并丰富其应用场景，优化产业化支撑体系。

提高医药产业的研发能力。加强新靶点、新机制、新类型的创新药研

发布局，力争在重点新兴领域实现突破。聚焦中医药优势治疗领域，加快开发与中药临床定位相适应、体现其作用特点的中药新药。加快推进临床阶段创新药和医疗器械研发及产业化进程，畅通医疗结构准入、医保支付等环节，促进创新产品尽早上市，惠及更多患者。完善以临床价值为导向的药物临床研发指导原则，强化信息引导，促进企业合理布局研发管线。

健全医药行业创新体系。充分发挥现有国家科技创新平台的作用，强化医药工业企业创新主体地位，打造跨领域、大协作、快速迭代的医药产业链协同创新制造平台。促进研究开发资源高效协同，支持建设高水平新药发现、临床前研究和临床研究中心，提供药物发现、药学研究、药理毒理研究、临床研究和上市后评估等全链条研发创新服务，推动前沿平台型技术转化应用。

推动医药工业应用转化。持续完善审评审批政策，发展与技术创新相适应的审评能力，健全以临床价值为导向的新药评估机制，促进临床价值确定的创新产品加快上市。更好发挥新型工业化示范基地承载作用，支持建设一批高水平示范项目，促进各类资源要素向创新产品产业化聚集。大力发展商业健康保险，依法依规推动健康数据获取与利用，鼓励将医疗新技术、新药品、新器械纳入保障范围，促进创新产品的市场化应用。

三、以产业为支撑发展医药产业领域的新质生产力

推动新质生产力加快发展，要推动医药产业组织和产业形态变革调整，推动医药产业转型升级，完善产业发展生态环境。产业是生产力变革的具体表现形式，产业持续迭代升级是生产力跃迁的重要支撑。发展医药领域新质生产力，既要打造生物技术、新一代信息技术等战略性新兴产业，开辟类脑智能、生命科学等未来产业新赛道，又要推动传统医药产业高端化、智能化、绿色化发展，提升当前生产力发展水平。具体而言，医药科技企业要融合应用人工智能、大数据、物联网等技术，推进医药产业数字化转

型；要把人工智能运用于药物研发，缩短药物研发周期，降低新药成本，提高新药研发成功率，重塑未来制药模式，以创新主体生产技术提升带动产业转型升级。各地要因地制宜发展新质生产力，聚焦医药产业细分领域、发展优势，抓好机遇、系统规划，建设医药示范区、科技园区，逐步完善产业基础，提升产业组织体系。同时，要做大做强龙头骨干企业，着力培育专精特新企业，优化区域产业格局，推动产业链融通发展，推动我国从制药大国向制药强国转变。

强化医药产业体系优势。立足我国医药工业产品门类齐全、规模体量突出、产业配套完整等良好产业基础，鼓励企业进一步开发应用先进制造技术和装备，提升关键核心竞争力，提高全要素生产效率，不断强化体系化制造优势。支持医药工业龙头企业加快全球布局发展，巩固拓展海外研发和生产基地，积极开展产业链上下游专业化合作，有效整合全球创新资源和生产能力，不断提升行业引领力、市场竞争力和可持续发展能力。

构建医药协同生态体系。培育产业发展新兴力量，支持创新能力突出、专注细分领域、专业化水平高、创新能力强的专精特新“小巨人”企业发展，培育一批行业领先企业。充分发挥中小企业创新活力强、大型企业产业化体系健全的优势，推动两类企业在产品、技术、市场、资本等层面加强合作，促进形成大中小企业协同发展的产业生态。

打造医药产业集群高地。支持医药产业基础好的城市和国家高新技术产业开发区、国家新型工业化产业示范基地、国家级经济技术开发区先行先试，完善配套政策，积极对接国际创新资源，建设高水平医药先进制造业集群。推动相关医药产业集群加快向世界级集群迈进。

推动医药产业向数字化转型。加快人工智能、云计算、大数据等技术在药物研发领域的应用，提升靶点发现、药物设计及作用机制验证效率。制定发布医药工业数字化发展指导意见，引导企业应用数字化技术提高精益生产和质量控制水平。支持医药工业企业建设高水平数字化制造车间和智能制造示范工厂。加强工业互联网在医药领域的开发应用，拓展“5G+

工业互联网”典型应用场景，引领全行业数字化转型。

四、以人才为保障发展医药产业领域的新质生产力

如何顺应生物医药发展态势，激发科技创新活力，加强基础学科研究，为发展新质生产力、推动生物医药产业高质量发展培养急需的高端创新人才，是当代医药院校需要研究的时代课题。要围绕科教兴国战略、人才强国战略、创新驱动发展战略，不断创建人才培养新模式，汇聚人才发展新动能，开辟人才成长新赛道。

激发源头创新活力，将科技创新与人才培养相融合，围绕新药研发管线培养药学拔尖创新人才，是培养生物医药高端人才、发展新质生产力的核心。医药院校要打破人才培养的固化模式，以问题为导向，将人才培养与新药研发管线中的各关键环节相衔接，突出科技反哺教育和人才培养的动力源头作用，重点拓展拔尖人才在科技创新中的视野和在实践创新中发现、定义、分析、解决问题的综合能力。医药院校还要积极探索项目组导师制、校企医联合导师制等新型人才培养模式，切实建立以学术价值、贡献为导向的评价体系，破除以往唯论文的评价体系。

聚焦科技创新与学科前沿发展，超前布局和持续优化人才培养体系，这是培养生物医药高端人才、发展新质生产力的关键。敏锐捕捉未来原创新药研发的新理论和颠覆性技术，革新新时代药学创新人才的培养模式、体系和机制，在世界药学人才培养赛道上抢占先机，培养出能够真正适应未来基础科学研究和原创新药研发、临床精准用药等领域的战略科学家和领军人才，是保障我国生物医药产业在全球竞争格局中处于领先和有利地位的关键。

构建医产学研协同创新育人平台，切实发挥生物医药产业多元主体在人才培养中的优势，激发、融合、催生人才培养新力量，这是培养生物医药高端人才、发展新质生产力的突破口。教育部党组书记、部长怀进鹏曾

表示，要清醒看到建设现代化强国对教育提出的新要求、新使命，清醒看到科技革命和产业变革带来的新变化、新趋势，跳出教育看教育、立足全局看教育、着眼长远看教育。生物医药高端人才培养同样需要从全局出发，从科学界、工业界、临床界三者交叉中寻找关键问题，激发重大科技创新、产业成果转化及临床精准用药需求在人才培养中的孵化力量，通过优化国家科研机构、高校、科技领军企业、医疗机构在人才培养体系中的资源布局，打造"科学家—医生—工程师"等多元育人主体，建立医产学研协同发展的生物医药人才培养联合平台，充分发挥重大科研平台、科技产业孵化基地等资源的科技育人作用，真正培养一批能够解决实际问题、敢于攻克核心技术难题的生物医药领域大国工匠。

五、以国际协作为突破发展医药产业领域的新质生产力

国际化是医药产业结构调整的有力抓手，更是加快培育外贸竞争新优势的重要支撑。当前全球经济复苏脆弱乏力，生物医药产业链呈现分散化、本地化和区域化特征，对于我国成体系、多门类、全链条的医药制造能力而言，这既是机会也是挑战。在医药出口贸易严峻的形势下，需要进一步加快监管政策与国际接轨，加快研发标准国际化、质量合规国际化、交易合作国际化，不断拓展国际分工合作的广度和深度。新中国成立以来，尤其是改革开放以来，我国医药产业的发展成就得益于对外开放。

聚集全球医药创新要素。立足国内医药大市场，推动临床急需的国外创新药品和医疗器械加快在华注册上市，整体缩短创新产品国内外上市时间差。支持国内临床研究机构积极参与国际多中心临床研究并逐步发挥主导作用，提升药物研发国际合作水平。引导国内企业通过合作开发、技术许可等方式引进国外先进技术，提高创新效率，缩小与国际先进水平的差距。

支持企业高水平对外开放。支持国内医药工业企业开展国际多中心临床研究和中外同步上市注册，加快中成药、疫苗和新型抗体药物等产品走

出去步伐，在更广阔的空间实现创新药价值。加快产业链全球布局，鼓励企业提高国际市场运营能力，加强与共建“一带一路”国家投资合作，积极开拓新兴医药市场。

夯实医药国际合作基础。推动加入国际药品检查合作计划，促进国内外法规接轨、标准互认和质量互信。通过推动与重点区域的药品监管合作与互认，为医药产品更便捷走向国际市场创造条件。加强与国际草药监管合作组织的交流合作，发挥中药标准全球引领作用。推动国内外行业组织在贸易促进、信息交流、行业自律、应对摩擦等方面加强交流合作，搭建医药国际合作公共服务平台。

第六节　新质生产力的低空经济实践

低空经济是以低空空域为依托、低空飞行活动为重心，由各种有人驾驶和无人驾驶航空器组成，使用低空智联网等技术的新质生产力。它以载人、载货以及其他作业等多种场景低空飞行活动为牵引，辐射带动低空基础设施、低空飞行器制造、低空运营服务和低空飞行保障等相关领域融合发展，是一种综合型的经济形态。低空经济涉及物流运输、城市交通、农林植保、应急救援、体育休闲、文化旅游等领域，同时也涉及高端制造、人工智能等行业，具有服务领域广、产业链条长、业态多元等特点，是前景广阔的战略性新兴产业，也是新质生产力的典型代表。工业和信息化部联合科技部、财政部、中国民航局印发了《通用航空装备创新应用实施方案（2024—2030年）》，提出加快实现以无人化、电动化、智能化为技术特征的新型通用航空装备的商业应用，推动“低空+物流配送”“低空+城市空中交通”“低空+应急救援”等规模化发展。

一、低空经济是新质生产力发展的重要新领域

发展低空经济对于推动经济发展、促进产业升级、降低运输成本、构建综合交通系统等，加快形成和发展新质生产力具有重要意义。

（一）低空经济将提供发展新动能

低空经济作为新兴产业，具有巨大的发展潜力，能够带动投资、促进消费，为经济增长注入新动力。除此之外，低空经济产业链长，涉及众多环节，能够创造大量的就业机会，特别是在飞行器研发、运维、运营等领域。低空经济发展的规模与程度，首先取决于低空空域放开的程度。释放空域资源越多，利用率越高，经济价值越大。低空产业首要的经济价值在于利用低空空域达成各种交通功能。未来可根据不同航空器和运输的特点划设相应高度层，构成低空立体交通网络。预计人流、物流通达量必然是惊人的，可拉动上下游关联产业发展，成为经济发展新动能，其社会经济价值将难以估量。

（二）低空经济将促进产业升级

低空经济涉及多个领域，如通用航空制造业、信息通信网络等。低空经济的发展不仅能完善低空经济产业链，促进相关产业的融合发展，还能推动技术创新和产业升级，提升城市管理和公共服务水平。低空经济能在医疗救援、抢险救灾、公安巡逻等领域提供快速、高效的空中支援服务，保障人民群众生命财产安全，促进区域均衡发展，缩小城乡差距，提高社会整体福利水平。部分地区已经出台区级层面行动方案，打造低空应用场景示范项目，完善低空产业生态和飞行服务保障体系等，推动低空经济发展，为经济社会高质量发展注入了新动力。

（三）低空经济将降低运输成本

我国地域广阔，地形地貌复杂，建设地面交通设施尤其是高等级公路、铁路，投资巨大。与发展地面交通相比，航空是当前对土地资源占用最少的运输方式，一个大型运输机场，一条3000米跑道即可通向世界任何城

市。小型支线机场、通航机场投资规模有限，绝大多数小型通航飞机只需要短距离跑道即可满足需求。直升机、无人机等只需数百平方米的起降场即可运行。投资小、占地少，能极大地降低交通设施建设、运营的费用，如果将大量地面运输转入低空，必然大幅度降低全社会运输成本，进而为全面提升全社会劳动生产率创造条件。

（四）低空经济将打造交通新模式

交通是社会的动脉。经过40多年的发展，我国已经建成世界上最庞大的高速公路网和高速铁路网，我国民航也成为仅次于美国的世界第二大航空运输体系。但与日益增长的社会需求相比，仍无法满足经济社会发展的需要，城市交通拥堵成为常态，尤其是在经济发达地区和中心城市，拥堵已成为难以克服的大城市病。低空经济中的通用航空和无人机等领域，可以提供更加灵活、高效的短途运输服务，补充和完善现有的交通运输体系；可以有效避开地面交通拥堵，缩短运输时间，提高交通运输效率；可以加强城市与周边地区的联系，促进区域协调发展。通过建设低空民用无人机联网系统、打造无人机城市低空物流运营中心和调度监管平台等措施，即可推动低空经济的发展，为构建综合交通系统提供新路径和新模式。

二、低空经济领域发展新质生产力带来的新机遇

随着低空飞行活动的日益增多，低空基础设施投资拉动成效也将逐步显现，未来几年我国低空经济仍将保持快速增长态势。

（一）低空经济领域发展新质生产力将带动行业发展

低空经济既连着制造业，又连着数字经济、新消费业态，蕴藏着推动产业升级、激发新业态的巨大潜能，为其他行业带来了新的机遇。对通用航空业来说，低空经济将带动航空器研发制造、维修保养、航空运营等相关产业的发展；对无人机产业来说，低空经济将从物流配送、农业植保、测绘勘探等方面迎来广阔的市场需求和发展空间；对航空运输业来说，低

空经济的发展将促进短途运输、城市空中交通等新型航空运输方式的出现，为航空运输业带来新的增长点。对城市管理和公共服务而言，低空经济可以应用于城市管理、应急救援、消防、警务等领域，提高城市管理和公共服务效率与水平。除此之外，低空经济的发展需要相关技术的支持，如飞行器制造技术、导航通信技术、电池技术等。这些技术的发展将推动相关产业的创新和进步。

（二）低空经济领域发展新质生产力将带动区域发展

低空经济为区域经济的多元化、高效化发展提供了新的动力和途径。传统经济模式可能过度依赖少数产业，而低空经济的崛起为区域经济注入了新的活力。它带动了航空制造业、维修服务业、物流运输业等相关产业的发展，丰富了区域产业结构。低空经济还有助于提升区域的交通运输效率。通过发展通用航空，能够更加便捷地连接偏远地区，缩短交通时间，提高物流和人员运输的效率，促进区域间的经济交流和合作。此外，低空经济为区域旅游产业带来了新的增长点，通过开展低空旅游项目，可提供独特的旅游体验，吸引更多游客，推动旅游产业的发展。同时，低空经济也有利于推动区域科技创新。相关产业的发展需要不断进行技术创新，这将促进区域科技水平的提升，吸引高科技企业和人才聚集。

（三）低空经济领域发展新质生产力可提升社会效益

低空经济作为一种新兴的经济模式，正逐渐展现其对提升社会效益的诸多机遇。低空经济的发展有助于提升社会的交通效率。通用航空可以提供更加快捷灵活的出行方式，缩短人们的出行时间，提高社会的运行效率。低空经济有助于增加就业机会。随着低空经济的兴起，相关产业如航空制造业、维修服务业、航空运营等将迅速发展，创造大量就业岗位。低空经济在应急救援领域将发挥重要作用。在自然灾害、突发事件等情况下，通用航空能够快速响应，提供救援物资和人员运输，为挽救生命、减少损失作出贡献。低空经济还为文化旅游产业带来了新的发展机遇，可以让老百姓从全新的视角欣赏美景，享受美好幸福生活。

三、低空经济领域发展新质生产力的主要路径

（一）大力推进科技创新与产业创新

作为低空经济发展的核心驱动力，科技创新贯穿低空经济发展各环节、各链条。要提升新材料、新能源、新机型以及新型机载电子设备的研发能力，加大在飞行器制造、通信导航、智能控制等领域的技术研发投入，提高低空飞行的安全性和可靠性，持续扩大我国在新能源航空器、eVTOL、飞行汽车等领域的领先优势。围绕无人化、电动化、智能化发展趋势，加快新型通用航空装备核心技术攻关，包括电池、电机等应用到航空工业的关键技术创新，构建满足不同应用场景需求，具有低成本、高可靠、高性能、高安全的低空装备产品体系。技术创新将是低空经济发展的重要驱动力。充分利用好、发挥好新一代信息通信技术、数字技术、智能技术、人工智能等，加速低空智联技术攻关和模式创新，为构建未来低空安全高效运行体系提供坚实支撑。无人驾驶技术、智能飞行控制系统等的不断突破，将提升低空飞行的安全性和可靠性。

（二）不断拓展应用领域和市场规模

以应用场景牵引低空制造、低空飞行、低空保障和综合服务四大产业发展。要深化现有应用场景，如低空物流、工农业生产等场景建设，同时还要拓展政府主导和政府专用类应用场景建设，如应急救援、农林植保、环境监测、城市治理、森林防火、电力巡检等。无人机协助政府服务管理的内容非常多，如林业、国土、环保、城管、水务、交通、公安、消防、应急、体育、文广旅等政府部门都有需要掌握室外情况的应用需求。我们应聚焦物流、救援、运输等不同应用场景，以产业生态链构建为导向，打造低空多场景应用示范体系，积极培育低空经济领域高技术企业、专精特新“小巨人”企业，加快围绕创新链布局低空经济发展产业链，真正强化产学研深度融合，更好发展低空经济。通过与相关产业的协同发展，拓展

市场需求。市场需求的增加将促进低空经济的规模化发展，进一步推动低空经济的繁荣。

（三）以政策法规为引导加快发展低空经济

持续优化政策，为低空经济的发展提供有力保障。政府将加大对低空领域的开放力度，完善法律法规，营造良好的发展环境。2021 年《国家综合立体交通网规划纲要》首次将低空经济写入国家级规划，2023 年中央经济工作会议正式将低空经济作为我国战略性新兴产业进行定调。各地方政府也积极抢抓低空经济产业密集和高速发展的战略机遇期，加快促成低空经济产业集聚效应和创新生态。2023 年，已有 16 个省份将低空经济写入当地政府工作报告并陆续出台支持政策。空域管理是我国发展低空经济的关键。2023 年我国先后发布多个文件，持续推进空域管理改革，为低空经济的规范化管理提供指引。强化标准支撑。加快建立贯穿低空装备研发设计、生产制造、试验验证、运行支持全生命周期的工业标准体系，联合有关部门推动建设第三方检测认证机构。

（四）加强低空经济领域国际交流合作

随着低空经济的全球化趋势增强，国际合作与交流将会更加频繁。第一，可以促进各国在飞行器制造、通信导航、智能控制等领域的交流与合作，共同攻克技术难题；第二，可以加强各国产业链上下游企业之间的协同合作，提高产业的整体竞争力；第三，可以帮助企业拓展国际市场，扩大低空经济的应用范围；第四，可以加强各国在人才培养方面的交流与合作，培养更多的低空经济专业人才。

（五）优化低空经济领域的金融服务

低空经济上中下游涉及行业领域和客户群体众多，针对不同的行业、不同的客群、不同的产业园、不同的企业以及企业高管，金融必须以综合性、多功能、全程服务的理念，提供金融产品，优化金融服务，从产业集群、园区企业以及员工实际需求出发，加强公私联动，快速响应需求，加强金融服务的精准供给，进一步优化资源布局，按照以客户为中心的经营理念，从产品、服务、平台等多个维度提供适配的金融产品支持，完善产业链配套服务，推动企业提质增效，实现链条企业健康、集约和可持续发展。

（六）加大低空经济领域的人才培养

作为低空经济发展的重要力量，人才在推动低空经济发展中起着不可替代的作用。因此，加强专业人才培养，不仅对促进低空经济的健康发展具有深远意义，更是推动产业创新和技术进步的关键所在。低空经济涉及领域多、服务对象广、产业链条长，需要的人才更是多元化的。目前，我国低空经济的发展现状还不能满足快速发展的需要，存在人才培养滞后和人员年龄结构老化等问题。推动产业健康快速发展，既要培养一批具有专业知识和技能的通用航空人才，又要积极鼓励、引导和支持相关企业自主培养专业人才。高校应充分发挥教育、科技、人才优势，在培养低空经济专门人才方面坚持需求导向、任务驱动，在人才培养各环节大胆改革、探索、创新，以适应低空经济时代的发展需求。要推进低空经济技能型人才培养专业设置与行业发展无缝衔接，形成课程建设与市场变化相得益彰的教学管理模式，高度重视学生动手实践能力。

第七节　新质生产力的汽车产业实践

一、汽车产业是新质生产力的重要领域

（一）汽车产业是新质生产力形成和发展的重要产业载体

新质生产力以产业为载体，而汽车产业是集成新能源、新材料、新一代信息技术、人工智能、云计算、先进制造、大数据等诸多新技术的载体，是多项新技术的交汇点，是符合数字化、高端化、智能化和绿色化发展方向的新产业，更是全球发达经济体共同关注和高度重视的领域。汽车产业

是技术密集型产业，从上游涉及的钢铁、机械、电子、纺织等行业，到中游的整车制造，再到下游的零配件、信息反馈、仓储物流、汽车金融等，整个产业链都是新质生产力形成和发展的重要领域。汽车产业的发展对于促进我国制造业转型升级，增强全球竞争力，有着重大的战略意义。通过对汽车从业人员、产品、科技、资金、数据等生产要素的优化组合，可以提高汽车产业的生产效率和效益。

（二）汽车产业对我国经济社会转型发展发挥了积极的带动作用

汽车产业促进了我国产业结构的转型升级。在技术和市场的“双轮驱动”下，新能源汽车产业的快速成长为我国汽车产业实现跨越式发展、“换道超车”提供了难得的历史机遇。目前，我国新能源汽车已经跻身新一轮全球产业竞争的前沿，不论是整车生产能力还是电池等关键零部件的配套供应体系，我国新能源汽车都已成为全球产业链、供应链网络中的关键枢纽。我国新能源汽车带动经济社会向绿色低碳转型。新能源汽车能够降低污染物排放，促进碳达峰、碳中和愿景目标的实现，符合经济社会绿色低碳转型的大方向。此外，新能源汽车占比上升还能够降低我国对石油进口的依赖，促进能源利用方式与能源禀赋结构相匹配，在能源领域更好地统筹发展与安全。我国新能源汽车推动了出行交通的数字化、智能化转型。相较于燃油车而言，电动新能源汽车在数字化、智能化方面更具优势。新能源汽车的快速发展和逐步普及，有助于为下一步智能路网、自动驾驶、车路协同等技术发展打下更好的基础。我国新能源汽车有助于提升中国制造在国际产业分工体系中的生态位。2023 年，新能源汽车出口快速增长，呈现出地域范围分布广泛、产品系列多点开花的局面，表明我国新能源汽车产业已经形成一定的国际竞争优势。可以说，新能源汽车正在成为中国制造的新名片，也正在提升中国制造在国际市场和全球产业分工体系中的生态位。

（三）汽车产业为新质生产力的实践应用提供丰富场景

汽车产业是集信息技术、装备制造、物流运输、出行服务等为一体的产业，是新质生产力生成的孵化器、试验田和推广应用的重要载体。作为连接智慧城市和智能交通的关键支点，随着“新四化”的不断发展，汽车产业在支撑我国迈向城市和交通新时代的进程中为我们打开了更大的想象空间。随着互联网、人工智能、高端装备、新材料、清洁能源等新技术，以及网约车、平台型企业等新业态、新模式在汽车行业的先行先试，发展带动了智能交通产业的整体发展。汽车产业已成为数字经济的重要领域，成为我国战略性新兴产业，并为未来产业的发展提供了广阔空间，进而为新质生产力的发展提供了丰富场景。

二、汽车产业发展新质生产力的主要路径

发展汽车新质生产力，就是要以创新驱动，要重点围绕人工智能、区块链等新一代信息技术和能源技术在汽车行业开展工作。首先要以产业为引领。实现汽车行业发展新质生产力的根本目标，需要深入分析汽车行业的战略性新兴产业和未来产业发展方向。其次要以人才为基础，以数据赋能。在推动汽车行业新质生产力发展的过程中，人才队伍是关键基础，数据资源是关键要素。最后要以机制改革为保障。深化体制机制改革是发展汽车新质生产力的关键一环，应当建立汽车领域的新型生产关系，进一步优化政策措施和市场机制，充分发挥市场在资源配置中的决定性作用。

（一）不断推动以燃油汽车为代表的传统产业升级，推动汽车领域新质生产力发展的量变

2023 年 12 月，工信部等八部门联合印发的《关于加快传统制造业转型升级的指导意见》（以下简称《意见》）提出，汽车等传统制造业需加快推动质量变革、效率变革、动力变革，实现转型升级。要立足不同产业特点和差异化需求，加快人工智能、大数据、云计算、5G、物联网等信息技术与制造业全过程、全要素深度融合。支持生产设备数字化改造，推广应用新型传感、先进控制等智能部件，加快推动智能装备和软件更新替代。以

场景化方式推动数字化车间和智能工厂建设，探索智能设计、生产、管理、服务模式，树立一批数字化转型的典型标杆。加快推动中小企业数字化转型，推动“智改数转网联”在中小企业先行先试。完善智能制造、“两化”融合、工业互联网等标准体系，加快推进数字化转型、智能制造等贯标，提升评估评价公共服务能力，加强工业控制系统和数据安全防护，构建良好的发展生态。

（二）持续壮大新能源汽车和以智能网联汽车为代表的战略性新兴产业，推动汽车领域新质生产力发展的质变

在全球低碳转型和新能源革命浪潮中，我国已迅速实现从跟随者到并行竞争者，再到领先者的转变。新能源汽车产业是新能源、新材料、新一代信息技术、先进制造等诸多新科技的载体，是符合绿色化和数字化发展趋势的未来产业。2023 年，我国新能源汽车产销分别完成 958.7 万辆和 949.5 万辆，连续九年位居全球第一，产销同比分别增长 35.8% 和 37.9%，市场占有率达到 31.6%。我国新能源汽车产业依靠科技创新在全球竞争中形成先发优势，处于领跑位置，改变了传统燃油车产业由国外汽车巨头主导的竞争格局，是形成和塑造新质生产力的典范。智能网联汽车代表智能化、网联化等创新驱动和产业融合的趋势，是汽车行业发展新质生产力、推动汽车产业转型升级的重要抓手。汽车电动化上半场已经驶入快车道，汽车智能网联化的下半场正在换挡提速。目前，全国智能网联汽车产业整体仍处在发展初期，商业化运营模式等尚在探索中，从试行到真正全面实施还有较长的路要走。以北京为例，北京市从 2020 年开始率先规划建设车路协同技术路线，推进自动驾驶技术发展。线路以北京经济技术开发区为起点，当时划定了 60 平方公里的区域进行试点，并逐步在 600 平方公里的区域内推广。

（三）加快培育以全无人驾驶汽车等为代表的未来产业，推动汽车领域新质生产力发展的突变

未来产业代表着未来科技和产业发展的方向，具有技术颠覆性强、产业关联度高、市场空间潜力大等特征，是大国产业竞争的战略焦点，也是塑造未来世界格局的重要力量。当前，新一轮科技革命和产业变革加速演进，未来产业处于创新活力、辐射能力、综合实力大跨越的关键时期，要不断创新适应汽车未来产业发展的新举措、新思路，营造鼓励创新、宽容失败、敢闯敢试的创新氛围，加速推进汽车未来产业的工程化和产业化，把握新质生产力的科技驱动特征，前瞻布局无人智能驾驶汽车产业等，加快推动“车能路云”融合发展，为汽车领域新质生产力的发展策源蓄力。

三、以创新驱动持续扩大新时期汽车产业发展优势

创新驱动政策是引领我国新能源汽车实现高质量持续快速发展的一个重要元素。2023 年以来，党中央、国务院围绕新能源汽车产业高质量发展，研究出台了相关政策，有关部门一起统筹推进关键技术创新、新兴市场开拓、基础设施建设、发展环境优化，新能源汽车产业发展取得显著成效。从产业集中度看，排名前十的整车企业销量占到全国销量的 81%；从动力电池的销量看，全球排名前十的企业中中国动力电池企业稳据 6 席，市场份额达到 63.5%。经过 20 多年的努力，我国新能源汽车领域以持续的科技创新为引领，带动产业高质量转型升级，培育了一大批高素质人才，催生了高水平开放市场，形成了具有全球影响力的新质生产力。

（一）发挥创新主导作用，以科技创新推动汽车产业创新

一方面要加强汽车领域技术创新，把创新能力提升摆在更加突出的位置，突破“卡脖子”关键核心技术，加快实现高水平科技自立自强。前瞻探索新型动力电池等关键技术，布局高安全自动驾驶、“车路云”分层决策与网联控制技术等智能驾驶技术，培育发展新质生产力的新动能。另一方面要注重科技创新成果应用，持续优化产学研用深度融合、协同创新。针对汽车产业重大技术突破，支持有条件的地方先行先试，围绕发展新质生产力布局产业链，推动更多科技成果转化为现实生产力。汽车产业政策需

从顶层设计、科技创新体系、源头技术创新、成果转化等方面持续发力，为科技创新提供良好政策环境，推进产业高质量发展。

（二）加强产业韧性建设，推动汽车产业链供应链优化升级

目前，我国已形成种类齐全、配套基本完整的汽车产业链供应链体系，并进入全球汽车供应链当中，涌现出一些具备全球竞争力的骨干企业。同时，依托新能源汽车的先发优势，我国也建立并形成了全球最完备的新能源汽车供应链体系，产业链齐全且优势明显。2023 年，我国汽车产销规模创历史新高，行业整体营收跨过 10 万亿元大关，产业发展再创新佳绩。但我国汽车产业仍面临关键核心技术、关键软硬件产品和装备等技术落后的问题，还有一些核心零部件、基础关键元器件、材料和高端装备依赖进口，我国汽车产业链供应链安全风险持续提升。提升汽车产业链供应链韧性和竞争力，保障产业和经济安全高质量发展，已成为我国汽车行业下一步发展的关键任务之一。

在培育新质生产力、优化升级产业链供应链过程中，汽车行业是重点领域，应围绕车规级芯片、高性能传感器、固态电池、氢燃料电池、工业软件等关键核心部件及软件加大攻关力度，并聚焦新能源汽车、动力电池等长板领域持续强化竞争力。同时，主要汽车产业集聚区也有望结合区域重大发展战略、汽车产业结构调整和空间优化，依托汽车产业链供应链优化升级，培育壮大一批先进制造业集群，创建国家新型工业化示范区等，推动地区汽车产业向高端化、智能化、低碳化转型升级发展。保障产业链供应链稳定畅通。发挥产业链供应链畅通协调平台作用，引导上下游企业加强供需对接和深度合作，形成战略联盟，签订长单，利用技术合作等长效机制稳定供给。组织开展大企业“发榜”、中小企业“揭榜”工作，推动形成大中小企业协同创新合力。组织开展“1+N”制造业转移发展对接活动，提升产业链供应链韧性和安全水平。建立健全汽车产业链供应链安全监测评估公共服务平台，动态监测链上企业供应变化趋势，及早识别供应链安全风险。

（三）巩固扩大领先优势，持续发展智能网联新能源汽车

发展新能源汽车是我国从汽车大国迈向汽车强国的必由之路。党的十八大以来，我国汽车制造业抓住电动化、智能化、网联化转型机遇，在智能网联新能源汽车赛道上走在了全球前列。随着电动化、智能化进入下半场，技术、产品和市场不断创新，继续巩固扩大领先优势是我国汽车产业抢占科技高地、决胜未来的目标和使命。当前我国千人汽车保有量与发达国家相比仍有较大差距，在用国三及以下排放标准的乘用车超过 1600 万辆，其中车龄 15 年以上的超过 700 万辆，汽车市场仍有很大发展空间。随着我国经济不断发展，广大群众的收入水平和生活质量不断提高，对更高质量、更智能、更绿色的智能网联新能源汽车的需求也在日益增长。提振智能网联新能源汽车消费和促进产业长远发展相结合，既是增强当前经济增长动力、巩固回升向好趋势的有力举措，也是满足人民日益增长的美好生活需要，让人民共享我国新兴产业发展成果的有力抓手。下一步我国将充分调动各方积极性，形成"去旧更容易、换新更愿意"的有效机制，释放居民消费潜力，增强汽车消费对经济增长的拉动作用。

（四）加快产业重点发展，积极培育新兴产业和未来产业

氢能作为一种来源丰富、绿色低碳、应用广泛的二次能源，正逐步成为全球能源转型发展的重要载体之一。自 2019 年加氢基础设施写入政府工作报告后，经过 5 年发展布局，2024 年氢能又首次作为前沿新兴产业被政府工作报告提及，可以看出我国对氢能产业的定位更加清晰，对产业发展愈加重视。2022 年，我国发布了《氢能产业发展中长期规划（2021—2035 年）》，对我国氢能产业进行了系统谋划和统筹布局，并明确提出氢能是未来国家能源体系的重要组成部分，是用能终端实现绿色低碳转型的重要载体，是战略性新兴产业和未来产业的重点发展方向。燃料电池汽车作为氢能应用的先导领域和最佳场景，对于落实国家"双碳"目标，推动交通运输行业绿色低碳转型具有重要意义。为推动产业持续健康、科学有序发展，我国于 2021 年启动了京津冀等五个城市群燃料电池汽车示范工

作。目前示范政策实施已三年，我国在车辆推广、氢能供给、关键技术创新、政策环境建设等方面均取得了积极进展，产业进入了发展提速的关键期。未来，氢能作为前沿新兴产业，将承担更大的能源转型战略价值，迎来更广阔的发展前景。液氢、70MPa 高压储氢等先进技术，将依托燃料电池汽车加快示范应用；氢能高速、氢能走廊等示范线将加快落地建设，进一步推动产业规模化发展；绿氢产业将实现快速发展，氢能供给经济性将持续提升；氢能管理规范将逐步健全，为建立稳定、经济的氢能供应体系提供有力保障。

（五）发挥绿色政策作用，推动汽车产业绿色低碳转型

绿色低碳是发展新质生产力的重要指标。我国积极有序推动“双碳”工作，加快绿色低碳政策出台，推进产业向绿色低碳转型发展。为进一步培育壮大与绿色低碳转型相关产业，国家发展改革委同有关部门印发了《绿色低碳转型产业指导目录（2024 年版）》，明确了新能源汽车关键零部件制造等是当下绿色低碳转型相关产业的发展重点。同时，产品碳足迹已经成为衡量产业绿色低碳水平的重要指标。为促进相关行业绿色低碳转型，国家发展改革委等部门印发了《关于加快建立产品碳足迹管理体系的意见》，提出了制定产品碳足迹核算规则标准等五项重点任务。2023 年，我国发布了首份汽车产业绿色低碳转型的纲领性文件《汽车产业绿色低碳发展路线图 1.0》，明确了汽车产业碳排放的核算边界、核算方法，提出了产业实现绿色低碳发展的总体目标、实施路径及措施建议，为行业绿色低碳转型提供指导。在相关政策文件的指导下，我国绿色低碳发展深入推进。对汽车行业来说，一方面我国将加快构建汽车产品碳足迹管理体系，提升报废车及废旧动力电池循环利用等政策的约束力，为汽车产业绿色低碳发展提供制度保障；另一方面行业将在绿色制造、低碳产品研发供给、绿色材料及能源应用、循环经济等方面加大投入，带动全产业链绿色低碳发展。

（六）推动数字技术应用，推进汽车产业数字智能转型

数字经济为新质生产力提供了引领性创新服务的支撑。在人工智能方面，习近平总书记就人工智能的发展与治理作出一系列重要指示。2023 年中央经济工作会议提出要加快推动人工智能发展。在汽车行业，人工智能将重塑用户购车、用车体验，加快在智能化方面的研发和应用步伐。在数字化转型方面，实施制造业数字化转型行动，加快工业互联网规模化应用，是推动传统产业转型发展的重要举措，有利于推动产品价值链向高端化升级。在下一阶段建设智慧城市、数字乡村过程中，我们也将加速对数字赋能新产品、新模式、新业态的探索，加快传统业态模式变革，打造产业发展新动能。在数据应用方面，作为新型生产要素，数据已经成为推动经济社会高质量发展的关键动力。2022 年 12 月发布的《中共中央　国务院关于构建数据基础制度更好发挥数据要素作用的意见》提出，要加快构建数据基础制度，充分发挥我国海量数据规模和丰富应用场景优势，激活数据要素潜能。此后，国家又先后发布《企业数据资源相关会计处理暂行规定》《“数据要素 ×”三年行动计划（2024—2026 年）》等多项政策，从健全汽车数据流通政策法规、完善数字基础设施、加快试点探索和示范应用等方面，为数据流通营造良好的发展环境。

（七）提升产品供给质量水平，推动汽车产业高端化转型

支持开展车用芯片、固态电池、操作系统、高精度传感器等技术攻关和推广应用，进一步提升产品性能。优化完善汽车技术标准和汽车产品质量认证供给体系，引导企业通过提高汽车产品安全技术水平、降低传统燃油汽车油耗、提高新能源汽车低温适应性能等，持续提升汽车产品质量，让消费者放心购买、安心使用。引导企业加快 5G 信息通信、车路协同、智能座舱、自动驾驶等新技术的创新应用，开发更多适合消费者的服务功能，持续提升驾乘体验，催生更多购买需求。以品牌提高产业链质量竞争力。持续开展汽车品牌理论、品牌价值评价研究，完善评价标准。大力推广先进适用技术，推进技术研发、标准研制、产业应用，打通质量创新成

果转化应用渠道，促进汽车行业企业增品种、提品质、创品牌，推动汽车行业从中国产品向中国品牌转变。通过打造集基础研究、品牌诊断、创新实践、营销传播、行业交流、教育培训于一体的品牌研究平台，开展品牌价值评价标准研究，形成一整套汽车品牌观测方法理论，为品牌价值评价提供方法依据，助力民族汽车品牌价值提升。加强中国汽车品牌的国际传播力度，提升中国汽车品牌的国际形象，提高中国汽车品牌的世界知名度和影响力。

（八）建立公平公正市场，加大汽车自由流通和扩大消费

建设全国统一汽车大市场，促进汽车全链条全领域消费。破除汽车市场地方保护，支持新能源汽车下乡，在全国范围内取消二手车限迁，优化完善二手车转移登记。突出优化汽车使用环境。加快完善汽车使用环境，推动汽车由购买管理向使用管理转变。在解决城市停车难问题方面，要求结合城市更新行动，积极扩建新建停车设施；合理利用人防工程、公园绿地地下空间等，挖潜增建停车设施。鼓励企业以绿色低碳为导向，积极探索混合动力、低碳燃料等技术路线，促进燃油汽车市场平稳发展。扩大新能源汽车消费。落实好现有新能源汽车车船税、车辆购置税等优惠政策，抓好新能源汽车补助资金清算审核工作，积极扩大新能源汽车个人消费比例。组织开展公共领域车辆全面电动化先行区试点工作，加快城市公交、出租、环卫、邮政快递、城市物流配送等领域新能源汽车推广应用，研究探索推广区域货运重卡零排放试点，进一步提升公共领域车辆电动化水平。组织开展新能源汽车下乡活动，鼓励企业开发更多先进适用车型，充分挖掘农村地区消费潜力。鼓励开展新能源汽车换电模式应用，推动新能源汽车与能源深度融合发展。深入推进燃料电池汽车示范，稳步提升燃料电池汽车应用规模。鼓励企业加大高端化、定制化的房车、皮卡等产品供给，深挖细分市场消费潜力。推动完善报废机动车回收利用体系，畅通报废回收利用渠道。支持二手车流通规模化发展。各地严格落实全面取消对符合国五排放标准小型非运营二手车的迁入限制，促进二手车自由流通和企业跨区域经营。聚焦新车销售、二手车交易、报废车回收、汽车平行进口、汽车文化旅游消费、汽车金融服务等全过程全领域，着力拉动增量、盘活存量、畅通循环、带动关联，全面释放汽车消费潜力。

（九）加大开放合作，推动汽车出口提质增效

我国在汽车领域高水平开放合作和海外发展方面成效显著。大众、宝马、特斯拉等企业已经深度融入新能源汽车产业链体系，相继扩大了中国产能基地，开展研发合作，加大了对华投资。在海外发展方面，我国新能源汽车出口量居世界第一，比亚迪、上汽、奇瑞等企业都持续拓展海外的本地化布局，实现海外的本地化生产。宁德时代等电池企业也成为众多国际知名企业的主要供应商，在海外布置电池的生产。深入推进国际化工作，开展双多边质量合作交流，增进互信互联互通，这为构建以国内大循环为主体、国内国际双循环相互促进的新发展格局提供了重要保障。大力实施国际化发展战略，加强标准、检验检测、认证认可等的国内国际衔接，实现互联互通。健全贸易质量争端预警和协调机制，积极参与技术性贸易措施相关规则和标准的制定。鼓励汽车企业加快研发和生产面向国际市场的汽车产品，建立和完善国际营销服务体系，加强与航运企业、国内外金融机构的合作，巩固扩大面向重点国家和地区市场的汽车出口。加大对“一带一路”共建国家和新兴市场的开拓力度，培育汽车出口优势。加强与重点国家和地区的全产业链低碳发展合作，推动形成互相认可的碳排放、碳足迹核算体系，为汽车企业的海外发展创造更好环境。

第八节　新质生产力的“车路云一体化”实践

“车路云一体化”其实是一个智能网联汽车领域的专业术语，指的是通过新一代信息与通信技术，将人、车、路、云的物理空间和信息空间融为一体，实现智能网联汽车交通系统安全、节能、舒适及高效运行的信息物理系统。通俗来说，“车路云一体化”可以理解为“聪明的车＋智慧的路”。“聪明的车”指的是具备高度智能化和自动化能力的汽车，“智慧的路”则是指配备了先进通信和感知技术的道路基础设施。云平台则扮演着大脑的角色，通过收集和处理来自车辆和道路基础设施的数据，实现全局的协同感知、决策与控制。

一、“车路云一体化”是智能网联汽车技术突破和产业化发展的重要措施

为贯彻落实《新能源汽车产业发展规划（2021—2035 年）》，推动网联云控基础设施建设，探索基于车、路、网、云、图等高效协同的自动驾驶技术多场景应用，加快智能网联汽车技术突破和产业化发展，工业和信息化部、公安部、自然资源部、住房和城乡建设部、交通运输部联合开展智能网联汽车“车路云一体化”应用试点工作，试点期为 2024—2026 年。2024 年 7 月 3 日，工业和信息化部等五部门正式对外公布，我国将在北京、上海、广州、深圳、重庆、沈阳等 20 个城市开展智能网联汽车“车路云一体化”应用试点，这标志着我国智能网联汽车发展迈出实质性的一步。“车路云一体化”应用试点坚持政府引导、市场驱动、统筹谋划、循序建设的原则，旨在建成一批架构相同、标准统一、业务互通、安全可靠的城市级应用试点项目，推动智能化路侧基础设施和云控基础平台建设，提升车载终端装配率，开展智能网联汽车“车路云一体化”系统架构设计和多场景应用，形成统一的车路协同技术标准与测试评价体系，健全道路交通安全保障能力，促进规模化示范应用和新型商业模式探索，大力推动智能网联汽车产业化发展。

智能网联汽车是人工智能、信息通信、云计算、大数据等技术在汽车领域应用的关键载体，也是全球汽车产业转型升级的战略方向。近年来，我国智能网联汽车产业发展取得积极成效。到目前为止，我国已开放智能

网联汽车测试示范道路3.2万多公里，发放测试示范牌照超过7700张，测试里程超过1.2亿公里，多地建设了云控基础平台。推动“车路云一体化”发展路径目前已成为行业共识，也是下一阶段推动智能网联汽车规模化、产业化应用的关键所在。20个城市试点应用，目标是要形成统一共用的智能网联汽车“车路云一体化”以及智能交通、车辆智能管理、基础地图等标准体系。之前，我国不少地方建设了智能网联汽车封闭测试区，开展了多条道路的测试示范，但尚未能搭建形成完备的系统架构，基础设施建设存在“碎片化”现象，难以支撑自动驾驶技术和网联功能的规模化示范应用。通过城市级全域的应用试点，将进一步促进网联基础设施的建设，提升车载联网终端装配比例，打破不同领域、区域间的数据“孤岛”现象，实现基础共性数据的互通共享以及基础设施、服务与平台的跨域共用，搭建统一共用的智能网联汽车“车路云一体化”标准体系，支撑城市级乃至城际智能辅助驾驶、自动驾驶、智能交通、智慧城市等多场景应用。

二、“车路云一体化”是加快形成和发展新质生产力的重要实践

“车路云一体化”涉及领域广泛，对技术和经济的带动作用较强，是中国迈向汽车强国、交通强国，加快形成和发展新质生产力，实现高质量发展的重要实践。

（一）“车路云一体化”是科技创新引领产业创新，加快形成和发展新质生产力的重要举措

新质生产力以创新为主导，以产业为载体。“车路云一体化”智能网联汽车是集成新一代信息技术、人工智能、云计算、先进制造、大数据等诸多新技术的载体，是多项新技术的交汇点，符合数字化、高端化、智能化和绿色化发展方向，更是全球发达经济体共同关注和高度重视的领域。推进“车路云一体化”智能网联汽车产业发展，对于促进我国制造业转型升级，加快交通基础设施建设，提高附加值及全球竞争力，加快形成和发展

新质生产力，具有重大战略意义。

（二）“车路云一体化”是支撑智能网联汽车、智能交通、智慧城市深度融合发展的关键措施

当前，全球正处于数字化和智能化快速迭代的时代，人工智能、大数据、5G、物联网、云计算、区块链等技术与城市转型、交通运输业快速融合，智慧城市和智能交通已成为我国发展的重要方向。智能网联汽车作为连接智慧城市和智能交通的关键节点，随着“新四化”的不断发展，汽车产业在支撑我国迈向城市和交通新时代的进程中为我们打开了更大的想象空间。以“车路云一体化”推动智能网联汽车、智能交通建设、智慧城市建设深度融合发展，将为新质生产力的发展提供有力支撑。

（三）“车路云一体化”为先进科学技术转化为新质生产力、推动前沿科技实践应用提供了丰富场景

“车路云一体化”融合了新一代信息技术、装备制造、交通运输、出行服务等领域的优势资源，是前沿科技融合创新和实践应用的试验田与重要载体。基于“车路云一体化”聚合的互联网、人工智能、高端装备、新材料、清洁能源等新技术，以及网约车、平台型企业等新业态、新模式，已成为我国新兴产业、未来产业发展的重要领域，为先进科学技术转化为新质生产力、推动前沿科技实践应用提供了丰富场景。

（四）“车路云一体化”为全面建设社会主义现代化国家和推动中国经济社会高质量发展提供了重要动力

“车路云一体化”涵盖了从基础设施建设到上层应用服务的多个环节，包括芯片、摄像头、雷达、云计算、高精地图、软件系统等基础层设备与终端的研发和生产，涉及云控平台、数据处理中心、运营服务等平台层的建设和运营，包括智能交通管理系统、自动驾驶技术、车联网解决方案等应用功能的开发和实施，具备市场规模巨大、产业带动性强、技术创新活跃、生产要素密集等特点，将为全面建设社会主义现代化国家和推动中国经济社会高质量发展提供重要动力。

三、在“车路云一体化”领域加快形成和发展新质生产力

推进“车路云一体化”领域加快建设，形成和发展新质生产力需要整体谋划。结合国家战略部署，重点要在创新驱动、产业引领、数据赋能、人才强基、机制优化等五个关键领域实施一系列重大举措。

（一）以创新驱动引领“车路云一体化”领域新质生产力发展

科技创新是发展新质生产力的主导力量。要重点围绕人工智能、区块链等新一代信息技术和能源技术在交通运输领域的应用前景开展工作。要着力谋划基于“车路云一体化”的智能网联汽车、智能交通、智慧城市、智慧物流等重点专项，发挥国家体制优势，形成以场景牵引的科技攻关模式。加强对原创性、颠覆性技术以及“卡脖子”技术的攻关，推动新产品、新技术、新材料的推广应用。要推进布局全国重点实验室、重大科学基础设施和中试验证基地，为在“车路云一体化”领域开展高水平创新提供有利条件。

（二）以产业引领支撑“车路云一体化”领域新质生产力发展

在“车路云一体化”领域实现发展新质生产力的根本目标，需要深入分析“车路云一体化”领域的战略性新兴产业和未来产业发展方向。通过研究“车路云一体化”领域的重点产业链布局和相应支持政策，推进基于“车路云一体化”的新型基础设施、自动驾驶汽车、智慧城市、智慧物流等领域的产业化。发展平台经济、枢纽经济等新经济业态，延伸产业链，进一步稳定供应链。通过一系列的产业带动措施，加速“车路云一体化”领域的产业结构升级和优化，为新质生产力的蓬勃发展提供有力支持。推动“车路云一体化”领域创新链、产业链、人才链、资本链的深度融合，增强核心竞争力。

（三）以数据赋能推动“车路云一体化”领域新质生产力发展

在推动“车路云一体化”领域新质生产力发展过程中，数据资源已成

为关键要素。要打造国家各类信息平台和部省联动试点、“数据要素 × 车路云一体化”试点等关键平台，通过跨方式、跨领域、跨地域的数据汇聚、交互和共享，形成完整贯通的数据链。以数据驱动，推动交通基础设施、汽车企业等进行数字化智能化转型，提升生产效能和服务水平。通过一系列数据赋能措施，充分发挥“车路云一体化”领域数据资源潜力，实现信息化与实体经济的深度融合，推动新质生产力高效发展。

（四）以人才队伍保障“车路云一体化”领域新质生产力发展

在推进“车路云一体化”领域新质生产力发展过程中，人才队伍被视为关键基础。因此，加强科技、教育、人才的一体化布局必不可少。通过扩大共建高校等途径，加强在人工智能、信息通信、车辆工程、交通运输、智慧物流等领域的理论研究和学科建设，促进产业与教育的深度融合。同时，通过职业培训等方式加强高水平从业人员队伍建设，培养一大批战略科学家、科技创新领军人才和卓越工程师。这些措施将为“车路云一体化”领域新质生产力的可持续发展提供强有力的人才支撑。

（五）以机制改革优化“车路云一体化”领域新质生产力发展

深化体制机制改革是“车路云一体化”领域发展新质生产力的关键一招。应当进一步优化市场机制，充分发挥市场在资源配置中的决定性作用。这包括通过减少行业限制，打破垄断、促进竞争、提高服务质量。要建立健全与新质生产力发展相适应的新型生产关系。以“车路云一体化”为重要实践，探索汽车、交通、通信等多领域高端化、数字化、智能化、绿色化转型。要强化法治建设，确保体制机制改革有序进行。同时，要建立健全监管机制，提高对市场主体的监管效能，防范和化解市场风险。

参考文献

1. 习近平 . 发展新质生产力是推动高质量发展的内在要求和重要着力点［J］. 求是，2024（11）.

2. 习近平 . 开创我国高质量发展新局面［J］. 求是，2024（12）.

3. 阴和俊 . 让科技创新为新质生产力发展注入强大动能［J］. 求是，2024（7）.

4. 金壮龙 . 加快发展新质生产力　深入推进新型工业化［J］. 求是，2024（11）.

5. 孙金龙，黄润秋 . 培育发展绿色生产力　全面推进美丽中国建设［J］. 求是，2024（12）.

6. 王羽 . 新质生产力的时代内涵、关键特征和实施路径［J］. 中国高新区，2023（21）.

7. 王羽 . 新质生产力的时代内涵和形成路径［J］. 经济，2024（1）.

8. 侯惠勤 . 试论新质生产力对唯物史观的发展［J］. 世界社会主义研究，2024（5）.

9. 韩喜平，马丽娟 . 新质生产力的政治经济学逻辑［J］. 当代经济研究，2024（2）.

10. 蒋永穆，乔张媛 . 新质生产力：逻辑、内涵及路径［J］. 社会科学研究，2024（1）.

11. 李政，廖晓东 . 新质生产力理论的生成逻辑、原创价值与实践路径［J］. 江海学刊，2023（6）.

12. 魏崇辉．新质生产力的基本意涵、历史演进与实践路径［J］．理论与改革，2023（6）．

13. 何自力．新质生产力理论的科学内涵和时代意义［J］．中国高校社会科学，2024（3）．

14. 习近平经济思想研究中心．新质生产力的内涵特征和发展重点［J］．人民日报，2024-03-01（9）．

15. 盛朝迅．魏广成．推进新型工业化形成新质生产力：辩证关系、重点领域、问题约束与实现路径［J］．新型工业化理论与实践，2024（2）．

16. 周文．新型工业化与新质生产力［J］．国家现代化建设研究，2024（2）．

17. 李锦．从习近平总书记深刻阐释新质生产力理论看国有企业发展新质生产力的任务与实现路径［J］．现代国企研究，2024（Z1）．

18. 何自力．加快构建新发展格局是推动高质量发展的战略基点［J］．红旗文稿，2023（7）．

19. 刘宗涛．马克思主义发展观的基本观点探析［J］．科学社会主义，2018（4）．

20. 燕连福，牛刚刚．新质生产力赋能共同富裕的内在逻辑与推进路径［J］．马克思主义理论学科研究，2024（2）．

21. 钮文新．40 年 40 个瞬间 38　2016 年 5 月 30 日　新经济［J］．中国经济周刊，2018（50）．

22. 孙绍勇．发展新质生产力：中国式经济现代化的核心要素与实践指向［J］．山东社会科学，2024（1）．

23. 石建勋，徐玲．加快形成新质生产力的重大战略意义及实现路径研究［J］．财经问题研究，2024（1）．

24. 王大树．新质生产力：马克思主义生产力理论的最新成果［J］．经济，2024（1）．

25. 李心萍，黄福特，林丽鹂．加快形成新质生产力［J］．人民日报，

2024-03-05（6）.

26. 李澍．王昌林：深化对新质生产力核心要义、重大意义和基本要求的认识［N］. 光明日报，2024-04-17（4）.

27. 钟华论．做好发展新质生产力这篇大文章［J］. 新华每日电讯，2024-04-09（1）.

28. 谢地，荣莹．发展新质生产力引领中国经济行稳致远［J］. 马克思主义理论学科研究，2024（5）.

29. 罗启东. 发展新质生产力　推动高质量发展［J］. 经济，2024（Z1）.

30. 李政，崔慧永．基于历史唯物主义视域的新质生产力：内涵、形成条件与有效路径［J］. 重庆大学学报（社会科学版），2024（1）.

31. 蔡昉．全要素生产率是新常态经济增长动力［J］. 经济研究信息，2015（12）.

32. 肖林，王沛．供给侧结构性改革与中国要素效率分析：新供给经济学的视角［J］. 科学发展，2016（7）.

33. 张辉，唐琦．新质生产力形成的条件、方向及着力点［J］. 学习与探索，2024（1）.

34. 黄群慧，盛方富．新质生产力系统：要素特质、结构承载与功能取向［J］. 改革，2024（2）.

35. 王德蓉．以时不我待的历史主动加快发展新质生产力［J］. 新湘评论，2024（6）.

36. 王志刚．以高水平科技自立自强支撑引领高质量发展［J］. 中国科技奖励，2023（9）.

37. 张新宁．科技创新是发展新质生产力的核心要素论析［J］. 思想理论教育，2024（4）.

38. 文丰安，肖华健．新质生产力推动经济社会高质量发展探析［J］. 烟台大学学报（哲学社会科学版），2024（2）.

39. 任保平，王子月．新质生产力推进中国式现代化的战略重点、任务与路径［J］. 西安财经大学学报，2024（1）.

40. 何星亮 . 新发展阶段、新发展理念、新发展格局与伟大复兴［J］. 人民论坛，2021（7）.

41. 韩喜平，杨羽川 . 深刻把握新发展阶段、新发展理念、新发展格局的内在逻辑［J］. 思想政治工作研究，2022（12）.

42. 李彬，金梦迪，段雨晨 . 新发展阶段、新发展理念与新发展格局研究［J］. 政治经济学评论，2023（2）.

43. 杜传忠，疏爽，李泽浩 . 新质生产力促进经济高质量发展的机制分析与实现路径［J］. 经济纵横，2023（12）.

44. 邓丽姝 . 习近平关于完善科技创新体系重要论述的逻辑理路［J］. 治理现代化研究，2023（4）.

45. 李翰斌 . 加快科技创新成果转化为新质生产力 企业和企业家是关键一环［J］. 经济，2024（Z1）.

46. 郭晗，侯雪花 . 新质生产力推动现代化产业体系构建的理论逻辑与路径选择［J］. 西安财经大学学报，2024（1）.

47. 余东华，马路萌 . 新质生产力与新型工业化：理论阐释和互动路径［J］. 天津社会科学，2023（6）.

48. 张振翼，张立艺，武玙璠 . 我国战略性新兴产业发展环境变化及策略研究［J］. 中国工程科学，2020（2）.

49. 李文军，郭佳 . 我国战略性新兴产业发展：成效、挑战与应对［J］. 经济纵横，2022（8）.

50. 倪庆东 . 数字经济赋能新质生产力发展的实践路径［J］. 人民论坛·学术前沿，2024（8）.

51. 孙艺 . 人工智能赋能新质生产力：理论逻辑、实践基础与政策路径［J］. 西南民族大学学报（人文社会科学版），2024（2）.

52. 吴朝晖，共同打造智能时代的命运共同体［J］. 经济导刊，2024（3）.

53. 李晓华 . 深刻把握推进新型工业化的基本规律［J］. 人民论坛，

2024（2）.

54. 徐海红 . 生产方式的绿色变革：中国绿色发展方案的本质要求［J］. 广西社会科学，2022（11）.

55. 冯敏 . 筑牢中国式现代化区域发展的战略支撑［J］. 现代国企研究，2024（5）.

56. 张可云 . 通过优化新质生产力布局促进区域经济协调发展［J］. 新型城镇化，2024（5）.

57. 关于促进企业家创业发展 大力激发市场主体发展活力的实施意见［J］.《共产党人》，2018（19）.

58. 赵志君，庄馨予 . 中国人工智能高质量发展：现状、问题与方略［J］. 改革，2023（9）.

59. 董昀 . 以金融高质量发展助力新质生产力发展［J］. 经济，2024（4）.

60. 曹慧莉 . 提质增量加快形成医药产业新质生产力［J］. 经济，2024（Z1）.

61. 苏红 . 以新质生产力引领生物医药产业发展［J］. 经济，2024（Z1）.

62. 郝海平 . 发展新质生产力 生物医药行业如何抓住机遇［J］. 中国卫生，2024（5）.

63. 万钢 . 以新能源汽车创新引领 加快向汽车强国迈进的步伐［J］. 高科技与产业化，2024（3）.

64. 杨雅玲 . 新质生产力赋能高质量发展［N］. 中国纪检监察报，2024-02-08（8）.

65. 赵永新 . 加强科技创新培育发展新质生产力的新动能［N］. 人民日报，2024-03-31（2）.

66. 黄鑫 . 加快制造业向高端化跃升［N］. 经济日报，2024-01-26（6）.

67. 盛朝迅 . 加快推动制造业高端化品牌化绿色化转型［N］. 经济日报，2018-07-19（15）.

68. 张伟 . 国家高新区“新质生产力”动能澎湃［N］. 中国高新技术产

业导报，2023-11-27（5）.

69. 吕巍 . 开启“人工智能 +”的无限可能［N］. 人民政协报，2024-04-27（2）.

70. 杨光 . 低空经济振翅高飞［N］. 中国信息化周报，2024-05-27（8）.

71. 吕红星 . 新能源汽车产业是培育新质生产力的重要引擎［N］. 中国经济时报，2024-03-18（1）.

72. 习近平在中共中央政治局第十一次集体学习时强调：加快发展新质生产力 扎实推进高质量发展 [EB/OL].（2024-02-1）[2024-07-18].https：//www.gov.cn/yaowen/liebiao/202402/content_6929446.htm.

73. 国务院关于加快科技服务业发展的若干意见 [EB/OL].（2014-10-28）[2024-07-18].https：//www.gov.cn/zhengce/zhengceku/2014-10/28/content_9173.htm.

74. 工业和信息化部等八部门关于加快传统制造业转型升级的指导意见 [EB/OL].（2023-12-28）[2024-07-18].https：//www.gov.cn/zhengce/zhengceku/202312/content_6923270.htm.

75. 工业和信息化部等七部门关于推动未来产业创新发展的实施意见 [EB/OL].（2024-01-18）[2024-07-18].https：//www.gov.cn/zhengce/zhengceku/202401/content_6929021.htm.

76. 中共中央、国务院印发《国家创新驱动发展战略纲要》[EB/OL].（2016-05-30）[2024-07-18].https：//www.gov.cn/zhengce/2016-05/19/content_5074812.htm.

77. 刘怀丕，王亚宏，杨柳 . 深刻领会因地制宜对发展新质生产力的重要意义［EB/OL］.（2024-03-07）[2024-07-18].https：//www.gov.cn/yaowen/liebiao/202403/content_6937288.htm.

78. 中共中央、国务院关于营造企业家健康成长环境弘扬优秀企业家精神更好发挥企业家作用的意见 [EB/OL].（2017-09-25）[2024-07-18].https：//www.gov.cn/zhengce/2017-09/25/content_5227473.htm.